AF495174

LE DROIT GÉNÉRAL
DE LA FRANCE,
ET
LE DROIT PARTICULIER
A LA TOURAINE ET AU LODUNOIS,

CONTENANT *les Matieres civiles, criminelles & ecclésiastiques*,

ET

UNE *Explication méthodique des dispositions des Coutumes de Touraine & de Lodunois*,

OUVRAGE enrichi de décisions importantes, tirées du Commentaire manuscrit de BOULLAI, des Notes manuscrites de PALLU, & de celles de MM. CARRÉ & AUGEARD, *Conseillers*, POITEVIN, DUBOIS, *pere & fils*, BAUDOUIN, BOUAULT, BERNARD, DUFREMENTEL & COTTEREAU, *pere*, *Avocats au Bailliage & Siége Présidial de Tours*; de tout ce qu'il y a de plus essentiel dans les Ouvrages qui ont paru jusqu'à ce jour, sur les Coutumes de Touraine & de Lodunois; & d'Observations intéressantes, puisées dans les Auteurs modernes les plus accrédités.

ON y a joint une *INSTRUCTION* utile aux Curés & aux Notaires requis de recevoir des *Testaments*; une *INSTRUCTION* utile aux Officiers chargés de faire les Actes qu'exigent la *Saisie seigneuriale* & l'exercice du *Retrait*, soit *seigneurial*, soit *lignager*; & des *OBSERVATIONS*, tant sur l'Ouvrage de PALLU, que sur celui où JACQUET s'est proposé de commenter la Coutume de Touraine.

Par M. COTTEREAU, *fils*, *Avocat*.

Non mihi soli laboravi, sed omnibus exquirentibus disciplinam. Eccli. 33, 18.

TOME QUATRIEME.

A TOURS,

Chez F. VAUQUER-LAMBERT, Imprimeur-Libraire, Grande Rue.

M. DCC. LXXXII.

Avec Approbation & Privilége du Roi.

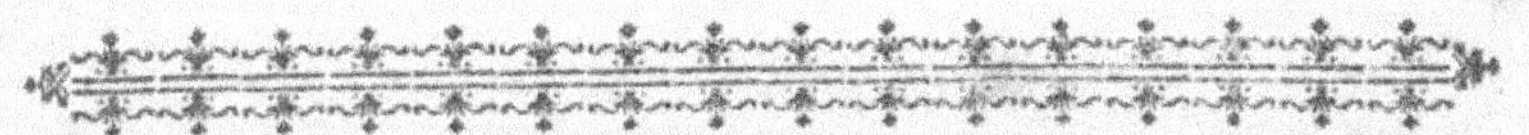

TABLE DES TITRES.

QUATRIEME PARTIE.

Fin de la Table des Titres.

LE DROIT GÉNÉRAL
DE LA FRANCE,
ET
LE DROIT PARTICULIER
A LA TOURAINE ET AU LODUNOIS.

QUATRIEME PARTIE.

Des Successions.

10775. TOUTES les Personnes qui sont unies par les liens de la parenté, forment une société à qui la nature semble avoir destiné les biens que possedent ceux qui la composent, pour les faire passer successivement de l'un à l'autre, selon le rang de leur proximité.

10776. C'est cette destination qu'a suivie la Loi civile, lorsque, prenant pour guide la Loi naturelle, elle a puisé l'ordre des Successions dans la nature même, & dans les justes penchants du cœur de l'homme. En déférant la Succession à ceux au profit de qui elle présume qu'il en eût disposé lui-même, s'il eut testé, elle ne fait que suivre l'inclination du sang & la pente de la nature. Elle appelle d'abord les enfants, puis les ascendants, enfin les parents collatéraux.

10777. Pour développer cette intéressante matiere, 1°. nous parlerons de l'Ouverture des Successions; 2°. nous verrons quels sont ceux qui peuvent succéder; 3°. nous considérerons la maniere de succéder par rapport à la qualité des biens; 4°. nous l'envisagerons par rapport à la qualité des personnes; 5°. nous examinerons les regles du partage; 6°. nous exposerons celles qu'on suit pour le payement des dettes.

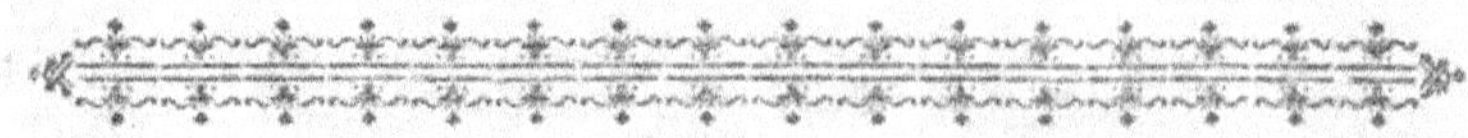

LIVRE PREMIER.

De l'Ouverture des Successions.

10778. NOUS traiterons, 1°. de l'Ouverture des Successions, soit par la Démission de Biens, soit par la mort naturelle ou civile, 2°. des Scellés qui s'apposent ordinairement lors de l'Ouverture d'une Succession, de l'Inventaire & de la Vente qui les suivent.

CHAPITRE PREMIER.

De l'Ouverture des Successions par la Démission de Biens.

10779. PRESQUE tous ceux qui font une Démission de leurs Biens, ont lieu de s'en repentir, v. Eccli. c. 33, v. 20, 22, Legrand sur Troies, art. 59, n. 17.

10780. La Démission peut être considérée, comme Succession anticipée, par rapport aux Démissionnaires; comme donation à cause de mort, par rapport au Demettant; & comme Contrat translatif de propriété, par rapport à des tiers, Boullenois, des Dém. p. 9.

10781. Une acceptation tacite suffit au Démissionnaire, Boullenois, p. 26.

10782. La Démission peut être faite par toutes sortes d'Actes, même par un Acte sous signature-privée; elle n'est assujettie à aucune formalité, v. Furgole, des Test. c. 8, f. 1, n. 184, Bourjon, t. 2, p. 60, Pothier sur Orléans, t. 17, n. 132, 3, Olivier sur Maine, art. 278; Boullenois, p. 43, excepte le cas de minorité.

10783. Le 24 Juillet 1768, le Pere de l'Auteur a estimé qu'on ne peut, après les 10 ans de sa majorité, revenir contre l'acceptation faite en minorité, d'une Démission.

10784. Par rapport à des tiers, l'Acte doit avoir une date certaine, & même être insinué, pour repousser un Créancier postérieur, Boullenois, p. 45, 205 & suiv.

10785. Bourjon, t. 2, p. 61, pense qu'une Démission, quoique non insinuée, est assez publique pour produire, tant qu'elle n'est pas révoquée, tout l'effet d'une donation entre-vifs, contre des Créanciers postérieurs ou des Acquéreurs, v. Boucheul sur Poitou, art. 219, n. 57, des Conv. de succ. c. 8, *n.* 16.

10786. Un Acte qui a tous les caracteres d'une Démission, en a les effets & est révocable, quoiqu'il y ait acceptation, insinuation & qualification de donation entre-vifs; de même, un Acte qualifié de Démission, lorsque toutes les conditions requises ne se rencontrent pas, ne peut valoir que comme donation entre-vifs ou disposition testamentaire, étant revêtu de la forme propre à l'un de ces Actes, ou comme Contrat onéreux, v. Boullenois, p. 36, 49, 56, 57, 75, 77, 166, 263, 265, 281, Bourjon, t. 2, p. 60, 62.

10787. Boullenois, p. 32, 38, 52, enseigne que la Démission, qui ne peut avoir lieu qu'au profit de ceux que la Loi désigne pour héritiers présomptifs, doit être faite à tous, acceptée expressément ou tacitement par tous, & faite de tous les Biens par forme d'universalité. Le Démettant peut cependant conserver l'usufruit de tous ses Biens, pour lui tenir lieu de la pension dont il auroit chargé les Démissionnaires; retenir des meubles pour son usage; & se réserver la faculté de disposer, par testament ou autrement, de quelques effets, Boullenois, p. 55 & suiv. de quelques immeubles, Perchambault, p. 695.

10788. Un enfant peut être condamné à faire à ses pere & mere une pension alimentaire, en déduction de laquelle il jouira, pour & au lieu d'eux, de leurs Biens, ou il les affermera, si bon lui semble; mais on ne peut le forcer d'être Démissionnaire, Perchambault, p. 694, Pocquet sur Anjou, art. 260, obs. 5e. Boullenois, p. 59, Furgole, des Test. c. 8, s. 1, n. 186. Ayant accepté la Démission, il ne peut se dispenser d'en acquitter les charges, Boucheul sur Poitou, art. 207, n. 4.

10789. Les aliments sont solidaires; « je ne sais, dit Boullenois, p. 61, que la » convention faite avec le pere, qui puisse servir d'exception à cette décision, ou » l'incapacité du fils, de pouvoir fournir les aliments en entier, tel que pourroit être » un malheureux Paysan, chargé de famille, & qui n'auroit que ses bras, » v. ci-dessus n. 4330.

10790. C'est une regle, que qui doit des aliments à un autre, ne doit les fournir qu'à sa table, à moins qu'il n'y ait une juste cause qui oblige de les fournir en deniers; &, à ce sujet, on en croit aisément un pere, plutôt que ses enfants, v. Boucheul sur Poitou, art. 206, n. 4 & suiv. ci-dessus n. 4332.

10791. Les Démissions, ne faisant que prévenir & anticiper la Loi, doivent l'imiter & être conformes à ses dispositions concernant les Successions, Boullenois, p. 63.

10792. Parmi nous, un pere roturier faisant une Démission de ses Biens à ses enfants, l'aîné doit avoir le préciput & les deux tiers dans les fiefs échus en tierce foi. Si le pere est noble, tous les meubles, le préciput & les deux tiers dans tous les immeubles, appartiennent à l'aîné. Noble ou roturier, l'aîné contribue à la pension du pere, à proportion de l'émolument, sans distraction du préciput, v. ci-après n. 12446.

10793. La Démission étant accompagnée d'un partage inégal des Biens entre des enfants roturiers, s'il paroît que l'intention du Démettant étoit de faire un partage égal, & qu'il s'est seulement trompé dans l'exécution de son intention, c'est toujours une véritable Démission, sauf à la partie lézée à demander un autre partage, Pothier sur Orléans, t. 17, n. 132, 5.

10794. Le partage anticipé, fait entre les Démissionnaires conformément aux dispositions de la Loi, devient irrévocable par le décès du Démettant; c'est le moment de ce décès qu'il faut considérer, pour juger si le partage fait lors de la Démission, est conforme à la Loi, Boullenois, p. 168 & suiv.

10795. Les Biens avenus depuis la Démission au Démettant, se partagent, sans toucher au 1er. partage; les Démissionnaires peuvent même, en renonçant à la Succession, ne pas s'immiscer dans ces nouveaux Biens, Boullenois, p. 218 & suiv.

10796. Si le partage est régulier, la portion d'un des Démissionnaires périssant par un cas fortuit, cette perte le regarde seul; du jour du partage, il est Propriétaire, quoique non incommutable, de sa portion, Boullenois, p. 171 & suiv.

10797. Si le rapport d'une chose donnée à un des Démissionnaires, est différé après le décès du Démettant, le partage fait auparavant, ne peut être regardé que comme un partage des fruits, v. Boullenois, p. 38, 185, 187, 273.

10798. Les Démissionnaires, tant avant qu'après le décès du Démettant, ne sont tenus des dettes antérieures à la Démission, personnellement, que jusqu'à concurrence des Biens, Boullenois, p. 199 & suiv. Bourjon, t. 2, p. 61, exige un Inventaire.

10799. Boullenois, p. 205 & suiv. 215, enseigne que, la Démission étant insinuée, les dettes postérieures ne regardent pas les Démissionnaires; & que, cependant, ils ne peuvent s'exempter des frais funéraires, des frais indispensables d'une maladie, &c. v. art. 216 de Bourbonnois. Le 18 Juin 1779, le Siége de Tours l'a jugé en faveur d'un Chirurgien.

10800. Sur l'effet des Démissions, par rapport à la taille, v. Boullenois, p. 215.

10801. C'est une question, si le Seigneur peut demander, dans le cas de la Démission, les mêmes droits qu'à l'Ouverture de la Succession par mort ; ou s'il doit attendre la mort du Démettant, v. Guyot, t. 2, p. 95 & suiv. ci-après n. 10805.

10802. La Démission à la charge de payer autant de dettes, que les Biens peuvent valoir, ne produit point de ventes, Lebrun, des Succ. l. 3, c. 4, n. 49.

10803. La Démission fait des propres, Boullenois, p. 229.

10804. Le Démissionnaire n'est Propriétaire, que sous la condition qu'il survive ; vient-il à prédécéder, son droit est anéanti ; il faut raisonner, comme s'il étoit mort avant la Démission ; ses enfants ne prennent pas les Biens qu'il possédoit en conséquence de la Démission, comme ses héritiers, mais comme les héritiers présomptifs de leur Aïeul, par représentation ; ils remplissent la place de leur pere, vacante par son décès ; ils sont censés recevoir, en qualité de Démissionnaires, ces Biens, du Démettant, qu'on feint les reprendre d'une main, & de l'autre les leur redonner, Boullenois, p. 237 & suiv.

10805. Un Roturier ayant fait à ses enfants une Démission de ses Biens, & celui d'eux à qui est échu un fief acquis par le pere, venant à mourir de son vivant, le fief se partagera également entre ses enfants, s'il en a, quoi que dise Pallu, p. 494, v. Proust, p. 491, Boucheul sur Poitou, art. 280, n. 54, des Conv. de succ. c. 8, n. 22. Le fief n'est pas échu en tierce foi. La foi qu'a pu rendre le Démissionnaire, ne doit pas être comptée, parce que son droit doit être regardé comme non-avenu. Sa mort ne peut donner ouverture au rachat, il faut attendre celle du Démettant, v. Boucheul sur Poitou, art. 125, n. 23, ci-dessus n. 10801.

10806. Par le prédécès d'un des Démissionnaires, sans enfants, sa portion va aux autres, qui la partagent du chef du Démettant, Boullenois, p. 235.

10807. Si le Prémourant est seul Démissionnaire, les Biens retournent au Démettant, Boullenois, p. 232, Varicourt, au mot *Révocation de Démission.*

10808. Les Biens appartiennent aux enfants du Démissionnaire prédécédé, aux autres Démissionnaires ou au Démettant, sans charge de dettes, ni même du douaire de la femme, v. Boullenois, p. 241 & suiv.

10809. Les Biens retournent au Démettant, par la mort civile, comme par la mort naturelle du Démissionnaire, v. ci-dessus n. 2793.

10810. La survenance d'un enfant annulle la Demission faite à des Collatéraux, qui cessent d'être les héritiers présomptifs du Démettant ; non celle faite à d'autres enfants, qui doivent seulement, par un nouveau partage, donner à l'enfant sa portion héréditaire, Boullenois, p. 245, 247.

10811. La Démission est révocable, en ligne collatérale, comme en ligne directe, même après 30 ans ; à moins qu'elle ne soit faite par un Contrat de mariage, ou que la révocation ne soit frauduleuse, v. Pallu, p. 494, Lathaumassiere sur Berri, t. 7, Pocquet sur Anjou, art. 260, obs. 5e. Boullenois, p. 253 & suiv. 265, 269, 270, Boucheul sur Poitou, art. 219, n. 58, Auroux, p. 1, p. 294, Bourjon, t. 2, p. 60, Pothier sur Orléans, t. 15, n. 132, 11.

10812. La révocation peut se faire dans la vue de mettre les Biens à couvert des Créanciers du Démissionnaire ; on l'admet au préjudice de ceux-ci, qui, par-là, perdent leurs hypotheques, & au préjudice d'un tiers Acquéreur, qui toutesfois pourroit prescrire, par une possession de 10 ans entre présents ou de 20 ans entre absents, contre le droit qu'a le Démettant de révoquer, Boullenois, p. 279, 283, 286.

10813. Les Créanciers du Démettant peuvent, de son vivant, comme exerçant ses droits, faire révoquer la Démission, v. Pothier sur Orléans, t. 17, n. 132, 12.

10814. La révocation a son entier effet, par rapport aux immeubles ; mais le Démissionnaire n'est obligé de rendre, que les meubles qui sont en sa possession, sans que le Démettant puisse exiger le prix de ceux qui sont consommés par le temps & par l'usage, ou par la disposition qu'il auroit pu en faire, sans fraude, Boullenois, p. 270.

10815. Il n'est pas besoin de lettres de rescision, Boucheul, des Conv. de succ. c. 8, n. 29, Furgole, des Test. c. 8, s. 1, n. 199, Pothier sur Orléans, t. 17, n. 132, 10, Olivier sur Maine, art. 278. La révocation doit seulement être signifiée, pour faire cesser la jouissance des Démissionnaires.

10816. La révocation peut se faire par rapport à un des Démissionnaires seulement, pour la totalité ou pour une partie de ce qui lui est échu; alors, la Démission cesse d'être une Démission, Boullenois, p. 273.

10817. La Démission étant révoquée, le Démettant rentre dans tous les droits qu'il avoit; il doit avoir une entiere liberté de disposer de ses Biens, v. Boullenois, p. 312, Bourjon, t. 2, p. 60.

10818. Boullenois, p. 305, rejette le parti de partager entre le Démettant & le Démissionnaire, à proportion du temps, les fruits pendants par les racines lors de la révocation d'une Démission chargée d'une pension annuelle.

10819. Les fruits perçus par le Démissionnaire, lui restent, sans aucune compensation avec les impenses, qu'il peut répéter, quoique les réparations & améliorations n'existent plus lors de la révocation. Jusqu'au remboursement des impenses, il peut retenir les fonds, Boullenois, p. 306, 307.

CHAPITRE II.

De l'Ouverture des Successions par la Mort naturelle ou civile.

10820. L'INSTANT de la Mort naturelle ou civile fait l'instant de l'Ouverture de la Succession. C'est cet instant qui détermine ceux que la Loi appelle à succéder; ils commencent à posséder dès le moment que la possession de celui dont ils sont les héritiers, cesse, dit Bourjon, t. 1, p. 678. Il n'y a aucun vuide entre l'une & l'autre de ces possessions; c'est ce que signifie la maxime écrite dans les art. 318 de Paris, 259 de Tours, 244 de Loudun, *le Mort saisit le Vif.*

10821. Remarquons, avec Lauriere sur Paris, p. 377, que ce n'est pas le Mort qui saisit le Vif, mais la Loi; il arrive quelquefois que le Vif est saisi, contre la volonté du Mort. Tous les droits actifs & passifs de celui-ci, dès l'instant de son décès, passent à ses héritiers.

10822. L'un des héritiers décédant un instant après celui dont la Succession leur est déférée, il meurt saisi de sa portion héréditaire, & il la transmet à ses propres héritiers.

10823. Lorsque le fils est présumé avoir survécu son pere, v. Domat, l. 2, t. 1, s. 2, n. 11, 12, aux notes, ci-dessus n. 4155, il est censé avoir recueilli la Succession; il la transmet, avec la sienne, à ses héritiers.

10824. Des Collatéraux périssant par un même accident, on les considere comme n'ayant pas succédé les uns aux autres; leur Succession se défere à chacun de leurs héritiers.

10825. L'héritier est tellement saisi, qu'il peut former complainte, v. Sainson, t. 25, art. 2, Coquille, Quest 234, ci-dessus n. 4372.

10826. S'il a laissé jouir un autre pendant un an & jour, il ne peut plus agir qu'au pétitoire, « s'il n'étoit mineur ou femme mariée, » Lathaumassiere sur Berri, t. 19, art. 28, v. Lebrun, des Succ. l. 3, c. 1, n. 35.

10827. Le moment de l'Ouverture de la Succession fixe l'étendue des biens qui la composent; les Successions se prennent en l'état qu'elles se trouvent, Bourjon, t. 1, p. 684. Ainsi, l'héritier aux meubles ne peut demander récompense, pour les augmentations faites sur les propres; l'héritier aux propres ne peut rien prétendre, à raison d'un propre aliéné dont les deniers sont encore dûs, ou ont servi à payer un immeuble qui est acquêt, ou ont été employés à acquitter des dettes; on ne considere pas l'origine des dettes qui existent, v. ci dessus n. 9252, ci-après n. 11288 & suiv. 11568, 11716.

10828. L'absence, sans nouvelles, après un certain temps, est une présomption de Mort naturelle, v. Encyclopédie, au mot *Absent*.

10829. Si l'absent n'a pas donné de ses nouvelles, ou n'a pas laissé ou envoyé une procuration, ses héritiers, après 7 ans d'absence, selon l'art. 269 d'Anjou, ou après 10 ans, selon le droit commun, peuvent obtenir, sur les Conclusions du Ministere public, l'envoi en possession & le partage provisionnel de ses biens, en donnant Caution de les lui rendre, s'il reparoît, avec les fruits, v. Boullai, p. 187, Pocquet sur Anjou, art. 269, Arr. cél. l. 4, c. 20, Valin, t. 3, p. 165 & suiv. Pothier sur Orléans, t. 17, n. 37, Mignot, c. 11, Fourré, p. 281, Gaz. des Trib. t. 4, p. 311.

10830. M. Augeard, en ses notes, prétend que nous suivons l'art. 269 d'Anjou; mais on peut dire qu'il s'agit d'un point totalement omis dans notre Coutume, & que nous n'avons recours aux Coutumes voisines, que dans le cas où la nôtre a disposé des mêmes choses, d'une maniere moins claire & qui soit susceptible d'interprétation, laquelle peut se faire, en la rapprochant des Coutumes dont l'esprit est le même.

10831. Plusieurs ne réputent la Succession de l'absent provisionnellement ouverte, que du jour où le Juge envoie ses parents en possession de ses biens, v. Olivier sur Maine, art. 287.

10832. Lorsque la Mort ou la vie d'un absent est le fondement d'une demande qu'on forme, on doit la prouver. C'est au Défendeur à prouver la vie, s'il y a cent ans que l'absent est né. Il n'est pas présumé vivre cent ans, mais il est présumé ne pas vivre plus de cent ans, Dumoulin sur Paris, art. 1, gl. 2, n. 4, Dupineau sur Anjou, art. 269, Boucheul sur Poitou, art. 279, n. 24, Denisart, au mot *Absent*, Pothier, des Rentes const. n. 257, des Succ. c. 1, f. 2, art. 1.

10833. Les biens de celui qui a été condamné à une peine qui emporte Mort civile, appartiennent, du jour de la condamnation, au Fisc, dans les Pays où la confiscation a lieu; & parmi nous, à ses parents les plus proches, v. ci-dessus n. 2767 & suiv.

10834. Dans les Pays où la confiscation a lieu, elle cesse dans trois cas: 1°. si celui qui a été condamné à une peine qui emporte Mort civile, meurt depuis la condamnation & pendant l'appel; 2°. si, ayant été condamné par contumace, il meurt dans les 5 ans; 3°. si, nonobstant l'expiration de ce délai, il meurt après s'être représenté à la Justice. Dans ces trois cas, la Loi présume qu'il meurt innocent du crime dont il étoit accusé, & par conséquent en la pleine possession de tous les droits de Citoyen, v. Bourjon, t. 1, p. 107, 679, 689, ci-après n. 11031.

10835. Le moment de la Profession du Religieux est le moment de l'Ouverture de sa Succession; la Profession, le retranchant du nombre des Citoyens, emporte Mort civile, Bourjon, t. 1, p. 101, 680.

CHAPITRE III.

Des Scellés, de l'Inventaire & de la Vente qui les suivent.

10836. Les Scellés s'apposent pour la conservation des droits de différentes personnes, qui ont intérêt que des effets mobiliers soient mis, pendant un certain temps, sous la garde de la Justice.

10837. Dans le cas de faillite, les Créanciers font apposer les Scellés sur les effets de leur Débiteur, de son vivant.

10838. Aucun parent ne prenant soin des effets d'une personne qui est en démence ou absente, il y a lieu de les mettre sous les Scellés.

10839. Ils s'apposent quelquefois sur les effets d'un homme prévenu de crime.

10840. Il peut arriver qu'un malade soit obsédé par un parent qui refuse l'entrée de sa maison à d'autres parents, pour pouvoir, lorsque le malade sera mort, s'emparer des effets faciles à séquestrer. Après que le refus a été constaté, le Juge peut ordonner, sur la requête des autres parents, dit Denisart, au mot *Moribond*, qu'il se transportera dans la maison du malade, pour demander à lui-même si c'est par son ordre que le refus a été fait.

10841. Un malade peut requérir que les Scellés soient apposés chez lui, Pigeau, t. 2, p. 271.

10842. Un Juge ne doit pas entrer dans une maison, pour y apposer les Scellés, que le décès ne lui ait été certifié.

10843. A la honte des Ministres de la Justice, l'envie de se procurer des vacations, fait souvent faire à des Juges & à des Procureurs du Roi ou Fiscaux, des démarches qu'on ne peut excuser, au sujet des appositions & levées de Scellés & des Inventaires. Delà, tant de Procès pour des Scellés croisés, & pour enlever aux Notaires la confection des Inventaires ! Il y a des Procureurs du Roi ou Fiscaux à qui leur intérêt persuade que leur présence est toujours nécessaire; on sait combien communément elle n'est utile qu'à eux, v. ci-dessus n. 9012.

10844. Sur la prévention en matiere de Scellés, v. Jousse, des Commiss. p. 33, ci-dessus n. 1171 & suiv.

10845. Le droit de suite du Châtelet, qui a lieu pour les Scellés & les Inventaires des effets des personnes domiciliées à Paris, est très-onéreux aux Parties.

10846. Duval, Parf. proc. t. 2, c. 27, Jousse, des Commiss. p. 46, disent que l'apposition des Scellés sur les effets d'une personne décédée, ne peut être requise, lorsqu'il s'est écoulé 12 ou 15 jours depuis le décès, v. Valin, t. 2, p. 682.

10847. Il n'y a pas lieu d'apposer les Scellés, dès qu'il y a un héritier qui a accepté la Succession, Pothier, Proc. civ. p. 5, c. 5, §. 2, ou que l'Inventaire est fait, ou seulement commencé, suivant Couchot, t. 1, p. 403, t. 5, p. 372. Pigeau, t. 2, p. 271, tient qu'on peut mettre les Scellés sur les effets qui ne sont pas encore inventoriés, v. ci-après n. 10875.

10848. Il y a des endroits où les Scellés s'apposent par des Huissiers. Les Huissiers du Parlement ont le droit de les apposer, en exécutant les Arrêts de la Cour.

10849. Des Arrêts du 24 Juillet 1714, & 19 Juillet 1762, rendus pour la Justice des Bains, appartenante au Chapitre de l'Eglise de Tours, ont jugé que les Juges ne doivent pas commettre des Huissiers pour apposer les Scellés.

10850. Les Juges de Seigneur peuvent apposer les Scellés & faire les Inventaires chez les

Officiers royaux, chez les Nobles & chez les Ecclésiastiques; & même, si la Justice dépend d'un bénéfice, chez leur Seigneur, v. Lacombe, au mot *Jurisdiction*, n. 4, 9. On ne doit pas s'arrêter à la décision d'un Arrêt du Mars 1762, cité par Denisart, au mot *Scellé*, qui a jugé, contre les Officiers du Siége de Loches, que le Juge du Seigneur de S. Germain avoit pu apposer les Scellés dans son Château.

10851. Les Trésoriers de France apposent les Scellés & font les Inventaires, lorsqu'il y a ouverture au droit d'Aubaine, de Bâtardise, de Déshérence ou de Confiscation, au profit du Roi.

10852. Après le décès d'un Employé dans les Fermes du Roi, qui avoit le maniment de deniers royaux, les Scellés doivent être apposés & l'Inventaire fait de l'autorité des Juges auxquels est attribuée la connoissance des contestations sur la partie dans laquelle le Défunt étoit employé, Dict. rais. des dom. t. 2, p. 578; Varicourt, au mot *Election*, cite, à ce sujet, des Arrêts des 12 Août & 4 Septembre 1766. Les Juges ordinaires ont coutume d'apposer aussi les Scellés pour l'intérêt des Particuliers.

10853. Les Officiers venant à décéder dans les places où ils tiennent Garnison, ou par lesquelles ils passent avec la Troupe à laquelle ils sont attachés, c'est aux Majors ou Aides-Majors des Places, qu'il appartient d'apposer les Scellés sur leurs effets, & d'en faire l'Inventaire.

10854. Dans quelques Dioceses, les Archidiacres ont le droit d'apposer les Scellés sur les effets des Curés après leur décès.

10855. Un Juge ne peut apposer des Scellés, sans en être requis.

10856. Le Ministere public ne doit pas se trouver à une apposition de Scellés qu'il n'a pas requise.

10857. Il peut requérir l'apposition des Scellés, quand il y a lieu au droit d'Aubaine, de Bâtardise, de Déshérence ou de Confiscation; quand il s'agit de l'intérêt du Roi, du Public ou de l'Eglise; par ex. après le décès des Curés, Marguilliers ou Fabriciers, Notaires ou autres saisis de minutes, registres, titres d'Eglise, ou autres choses de pareille nature, suivant un Arrêt de Réglement du 15 Mai 1714.

10858. Après la mort d'un Bénéficier, il peut faire apposer les Scellés, non-seulement sur les titres dépendants du Bénéfice, mais encore sur les effets du Bénéficier, décedé Débiteur envers son Bénéfice, pour les réparations ou autrement, Pothier, Proc. civ. p. 5, c. 5, §. 3.

10859. L'art. 6 de l'Edit de Décembre 1691, autorise l'Econome à requérir l'apposition des Scellés, après le décès des Titulaires de Bénéfices consistoriaux. C'est aux Juges royaux à les apposer, v. Répert. de Jurispr. au mot *Economat*.

10860. Les héritiers d'un défunt étant absents, ou mineurs non-émancipés & dépourvus de Tuteurs, ou leurs Tuteurs étant absents, les Scellés peuvent être apposés à la requête du Ministere public, Jousse, des Commiss. p. 44, Pigeau, t. 2, p. 267.

10861. Il ne peut pas requérir l'apposition des Scellés pour un Créancier absent, & il ne doit pas être appellé à la levée pour un Créancier qui fait défaut, Pigeau, t. 2, p. 269, 321.

10862. Les absents ayant laissé ou envoyé une procuration générale, notariée, avant le décès de celui dont ils sont les héritiers, le Ministere public doit rester tranquille; pour qu'il ne prétende pas l'ignorer, on la fait signifier au Greffe; tel est notre usage.

10863. Au Châtelet, on exige une procuration spéciale & postérieure au décès; on cite une Déclar. du 27 Mai 1690, v. ci-après n. 10896.

10864. Pour éviter l'apposition des Scellés, il ne suffit pas qu'une autre personne se fasse fort pour un héritier absent.

10865. Jousse, de l'Admin. de la Just. t. 2, p. 192, Pothier, Proc. civ. p. 5, c. 5, §. 3, tiennent que le Ministere public ne peut, pour cause d'absence, requérir l'apposition des Scellés, ni y assister, non-plus qu'à la levée d'iceux, que lorsqu'il ne se trouve sur les lieux aucun héritier présomptif, v. ci-après n. 10889, 10926.

10866. S'il

10866. S'il est possible de faire nommer promptement un Tuteur à des Mineurs, dit Pothier, il doit le faire & se dispenser de faire apposer des Scellés.

10867. « Un homme étant décédé & laissé sa femme avec des enfants impuberes, » le Procureur du Roi ne peut obliger la veuve & tutrice des enfants, à faire apposer » le Scellé, ni faire Inventaire contre son gré, Arrêt du 7 Août 1617, » Delaville, n. 9148, v. ci-après n. 10874.

10868. Le Sieur Dupont, Procureur du Roi à l'Election de Loches, & sa femme, avoient grevé de substitution leur fils, au profit de ses enfants, par un Acte qui avoit été publié & enregistré au Bailliage. Ils révoquerent la substitution quant au mobilier, par un Acte qui fut signifié au Greffe du Bailliage, à la requête du fils, aussitôt après le décès du pere, pour empêcher l'apposition des Scellés. Néanmoins, ils furent apposés; mais, le 8 Juillet 1766, il est intervenu, contre le Procureur-Général, prenant le fait & cause de son Substitut, qui les avoit requis, un Arrêt qui a déclaré nulle l'apposition des Scellés, & a fait défenses à ce Substitut d'assister à l'Inventaire.

10869. Y ayant une donation universelle de tous les meubles en propriété, au profit d'une femme, l'héritier du mari ne peut la contraindre de souffrir l'apposition des Scellés, suivant un Arrêt du 20 Mars 1758, rapporté par Denisart, au mot *Scellé*, mais v. Pigeau, t. 2, p. 288. Un mari qui seroit Donataire, devroit justifier, non-seulement qu'il y a une donation, mais qu'elle a été insinuée.

10870. Il semble que le Survivant des Conjoints, Donataire ou Légataire universel, peut être contraint de souffrir l'apposition des Scellés, lorsqu'elle est requise, parce qu'au moment de cette réquisition, ceux qui sont intéressés à attaquer la donation ou le testament, ne peuvent être forcés à en reconnoître la validité.

10871. Quand la validité de la donation ou du testament seroit reconnue, l'apposition des Scellés seroit utile, pour la sûreté des titres & papiers relatifs aux immeubles; il peut y avoir des billets portant promesse de passer contrat de constitution, ou un autre testament postérieur; d'ailleurs, l'heritier aux immeubles, qui, à défaut de meubles, est tenu des dettes mobilieres, qui, pour raison d'icelles, peut être poursuivi hypothécairement, a intérêt à la conservation des meubles, v. Pigeau, t. 2, p. 258, 291, ci-après n. 10924.

10872. Lorsqu'il y a lieu d'apposer les Scellés, après le décès d'un des Conjoints, le Survivant doit avoir soin que ce soit à sa requête.

10873. Des enfants qui sont en continuation de Communauté avec le Survivant de leurs pere & mere, peuvent faire apposer chez lui les Scellés, long-temps après la mort du Prédécédé, à l'effet d'interrompre la Communauté; cela est souvent nécessaire, pour prévenir le divertissement des effets communs, v. Lacombe, au mot *Scellé*, n. 3.

10874. Olivier sur Maine, art. 506, dit que, quand le Survivant ne paroît pas porté pour ses enfants, leurs parents peuvent requérir l'apposition des Scellés, v. ci-dessus n. 9025 & suiv. 10867.

10875. L'offre que feroit le Survivant de faire faire sur le champ un Inventaire dissolutif de Communauté, pourroit empêcher l'apposition des Scellés, v. ci-dessus n. 10847.

10876. Un des enfants qui sont en continuation de Communauté avec leur mere depuis nombre d'années, meurt & laisse une fille, dont le Tuteur fait apposer les Scellés chez l'Aïeule: M. Bernard, en ses notes, décide que l'apposition des Scellés doit être déclarée nulle, injurieuse & tortionnaire, & le Tuteur condamné, en son nom, aux dépens.

10877. Un pere qui avoit fait faire un Inventaire dissolutif de Communauté, a doté sa fille de ce qui lui revenoit dans le montant de l'Inventaire; celle-ci, avertie qu'il étoit irrégulier, a fait, depuis, apposer les Scellés chez le pere. En Décembre 1779,

M. Moreau a estimé qu'elle auroit dû commencer par se faire restituer contre l'approbation qu'elle avoit donnée à l'Inventaire, en recevant sa part; & que cependant la levée des Scellés ne devoit être accordée qu'à la charge d'un nouvel Inventaire.

10878. « L'Exécuteur testamentaire, dit Pothier, Proc. civ. p. 5, c. 5, §. 3, les » Légataires, sur-tout quand le legs est universel, les Donataires des biens qui se » trouvent lors du décès, les Appellés à la substitution, ont le droit de requérir le Scellé. »

10879. Le Créancier d'une rente constituée, suivant Pigeau, t. 2, p. 268, quoiqu'il ne lui soit dû aucuns arrérages, peut faire apposer les Scellés. Le Créancier qui n'a pas de titre, n'a que la voie de l'action; mais un Propriétaire de maison, quoiqu'il n'y ait pas de bail, peut faire apposer les Scellés chez son Locataire, avec la permission du Juge, qui est aussi nécessaire à tout Créancier dont le titre n'est pas exécutoire, v. Pothier, Proc. civ. p. 5, c. 5, §. 2, Pigeau, t. 2, p. 269, ci-dessus n. 6344, 6351.

10880. « Celui qui n'est pas Créancier du Défunt, mais de quelqu'un de ses hé» ritiers, peut bien saisir les effets de la succession, mais non pas faire apposer le » Scellé dessus, parce que l'apposition est une espece d'exécution, » Ferriere, au mot *Scellé*.

10881. Celui qui requiert l'apposition des Scellés, doit faire une élection de domicile, comme un Saisissant; il n'est pas essentiel d'énoncer si l'apposition est faite avant ou après midi, Pigeau, t. 2, p. 279.

10882. Jousse, de l'Admin. de la Just. t. 2, p. 482, remarque qu'il n'est pas nécessaire qu'il y ait un Procureur présent à l'apposition des Scellés, ainsi qu'à la levée, & à toutes les vacations de l'Inventaire qui se fait en conséquence.

10883. Il n'est pas besoin d'un titre paré, pour former opposition aux Scellés apposés sur les effets d'un Débiteur décédé, Cochin, t. 3, p. 609.

10884. L'opposition doit contenir élection de domicile dans le lieu où ils sont apposés, & se signifier au Greffe du Juge. Il est bon d'y conclure aux intérêts, v. ci-dessus n. 3752.

10885. Une opposition à des Scellés n'a effet que pour ce qui est renfermé sous iceux; elle ne vaut pas Saisie-arrêt de tout l'actif du Débiteur; le payement fait nonobstant icelle, est valable, Arrêt du 22 Février 1761.

10886. Quand des Scellés sont apposés, c'est un crime que de les briser; ce crime se poursuit par la voie extraordinaire. Il n'y a pas de peine, si, n'y ayant pas d'opposition, ils ont été brisés, sans aucun mépris pour la Justice, par l'héritier du Défunt à la requête de qui, ou en l'absence de qui ils ont été apposés : il doit toujours les frais de l'apposition.

10887. Si un Juge a indûment apposé des Scellés, il convient de le sommer, uniquement par respect pour la Justice, sous toutes réserves & protestations nécessaires, de les lever, sans frais, dans tel délai, déclarant qu'à faute de ce, on les levera soi-même.

10888. Lorsque deux Juges ont apposé les Scellés, il faut se pourvoir devant le Juge supérieur, v. Arrêt du 17 Janvier 1708, rapporté au Journ. des Aud.

10889. A moins qu'il n'y ait péril en la demeure, avant de procéder à la levée des Scellés, il faut accorder un délai suffisant pour élire un Tuteur aux Mineurs, & pour avoir une procuration des absents; & le Ministere public ne peut assister à la levée des Scellés, après qu'ils ont été reconnus, ni à l'Inventaire, v. Arrêt du 3 Septembre 1667, rapporté au Journ. des Aud. Jousse, de l'Admin. de la Just. t. 1, p. 649, t. 2, 169, 192, ci-dessus n. 10865.

10890. Les Scellés ne peuvent être levés, ni l'Inventaire commencé, que trois jours francs après l'enterrement, Arrêt de Réglement du 18 Juillet 1733.

10891. Les Scellés doivent être levés par celui qui les a apposés, si ce n'est en cas d'empêchement.

10892. Suivant un Acte de notoriété du Châtelet, du 1er. Février 1754, la levée des Scellés doit être demandée par le ministere d'un Procureur, qui y assiste, v. ci-dessus n. 10882.

En succession directe, chaque héritier qui vient de son chef, peut se faire assister d'un Procureur à la levée des Scellés, aux frais de la succession; en succession collatérale, il ne peut y avoir qu'un Procureur pour chaque ligne; il n'y assiste que le plus ancien des Procureurs des Créanciers qui ont un titre, v. Pigeau, t. 2, p. 322.

10893. Les Scellés, qui peuvent s'apposer en l'absence des Parties intéressées, ne peuvent être levés qu'elles n'y soient appellées.

10894. Les héritiers connus, qui demeurent sur le lieu, doivent être appellés, quoiqu'ils n'aient pas formé opposition, v. ci-dessus n. 8856, 9012.

10895. Quand une Partie, du nombre de celles qu'on doit appeller sans qu'elles le demandent, comme un héritier, un Légataire universel, le Conjoint survivant, commun en biens avec le Défunt, ayant été sommée de se trouver à la levée des Scellés, n'y comparoit pas, le Ministere public la représente, v. Pigeau, t. 2, p. 321, 333.

10896. Un Arrêt du 20 Janvier 1779, rendu entre les Substituts du Procureur du Roi au Châtelet, & les Notaires, « fait défenses à tous Officiers de procéder ou » faire procéder aux levées des Scellés, Inventaires & Ventes de meubles, autre» ment qu'en y dénommant généralement tous les présomptifs héritiers connus, » quoiqu'absents, & en y appellant un Substitut pour les absents; & aussi d'y assister » pour un Cohéritier ou autre Partie intéressée, sans procuration spéciale, postérieure » au décès & passée devant Notaire; le tout à peine de nullité, » Gaz. des Trib. t. 9, p. 271, v. ci-dessus n. 10863, ci-après n. 10927, 10939.

10897. Lorsqu'on doit faire procéder à un Inventaire par un Notaire, le Juge, au lieu de lever les Scellés, doit se borner à les reconnoître dans une seule vacation, & se retirer; le Notaire les brise à mesure qu'il fait l'Inventaire, v. Jousse, des Commiss. p. 49, Pothier, Proc. civ. p. 5, c. 5, §. 7.

10898. Pigeau, t. 2, p. 318, dit qu'un Mineur émancipé ne peut demander ni consentir la levée des Scellés sans Inventaire.

10899. On ne l'accorde pas à un héritier majeur, qui ne prend que la qualité d'habile à succéder ou d'héritier bénéficiaire, quoiqu'il n'y ait aucune opposition, ou que les Opposants y consentent; ni à un Donataire ou Légataire universel, si l'héritier n'a pas consenti l'exécution de la donation ou du testament.

10900. On ne peut rien prendre pour les appositions & levées de Scellés & les Inventaires faits sans réquisition de Parties, lorsque c'est par un motif d'intérêt public, ou que les effets de la succession n'excedent pas 200 l. Jousse, des Commiss. p. 45, 57.

10901. « Lorsqu'un des héritiers a mal-à-propos requis le Scellé, les autres ayant » consenti de faire le partage à l'amiable, les frais sont à la charge de celui qui les » a occasionnés, » Serpillon, p. 75, v. ci-après n. 10930, 10931.

10902. Pigeau, t. 2, p. 331, dit que l'Inventaire ne peut se faire sous signature-privée, v. ci-dessus n. 8992.

10903. Les Inventaires étant des Actes de Jurisdiction volontaire, leur confection appartient aux Notaires, soit royaux, soit de Seigneurs, à l'exclusion de tous Juges.

10904. Suivant Denisart, au mot *Inventaire*, elle appartient, dans le ressort des Justices royales, aux Notaires royaux, à l'exclusion des Juges royaux, si ce n'est qu'il s'agisse de cas royaux; mais les Notaires royaux n'ont que la concurrence avec les Officiers des Justices seigneuriales, dans le territoire de celles-ci.

10905. Par un Arrêt du 27 Mai 1737, cité ci-dessus n. 6896, ci-après n. 10917, les Notaires de Tours ont été maintenus dans le droit de faire tous les Inventaires, tant volontaires, que ceux qui sont ordonnés par Justice, entre Majeurs ou Mineurs, à l'exclusion des Officiers du Siége de Tours, & de tous autres.

10906. Il n'importe qu'ils soient faits après des Scellés apposés par les Juges, Jousse, des Commiss. p. 51, v. ci-après n. 10910.

10907. Dans les cas d'Aubaine, de Déshérence, de Bâtardise ou de Confiscation, les Juges font les Inventaires, v. Jousse, des Commiss. p. 24, 54.

10908. Un Arrêt du 27 Août 1742, a maintenu les Notaires de Tours dans le droit de faire seuls les Inventaires dans les cas de Faillite & Banqueroute, & autres qui ne sont pas du nombre des cas royaux; a condamné le Lieutenant-Général à restituer les émoluments de ceux qu'il avoit faits; & lui a défendu d'en faire, « sans préjudice néan» moins de la description sommaire, qui, dans les cas de Faillite & Banqueroute, pourra » être par lui faite, des meubles, titres & enseignements qui pourront servir à la convic» tion des Accusés. »

10909. Olivier sur Maine, art. 88, remarque qu'un Juge de Seigneur ne peut faire un Inventaire, quand il y a, sur le lieu, un Notaire royal.

10910. Un Arrêt du 16 Mai 1775, a jugé que, quand les Scellés ont été apposés par le Juge de la Justice d'Oé, les Inventaires ne peuvent être faits que par lui, à la charge de ne prendre, tant pour lui, que pour son Greffier, plus forts droits que s'ils étoient faits par un Notaire; & qu'hors le cas de l'apposition de Scellés, les Inventaires & les partages peuvent être faits par les Officiers de la Justice d'Oé, concurremment avec les Notaires royaux, v. ci-dessus n. 10906.

Cet Arrêt est contraire à l'Ord. de Janvier 1629, art. 155, & aux Arrêts de Réglement des 10 Juillet 1665, art. 56, & 15 Janvier 1684. Il ne peut être opposé à ceux contre qui il n'a pas été rendu; sur-tout aux Notaires de Tours, avec qui un Arrêt du 3 Décembre 1569, obtenu par les Notaires de Paris contre les Seigneurs Hauts-Justiciers de cette Ville, a été déclaré commun, par des Lettres-Patentes du 14 Mai 1586, qui confirment aux Notaires de Tours les mêmes droits que ceux attribués aux Notaires de Paris & d'Orléans, notamment à l'égard des Inventaires & des partages, v. ci-dessus n. 3902.

L'Arrêt du 3 Décembre 1569, a décidé que, les Scellés ayant été apposés par les Officiers royaux, les Notaires doivent faire les Inventaires, & que si, les Officiers des Seigneurs Hauts-Justiciers ont apposé les Scellés, c'est à eux à faire les Inventaires, à moins que les Parties ne veulent qu'ils soient faits par les Notaires, auquel cas ceux-ci peuvent procéder aux Inventaires comme aux partages, ainsi que le porte expressément un Arrêt du 30 Avril 1588, qui ordonne l'exécution de celui du 3 Décembre 1569. L'art. 44 de Tours ne donne aux Officiers des Moyens-Justiciers le droit de faire les Inventaires, que dans le cas de Déshérence.

10911. La levée des Scellés à la charge de l'Inventaire par un Notaire, ne peut être refusée par le Juge de la Justice d'Oé, si personne ne s'y oppose; il ne peut forcer d'y faire procéder devant lui.

10912. Un Arrêt du 31 Janvier 1770, remarqué par Varicourt, au mot *Notaire*, a jugé qu'il suffit, pour que l'Inventaire soit fait par un Notaire, qu'une seule des Parties le requiere.

10913. Quand les Parties ne sont pas d'accord pour le choix d'un Notaire, le Juge le nomme, Jousse, des Commiss. p. 54, 78, v. ci-dessus n. 8989, ci-après n. 10944.

10914. Jousse dit que, si une des Parties ne veut qu'un Notaire, celles qui en exigent un 2e. doivent seules le payer.

10915. Pour le choix de l'Appréciateur, on suit les mêmes regles que pour le choix du Notaire, Pigeau, t. 2, p. 325.

10916. Le Notaire prend le serment de ceux qui sont dans le cas de le prêter lors des Inventaires, Jousse, des Commiss. p. 55, Pigeau, t. 2, p. 335, v. ci-dessus n. 5999.

10917. Lorsqu'en procédant à un Inventaire, il survient quelque contestation, le Notaire écrit les déclarations des Parties, & les renvoie devant le Juge pour qu'il la décide. Si elle est de nature à empêcher la continuation de l'Inventaire, le Notaire ne le continue qu'après qu'elle est décidée, Arrêts des 6 Septembre 1674, &

27 Mai 1737, pour les Notaires de Tours, rapportés par Jousse, des Commiss. p. 390, 524, v. ci-après n. 12231.

10918. Ceux qui ont formé opposition à des Scellés, comme celui qui les a fait apposer, peuvent provoquer l'Inventaire, ainsi que la Vente.

10919. Un mari qui est en Communauté de biens avec sa femme, peut seul faire procéder à l'Inventaire des effets mobiliers d'une succession échue à celle-ci.

10920. Pour l'Inventaire, un Mineur émancipé n'a pas besoin d'un Tuteur spécial, cependant v. Pigeau, t. 2, p. 308.

10921. Pigeau, p. 334, dit qu'un Tuteur doit assister en personne à l'Inventaire, v. ci-dessus n. 9000.

10922. Le Légataire universel peut le provoquer; il doit y être appellé, comme les héritiers; Pigeau, p. 328 & suiv. observe que l'on conteste au Légataire universel qui n'est pas héritier & n'a pas obtenu la délivrance de son legs, le droit d'assister à l'Inventaire.

10923. Le Survivant des Conjoints, Donataire ou Légataire universel, n'est tenu qu'à l'Inventaire des titres & papiers, par l'art. 241 de Tours.

10924. Des héritiers qui, refusant de consentir l'exécution de la donation ou du testament, requierent l'Inventaire des meubles, doivent en avancer les frais, sans répétition, au cas que l'exécution soit ordonnée, notes de M. Bouault, Valin, t. 2, p. 422. L'Inventaire est cependant nécessaire pour instruire les héritiers des forces de la succession, afin qu'ils fassent acte d'héritier, en consentant l'exécution de la donation ou du testament; il peut d'ailleurs se trouver des objets sur lesquels la donation ou le testament ne porte pas, v. Fourré, p. 334, Pigeau, t. 2, p. 318.

10925. Les enfants à qui la propriété des meubles donnés ou légués doit être conservée en cas d'un 2e. mariage, ont le droit d'en requérir l'Inventaire, Fourré, p. 335.

10926. Ce n'est que lorsqu'il y a péril en la demeure, que le Ministere public peut, à un Inventaire, représenter un Mineur dépourvu de Tuteur, ou un absent, v. Arrêt du 21 Avril 1751, cité par Denisart, au mot *Inventaire*, ci-dessus n. 9003, 10889.

10927. Une Partie peut paroître à un Inventaire, accompagnée de son Procureur; celui-ci ne peut s'y présenter seul, à moins que ce ne soit, ainsi que tout autre Particulier, comme ayant une procuration spéciale, qui doit être annexée à la minute de l'Inventaire, v. ci-dessus n. 10882, 10896, ci-après n. 10946. Il sera payé de ses vacations, non sur les effets inventoriés, mais par la Partie, sans aucune répétition, Réglement du 21 Septembre 1684, pour le Siége de Tours.

10928. L'art. 17 d'un Réglement du 11 Juin 1755, pour le Siége de Chinon, porte: « Les Lettres d'émancipation & requisitoire de Scellés, Curatelles, ne pourront être » demandés par les Parties, qu'assistées d'un Procureur; ne pourra être taxé que » deux vacations aux Procureurs qui assisteront aux Inventaires, savoir une vaca- » tion au plus ancien Procureur des Opposants & une vacation à partager avec les » autres Procureurs, sans que les Procureurs puissent prétendre de vacations, au cas » que les Parties soient présentes, auquel cas seront payés par les Parties qui les » auront requis. »

10929. A Tours, les prisées de meubles aux Inventaires se font par les Frippiers, qui y ont été autorisés par un Arrêt rendu entr'eux & les Tapissiers; ils ont 40 s. par vacation, Jousse, de l'Admin. de la Just. t. 2, p. 590.

10930. « Quand l'Inventaire est légal, c'est-à-dire, nécessaire à cause d'une Veuve » ou de Mineurs, les frais sont communs & à la charge de la succession; c'est un acci- » dent. Mais, lorsque tous les héritiers sont majeurs & présents, ils sont à la charge » de celui qui veut l'Inventaire en Justice ou devant Notaire, malgré les autres héritiers » qui consentent de le faire à l'amiable, » Serpillon, p. 76, v. Arrêt du 23 Juin 1750, cité par Denisart, au mot *Bénéfice d'Inventaire*.

10931. « Il est si vrai que les Inventaires & partages se font aux dépens de la » chose, que si un enfant demande Inventaire, pour connoître s'il a sa légitime,

» les frais de l'Inventaire se prennent sur la masse, sans que celui qui a demandé » l'Inventaire, en supporte aucune portion, si, par l'événement, il se trouve que » cet enfant a sa légitime; la raison est qu'on ne le peut connoître, que par l'Inven- » taire, qui par conséquent est nécessaire, comme il a été jugé plusieurs fois, » Lathaumassiere sur Berri, t. 20, art. 10, v. ci-dessus n. 9479, 10901, 10924.

10932. Le 30 Juillet 1761, le Siége de Tours a jugé que les héritiers aux propres doivent contribuer, en ce qui les concerne, aux frais des Scellés & de l'Inventaire.

10933. Cette décision doit être suivie même dans le cas où il y a un legs universel, à moins qu'il ne soit fait par l'un des Conjoints par mariage à l'autre, à cause de l'art. 241 de Tours.

10934. Denisart, au mot *Bénéfice*, remarque un Arrêt du 27 Février 1753, qui a jugé que l'Inventaire des titres d'un bénéfice doit être fait aux frais du Titulaire actuel, & n'est pas à la charge de la succession de son Prédécesseur.

10935. Un Arrêt du 6 Août 1777, rapporté dans la Gaz. des Trib. t. 4, p. 86, a décidé que les Inventaires des minutes de Notaires doivent être faits, après leur décès, par les Juges des lieux, sans frais, v. ci-dessus n. 10900.

10936. Sur l'utilité des Inventaires, v. Sainson, t. 2, art. 6, Dupont sur Blois, art. 5.

10937. Un Créancier privilégié a voulu faire procéder à la Vente des meubles; l'héritier a revendiqué la poursuite, la Vente des meubles devant être une suite des Scellés & de l'Inventaire, & il l'a obtenue. Le même Créancier a saisi les fruits pendants par les racines, & il en a poursuivi la Vente, dont l'héritier a revendiqué encore la poursuite, comme suite des Scellés & de l'Inventaire, & elle lui a été accordée au Siége de Tours, le 12 Septembre 1761.

10938. Il faut appeller à la Vente les Parties intéressées, v. Denisart sur l'Acte de de notoriété du Châtelet, du 11 Juillet 1717.

10939. Le Ministere public représente, à la Vente, l'héritier absent, Pigeau, t. 2, p. 353, v. ci-dessus n. 10896.

10940. Les Propriétaires de meubles, leurs héritiers, Créanciers ou autres, ne peuvent, à peine de 1000 l. d'amende, en faire aucune exposition & Vente à l'encan, sans y appeller un Officier public, Notaire, Greffier ou Huissier, soit royal, soit seigneurial.

10941. Lorsque la Vente n'a pas été ordonnée en Justice, il faut obtenir la permission de la faire, pour laquelle il est dû 7 s. 6 d. Il en est dû autant, pour l'enregistrement que doit faire le Greffier, tant de la permission, que de l'extrait du Procès-verbal de Vente.

10942. Des Arrêts des 4 Juin 1756, 1759, & 2 Juillet 1760, ont maintenu les Notaires de Chinon, Amboise & Tours, dans la possession de faire toutes Ventes volontaires de meubles & fruits, même celles ordonnées en Justice, lorsqu'ils en sont requis par les Parties, à l'exception des Ventes de meubles & fruits qui auroient été saisis-exécutés. La concurrence entre les Notaires de Tours & les Huissiers, pour la confection des Ventes volontaires, a été admise par un Arrêt du 20 Juillet 1770, v. ci-après n. 10945.

10943. Un Arrêt du 27 Février 1751, a ordonné qu'à la requête de l'Econôme, la vente des effets de l'Archevêque de Tours seroit faite par un Huissier.

10944. La dame Gatian ayant fait apposer les Scellés sur les effets de la Communauté, après la mort de son mari, l'Inventaire se fit par Me. Gervaize, Notaire à Tours, qu'elle avoit choisi, & Me. Thenon, son confrere, dont la présence avoit été requise par les héritiers. Elle demanda la permission de faire procéder à la Vente par Me. Gervaize; les héritiers, s'y étant opposé, s'en rapporterent, pour nommer d'office un Huissier, aux Juges de Tours, qui, le 7 Septembre 1775, nommerent le 1er. Huissier-Audiencier; un Arrêt du 27 Mars 1776, ordonna que la Vente seroit faite par Me. Gervaize, sauf aux héritiers à y faire assister un autre Notaire, si bon leur sembloit. Ils alléguoient que les frais de la Vente seroient moins considérables, si elle étoit faite par un Huissier, & que Me. Gervaize ne leur étoit pas agréable.

10945. Un Edit de Février 1771, a créé des Offices de Jurés-Priseurs-Vendeurs de meubles, pour faire seuls, à l'exclusion de tous autres, les Ventes de meubles, v. Arrêt du Conseil, du 25 Novembre 1780.

10946. La Partie qui veut faire assister à la Vente un Procureur, doit le payer.

10947. Les meubles qui sont légués en nature, & ceux que le Survivant des Conjoints par mariage a le droit de retenir pour son préciput, ne doivent pas être compris dans la Vente, à moins qu'il n'y ait des Créanciers qui le demandent & qui aient intérêt de le demander; la demande des héritiers du Prédécédé seroit toujours rejettée, v. Bourjon, t. 1, p. 545, t. 2, p. 389, ci-dessus n. 8937, ci-après n. 12224.

10948. Le Propriétaire ne peut pas empêcher, après le décès du Locataire, que ses meubles ne soient vendus; l'opposition conserve le privilége sur les deniers qui en proviendront, Fourré, p. 552, v. ci-dessus n. 6430.

10949. L'Acte de Vente est sujet au droit de Contrôle, & à un droit de 4 d. pour livre du montant de la Vente.

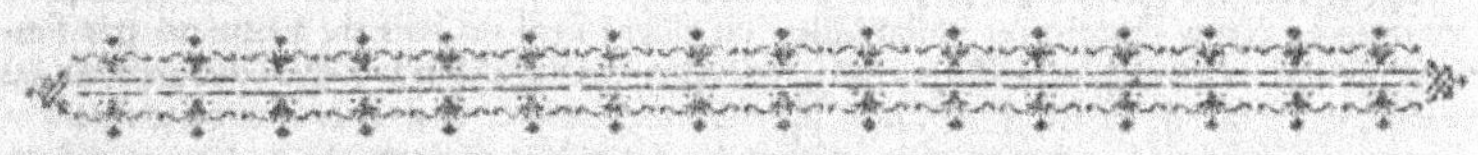

LIVRE SECOND.

De Ceux qui peuvent succéder.

10950. LES art. 299 de Paris, 258 de Tours, 243 de Loudun, n'admettent point d'héritiers testamentaires; c'est la Loi qui fait les héritiers, en déférant les Successions, selon l'ordre de la parenté.

10951. Descendus d'un même pere, nous sommes tous parents, à quelque dégré. « Supposons que chaque couple de nos ancêtres ait laissé deux enfants; que chacun de ceux-ci en ait laissé également deux; nous trouverons que nous tous qui » vivons actuellement, avons près de 269 millions de parents au 15e. dégré, tous » à la même distance de nos ancêtres communs, outre ceux qui sont plus près ou » plus loin de la souche commune, » Blackstone, Comm. sur les Loix Angloises, t. 3, p. 15. Dans le 15e. dégré, chaque homme a 32768 ancêtres, v. Domat, l. 2, t. 1, s. 3, n. 8.

10952. Les art. 318 de Paris, 259 de Tours, 244 de Loudun, appellent à la Succession d'une personne ses plus proches parents, habiles à lui succéder. Deux conditions sont donc requises pour succéder, la proximité du dégré & l'habilité à succéder.

10953. Il y a différentes inhabilités; par ex. par les art. 284, 286, 296, 303 de Tours, on est inhabile à succéder, lorsqu'on est exhérédé, ou exclus de la Succession par mariage ou par profession religieuse. Il y a des inhabilités particulieres: par l'art. 289, le frere conjoint d'un côté, est inhabile à recueillir les meubles & les acquêts, lorsqu'il y a des freres conjoints des deux côtés; par les art. 287, 310, celui qui n'est pas de la ligne dont procede un propre, ne peut le recueillir, lorsqu'il y a des parents de cette ligne, & un Ascendant qui est même de la ligne, est exclus par un héritier collatéral, quel qu'il soit.

10954. On admet à succéder, avec un parent proche, un parent d'un dégré éloigné, lorsqu'il en représente un autre aussi proche.

10955. Après avoir parlé de la représentation, nous dirons quelque chose de ce qui rend inhabile ou incapable de succéder; puis, nous verrons quels sont ceux qui recueillent les biens des personnes qui n'ont pas d'héritiers.

CHAPITRE PREMIER.

De la Représentation.

10956. LES art. 319, 320, 328 de Paris, admettent la Représentation, en ligne directe, à l'infini, & en ligne collatérale, jusqu'aux enfants des freres & sœurs. Anciennement, il n'y avoit pas de Représentation, même en ligne directe, v. Bodreau sur Maine, art. 241, Boucheul sur Poitou, art. 277, n. 16.

10957. Le partage par souches est la suite & l'effet de la Représentation, v. Sainson, t. 25, art. 26, Breche, t. 25, art. 30, Boucheul sur Poitou, art 292, n. 13, Valin, t. 3, p. 91.

10958. Auroux, p. 2, p. 59, dit que ceux qui sont dans les termes de la Représentation en ligne directe ou collatérale, en dégré égal ou inégal, viennent par souches; ce qui n'a pas lieu à Paris, où, par l'art. 321, s'il n'y a que des neveux ou nieces, ils viennent de leur chef, non par Représentation, & ils succedent par têtes.

10959. L'oncle & le neveu d'un défunt lui succedent également; ils sont au même dégré, art. 339 de Paris, parce que, n'y ayant pas de frere ou sœur, le neveu vient de son chef, non par Représentation.

10960. L'oncle d'un défunt exclud son cousin germain, art. 338 de Paris; celui-ci est dans un dégré plus éloigné, & il ne peut se rapprocher par le moyen de la Représentation.

10961. La Représentation a lieu, en ligne collatérale, comme en ligne directe, à l'infini, par l'art. 287 de Tours, par lequel il faut interpréter l'art 272 de Loudun, Proust, p. 478, quoi que dise Mignot, c. 2, n. 19, 33.

10962. » La Représentation avoit lieu à Tours en collatérale, avant la Réforma-
» tion, comme l'a remarqué Sainson, & l'attestent deux turbes faites à Tours, en
» vertu d'Arrêt donné entre Nicolas Branchu & les héritiers de Jacques Lieu-
» tenant-Général à Loches, » Boullai, C. M. v. Breche, t. 25, art. 30.

10963. La Représentation n'a pas lieu en matiere de substitution, Ord. d'Août 1747, t. 1, art. 21; ni, à Tours, en matiere de retrait, v. ci-dessus n. 10027, 10032.

10964. On ne peut représenter qu'une personne dont on est descendu, un pere, un aieul; non un oncle, un neveu, v. Pallu, p. 469.

10965. Les filles ont droit de Représentation, Dumoulin sur Loudun, art 264, Proust, p. 464.

10966. La Représentation fait monter les Représentants au dégré des Représentés, elle leve l'obstacle qui résulte de la proximité des uns & de l'éloignement des autres, v. Pocquet sur Anjou, art. 225.

10967. La Représentation fait succéder par ex. un parent au 4e. dégré, au préjudice d'un parent au 3e dégré, parce que celui-là peut représenter un parent qui excluroit celui-ci; auquel cas la Représentation met le 1er. dans la place de celui qu'il représente, & ainsi elle le rend plus proche, Pallu, p. 472.

10968. L'arriere-petit-neveu exclud l'oncle, parce que les descendants du pere du défunt excluent ceux qui ne descendent que de l'aieul; comme ceux-ci excluent ceux qui ne descendent que du bisaïeul, Pallu, p. 473, 535, Pothier, des Suc. c. 2, s. 3, art. 1, §. 2.

10969. Pour

10969. Pour profiter du bénéfice de la Représentation, il n'est pas nécessaire d'être héritier de celui qu'on représente, Bourjon, t. 1, p. 696.

10970. Le dégré étant rempli, la Représentation ne peut avoir lieu; il n'y a vacance du dégré, que par la mort, naturelle ou civile, de celui qu'on prétend représenter, Guyné, p. 163, Pocquet, Arr. cél. l. 4, c. 21, Bourjon, t. 1, p. 697, Valin, t. 3, p. 89.

10971. Deux enfants renoncent à la succession de leur pere, les petits-fils qui l'acceptent, succedent par souches. Il y a une Représentation fictice; elle n'est pas réelle; on ne représente pas une personne vivante, disent Boullai, p. 279, Pallu, p. 469; mais elle a le même effet, notes de M. Bernard, v. Pocquet sur Anjou, art. 225, Olivier sur Maine, art. 241, Pothier, des Succ. c. 2, s. 1, art. 1, §. 4.

10972. Si un seul des deux enfants renonce, ses descendants, encore que sa renonciation soit gratuite, sont exclus, sans pouvoir même demander leur légitime, Valin, t. 3, p. 95, v. Breche, t. 25, art. 30, ci-après n. 11224.

10973. L'enfant d'un frere vivant, qui a renoncé, ne peut concourir avec un autre frere, Pallu, p. 469; il seroit même exclus par l'enfant de celui-ci qui seroit décédé, note de M. Dubois, pere.

10974. Il n'y a pas de Représentation dans la ligne directe ascendante, Boucheul sur Poitou, art. 277, n. 26 & suiv. Valin, t. 3, p. 88.

10975. Les Représentants entrent dans tous les droits du Représenté, Pallu, p. 469, 535; cependant, en renonçant à sa succession, ils ne sont pas tenus de ses dettes: ils doivent rapporter ce qui lui a été donné, R. du Dr. fr. p. 246.

10976. Il est conforme aux principes de la Représentation, de lui donner l'effet, non-seulement de rapprocher le Représentant au dégré du Représenté; mais de donner à celui-là les avantages personnels à celui-ci, Pallu, p. 469. Guyné, p. 66 & suiv. critique la décision d'un Arrêt du 23 Février 1663; Justinien, par la Novelle 118, dit-il, a introduit le privilege du double lien, en même-temps & pour les mêmes dégrés, que ceux de la Représentation; elle décide que les enfants du frere conjoint des deux côtés, excluent le frere conjoint d'un côté seulement, v. ci-après n. 11434; la Représentation met les enfants dans le dégré de leur pere, & leur transmet une prérogative qui lui étoit personnelle, le droit d'exclure leur oncle.

10977. « Malgré le préjugé de la Novelle qu'on cite sur cette matiere, & le sentiment de Pallu, je tiendrois volontiers, dit M. Bernard, en ses notes, que la Représentation a lieu à l'infini entre les Représentants frere & sœur du défunt. » Il ajoûte que l'usage est contraire, usage qu'atteste Brodeau sur Tours, art. 289.

10978. Cet usage est-il bien certain? On ne rapporte aucun Jugement qui ait refusé au petit-fils d'un frere germain la préférence sur un frere utérin ou consanguin. M. Carré, en ses notes, suppose un usage contraire, en disant positivement que « la Représentation de l'art. 289 de Tours est étendue à l'infini, contre l'avis de Lebrun. » M. Bouault, dans les siennes, se faisant la question jusqu'où s'étend le privilege du double lien, ne répond pas qu'*on tient*, mais seulement que *Pallu estime* qu'il ne passe pas les neveux; « cela, remarque-t-il, est expressément contraire à la disposition de l'art. 287. »

10979. Maillart sur Artois, art. 105, range la Cout. de Tours parmi celles où le double lien a lieu à l'infini; « le double lien établi par une Coutume, dit-il, n'a rien à démêler avec celui qui est établi par le droit romain. »

10980. Nous pensons, avec Guyné, p. 209 & suiv. contre Pallu, p. 474, 476, que le double lien doit, parmi nous, être considéré au-delà des freres & sœurs, & des neveux & nieces. Pourquoi arrêter la Représentation que l'art. 287 de Tours déclare être infinie dans tous les cas, sans en excepter un seul. Cet article est pour tout genre de successions, pour les successions aux meubles & acquêts, comme pour celle aux propres, v. art. 306, 317 de Bourbonnois, de Grainville, p. 121 & suiv.

Valin, t. 3, p. 50, Denisart & Répert. de Jurispr. au mot *Double lien*, Mignot, c. 12, n. 42 & suiv. Pothier, des Succ. c. 2, s. 3, art. 2, §. 5, ci-après n. 11435.

10981. Lorsqu'une personne vient par Représentation d'une autre, celle-là est regardée comme l'auroit été celle-ci. On n'examine pas le sexe ni la qualité du Représentant; que ce soit un mâle ou une fille, qu'il soit noble ou roturier, il n'importe. C'est le sexe & la qualité du Représenté, qui seuls déterminent; tout le droit qu'auroit eu le Représenté, est accordé à sa postérité. La fille qui représente un aîné, & le Roturier qui représente un Noble, ont tout ce que la Loi attribuoit au Représenté.

10982. Des enfants nobles partagent la succession de leur Aïeul roturier, roturiérement, avec leurs oncles ou cousins-germains; & ils subdivisent leur part entr'eux noblement.

10983. Un Noble a deux filles, qui, mariées à des Roturiers, ont chacune un fils: M. Bonault, en ses notes, décide que le fils de l'aînée ne peut demander à partager la succession de l'Aïeul maternel, suivant les art. 273, 274 de Tours; il n'a pas fait attention que ce n'est pas la qualité du Représentant, qui regle la maniere de partager.

10984. A la mort d'Anne Lefevre, noble, la Dame Racapé, fille d'une sœur puînée, prétendit que les Dames Falloux & Ménage, qui représentoient la sœur aînée, étant roturieres, ne pouvoient se prévaloir de l'art. 282 de Tours, qui ne dispose qu'*entre Nobles*. Cependant l'exclusion de la Dame Racapé, qui étoit noble, fut prononcée par une Sentence arbitrale, qui fut confirmée par un Arrêt du 17 Juillet 1726, après qu'il eut été donné par les Officiers & Avocats des Siéges royaux de Touraine, des Actes de notoriété, d'où il résultoit qu'on ne considere pas la qualité personnelle des Représentants, mais seulement celle des Représentés; & le partage se fit également entre les Représentantes l'aînée, notes de MM. Dubois, fils, & Bernard, v. Pallu, p. 469, Guyné, p. 136 & suiv. Boucheul sur Poitou, art. 286, n. 16, Cochin, t. 1, p. 273 & suiv. t. 2, p. 684, t. 6, p. 523, Valin, t. 3, p. 109. MM. Ducornet, Guyot-Duchesne, Berroyer & Macé, Avocats de Paris, avoient donné, le 25 Septembre 1724, un avis favorable à la Dame Racapé.

10985. La Représentation doit avoir, parmi nous, en ligne collatérale, le même effet & la même étendue qu'on lui donne, par-tout, en ligne directe, Guyné, p. 116.

10986. La Représentation établie par l'art. 287 de Tours, opere dans tous les cas & dans tous les dégrés; on tient qu'elle se fait par une espece de transmission des droits du Représenté en la personne des Représentants. L'habilité que celui-là avoit à succéder, est regardée comme une adition effective de l'hérédité; de sorte que ceux-ci subdivisent comme si, ayant recueilli la succession, il la leur avoit transmise. Après le 1er. partage, quand même la succession seroit collatérale, la subdivision, qui est un 2e. partage, se fait suivant les regles prescrites pour les successions directes, Guyné, p. 126 & suiv. Boucheul sur Poitou, art. 290, n. 45 & suiv. Guyot, t. 5, p. 390, Olivier sur Maine, art. 270. Sur la transmission v. Samson, t. 25, art. 2, Domat, l. 3, t. 1, s. 10, Olivier sur Maine, art. 241, ci-après n. 11720.

10987. Ce qu'enseigne Pallu, p. 430, 455, 501, 502, est conforme à ces principes, & a servi de regle dans l'usage. Le sentiment qu'il a depuis adopté, suivant M. Bernard, n'a pas été connu dans la Province; la connoissance qu'en a donnée M. Bernard, dans la Consultation citée ci-après n. 11810, n'est pas capable de renverser un usage anciennement établi & constamment suivi. MM Bernard, Dufrementel & le Pere de l'Auteur, ont attesté, dans une Consultation, que c'est une maxime, du moins à Tours, d'après l'art. 279, que la Représentation influe sur la subdivision, comme sur le partage général, & que la subdivision doit se faire comme en ligne directe.

10988. M. Bernard, en ses notes, a suivi cette regle dans deux especes.

Dans la 1re. espece, Denis avoit eu Philippe & Françoise; celle-ci avoit eu Mathieu & Pierre; de Mathieu étoient issus Gilles & Luc; & de Gilles, Antoine & Susanne. La succession de la fille de Philippe, étant de 72 l. M. Bernard a estimé que Pierre devoit en avoir 24 l. Luc 16 l. Antoine 21 l. 6 s. 8 d. & Susanne 10 l. 13 s. 4 d.

Il s'agissoit, dans la 2e. espece, du partage des biens de la fille de Prosper, entre les Représentants Louis, frere germain de Prosper, & Alexis, son frere consanguin. De Louis étoient issus Jean & Marie; Jean étoit représenté par Jules, Renée & Sophie. Les propres qui procédoient de la mere de Prosper & de Louis, appartenoient aux Représentants Louis. Quant aux propres qui venoient de Prosper ou de son pere, Alexis devoit y avoir un tiers, & les Représentants Louis les deux tiers, outre le préciput. Dans la 1re. subdivision, les Représentants Jean devoient prendre, dit M. Bernard, le préciput avec les deux tiers, & Marie l'autre tiers. Le préciput avec les deux tiers étoit, dans la 2e. subdivision, pour Jules; le tiers déféré à Renée & Sophie, devoit se partager également entr'elles.

10989. En Anjou & au Maine, il n'y a pas de préciput dans les subdivisions, v. Pocquet, des Fiefs, p. 648, Olivier sur Maine, art. 240.

10990. Le Rappel, qui ne peut avoir lieu dans les Coutumes de Représentation à l'infini, n'a, dans les Coutumes qui, comme celle de Paris, admettent la Représentation dans les termes de droit, que l'effet d'un don ou d'un legs, étant fait par un Acte revêtu des formalités nécessaires pour la validité d'une donation ou d'un testament. Dans les Coutumes qui, comme celle de Blois, n'admettent pas la Représentation dans les termes de droit, le Rappel fait jouir la personne rappellée & ses descendants, de tous les droits de celui à la place de qui elle est rappellée; & même le Rappel profite à tous ceux qui sont dans le même dégré, quoiqu'ils ne soient pas compris dans l'Acte de Rappel, v. Lacombe, au mot *Rappel*, s. 3, ci-après n. 11138 & suiv.

CHAPITRE II.

De l'Incapacité naturelle de succéder.

10991. POUR pouvoir succéder à une personne, il suffit d'être conçu, lors de l'ouverture de sa Succession; celui qui est conçu, en est saisi, sous la condition qu'il naîtra viable. S'il meurt aussi-tôt après sa naissance, il transmet sa Succession, dans laquelle se trouve confondue celle dont il a été saisi, R. du Dr. fr. p. 238, Bourjon, t. 1, p. 686.

10992. A quels signes doit-on juger qu'un enfant est né vivant? Il faut savoir si l'on a entendu un cri; si l'on a apperçu ou senti un souffle; si l'on a touché le pouls, sur-tout aux tempes où il est ordinairement le plus sensible dans les enfants nouveaux nés; si l'on a senti ou vu quelque mouvement de vie. Les signes doivent être de telle nature, dit Furgole, des Test. c. 7, s. 6, n. 149, qu'ils ne puissent être donnés que par un corps vivant.

10993. « Il faut, dit Mesnard, Guide des Accoucheurs, p. 313, que l'Accoucheur observe que, si l'enfant ne fait point de cris, s'il ne donne point de marques sensibles d'une respiration libre & apparente, & s'il ne remue aucune de ses extrémités, il doit lui toucher le plus attentivement qu'il lui sera possible la poitrine sur la région du cœur, pour en reconnoître les mouvements; il lui touchera de plus, avec la même attention, la fontenelle de la voûte du crâne, pour remarquer s'il ne sentira point la diastole & la systole des arteres de la dure-mere & du cerveau: outre cela, il faut qu'il lui touche posément l'artere du poignet, & encore, le cordon ombilical. Toutes ces précautions sont requises, parce qu'un

» enfant, dans une extrême foiblesse, peut être vivant, sans donner des marques » de sa vie réelle par des cris & par des mouvements extérieurs & sensibles de » ses parties, & que sa vie peut être prouvée par la seule circulation de son sang ; » c'est pourquoi il est de la derniere conséquence d'observer toutes ces choses ; » tant pour ce qui regarde la mort de l'enfant sans Baptême, que pour éviter les » troubles que la négligence de ces observations peut causer dans les familles. »

10994. Une femme, après un travail de plusieurs jours, est accouchée d'un enfant à terme. Deux Chirurgiens qui avoient été appellés successivement par la Sage-femme, ont attesté qu'il n'avoit donné de signe de vie, que la pulsation très-sensible du cordon ombilical, ce qu'ils firent observer aux Assistants. M. Louis, Chirurgien de Paris, ayant estimé que l'enfant n'avoit pas donné un signe de vie suffisant pour avoir pu être compté au nombre des Citoyens, parce que c'est la respiration qui doit essentiellement caractériser la vie, MM. Petit & Saillant, Médecins, Sabatier & Piet, Chirurgiens de Paris, ont été d'avis contraire. Il y a des exemples d'enfants qui, en naissant, ont été quelque temps sans donner aucun signe de vie, sans paroître respirer, comme il arrive à des adultes dans certaines affections soporeuses. La pulsation du cordon ombilical, en annonçant la circulation du sang, prouve l'existence du mouvement du cœur, quoiqu'il n'ait pas été senti ; l'enfant vivoit donc, & vivoit hors du sein de la mere, ce qui suffit pour lui assurer les droits de Citoyen. Le 14 Mai 1777, le Siége de Tours a jugé que l'enfant dont il s'agit, a recueilli la Succession de son pere, & l'a transmise à sa mere. Un Arrêt du 28 Août 1778, a nommé deux Médecins & deux Chirurgiens, pour donner leur avis sur la question, si la pulsation du cordon ombilical indique suffisamment la vie. Des battements ressentis dans le cordon ombilical, qui ne feroient, ni constants, ni réguliers, ne prouveroient pas la vie de l'enfant ; parce que l'irritabilité excitée dans le cœur par les mouvements donnés à l'enfant, ou par les pressions exercées sur son corps, peuvent en reveiller l'action, aussi-bien que celle des arteres ombilicales.

10995. Tout mouvement n'est pas un signe de vie ; il y a des mouvements qui ne sont que l'effet de la chaleur que l'enfant a contractée dans le sein de la mere ; les pores, y ayant été resserrés, s'ouvrent & se dilatent, quand ils sont en liberté, Louet, E, c. 5, Lebrun, des Succ. l. 1, c. 4, f. 1, n. 4, Ricard, des Disp. cond. n. 503. L'Accoucheur qui atteste avoir senti un mouvement, doit l'expliquer, le définir, le caractériser, le spécifier, afin qu'on décide si c'est un mouvement nécessairement lié avec le principe de la vie. Le changement de place & d'air, ou la dilatation de la partie émue, qui cessoit d'être comprimée, ou une autre cause a pu produire ce mouvement.

10996. Si la mere a été agitée de violentes convulsions, l'enfant a du s'en ressentir ; si elle est morte à la suite de ces convulsions, sa mort a pu occasionner celle de l'enfant. Plusieurs ont tenu que d'une femme morte, il ne pouvoit sortir un enfant vivant ; l'expérience est contr'eux, mais il en résulte toujours que la mort de la mere est fort dangereuse pour l'enfant, & que, si on le voit mort, on a lieu de conjecturer qu'il l'étoit en naissant. La Sage-femme, le Chirurgien, le Médecin, qui ont vu la mere & l'enfant, doivent faire part de ce qu'ils ont remarqué pour signes de mort, ou de ce qui leur a paru tel, dans l'un ou dans l'autre. Ils ont dû examiner l'état de la mere, & les vestiges qui étoient de nature à indiquer la mort de l'enfant. Il pouvoit y avoir dans le corps de la mere décédée, sur-tout dans la partie qui renfermoit l'enfant, des traces de corruption, ou autres marques, que des Médecins habiles regarderoient comme des causes infaillibles de la mort de l'enfant.

10997. Si les poulmons d'un enfant, mis dans l'eau, surnagent, c'est une preuve qu'il a vécu, suivant plusieurs ; cette expérience est très-équivoque, v. Denisart, au mot *Naissance*.

10998. Bien des Médecins ont soutenu qu'un enfant n'est pas viable, quand il vient dans le 8e. mois, quoiqu'il le soit, quand il vient dans le 7e. v. Frain, Plaid. 52e. Dunod, des Prescr. p. 220. Il y a, à la vérité, des exemples contraires ; mais, comme ils sont rares, on doit présumer que l'enfant qu'on voit mort, l'étoit en naissant, s'il est né dans le 8e. mois, parce qu'à un fait certain se joignent des circonstances qui en indiquent les causes.

10999. On n'est pas tenu de faire valoir les présomptions qui servent à affoiblir les preuves de la vie. C'est à celui qui y est intéressé, à prouver que l'enfant étoit vivant, après être tout-à-fait sorti du sein de la mere ; les faits ne se présument pas ; celui qui les avance, doit les prouver, v. Henrys, t. 1, l. 6, quest. 21, Plaid. 5e. Pr. de la Jur. fr. n. 42, Valin, t. 3, p. 165, Pothier, des Succ. c. 1, s. 2, art. 1.

11000. L'enfant né avant le 7e. mois de grossesse commencé, n'est pas réputé viable, ni conséquemment capable de recueillir une Succession & de la transmettre, quoiqu'il ait donné des signes de vie, v. Hévin sur Frain, Plaid. 52e. Domat, l. 1, t. 1, s. 2, n. 5, aux notes, Pocquet sur Anjou, art. 270, obs. 1re. Bourjon, t. 1, p. 687.

11001. « Le monstre est incapable de succéder, autant que le mort né, malgré la » vie animale qui l'anime ; il n'est pas compté au nombre des enfants, puisqu'il ne » peut l'être au nombre des hommes ; c'est à la tête, qu'on juge du monstre, » Bourjon, t. 1, p. 686.

CHAPITRE III.

De l'Incapacité légale de succéder.

11002. Tout Bâtard est incapable de succéder, Bourjon, t. 1, p. 19, 687. On appelle Bâtard celui qui est né hors mariage ou d'un mariage illégitime, R. du Dr. fr. p. 22.

11003. Cette Incapacité cesse par le mariage des pere & mere du Bâtard, contracté depuis sa naissance, parce qu'il est par-là légitimé, v. Domat, l. 1, t. 1, s. 2, n. 17, Héricourt, p. 3, c. 5, art. 1, n. 36 & suiv.

11004. Un garçon & une fille qui avoient eu un enfant baptisé sous le nom de *Jean, fils de pere & mere inconnus*, se sont mariés sans faire de déclaration relativement à cet enfant, que néanmoins ils ont élevé comme leur enfant. Ils ont demandé, 30 ans après, la réformation de l'Acte de Baptême, qui, après une information faite, a été ordonnée par un Arrêt du 5 Mars 1777, Gaz. des Trib. t. 3, p. 242.

11005. Un mariage nul, quoique contracté de bonne foi, ne légitime pas les enfants nés auparavant, Pothier, du Mar. n. 441, Répert. de Jurispr. au mot *Légitimation*, §. 5, s. 2.

11006. Le mariage contracté après la mort du Bâtard, a son effet, en faveur des enfants légitimes qu'il a laissés.

11007. Quelques-uns pensent que, pour la légitimation par un mariage subséquent, il suffit que les pere & mere fussent capables de se marier, lors de la naissance de l'enfant. Dès qu'au moment de la conception de l'enfant, ils n'étoient pas capables de contracter ensemble un mariage valable, & ils ne pouvoient décemment espérer de le devenir, comme on peut l'espérer, quand il ne s'agit que d'un empêchement de nature à pouvoir cesser, à l'aide d'une dispense facile à obtenir, il n'y a pas de légitimation, encore que l'un des pere & mere ignorât l'empêchement, v. Pocquet,

Arr. cél. l. 4, c. 17, Bourjon, t. 1, p. 23, Pothier, du Mar. n. 416, 417, Répert. de Jurifpr. au mot *Légitimation*, §. 3, f. 2, ci-deffus n. 7592, 7596, 7609.

11008. L'enfant né avant le mariage qui l'a légitimé, a le droit d'Aîneffe fur ceux qui naiffent durant icelui. Mais, fi, dans le temps intermédiaire de la naiffance de cet enfant & du mariage de fes pere & mere, l'un ou l'autre a contracté un autre mariage, dont eft iffu un enfant, celui-ci a le droit d'Aîneffe fur fon frere, qui eft cenfé enfant du 2e. mariage, v. Boullai, p. 243, Pallu, p. 427, 428, Valin, t. 3, p. 136, Gaz. des Trib. t. 2, p. 56, Mignot, c. 8, n. 9, 10, Pothier, des Succ. c. 1, f. 2, art. 3, §. 5, queft. 4, Répert. de Jurifpr. au mot *Légitimation*, §. 5, f. 3.

11009. Les lettres de légitimation accordées par le Prince, rendent capable de poféder des Offices & des Bénéfices; elles ôtent l'incapacité de recevoir, dit Boucheul fur Poitou, art. 297, n. 5. Pothier, des Succ. c. 1, f. 2, art. 3, §. 6, affure qu'il n'eft plus d'ufage d'y inférer la claufe de fuccéder, v. Prouft, p. 515, Dupleffis fur Paris, p. 324, aux notes, Lemaitre fur Paris, p. 187, 487, Auroux, p. 1, p. 263, p. 2, p. 250, Guyot, t. 6, p. 841, Bourjon, t. 1, p. 25, Valin, t. 3, p. 137, 173, Lacombe & Denifart, au mot *Légitimation*, Mignot, c. 8, n. 11 & fuiv. Répert. de Jurifpr. au mot *Légitimation*, §. 6, f. 3.

11010. Boullai, p. 317, s'exprime ainfi : « comme le Bâtard ne fuccede à fes » parents, auffi ne le font-ils à lui; mais les parents des légitimés leur fuccedent à » l'exclufion du Fifc, encore qu'ils n'aient confenti à la légitimation, » v. Répert. de Jurifpr. au mot *Légitimation*, §. 6, f. 3.

11011. Les enfants d'un Bâtard, légitimes, ou légitimés par un mariage fubféquent, lui fuccedent, art. 320 de Tours, 303 de Loudun; & il leur fuccede auffi : le lien qui les attache à lui, n'eft pas feulement naturel, mais civil, fource de toute Succeffion légitime, Prouft, p. 514, R. du Dr. fr. p. 29, Bourjon, t. 1, p. 19, 688.

11012. Un Bâtard qui avoit époufé une Bâtarde, recueille, à la mort du dernier de fes enfants, les biens qu'ils ont eus de la Succeffion de leur mere.

11013. Ce que l'enfant légitime d'une Bâtarde a recueilli des Succeffions paternelle & maternelle, appartient pour le tout à fes parents paternels, v. Prouft, *p.* 511, 513, 515, Pallu, p. 554, Brodeau fur Louet, P, c. 47.

11014. Celui qui eft en poffeffion de l'état d'enfant légitime, en jouit, fans autres preuves, tant qu'il n'y en a pas de contraires, Bourjon, t. 1, p. 17.

11015. L'enfant né pendant le mariage, eft regardé comme légitime, nonobftant la déclaration contraire de la mere & de fon mari; autrement, il dépendroit de leur caprice, d'ôter à leur enfant fon état, v. Répert. de Jurifpr. au mot *Légitimité*, f. 2, §. 2. ci-deffus n. 4030, 4157.

11016. On répute légitime l'enfant né le 182e. jour, v. Gaz. des Trib. t. 3, p. 264, 285.

11017. Un Arrêt du 6 Septembre 1653, a déclaré légitime un enfant né 11 mois après le décès du mari de fa mere, Pocquet, Arr. cél. l. 4, c. 13. Il y a des Médecins qui ne reconnoiffent point d'enfants légitimes, après 9 mois 10 jours de conception, v. Leridant, au mot *Naiffances*.

11018. Les Etrangers ne peuvent recueillir une Succeffion ouverte en France, v. Domat, l. 1, t. 1, f. 2, n. 9, 18, Bourjon, t. 1, p. 74, 76, 78, 82, 691; à moins qu'ils n'aient obtenu du Prince, des Lettres de naturalité, enregiftrées au Parlement.

11019. Le défaut de cet enregiftrement a fait déclarer un Etranger incapable de fuccéder à fon frere, par un Arrêt de 1738, que cite Denifart, au mot *Naturalifation*, v. ci-après n. 11243. Il remarque qu'un Arrêt de 1747, a jugé que le défaut d'infinuation n'opere pas la nullité des Lettres de naturalité.

11020. Un Efclave-negre, qui eft affranchi, n'a pas befoin de Lettres de naturalité; il eft cenfé né dans nos Colonies.

11021. La renonciation faite par le Roi au droit d'Aubaine, dans les Edits de création de rentes viageres, leve seulement l'Incapacité de l'Etranger; mais elle ne tombe pas sur les arrérages échus lors de son décès, qui font partie de sa Succession, laquelle appartient au Roi, Dict. de Jurispr. au mot *Aubain*, v. ci-après n. 11245.

11022. Les Etrangers acquierent, par 5 ans de service dans la marine, les droits de François, sans avoir besoin de Lettres de naturalité, Edit d'Avril 1687.

11023. Une Déclar. du 15 Décembre 1775, accorde le même avantage à ceux qui ont servi pendant 10 ans dans les Armées.

11024. Par un établissement fixe & marqué en Pays étranger, sans la permission du Roi, le François est incapable de succéder en France; il ne peut plus invoquer une Loi à laquelle il est censé avoir renoncé. Son retour, avant l'ouverture d'une Succession, lui rend sa capacité, pour la recueillir, Bourjon, t. 1, p. 84, v. Denisart, au mot *François*, Gaz. des Trib. t. 4, p. 66.

11025. Celui qui se retire en Pays étranger, pour cause de Religion, encourt une espece de mort civile, qui le rend incapable de succéder, & qui fait ouverture à sa propre Succession, au profit de ses parents regnicoles & catholiques, les plus proches à l'instant de sa sortie du Royaume. En cas de retour & d'abjuration, ils doivent lui restituer ses biens, mais sans les fruits, v. Edit de Décembre 1689, Bourjon, t. 1, p. 86, Dict. rais. des dom. t. 3, p. 256.

11026. Pour les enfants des Protestants qui n'ont pas été mariés à la face de l'Eglise, v. Mercure, 5 Février 1779, p. 112, ci-dessus n. 7603.

11027. Bourjon, t. 1, p. 693, dit qu'excepté le cas d'indigence ou de minorité, l'héritier qui ne venge pas la mort du Défunt, est indigne de lui succéder; il suffit de dénoncer l'homicide à la Justice, sans être obligé de se rendre Partie civile, Maillart sur Artois, art. 92, v. Répert. de Jurispr. au mot *Indigne*.

11028. L'homicide de celui de la Succession de qui il s'agit, est indigne de la recueillir, v. Varicourt, au mot *Indignes*; la prescription du crime, dit Bourjon, n'emporte pas celle de l'indignité, v. ci-après n. 11033.

11029. « On se rend indigne de succéder à quelqu'un, en refusant avec affecta- » tion de le secourir dans sa maladie, en l'empêchant formellement de tester, ou » en supprimant son testament, » Valin, t. 3, p. 174, v. Domat, l. 1, t. 1, s. 3.

11030. Denisart, au mot *Indigne*, remarque une Sentence qui, en 1741, a jugé un Procureur indigne de succéder à son frere, pour avoir soutenu qu'il avoit vécu en mauvais commerce avec la Légataire universelle, qui étoit leur niece.

11031. Celui qui a été condamné à une peine capitale, est incapable de succéder, Boullai, p. 250, Valin, t. 3, p. 171; cependant, on le juge capable de recueillir les Successions échues depuis la condamnation, & de les transmettre, avec la sienne, à ses héritiers, dans les trois cas mentionnés ci-dessus n. 10834, à moins qu'il ne s'agisse de crimes dont la poursuite se continue après la mort de l'Accusé.

11032. Pothier sur Orléans, Intr. gén. n. 31, observe que les Condamnés à une peine capitale, ne perdent la vie civile, que du jour de la prononciation qui leur est faite de la Sentence de condamnation & de l'Arrêt qui la confirme; l'exécution est aussi nécessaire, suivant Richer, de la Mort civ. p. 147 & suiv. que la prononciation, pour opérer la mort civile, v. Boucheul sur Poitou, art. 200, n. 23, Jousse, de la Just. crim. t. 1, p. 88 & suiv.

11033. La prescription ne rend pas celui qui a été condamné à mort civile, capable de succéder, Valin, t. 3, p. 171, v. ci-dessus n. 7139, 11028.

11034. Un Arrêt de 1643, a jugé qu'un Particulier banni à perpétuité de la Touraine, étoit capable de succéder, même aux biens situés en cette Province, parce qu'il n'y a que le bannissement à perpétuité hors du Royaume, qui prive des effets civils, v. Boullai, p. 250, Boucheul sur Poitou, art. 2, n. 4.

11035. La mort civile que produit la Profession en Religion, emporte l'Incapacité de succéder, art. 337 de Paris, 296 de Tours, 280 de Loudun. Elle a lieu du jour de l'émission des vœux, qui n'a pas un effet rétroactif, Pallu, p. 493 ; les fruits des héritages, recueillis pendant le Noviciat, appartiennent à l'héritier aux meubles, Boucheul sur Poitou, art. 287, n. 45.

11036. Le Monastere qui ne succede pas à celui qui entre en Religion, ne succede pas non plus à ceux à qui il eût succédé, s'il fût resté dans le monde. Leur succession est recueillie par les autres parents, comme s'il étoit décédé, sans qu'il y fasse part, porte l'art. 296 de Tours, v. art. 266 du Maine, Proust, p. 486.

11037. Les Chevaliers de Malte, qui sont des Religieux militaires, encourent, par leurs vœux, la mort civile, ce qui les rend incapables de succéder ; cependant, jusqu'à ce qu'ils aient obtenu une Commanderie, ils ont le droit de demander une pension à leurs freres & sœurs, lorsque ceux-ci ont recueilli la Succession du pere ou de la mere, Pallu, p. 415, Valin, t. 3, p. 502. L'on voit, par le Procès-verbal de la Réformation de la Cout. de Tours, faite en 1559, qu'ils prétendirent alors pouvoir jouir, pendant leur vie, de leur portion héréditaire, v. Proust, p. 486, Boullai, p. 290, Richer, de la Mort civ. p. 686, 784. Lorsqu'ils sont pris par les Infideles, ils peuvent demander qu'il soit pris, sur les biens qui auroient pu leur écheoir, de quoi les racheter.

11038. Une simple dispense des vœux solemnels, accordée à un Religieux, pour raison de ses infirmités, sans qu'il y ait aucune nullité dans sa Profession, ne lui donne pas le droit de succéder, d'entrer en possession des biens de sa famille ; la sécularisation n'a pas cet effet ; il peut obtenir une pension alimentaire, Lacombe, au mot *Religieux*, n. 3.

11039. On ne peut procéder à la fulmination des brefs de sécularisation, sans avoir appelle les 1^rs. Supérieurs des Religieux qui les ont obtenus, Edit de Février 1773, art. 8.

11040. On a mis en question si un Religieux est sécularisé par la promotion à l'Episcopat, v. Richer, de la Mort civ. p. 911 & suiv. Piales, des Commendes, t. 2, p. 40 & suiv. Cette sécularisation donne la capacité passive, non la capacité active de succéder, Mém. du Clergé, t. 2, p. 274 & suiv. Boucheul sur Poitou, art. 288, n. 9, 12, 15, Valin, t. 3, p. 497 & suiv. v. Breche, t. 27, art. 1, Héricourt, p. 3, c. 12, art. 1, n. 35, aux notes.

11041. La faculté de rentrer dans tous leurs droits, sans aucune restitution de fruits jusqu'au jour de la demande, avoit été accordée aux Jésuites congédiés avant l'âge de 33 ans accomplis, par une Déclar. du 16 Juillet 1715.

Les Jésuites, qui avoient tant d'ennemis, & qui devoient en avoir, ont été obligés de renoncer à leur état dans tous les Pays Catholiques, malgré le crédit puissant dont ils jouissoient dans toutes les Cours des Princes qui les gouvernent. Rome, pour qui ils ont eu, par leur dévouement à ses intérêts, tant de combats à soutenir, leur a porté le dernier coup, en prononçant, par une Bulle du 21 Juillet 1773, la dissolution de leur Société. La postérité jugera mieux de cette étonnante révolution, que ceux qui en ont été les témoins. On a vu généralement tous les Jésuites, en quittant leur habit, témoigner en même-temps un regret sensible & une parfaite soumission à l'autorité qui brisoit des liens qu'ils chérissoient. Combien de Religieux qui ne donneroient pas l'exemple d'un pareil attachement à leur état, si on leur ouvroit la porte du Cloitre ! Dans les Etats de l'Impératrice de Russie, il y a des Jésuites qui, sous sa protection, ont conservé leur habit, de l'agrément du S. Siege, v. Linguet, Ann. polit. t. 7, p. 260.

Le sort de ceux qui ont été de la Société des Jésuites, a été réglé, en France, par un Edit de Mai 1777, & une Déclar. du 7 Juin suivant. L'art. 7 de l'Edit porte, qu'ils « seront à l'avenir capables de recevoir tous legs & donations, de tester, contracter & jouir de tous les effets civils, ainsi que les autres sujets, sans néanmoins » que

» que ceux qui auroient quitté la Société, après avoir atteint l'âge de 33 ans ac- » complis, ou qui auroient atteint cet âge, lors de l'Edit de Novembre 1764, puis- » sent recueillir aucune Succession. »

11042. Les Doctrinaires congédiés avant l'âge de 25 ans accomplis, rentrent dans tous leurs droits, suivant un Edit de Septembre 1726; & des Lettres-Patentes du 18 Juin 1778, déclarent capables de toutes Successions directes ou collatérales ceux qui entreront à l'avenir dans la Congrégation des Doctrinaires.

11043. Les Lazaristes ne font pas le vœu de pauvreté; ils jouissent de leurs biens, & ils en disposent, comme tout autre Citoyen; ils ont la capacité active & passive de succéder.

11044. Il y a plusieurs autres Communautés, tant d'hommes que de filles, dont les membres conservent cette double capacité, comme les Oratoriens, les Sulpiciens, les Eudistes, les Miramiones, les Filles de la Charité, vulgairement appellées Sœurs grises, &c.

11045. M. Carré, en ses notes, la refuse mal-à-propos aux Dames de l'Union-Chrétienne.

11046. Brodeau sur Louet, C, c. 8, regarde comme incapables de Succéder les Sœurs grises du tiers-ordre de S. François, mais v. Proust, p. 486, Boullai, p. 290, Richer, de la Mort civ. p. 704.

11047. Les parents des Ecclésiastiques séculiers leur succedent, art. 326 de Paris.

11048. On n'examine pas si leurs biens proviennent des revenus de leurs Bénéfices, Borjon, décis. 276, Jousse, du Gouv. des Par. p. 289. Autrefois, les Canonistes prétendoient qu'en ce cas, les biens devoient retourner à l'Eglise, v. Despeisses, des Successions, p. 2, n. 86, Van-Espen, t. 1, p. 670, Auroux, p. 2, p. 102.

11049. L'art. 40 du t. 19 de Berri, qui a rejetté cette distinction, est de droit commun : il y a, à ce sujet, une Ord. de 1386, qui ne fait que confirmer un usage déja ancien, Lecoq, Quest. 122, Loisel, l. 2, t. 5, n. 27, Maillart sur Artois, art. 151. Charles VI envoya à Rome Arnaud de Corbie, 1er. Président, pour la faire approuver par le Pape, Lauriere sur Paris, p. 398. Les Gens d'Eglise ont assisté à la Rédaction des Coutumes, qui ont consacré l'usage.

11050. Il eût été souvent difficile de distinguer quels biens procédoient des revenus de l'Eglise, & quels biens procédoient d'ailleurs, pour attribuer ceux-ci aux parents, & ceux-là à l'Eglise. Les Bénéficiers doivent se reprocher de faire des acquisitions avec des deniers qui appartiennent aux Pauvres; mais leurs parents peuvent, sans scrupule, profiter de ces acquisitions; ils les tiennent de la Loi, souveraine dispensatrice des biens; l'Eglise elle-même ne leur en fait pas un crime; elle les voit, sans réclamer, recueillir tous les biens dont les Bénéficiers se trouvent en possession, quoiqu'il n'y ait aucune incertitude sur leur origine, ils ont même part aux fruits des Bénéfices, pendants par les racines lors du décès des Bénéficiers, v. ci-dessus n. 5910.

11051. La Puissance temporelle, en consentant les dons faits à l'Eglise des biens qu'elle possede, n'a pas renoncé aux droits qu'elle avoit sur ces biens; c'est à elle à en régler la possession. Quand, après le décès des Bénéficiers, elle ôte à l'Eglise ce qui en provient, pour l'adjuger à leurs parents, elle use d'un droit qu'on ne peut lui contester; & la possession qu'ils en acquierent par cette voie, est légitime. Cela n'est pas contraire à l'intention des Donateurs, qui ont dû reconnoître le droit de la Puissance temporelle sur leurs biens, & se soumettre à l'exercice qu'elle pourroit en faire, après qu'ils les auroient consacrés à Dieu.

11052. Notre décision est fortement combattue par Pontas, aux mots *Bénéficier*, cas 13, & *Héritier*, cas 27; Lamet, au mot *Biens*, cas 4, paroît incliner pour le sentiment contraire, v. Confér. de Paris sur l'usure, t. 4, l. 4, conf. 2, §. 1. Sainte-Beuve, t. 1, cas 302, rapporte les raisons pour & contre, sans se décider. « Pour montrer, dit-il, que les héritiers ne sont pas obligés à la restitution des » biens qu'ils trouvent dans la Succession de leurs parents Bénéficiers, provenus des » revenus de leurs Bénéfices, on dit que les Loix civiles doivent régler la conscience, » en ce qui concerne la possession des biens temporels, qui, étant communs par le » droit de nature, sont rendus propres aux Particuliers, avec pouvoir à eux de les » consacrer au culte de Dieu à de certaines conditions, par le droit des Gens & par » le droit civil : ce qui fait qu'on doit se conformer aux usages, Coutumes & Or- » donnances de chaque Pays, dans l'acquisition, dans la jouissance & dans la dispo- » sition de ses biens, tant qu'elles ne sont pas contraires à la Loi de Dieu. C'est la » regle que S. Ambroise & S. Augustin ont suivie, ayant cru qu'en ce qui regarde » la possession des biens, il faut se conformer aux Loix du Prince ; & c'est sur ce » principe, que S. Augustin s'appuie, pour prouver que les Empereurs avoient pu » donner aux Catholiques les Eglises des Donatistes. C'est aussi la regle que S. Gré- » goire a gardée, comme on peut le voir dans plusieurs de ses lettres, » v. ci-dessus n. 4999, 7053, 8690.

11053. Les biens d'un Bénéficier devroient être employés par ses parents, qui ne sont pas pauvres, à des œuvres pieuses, v. Cabassut, l. 2. c. 26, n. 8, Van-Espen, t. 1, p. 672.

CHAPITRE IV.

De l'Exhérédation.

11054. Les Exhérédations aux termes de droit, sont autorisées en Pays Coutumier, & expressément par les art. 303 de Tours, 236 de Loudun, qui renvoient aux dispositions du droit romain, suivant la remarque de Bretonnier sur Henrys, Préf. p. 3.

11055. Les pere & mere peuvent exhéréder leurs enfants, & les enfants leurs pere & mere; les Collatéraux peuvent aussi être exhérédés, Pallu, p. 507.

11056. Sainson, t. 27, art. 9, dit que l'Exhérédation faite par un mouvement de colere, ne peut se soutenir, v. Denisart, au mot *Ab irato*.

11057. Les causes de l'Exhérédation doivent être vraies, & on doit les exprimer ; c'est à l'héritier à prouver la vérité de la cause exprimée.

11058. Quoi que pensent quelques-uns, l'expression de la cause est nécessaire en ligne collatérale, comme en ligne directe, nonobstant qu'elle note l'Exhérédé, Pocquet sur Anjou, art. 251, obs. 3e.

11059. Le 1er. Juillet 1777, le Châtelet a confirmé l'Exhérédation d'un fils qui avoit été condamné à 5 ans de bannissement, faite par le testament de son pere, qui n'en avoit pas exprimé la cause, Gaz. des Trib. t. 4, p. 8.

11060. Les causes de l'Exhérédation ne peuvent être que celles fixées par la Novelle 115, auxquelles on en a ajouté, en France, une autre ; savoir, lorsqu'un enfant se marie sans avoir requis le consentement de ses pere & mere, v. Sainson, t. 27, art. 9, Boullai, p. 297, Domat, l. 3, t. 2, s. 2, Argou, l. 2, c. 13, Boucheul sur Poitou, art. 272, n. 102 & suiv. R. du Dr. fr. p. 38, 340 & suiv. Lemaître sur Paris, p. 442, Furgole, des Test. c. 8, s. 2, Bourjon, t. 1, p. 7, Pr. de la Jur. fr. n. 91 & suiv.

11061. La réquisition du consentement doit se faire avec la permission du Juge royal, par le ministere de deux Notaires royaux, ou d'un Notaire royal, assisté de deux témoins, domiciliés, qui sachent signer, Arrêt de Réglement du 27 Août 1692 ; elle se nomme sommation respectueuse.

11062. Un Arrêt du 12 Décembre 1736, a fait défenses à un Juge de Seigneur, non-seulement de connoitre des oppositions aux mariages, mais de donner des permissions de faire des sommations respectueuses.

11063. Il y en a qui tiennent qu'une seule sommation suffit, lorsqu'elle est faite personnellement aux pere & mere, sinon qu'il en faut trois, ou au moins deux, v. Confér. d'Angers sur le Mar. t. 1, p. 288, Pothier, du Mar. n. 340.

11064. Aucune Loi ne prescrit de les faire en personne, il paroît mieux de les faire par Procureur, v. Confér. d'Angers, t. 1, p. 290, Olivier sur Maine, art. 269.

11065. Les sommations faites, les enfants peuvent, sans craindre l'Exhérédation, se marier, quoiqu'ils n'aient pas obtenu le consentement.

11066. « Si le mariage étoit tout-à-fait honteux & déshonorant, comme si un » fils majeur de 30 ans, d'une condition honnête, avoit demandé à son pere son » consentement pour épouser une Comédienne ou une femme qui auroit été reprise » de Justice; si une fille l'avoit demandé pour épouser son laquais, la réquisition » ne devroit pas soustraire à la peine de l'Exhérédation, » Pothier, du Mar. n. 338.

11067. Il en est de même, si c'est pour épouser une personne avec qui il est notoire qu'on a vécu, pendant la minorité, dans le désordre, v. Arrêt du 30 Juillet 1683, rapporté par Basnage sur Normandie, art. 369.

11068. L'enfant qui a été autorisé par le Juge à se marier sans le consentement du pere, n'est pas dispensé des sommations, Confér. de Paris sur le Mar. t. 2, p. 463.

11069. Un Arrêt du 21 Mars 1778, « a jugé, 1°. que la main-levée d'une op- » position au mariage d'une fille veuve, âgée de plus de 30 ans, prononcée par Sen- » tence, après le désistement du pere, ne dispense pas la fille de requérir le con- » sentement de ses pere & mere, par la voie des sommations respectueuses, & que » le défaut de cette formalité valide l'Exhérédation; 2°. que, conformément à l'art. » 29 de l'Ordonnance des Substitutions, l'Exhérédation prononcée par des pere & » mere contre leur fille, ne la prive pas de sa part dans les biens substitués, aux- » quels elle étoit appellée par son Aïeule, » Gaz. des Trib. t. 5, p. 101, Répert. de Jurispr. au mot *Exhérédation*.

11070. Les sommations sont nécessaires pour tous les mariages, du moins à l'égard des filles, v. Pigeau, t. 2. p. 245, ci-dessus n. 7717.

11071. Si le pere vit, il n'est pas besoin de faire des sommations à la mere.

11072. Les sommations ne peuvent se faire, par les mâles, qu'après 30 ans accomplis, & par les filles, qu'après 25 ans accomplis.

11073. « L'art. 8 de l'Edit de 1556, dispense les enfants, quoique mineurs de » 25 ans, d'obtenir le consentement de leur mere, qui a convolé à des 2es. nô- » ces, & les oblige seulement à le requérir; ce qui n'est pas sans difficulté, » Durand, au mot *Rapt*, v. Confér. de Paris sur le Mar. t. 2, p. 435, Ferriere, au mot *Mariage*, Gaz. des Trib. t. 9, p. 169, 187.

11074. Basnage sur Normandie, art. 369, cite un Arrêt du 5 Février 1665, qui a permis à un enfant âgé de 21 ans, de se marier, malgré l'opposition de sa mere remariée.

11075. Si l'enfant exhérédé s'est reconcilié avec son pere, l'Exhérédation n'a pas d'effet, Sainson, t. 25, art. 28, t. 27, art. 9.

11076. « On juge, dit Héricourt, p. 3, c. 5, art. 2, n. 75, aux notes, que, » dès que les parents se sont reconciliés avec leurs enfants qui se sont mariés sans » leur consentement, ils ne peuvent plus les exhéréder, » v. ci-après n. 11084.

11077. Suivant l'Arrêt de 1778, cité ci-dessus n. 11069, la preuve de la reconciliation ne peut se faire par témoins, sans un commencement de preuve par écrit, v. Lacombe, au mot *Exhérédation*, p. 1, s. 4, n. 3, Sérieux, des C. de Mar. t. 1, p. 127.

11078. Sur la reconciliation, v. Furgole, des Test. c. 8, s. 2, n. 157 & suiv.

11079. Valin, t. 3, p. 99, admet l'enfant qui a assisté son pere assiduement, pendant qu'il étoit malade, à lui succéder, malgré l'Exhérédation.

11080. L'art. 286 de Tours permet aux pere & mere seulement, de priver des successions directes, non-avenues, la fille qui « est convaincue avoir forfait en son » corps, auparavant l'âge de 24 ans. » L'art. 270 de Loudun ne parle que de la fille noble, v. Pothier, des Succ. c. 1, s. 2, art. 4, §. 1, quest. 1.

11081. « Il doit y avoir une preuve entiere du stupre ; je passe outre, car je de» sirerois une Sentence contre la fille, parce que la Coutume dit, *Convaincue*, » Boullai, C. M.

11082. « Une fille qui s'est une fois laissée aller, dit Boullai, sans persévérer en son » péché, dont elle s'est incontinent retirée, est sujette à l'Exhérédation ; la Coutume » ne requiert pas la persévérance, » v. Sainson, t. 27, art. 9.

11083. « Il faut que la 25e. année ne soit commencée, & on lui doit des aliments, » si elle n'a pas de quoi vivre, » notes de M. Carré. M. Bouault, dans les siennes, dit que l'âge de 24 ans, dont parle l'art. 286 de Tours, ne doit pas s'entendre de 24 ans accomplis.

11084. Quand on a pardonné à la fille, on ne peut plus l'exhéréder, Proust, p. 476, v. ci-dessus n. 11076.

11085. « Sainson décide que la mere qui a demeuré en son impudicité, jusqu'au » forfait de sa fille, ne la peut accuser, encore moins priver de sa succession, » Boullai, C. M.

11086. Une veuve peut-elle être exhérédée pour cause de prostitution ? v. Pocquet sur Anjou, art. 251, obs. 2e.

11087. Par un même Acte, des pere & mere ont exhérédé leur fille, & ont disposé de sa portion héréditaire au profit de ses enfants, avec charge de substitution en faveur des petits-enfants. L'Acte étoit nul pour la disposition, qui étoit un vrai legs; mais l'Arrêt de 1778, cité ci-dessus n. 11069, a jugé que l'Exhérédation étoit valable: elle pouvoit se faire par toutes sortes d'Actes, devant Notaire, Pothier, des Succ. c. 1, s. 2, art. 4, §. 1, quest. 2.

11088. C'est une maxime, que, pour les mêmes causes qu'un enfant peut être exhérédé, les aliments peuvent lui être refusés, Proust, p. 426, Brodeau sur Louet, A, c. 4, Furgole, des Test. c. 8, s. 2, n. 142. Auroux, p. 2, p. 78, dit que, quelque-fois, on lui en accorde, selon les circonstances; & Pothier, du Mar. n. 341, écrit que, quand un mariage contracté par un enfant, sans le consentement de ses pere & mere, est sortable, on tempere l'Exhérédation, en adjugeant à l'Exhérédé la jouissance d'une somme, dont les enfants nés & à naître de ce mariage, auront la propriété.

11089. Celui qui a été exhérédé par son pere, succede à ses autres parents.

11090. Les enfants de l'Exhérédé mort avant son pere, succedent à leur Aieul, à moins que l'Exhérédation n'ait pour cause un mariage contracté sans avoir requis, dans la forme prescrite, le consentement nécessaire. On n'accorde aux enfants nés d'un tel mariage, qu'une partie de leur portion héréditaire ; quelque-fois même, on les réduit à de simples aliments, v. Boullai, p. 297, Dupineau sur Anjou, art. 271, Louis sur Maine, art. 269, Pocquet, Arr. cél. l. 4, c. 19, Valin, t. 3, p. 89, Pothier, des Succ. c. 1, s. 2, art. 4, §. 1, quest. 5.

11091. Ricard, p. 3, n. 971, observe que, quoique les causes d'Exhérédation soient fort amples, rarement elles ont lieu dans l'exécution.

11092. Il y a une espece d'Exhérédation officieuse, dont les peres prudents doivent faire usage, v. Sainson, t. 25, art. 1, Pallu, p. 347, Lacombe, au mot *Exhérédation*, p. 1, s. 5, ci-après n.

CHAPITRE V.

De l'Exclusion des Filles dotées.

1109[?]. Le droit de l'Exclusion des Filles dotées, varie extrémement, Lebrun, des Succ. l. 1, c. 4, s. 5. Par les art. 284 de Tours, 268 de Loudun, la Fille noble, suffisamment apparagée, est forclose, avec ses descendants, tant qu'il y a hoir-mâle ou descendant d'hoir-mâle, de la succession de celui des ascendants qui l'a mariée, encore qu'elle fût mineure, & qu'il ne lui eût donné qu'un chapeau de roses, sur lequel v. Proust, p. 474, 475.

1094. L'Exclusion a lieu de plein droit, Boullai, p. 275, quoiqu'aucun terme, dans le Contrat de mariage, ne l'exprime, v. Arrêt du 18 Août 1767, rapporté par Varicourt, au mot *Emparage.*

1095. Le terme de *chapeau de roses*, ne doit pas se prendre à la lettre; il faut une dot, pour la validité de l'Exclusion, v. Breche, t. 25, art. 26, Pallu, p. 460.

1096. Il n'importe que la dot soit inférieure à la légitime, v. Sainson, t. 25, art. 26, Répert. de Jurispr. au mot *Légitime*, s. 5, §. 3, ci-après n. 1110.

1097. Pallu, p. 460, veut qu'elle soit payée avant le décès de celui qui l'a promise; Boullai, p. 275, se contente du payement d'une partie; Mignot, c. 2, n. 128, dit qu'il suffit que la dot soit exigible de son vivant, v. Boucheul sur Poitou, art. 220, n. 13 & suiv. Auroux, p. 2, p. 44, Pothier, des Succ. c. 1, s. 2, art. 4, §. 3, quest. 5.

1098. Si la Fille est mariée par ses pere & mere, l'un & l'autre doivent contribuer à la dot; il n'est pas nécessaire que ce soit également, quoi que dise Boullai, p. 276. Elle n'est pas excluse de la succession du pere, s'il n'a pas participé à la dotation.

1099. Il n'y a pas d'Exclusion, si celui qui a doté, décede avant la célébration du mariage, encore que la Fille ait renoncé expressément, Pallu, p. 461, v. Dupineau sur Anjou, art. 241, Boucheul sur Poitou, art. 220, n. 9 & suiv.

1100. L'Exclusion n'a pas lieu, si le mariage n'est pas consommé, v. Sainson, t. 25, art. 26.

1101. *Si, cum ingenua sit Filia, plebeio, tametsi prædiviti, nupta sit, aut ingenuo homini, sed pauperrimo & longè inferioris familiæ, sanè non videbitur sufficienter, ut dicunt, apparagiata; propterea quod utriusquè conjugis sors sit inæqualis. Si verò, studio & gratiâ parentum, nacta sit maritum parem genere, conditione & fortunarum copiis, illa tunc censeri debet sufficienter apparagiata*, Breche, t. 25, art. 26. Averti par Breche, des difficultés que pouvoit faire naître l'interprétation des mots, *suffisamment apparagée*, n'auroit-on pas dû en déterminer le sens?

1102. La Fille est suffisamment apparagée, pour être forclose des successions de ses pere & mere, aïeul ou aïeule, si elle est mariée à un Noble, Boullai, p. 272, 275, Pallu, p. 460, « ou, comme dit Pallu, N. M. avantageusement en biens, à personne d'honneur, qui ne fit acte dérogeant à noblesse; car on peut user des termes de Dumoulin sur le conseil 29 d'Alexandre, v. 3, *dummodò aliàs Filia honestè & decenter collocata sit*; en ce cas, selon l'avis que j'ai vu en une Consultation de deux célebres Avocats du Parlement, elle seroit suffisamment apparagée, auquel avis je souscris. »

1103. Suivant Boullai, C. M. « *suffisamment* ne se rapporte aux biens, mais s'entend de l'égalité du lignage & qualité des maisons.

11104. Dupineau sur Anjou, art. 242, tient que la Fille mariée à un Anobli, n'est pas excluse.

11105. L'Exclusion a lieu à l'égard de la Fille d'un Anobli dont la succession se partage noblement, v. ci-après n. 11107.

11106. « Cinq conditions sont requises, dit Boullai, C. M. pour l'Exclusion : 1°. » que la Fille soit noble, 2°. mariée, 3°. par pere ou par mere, 4°. suffisamment » apparagée, 5°. & ait quelque petit don en mariage. Ce Statut, étant odieux à l'é- » gard de la Fille, doit être pris en ses propres termes, ainsi qu'a reconnu Sainson. Se » peut dire que les termes, *Aieul & Aieule*, s'entendent, non de la Fille mariée, » mais des descendants d'elle, en cette sorte : *la Fille est excluse de la succession » de ses pere & mere, & les enfants ou descendants d'elle, des Aieul & Aieule*, qui ont » fait le don. Je voudrois dire que la Fille mariée & ayant eu dot, est forclose des » successions de ceux qui lui ont donné; mais, si elle est mariée par l'Aieul pater- » nel, après la mort du pere, je n'estime pas qu'elle soit privée de l'hérédité de » son pere : c'est succession échue dont elle est saisie. »

11107. Une mere qui a d'un 1er. mari, roturier, une Fille, & d'un 2e. mari, noble, un fils & une Fille, dote celle-ci, en la mariant avec un Noble; elle n'est pas excluse de la succession de la mere commune, dont le partage doit se faire également entre les trois enfants, v. Boucheul sur Poitou, art. 220, n. 6, ci-dessus n. 11105.

11108. Un Noble a d'un 1er. lit, un fils, & d'un 2e. lit, des Filles, dont une est mariée par ses pere & mere; cette Fille est excluse de la succession de son pere, non de celle de sa mere, v. Dupineau sur Anjou, art. 241, Duplessis sur Maine, p. 214.

11109. Après avoir marié sa Bâtarde, un pere épouse la mere, il n'y a pas d'exclusion, Mignot, c. 8, n. 7.

11110. « La Fille est privée non-seulement de la pétition d'hérédité, mais du sup- » plément de sa légitime; ainsi jugé par Arrêt du 17 Janvier 1573, ainsi que j'ai appris » des Mémoires de M. Baret, » Boullai, C. M. v. Proust, p. 473, 474, ci-dessus n. 11096.

11111. La Fille ne fait pas part dans le partage de la succession dont elle est excluse; les puînés ont le tiers, sans aucune déduction, dans les immeubles, nonobstant le don fait à leur sœur conformément à l'art. 248 de Tours. Mais, si le don est fait suivant l'art. 253, l'avenant doit être diminué sur leur tiers, & le plus que l'avenant va à la diminution de toute la masse des propres, v. Pallu, p. 461, 462, Lauriere, des Inst. & Subst. contr. c. 5, n. 56.

11112. Pallu observe qu'il en est de même, lorsqu'une Fille a été dotée pour entrer en Religion.

11113. M. Bernard, en ses notes, regardant l'art. 253, comme une exception de l'art. 252, décide que le plus que l'avenant se prend sur les deux tiers de l'aîné, v. art. 241 de Loudun. « Je tiens, dit M. Bouardt, dans les siennes, que le plus que » l'avenant doit se prendre sur tous les propres de la succession à laquelle la Fille » laisse la part qu'elle auroit eue dans les acquêts. »

11114. L'Exclusion ne peut être utile qu'aux puînés. 1°. C'est évident par rapport au don fait conformément à l'art. 248, qui peut enlever à l'aîné tout le mobilier & sa part dans les acquêts, & qui ne se prend jamais sur ce qui revient aux puînés; au contraire, ceux-ci, sans rien perdre, profitent toujours de la part de la Fille dans le tiers des propres & des acquêts. 2°. Le don fait suivant l'art. 253, diminue la part de l'aîné dans les propres, au moins des deux tiers du plus que l'avenant, sans que l'Exclusion augmente sa part dans les acquêts; au lieu que les puînés, en supposant que le tiers du plus que l'avenant se prenne à leurs dépens, peuvent en être dédommagés par la part de la Fille dans le tiers des acquêts, qui leur accroît.

11115. L'Exclusion, qui peut n'être utile qu'à des Filles, n'est pas établie, parmi nous, en faveur des mâles ; leur existence est seulement une condition, pour que l'Exclusion ait lieu au profit de celui qui a doté, c'est-à-dire, de sa future succession, que ses enfants, venant à icelle, partagent telle qu'elle se trouve lors de son décès, v. Boucheul sur Poitou, art. 221, n. 75 & suiv.

11116. Si le don excede les bornes prescrites par l'art. 248 ou l'art. 253 de Tours, l'excédent est rapportable, v. Ord. de 1731, art. 35.

11117. Les descendants de la Fille sont exclus dans les mêmes cas qu'elle, tant qu'il y a hoir-mâle ou hoir descendant d'hoir-mâle, v. Boucheul sur Poitou, art. 221, n. 108, 109 : c'étoit l'opinion commune avant la Réformation de la Cout. de la Tours, faite en 1559, Sainson, t. 25, art. 26.

11118. Boullai, p. 276, observe que les termes de l'art. 284 de Tours, *hoir-mâle*, s'entendent du légitime, non d'un bâtard légitimé ni de ses enfants, v. Louis sur Maine, art. 258.

11119. Une Fille à qui le pere a donné en dot une somme, avec faculté de venir à partage, décede, laissant trois enfants. L'aîné, qui a les meubles de la mere commune, n'est pas obligé de rapporter seul, à la mort de l'aieul, la somme donnée ; chacun doit y contribuer, à proportion de ce qu'il prend dans les immeubles de l'aieul. La somme rapportée appartient à celui de leurs oncles, qui recueille les meubles, v. Boucheul sur Poitou, art. 218, n. 117 & suiv. ci-après n. 11154, 12435.

11120. Une Fille qui a été dotée de 10000 l. en argent, avec faculté de venir à la succession de son pere, usera de cette faculté ou se tiendra à son don, selon qu'elle voudra favoriser son frere aîné ou son frere puîné, si sa part dans les immeubles monte à 10000 l. Dans le cas où ce qu'elle peut prétendre, ne va qu'à 9000 l. elle est intéressée à renoncer à la succession. D'un côté, le frere aîné peut lui promettre 2000 l. afin qu'elle vienne à la succession ; profitant du rapport, il gagne 8000 l. D'un autre côté, le frere puîné peut, pour procurer à sa sœur un sort égal, lui offrir 1000 l. afin qu'elle prenne le parti contraire ; il se conserve par-là 8000 l.

11121. Si la dot a été donnée avec stipulation de l'employer en héritages, & que l'emploi en ait été fait, le rapport peut-il se faire des héritages même, & l'aîné n'y aura-t-il que les deux tiers ? Pour l'affirmative, on peut dire qu'il est à présumer « que le pere avoit intention d'employer les deniers en fonds d'héritages, & de ne » les laisser pas en simple nature de meubles dans sa succession ; mais qu'il a mieux » aimé laisser à sa Fille & à son gendre la liberté de faire eux-mêmes cet emploi, » selon leur commodité & leur bienséance, » Pocquet sur Anjou, art. 247, obs. 2e.

11122. Un pere qui a plusieurs enfants, en mariant sa Fille, la fait renoncer en faveur de celui qui se trouvera l'aîné. A la mort du pere, l'aîné doit prendre ce qui reviendroit à sa sœur, pour sa portion héréditaire, au delà de sa dot, dit M. Bernard, en ses notes, où il distingue deux sortes de renonciation, celle qui est pure & simple, & celle qui est en faveur. La forclusion établie par la Loi municipale, marche sur la même ligne que la renonciation pure & simple ; l'apparage suffisant équivaut ; le surplus de la dot accroît, en ce cas, à l'hérédité, & s'y confond ; la Fille ne se compte plus ; elle ne fait plus part. Mais, dans le cas de la renonciation en faveur, la Fille se compte ; elle transmet à son frere ce qu'elle pourroit espérer au-delà de sa dot ; il n'est pas nécessaire que le frere soit présent & accepte ; la stipulation du pere suffit, d'Argentré sur Bretagne, art. 224, gl 7, Lebrun, des Succ. l. 3, c. 8, s. 1, n. 18, Boucheul, des Conv. de succ. c. 20, n. 65 & suiv.

11123. « Pierre de Voyer, Vicomte de Paulmi, ayant fait renoncer au profit de » l'aîné, par leur Contrat de mariage, deux Filles, leurs portions héréditaires en sa » succession sont demeurées à Louis de Voyer, fils de René de Voyer, Bailli de » Touraine, fils aîné de Pierre, lors du partage fait avec Pierre de Voyer, Seigneur » d'Argenson, Bailli de Touraine, & Dame de Bourdeille, frere & sœur de René, » en 1586. Pareille question se traite à présent en la maison de Sennevieres, où l'aîné,

» répondant à ce qu'on lui demande ce qui a été donné en mariage à sa sœur, » dit que, le don lui ayant été fait en deniers, qui, comme meubles, lui appartien» droient, les puînés n'ont reçu aucun désavantage, pour ce qui a été baillé; ce » qui me fait tenir le parti de l'aîné, » Boullai, C. M.

11124. Boullai tient que « la Fille noble, mariée & dotée en Touraine, est ex» clusé seulement des biens de Touraine, non de ceux que les pere & mere pou» voient avoir ailleurs; à moins qu'il n'y ait renonciation expresse, par le Contrat » de mariage, qui a plus d'effet que la renonciation tacite, résultante de l'art. 284. » Alors, il y a du fait de la Fille; dans l'autre cas, il n'y a que la Coutume qui opere. » Sa disposition, qui d'ailleurs est odieuse, ne doit passer les bornes de son ressort.»

11125. Il semble que, suivant Pallu, N. M. la Fille noble, domiciliée en Touraine, qui a été dotée, ne peut avoir part aux biens régis par la Cout. de Paris, l'Exclusion devant avoir son effet par tout, excepté dans les Coutumes où il y a une disposition contraire, v. Sainson, t. 25, art. 25, 26, Challine, de l'Intell. des Cout. p. 281, Coquille, Quest. 131, Olivier sur Maine, art. 258. On dit qu'en s'en tenant à son don, la Fille renonce à la succession, ce qui comprend tous les biens; qu'on ne peut accepter une partie d'une succession, & renoncer à l'autre; qu'en acceptant, il faudroit rapporter. Nous pensons que la Fille exclusé des biens de Touraine, peut succéder à ceux des autres Coutumes, en rapportant sa dot à proportion de la masse de tous les biens, v. Chopin sur Anjou, l. 3, c. 1, t. 1, Boucheul sur Poitou, art. 220, n. 26, 27, des Conv. de succ. c. 17, n. 62. Bourjon, t. 1, p. 723, exige un rapport intégral, si le bien est soumis à la Cout. de Paris; il avoue que le 1er. sentiment est plus judicieux. L'opinion de Lebrun, des Succ. l. 1, c. 4, s. 5, n. 32, n'est pas conséquente à son principe, que le Donateur est présumé avoir donné en avancement d'hoirie, & avoir mesuré sa libéralité aux biens qu'il avoit dans toutes les Coutumes, v. Lemaître sur Paris, p. 445, Boullenois, des Dém. p. 157.

11126. Quoi que dise Sainson, t. 25, art. 26, l'Exclusion que prononce la Loi municipale, est un Statut purement réel, v. Dupineau sur Anjou, art. 241, Lebrun, de la Comm. l. 2, c. 3, s. 5, n. 31, Boucheul sur Poitou, art. 220, n. 26, Auroux, p. 2, p. 52, Boullenois, des Dém. p. 102; ainsi, il a lieu, encore que la Fille soit mariée à Paris.

11127. « Il n'est pas nécessaire à l'Exclusion de la Fille mariée & dotée, qu'elle » renonce, s'il y a hoir-mâle, lorsque la succession échet; mais, s'il n'y avoit que » Filles, la Fille qui n'auroit pas expressément renoncé, succéderoit avec ses autres » sœurs, » Boullai, C. M. v. Dupineau sur Anjou, art. 241.

11128. L'Exclusion a lieu, en faveur de la Fille de l'aîné, Lacombe, au mot *Exclusion*, s. 1, n. 3.

11129. Sainson, t. 25, art. 26, oublie le texte, en décidant que la Fille n'est pas exclusé par le fils de l'aîné.

11130. L'Exclusion n'est pas perpétuelle, Proust, p. 474; elle cesse, lorsqu'il n'y a, ni mâles, ni descendants de mâles.

11131. L'aîné mourant sans enfants, une heure après le pere, l'Exclusion n'en a pas moins son effet, v. Sainson, t. 25, art. 26, 29.

11132. « La Fille n'est exclusé de succéder à l'aîné, qui a succédé à ceux qui l'a» voient dotée, comme a été pratiqué en la succession de Roch de Sorbiers, » Boullai, C. M. v. Breche, t. 25, art. 26, Boullai, p. 275. Les biens des pere & mere, recueillis par l'aîné, dit Breche, sont devenus son propre patrimoine.

11133. « Si la succession, dit Boullai, C. M. vient du parent chef de ligne ou sou» che, comme sont tous les oncles & tantes de la Fille, elle prendra & sera part » en leurs biens. »

11134. « Les Filles mariées succedent à leurs freres & sœurs & autres Collaté-

» raux;

» raux ; ce qui ne peut être, en la Cout. de Tours, qu'aux successions des aînés & » chefs de ligne. Tous les membres en sont abreuvés, même les Filles mariées, *nisi* » *expressè renunciaverint*, Dumoulin sur Anjou, art. 241, v. l'Arrêt du 29 Mars » 1651, rapporté par Dufrêne, » Pallu, N. M.

11135. Boullai, p. 273, décide que des puînées qui ont renoncé par leur Contrat de mariage, doivent avoir le tiers dans la succession de l'aîné.

11136. La renonciation expresse à une succession collatérale à écheoir, faite par une Fille noble, dans un Contrat de mariage, ne vaut qu'autant qu'elle est faite en majorité, & du consentement de celui à la succession de qui elle est faite, Pallu, p. 462, N. M. v. Pocquet sur Anjou, art. 241, obs. 3e.

11137. La Fille qui a renoncé à toutes successions directes & collatérales, n'est pas exclusé de la succession du dernier de ses freres, Sérieux, des C. de Mar. t. 1, p. 263.

11138. A la mort d'un aîné, qui a survécu ses pere & mere, & qui a laissé, pour héritieres, deux sœurs, celle qui avoit été dotée & suffisamment apparagée, a demandé sa portion héréditaire dans toutes les successions d'ascendants, recueillies par le frere & la sœur, disant que son Exclusion n'étoit que conditionnelle, & que son droit n'avoit été que suspendu, tant qu'il y auroit hoir-mâle. Mais la succession du frere devoit se prendre dans l'état où elle se trouvoit; il ne convenoit pas de renverser les partages faits entre le frere & la sœur, notes de MM. Dubois, fils, Bouault & Bernard, v. Lebrun, des Succ. l. 1, c. 4, s. 5, n. 29, Glossaire, du Dr. fr. au mot *Emparagée*, Boucheul sur Poitou, art. 221, n. 68 & suiv.

11139. Un pere qui voit que sa Fille, exclusé de sa succession, n'est pas assez avantagée, a deux voies pour y remédier, celle du don ou legs & celle du rappel.

11140. Boullai, p. 276, dit que le pere ou la mere peut donner à sa Fille quelque chose, sans user de rappel; ce qui est évident, pourvu que le don joint à la dot, n'excede pas ce dont on peut gratifier une puînée, v. Valin, t. 3, p. 182.

11141. Un pere qui n'a que deux enfants, après avoir marié sa Fille, marie son fils, comme aîné; cela ne l'empêche pas de rappeller sa Fille, Boullai, p. 276, Pallu, p. 466, v. Dupineau sur Anjou, art. 245, Boucheul sur Poitou, art. 216, n. 16, Bourjon, t. 1, p. 773.

11142. « Le pere noble, qui a marié son aîné, comme héritier principal, peut » toujours rappeller sa Fille forclose; sçavoir en Touraine, pour la faire héritiere, » parce que le rappel y est permis, & dans le Lodunois, pour la faire légataire, » parce que le rappel n'y est pas permis: & la raison est que ce n'est pas à son » aîné que le pere préjudicie, en faisant le rappel, mais seulement à ses puînés, » qui ne peuvent pas profiter de la déclaration d'héritier principal faite en faveur » de leur frere, » Lauriere, des Inst. & Subst. contr. c. 5, n. 56, v. Lebrun, des Succ. l. 3, c. 10, s. 2, n. 8.

11143. « Le pere ne peut rappeller, dit Boullai, C. M. que pour sa succession, » & la mere pour la sienne, sans être autorisée de son mari: le rappel est une » forme de testament, » v. Valin, t. 3, p. 181, Lacombe, au mot *Rappel*, s. 1, n. 2.

11144. Pallu, N. M. approuve l'opinion de Bérault sur Normandie, art. 259, qui estime qu'une mere peut, sans le consentement du pere, accorder le retour à sa succession, à sa Fille du 1er. lit.

11145. La Fille rappellée a autant que si elle n'avoit pas été mariée.

11146. Un Noble qui a marié inégalement ses Filles, en rappelle une, pour venir à sa succession *également avec ses sœurs*; il y a lieu de dire que celles-ci sont tacitement rappellées, v. Lathaumassiere sur Berri, t. 19, art. 35.

11147. « Une Fille qui est exclusé par la Coutume à cause du don de nôces, » qu'elle a eu, qui a renoncé encore depuis, & d'abondant approuvé l'un & l'au-

» tre par Contrat particulier, par lequel le pere lui avoit encore donné supplément » de dot, peut être rappellée; jugé par Arrêt du 31 Août 1599, confirmatif de la » Sentence du Lieutenant de Loches, du 27 Avril 1596, au profit de demoiselle du Fau, » veuve de M. le Breton, Seigneur de Chanceaux, » Boullai, C. M.

11148. Boucheul sur Poitou, art. 221, n. 126 & suiv. art. 277, n. 24, enseigne que le rappel est révocable, à moins qu'il ne soit porté au Contrat du 2e. mariage de la Fille exclue par le 1er. v. Bourjon, t. 1, p. 796.

11149. « Peut le rappel être fait en l'absence de la Fille rappellée, & est tel » Acte ambulatoire; mais je crois, dit Boullai, p. 276, que, s'il a été accepté » dûment par la Fille, il n'est révocable. »

11150. Le rappel de la Fille mariée peut se faire par quelqu'Acte que ce soit, à la différence du rappel hors les termes de droit, pour la validité duquel il faut un Acte revêtu des formalités propres aux donations entre-vifs ou aux testaments, Valin, t. 3, p. 98, 181, Pothier, des Succ. c. 1, s. 2, art. 4, §. 3, quest. 5, v. cidessus n. 10990.

11151. « L'aîné étant mort avant son pere, sa Fille succéda à son aïeul, avec » son oncle, le Sieur de la Brosse, & sa tante, la Demoiselle de Chanceaux, rap» pellée, » Boullai, C. M.

11152. Une Fille dotée par ses pere & mere, *en avancement d'hoirie*, peut venir à leur succession, la Loi municipale n'exclue pas indistinctement toutes les Filles dotées; elle excepte celles à qui les pere & mere réservent de venir à leur succession, ou qu'ils y rappellent dans la suite. L'Exclusion légale n'est fondée principalement, que sur la présomption de la volonté des pere & mere qui dotent, Lebrun, des Succ. l. 3, c. 10, s. 1, n. 2, 7; Coquille sur Nivernois, t. 23, art. 24, dit que cette Exclusion dépend de la volonté du pere, assistée de la faveur de la Loi municipale. Dès que les pere & mere ont témoigné une intention contraire à l'Exclusion, leur volonté expresse prévaut sur la présomption. Doter en avancement de droits successifs, c'est donner pour venir à partage; c'est donner, non pas pour toujours, mais pour avance sur la succession future; c'est y admettre par conséquent, Dumoulin sur Paris, art. 26, n. 1; c'est réserver la Fille qu'on dote, Lacombe, au mot *Rappel*, s. 1, n. 8, Sérieux, des C. de Mar. t. 1, p. 346. Comme il ne s'agit pas tant de déroger à la Loi municipale, que d'expliquer l'intention des pere & mere, Boucheul, des Conv. de succ. c. 17, n. 55, 56, établit qu'il n'est pas nécessaire que la réserve soit expresse. Ainsi l'a décidé le Pere de l'Auteur, le 17 Août 1763. On trouve une pareille décision dans les notes de M. Bernard, où il dit que c'est le sentiment de tous les Auteurs; il ajoûte: « j'ai vu une » Consultation de M. Gueau de Reverseaux, qui, sur l'effet de la clause du don de » la dot en avancement d'hoirie, citoit, comme célebre, un Arrêt qui l'a jugé » pour la Dame de Montargis, à l'occasion de la terre de Sagonne, en Bourbon» nois. » M. Bouault, en ses notes, dit que c'est un des points jugés par l'Arrêt de 1700, cité ci-après n. 11804, v. Basnage sur Normandie, art. 258, Froland, des Statuts, p. 1519 & suiv. Encyclopédie, au mot *Mariage distinct*. Autrefois on exigeoit une réserve expresse; lors de la Réformation de la Cout. de Tours, faite en 1559, on a supprimé cette condition; on a été plus loin, en autorisant le rappel après le Contrat de mariage, parce qu'il n'y a rien de plus favorable que ce retour au droit naturel.

11153. Un pere & une mere, domiciliés à Paris, ont donné à leur Fille, en dot, 100000 l. chacun par moitié, & la mere, en outre, a donné 10000 l. *en avancement d'hoirie sur sa succession future*; depuis, en mariant leur fils, comme principal héritier noble, ils lui ont donné une terre située en Touraine, appartenante à la mere; ensuite, ils ont institué celui-ci Légataire universel, & ils ont fait à celle-là un legs particulier. Le 12 Mai 1770, le Pere de l'Auteur a décidé que la Fille n'étoit pas exclue de la succession de la mere, pour la terre située en Touraine, parce que, malgré la circonstance de la diversité des biens, & des lieux où ils sont situés, le don en avancement d'hoirie comprend une réserve. 1°. La mere n'avoit qu'une succession à écheoir, que devoient composer ses différents biens. 2°. Elle les connoissoit, quoique, lors du mariage de la Fille, elle n'eût qu'une part indivise dans la terre de Touraine ; elle n'en avoit pas moins du bien en Touraine ; elle pouvoit prévoir que la totalité pourroit lui appartenir. 3°. L'effet de la clause doit être le même que si le Contrat eût été passé à Tours, & que la mere y eût eu son domicile ; Lebrun, des Succ. l. 1, c. 4, s. 5, n. 32, n'en fait pas de différence ; elle n'en devoit pas moins être censée savoir la disposition de la Loi qui régit les biens situés en cette Province. 4°. La clause, n'ayant pas de bornes par elle-même, auroit dû être restreinte, si c'eût été l'intention de la mere, de ne réserver sa Fille de venir à sa succession, que pour les biens de Paris. 5°. Il semble que la clause, qui n'est ajoûtée que dans l'augmentation de dot, ait eu pour objet le bien de Touraine, qui n'appartenoit qu'à la mere, puisqu'elle n'a pas été insérée dans la dotation commune. 6°. Ni le mariage du fils, ni le legs universel, ni le legs particulier, ne donnent aucune atteinte à la réserve, qui ne fait que lever l'obstacle de l'Exclusion, & qui n'empêche pas la disposition. 7°. Brillon, au mot *Succession*, n. 64, rapporte deux especes où il paroît que, si le don n'avoit été simplement qu'en avancement d'hoirie, la Fille auroit succédé dans la Coutume d'Exclusion ; c'est l'avis de Lauriere sur Paris, p. 34, 326, où il s'exprime ainsi : « la Fille dotée à Paris, qui a reçu sa dot en avancement d'hoirie, doit être censée réservée dans les Coutumes où les Filles dotées sont exclues, & sur-tout dans celles d'Anjou, Maine, Touraine & autres semblables, qui ne requierent pas de réserve expresse. » Lebrun, des Succ. l. 3, c. 10, s. 1, n. 7, qui pense différemment, avoue que son opinion souffre de la difficulté ; il paroît même se contredire, en supposant que le don est pour tous les biens de la succession en avancement de laquelle il est fait.

11154. Une Fille, qui avoit eu en avancement d'hoirie, outre des biens situés dans le Vendomois, une terre située en Normandie, abat des bois de futaie ; ensuite, elle aliene les rentes ; puis, elle la vend : M. Bernard, en ses notes, estime que, par-là, elle a dérogé à la faculté qui lui étoit réservée, de venir à la succession ; elle s'est mise hors d'état de demander le partage, en se mettant, par la vente, hors d'état de faire le rapport, qui doit se faire en nature, Pallu, p. 462. Si l'on admet le rapport de la valeur de la terre, chaqu'enfant doit y avoir la part qu'il eût eue dans la terre ; au lieu que, si le don eût été fait en deniers, l'aîné seul eût profité du rapport, Pallu, N.M. qui dit que l'art. 284 de Tours est différent de l'art. 304, v. ci-dessus n. 11119.

11155. La Fille qui a été dotée, partie en fonds, partie en argent, doit, en venant à la succession, rapporter toute la dot, sans pouvoir retenir ce qu'elle a reçu en argent, comme étant un avantage permis par l'art. 248 de Tours, notes de M. Bernard : elle ne peut être donataire & héritiere, il faut opter.

11156. Il est libre à la Fille à qui la faculté de venir à la succession, a été réservée, de se tenir à son don, Pallu, p. 462.

11157. M. Poitevin, en ses notes, rapporte qu'on a appointé, au Siége de Tours, sur la question, si l'art. 309 de Tours doit s'étendre aux Nobles, pour obliger une Fille à rapporter, en renonçant, ce qu'elle a eu en dot, afin qu'il ne soit pas en la liberté d'un pere, en mariant des enfants, de frauder ses Créanciers., v. ci-après n. 12035. & suiv.

11158. Pallu a retouché quelques-unes de ses notes sur l'art. 284, pourquoi il a été inséré un carton, où ne se trouve pas une question qu'on lit, p. 462, dans quelques exemplaires ; savoir, si, n'y ayant qu'un fils & des Filles qui ont été mariées, le fils vient à confisquer un fief, pour crime de Leze-Majesté ou de duel, les Filles, quoique forcloses, peuvent prétendre leurs tiers ? Pallu décide pour l'affirmative, l'Exclusion n'ayant pas été introduite en faveur du Fisc, v. Dupineau sur Anjou, art. 241.

CHAPITRE VI.

De la Renonciation aux Successions.

11159. Il faut distinguer les Successions futures & les Successions échues.

SECTION PREMIERE.

Des Renonciations à Successions futures.

11160. Les Renonciations à Successions futures sont admises sous certaines conditions, en Pays de droit écrit, comme en Pays coutumier, v. Bretonnier sur Henrys, t. 1, l. 4, quest. 11, Boucheul, des Conv. de succ. c. 20, de Saux sur Lebrun, des Succ. add. 91e. 92e. 98e. de Grainville, p. 451 & suiv. Valin, t. 3, p. 175 & suiv.

11161. Plusieurs n'admettent la Renonciation des mâles dans aucun cas.

11162. La Renonciation des filles au profit d'autres filles, souffre encore plus de difficulté; la Renonciation faite purement & simplement, s'entend toujours au profit des mâles & de leurs descendants.

11163. « Pour faire qu'une fille renonce valablement, dit Henrys, t. 1, l. 4, » quest. 106, il faut que ce soit une Succession future & incertaine; que, pour » icelle, on lui donne quelque chose de certain; & que ceux à la Succession des» quels elle renonce, y prêtent leur consentement. »

11164. Si une fille renonce, par son Contrat de mariage, tant à la Succession échue de la mere, qu'à la Succession future du pere, pour un seul & unique prix, la Renonciation à la Succession échue est nulle; ce qui entraîne la nullité de la Renonciation à la Succession future.

11165. La Renonciation aux deux Successions étant faite pour deux prix distincts & séparés, la Renonciation à la Succession future doit être exécutée; & si ce qui a été donné pour la Succession échue, est moindre que la portion héréditaire, il y a lieu à restitution, v. Pallu, p. 463 & suiv. Boucheul sur Poitou, art. 220, n. 44, Auroux, p. 2, p. 48, 51, 66.

11166. La Renonciation de la fille dotée par le pere, des deniers de la Communauté, est nulle par rapport à la mere, si elle n'a pas parlé, & qu'elle renonce à la Communauté, Sérieux sur Renusson, des Propres, c. 2, s. 6, n. 19.

11167. Une fille peut renoncer à la Succession d'un oncle ou d'un frere qui la dote.

11168. Quoi que dise Pallu, p. 463, la fille qui a renoncé par son Contrat de mariage, ne peut réclamer, sous prétexte de minorité.

11169. La lézion ne donne pas lieu de revenir contre une Renonciation.

11170. Une fille renonce moyennant une somme, en payement de laquelle on lui donne un fonds qui vaut moins; elle peut demander le supplément, & les intérêts seulement du jour de la demande, Vigier sur Angoumois, art. 97.

11171. Les Renonciations à Successions futures, entre Roturiers, sont nulles à Tours & à Loudun, v. Boucheul sur Poitou, art. 218, n. 43, Pocquet, Arr. cél.

l. 6, c. 23, Valin, t. 3, p. 183, Sérieux, des C. de Mar. t. 1, p. 259, Olivier sur Maine, art. 278.

11172. Proust, p. 493, 499, les admet, & dit que la fille qui a renoncé, n'est reçue ni obligée à rapporter, v. ci-dessus n. 11116.

11173. M. Bouault, en ses notes, estime qu'un aîné, ecclésiastique & majeur, peut renoncer à la Succession de ses pere & mere, de leur consentement, v. Bodreau, Louis & Olivier sur Maine, art. 238, 246, Pocquet sur Anjou, art. 229, Arr. cél. l. 5, c. 9, Pothier, des Succ. c. 2, f. 1, art. 2, §. 8.

11174. « Si l'aîné renonce, ses pere & mere vivant & consentant, en faveur de » l'un de ses puînés particuliérement exprimé, sans toucher aucune chose, le doute » ne sera pas petit, si l'Acte pourra valoir. J'ai mémoire d'avoir vu trois Contrats de » mariage où les aînés ont renoncé en faveur de chacun son cadet : l'un en la mai- » son de Brosses, en ce Pays, & qui a de grands biens en Picardie; l'autre en celle » de Commacre, assez connue en Touraine; la 3e. en celle des Baraudins de Lo- » ches. Les 1er. & dernier sont passés sans dispute; mais non celui de Commacre, » qui a été débattu long-temps, & enfin a été composé, » Boullai, C. M.

11175. Pocquet sur Anjou, art. 229, tient que la Renonciation faite par un aîné, avant ou après la mort des pere & mere, au profit d'un des puînés, est une donation réductible aux termes de la Coutume, après la mort de cet aîné.

11176. Boullai, p. 252, dit que le droit d'aînesse « ne se peut quitter en faveur » de l'un au préjudice des autres. »

11177. Titius, Chanoine, Diacre, intervenant au Contrat de mariage de son frere, » s'est désisté de tous les droits, qui, en qualité d'aîné, lui compétoient au-dessus » de son frere sur la terre de . . . . . . tombée en tierce-foi, à l'ouverture de la » Succession du pere, & a consenti que les 70000 l. pour le prix de la terre, (ainsi » estimée par la clause de dotation,) soient jointes avec les autres biens qui se trou- » veroient composer la Succession du pere, pour le tout être partagé entr'eux par » moitié. » En 1763, le Pere de l'Auteur a estimé valable la Renonciation, v. Ricard, p. 3, n. 976, Lemaître sur Paris, p. 461, Guyot, t. 5, p. 265, Lacombe, au mot *Aîné*, f. 1, n. 16. Titius prétendoit qu'au moins, son frere devoit compter des 70000 l. & non pas seulement de 40000 l. que la terre pouvoit valoir, alléguant qu'il n'avoit renoncé à ses droits d'aîné, que sous la condition de partager le prix porté dans le Contrat de mariage. Titius a consenti que le prix fixé fût partagé par moitié, c'est une conséquence de la Renonciation & l'application de son effet. Consentir, n'est pas exiger; c'est une expression de faveur, d'un Donateur, qui veut bien; il donne, il ne traite pas; c'est sa donation qui est acceptée. Sa Renonciation avoit pour motif le desir de favoriser le mariage de son frere, non l'erreur où il pouvoit être, de la véritable valeur de la terre, & dont il ne peut se prévaloir, v. Bourjon, t. 2, p. 487; c'est sur la foi de sa Renonciation, que le mariage a été contracté; le prix ne se trouve dans la clause de Renonciation, que parce qu'il étoit deja fixé; c'est à la véritable valeur de la terre, qu'il faut avoir egard.

SECTION II.

Des Renonciations à Successions échues.

11178. De la maxime, *le Mort saisit le Vif*, v. ci-dessus n. 10820, il ne faut pas conclure qu'il y a, parmi nous, comme chez les Romains, des héritiers nécessaires; c'est une autre maxime, que *n'est héritier qui ne veut*, art. 316 de Paris, qui est de droit commun, v. Proust, p. 436, 437, Pallu, p. 425. Tout parent peut renoncer à la Succession qui lui est déférée; la saisine légale dépend du parti que prendra celui que la Loi appelle.

11179. On lui donne, pour se décider, un délai, qui est de 40 jours, par l'art. 313 de Tours; mais l'Ord. de 1667, t. 7, art. 1, dérogeant aux dispositions contraires des Coutumes, en a établi un uniforme, qui est de 3 mois pour faire inventaire, & 40 jours pour délibérer, lesquels, lorsque l'héritier est mineur, ne courent que du jour de la nomination de son Tuteur, Serpillon, p. 76, v. ci-dessus n. 8837 & suiv.

11180. « Les demandes données par les Créanciers & Légataires avant l'expira-» tion des délais, procedent; mais ne peuvent faire courir aucuns intérêts, tant qu'ils » ne seront pas expirés. Si l'héritier, dans les délais, paye ou rapporte sa Renon-» ciation, il ne devra pas les dépens de la demande, » Pothier, des Succ. c. 3, s. 5.

11181. Après l'expiration des délais, celui qui est habile à succéder, n'est pas réputé héritier, s'il ne s'est pas immiscé; mais il est obligé d'opter, ou de se porter héritier, ou de renoncer, s'il est poursuivi, Serpillon, p. 76.

11182. L'option peut se faire en tout temps, même après 30 ans, tant qu'on n'a fait aucun acte d'héritier. On n'est tenu à déclarer si l'on veut se porter héritier ou non, que lorsqu'on est poursuivi à cet effet, art. 278 de Poitou, Proust, p. 438, Pallu, p. 425, 537; si l'on déclare ne vouloir pas être héritier, on est censé n'avoir jamais été saisi par la Loi.

11183. Si, faute de s'expliquer, on a été condamné par défaut, comme héritier, on peut appeller, &, sur l'appel, renoncer; on obtient sa décharge & on est condamné seulement aux dépens faits jusqu'au rapport de sa Renonciation. Si la condamnation est en dernier ressort, elle n'oblige qu'envers celui qui l'a obtenue, & elle n'empêche pas de renoncer à l'égard des autres, Boucheul, des Conv. de succ. c. 31, n. 20, 21, Pr. de la Jur. fr. n. 66, 361.

11184. Celui qui, poursuivi par des Créanciers, renonce incontinent & sans contestation de sa part, ne doit aucuns dépens; ils les emploient en frais & mises sur les biens du Débiteur, Bourjon, t. 2, p. 500, v. ci-après n. 11212.

11185. Le plus proche parent renonçant, celui qui se trouve dans le dégré qui suit immédiatement, est appellé; &, s'il accepte, il est réputé saisi dès l'instant de l'ouverture de la Succession; l'acceptation, comme la Renonciation, a un effet rétroactif.

11186. « Le moins proche n'est reçu à se dire héritier, sans faire apparoir de la » Renonciation du plus proche, » Proust, p. 438; c'est ce que remarque M. Augeard, en ses notes.

11187. Il suffit que ceux qui sont au 1er. dégré, aient renoncé, pour qu'on puisse faire créer un Curateur à la Succession vacante, Pallu, p. 151. Ceux qui sont dans le dégré suivant, ne sont pas obligés de renoncer; Valin, t. 3, p. 186, dit que, poursuivis par les Créanciers, ils doivent obtenir leur décharge avec dépens, en faisant voir que le Défunt a laissé des parens plus proches qu'eux.

11188. De deux Curateurs institués à une même Succession vacante, celui dont l'institution a été insinuée la 1re. doit être preféré, Denisart, au mot *Curateur*.

11189. Tout ce qui a été fait contre le Curateur valablement créé, milite contre ceux qui viennent à se porter héritiers, Bourjon, t. 1, p. 770, t. 2, p. 500; comme ce qui a été fait contre le seul héritier apparent, subsiste à l'égard de ceux qui se présentent par la suite, Cochin, t. 4, p. 315, 326; les Actes que l'un ou l'autre a passés, doivent s'exécuter, Olivier sur Maine, p. 7e.

11190. On peut renoncer tant que les choses sont entieres, c'est-à-dire, tant qu'on n'a pas fait acte d'héritier, soit par l'intention, en en prenant la qualité, soit par le fait, en faisant quelque chose qu'on ne peut avoir droit de faire qu'en qualité d'héritier, art. 317 de Paris, v. Bourjon, t. 1, p. 766 & suiv. 807, Valin, t. 3, p. 183 & suiv.

11191. On admet le témoignage singulier d'un témoin, pour la preuve de chaqu'acte d'héritier, Coquille sur Nivernois, t. 34, art. 26, contre Furgole, des Test. c. 10, s. 1, n. 126, v. Serpillon, p. 370, 424.

11192. Pour les cas auxquels on est censé faire acte d'héritier, v. Domat, l. 1, t. 3, s. 1, 2, Boucheul, des Conv. de succ. c. 31, n. 27 & suiv. Auroux, p. 2, p. 112, Furgole, des Test. c. 10, s. 1, n. 91 & suiv. ci-dessus n. 8883, 8884.

11193. La qualité d'héritier prise dans un Exploit ou un Acte de procédure, nuit, à moins que le Sergent ou le Procureur ne soit désavoué. Si l'Acte de procédure, sans donner la qualité d'héritier, contient seulement une déclaration d'acceptation, il y a lieu à la révocation, tant qu'il n'y a pas de jugement.

11194. M. Augeard, en ses notes, rapporte que le Siége de Tours a décidé, le 13 Août 1687, au profit du sieur Dufromentel, Procureur, que sa femme, ayant reçu en dot un propre de sa mere, à valoir, tant sur la Succession échue de son pere, que sur celle à échéoir de sa mere, n'étoit pas censée avoir fait, par-là, acte d'héritiere, v. Lathaumassiere sur Berry, t. 19, art. 28.

11195. La possession des biens prouve l'adition d'hérédité, v. Sainson, t. 25, art. 32.

11196. Par rapport à une femme mariée, il faut qu'elle accepte expressément, dûment autorisée, Bodreau sur Maine, art. 458, Lebrun, de la Comm. l. 2, c. 1, s. 3, n. 6; encore qu'il s'agisse d'une Succession mobiliere, qui tombe dans la Communauté, Maillart sur Artois, art. 88.

11197. Le parent qui a payé les frais funéraires, peut renoncer, Pallu, p. 514; s'il les a payés de ses deniers, il peut les répéter sur les biens de la Succession, Jouy, Suppl. aux Loix civ. c. 21, n. 6.

11198. Celui qui poursuit la vengeance de la mort du défunt, qui s'empare des clefs de la maison, qui étaye un mur qui menace ruine, ne fait pas acte d'héritier; s'il y a des réparations urgentes à faire, il faut se faire autoriser, pour ce, par le Juge.

11199. C'est faire acte d'héritier, que de payer des dettes ou d'acquitter des legs, même de ses deniers, quelque protestation qu'on fasse, à moins qu'on ne soit exécuteur testamentaire, caution ou co-débiteur du défunt; ou qu'il ne soit question de certaines dettes, appellées criardes, qu'on peut acquitter par un motif d'honneur, ou de certains legs faits pour récompense de domestiques ou pour faire prier Dieu, Pothier, des Succ. c. 3, s. 3, art. 1, §. 1; ou qu'on ne paye une dette, pour être subrogé aux droits du Créancier, Vigier sur Angoumois, art. 84, Furgole, des Test. c. 10, s. 1, n. 110.

11200. On peut se faire autoriser par le Juge, pour faire un bail à loyer ou à ferme, ou pour vendre les effets mobiliers d'une Succession, sans prendre d'autre qualité que celle d'habile à se porter héritier, Pothier, des Succ. c. 3, s. 3, art. 1, §. 1, v. Fourré, p. 282.

11201. On vend souvent, même avant de commencer l'Inventaire, une Charge à laquelle il y a une Pratique attachée, qui dépériroit, si la vente étoit différée, en protestant que la vente ne pourra attribuer aucune qualité aux Vendeurs. S'ils sont mineurs, le Tuteur est autorisé à faire cette vente par un avis de parents homologué par le Juge, Denisart, au mot *Mineur*.

11202. Le recelé de quelqu'effet de la Succession rend héritier, encore qu'on l'ait rapporté; on perd la part qui revenoit dans cet effet, & on doit l'intérêt de ce qu'il peut valoir, Poullain sur Bretagne, art. 437, Valin, t. 2, p. 643, 645, Pothier, de la Comm. n. 690, 691, v. ci-dessus n. 8886.

11203. La minorité n'excuse pas, Dupineau sur Anjou, art. 238, Furgole, des Test. c. 10, s. 1, n. 56, v. ci-dessus n. 2686.

11204. Le recelé commis après une Renonciation valable, ne la détruit pas; on ne peut que revendiquer ce dont s'est emparé le Renonçant, qui ne pouvoit plus faire acte d'héritier, v. Boucheul sur Poitou, art. 278, n. 123 & suiv. Pothier, des Succ. c. 3, f. 3, art. 1, §. 3, ci-dessus n. 8888, ci-après n. 11213.

11205. La femme qui recele des biens de la Succession du mari, avec qui elle n'étoit pas commune en biens, peut être privée de ses reprises & conventions matrimoniales, v. Denisart, au mot *Recelé*.

11206. Pour prouver des recelés, on peut faire entendre des parents & des domestiques, Bornier sur l'Ord. de 1667, t. 2, art. 11, Brillon & Ferriere, au mot *Recelé*, Jousse, de la Just. crim. t. 4, p. 196, Serpillon, p. 388.

Dans le cas de recelés, il y a souvent lieu d'avoir recours à la voie du Monitoire, qui est un commandement que fait l'Eglise, de révéler ce qu'on sait, & de restituer ce qu'on a pris, menaçant de l'excommunication ceux qui refuseront d'obéir. C'est un cas où l'Eglise se sert de l'excommunication, pour obliger à réparer un dommage temporel, v. Confér. d'Angers sur les Censures, conf. 5, quest. 4. Sur une plainte, on obtient une permission de faire informer & de faire publier un Monitoire; ou, sur une assignation, on obtient un Jugement qui ordonne la preuve par témoins des faits articulés & permet de faire publier un Monitoire.

Le serment *in litem* peut avoir lieu contre celui qui est convaincu de recelés, Ferriere sur Paris, art. 237, gl. 2, n. 27. Sur ce serment v. Lacombe, au mot *Serment*, n. 4, Serpillon, p. 106, ci-dessus n. 4141, 4142. On n'est pas obligé de jurer que la valeur des effets recelés consistent précisément dans la somme fixée par le Juge, & qu'on en a une connoissance parfaite. On affirme seulement, dit Serpillon, qu'on croit, en conscience, qu'ils valent la somme réglée par le Juge; on peut la diminuer, non l'augmenter.

11207. La Renonciation faite en faveur d'un des Cohéritiers, est un acte d'héritier, non celle faite purement & simplement, quand ce seroit moyennant un certain prix, Valin, t. 3, p. 190, v. Auroux, p. 2, p. 112.

11208. La Renonciation faite par un héritier, en fraude de ses Créanciers, est nulle. Ils peuvent accepter pour lui la Succession à laquelle il a renoncé, en donnant caution que la qualité d'héritier ne lui fera aucun préjudice, Boullai, p. 303, Valin, t. 3, p. 189, encore que les Cohéritiers n'aient pas participé à la fraude, v. ci-dessus n. 2884.

11209. Un fils ayant renoncé à la Succession du pere, quoique la mere eût accepté la Communauté, le 9 Février 1764, le Siége de Tours a subrogé un Créancier du fils en ses droits, sans égard à la Renonciation, & a condamné aux dépens la mere & les Créanciers de la Succession.

11210. La Renonciation est aux frais de celui qui renonce, v. ci-dessus n. 8940.

11211. Le 14 Juin 1760, le Siége de Tours a jugé qu'un enfant à qui on institue un Curateur pour renoncer à la Succession de son pere, doit les frais de l'institution; c'est à ses dépens qu'il doit prendre une qualité, v. Denisart, au mot *Renonciation à Successions échues*.

11212. L'héritier poursuivi par un Créancier, doit les dépens jusqu'à la signification de sa Renonciation; si elle avoit été insinuée avant la demande du Créancier, celui-ci seroit condamné aux dépens, v. Pigeau, t. 2, p. 493, ci-dessus n. 11184.

11213. On peut renoncer tacitement à une Succession; les Renonciations sont irrévocables; & on ne peut passer pour héritier, quelqu'Acte qu'on ait fait après une Renonciation, de Saux sur Lebrun, des Succ. add. 103e. 107e. 108e. v. ci-dessus n. 11204.

11214. En ligne directe, la Renonciation doit être faite en Justice ou devant Notaire; il suffit, en ligne collatérale, de déclarer qu'on n'est pas héritier, Ferriere, au mot *Abstension*, v. Pocquet sur Anjou, art. 334, obs. 2e. Valin, t. 3, p. 185, qui disent que, pour appuyer la Renonciation, on n'a pas besoin de produire un inventaire, encore qu'on demeure dans la maison du Défunt, si l'on n'a pas les effets à sa disposition. Le 5 Février 1768, le Siége de Tours l'a jugé, en faveur d'un enfant

enfant qui demeuroit dans la maison du pere, lors du décès, en ordonnant la preuve qu'il avoit fait acte d'héritier.

11215. Un enfant n'est pas présumé avoir accepté la Succession du pere, quoiqu'il n'apparoisse pas de sa Renonciation ; il faut prouver qu'il a fait acte d'héritier, v. Vigier sur Angoumois, art. 84, de Saux sur Lebrun, des Succ. add. 70e. Un acte de notoriété du Châtelet, du 24 Juillet 1706, suppose le contraire ; mais il n'est pas suivi, Répert. de Jurispr. au mot *Héritier*.

11216. On peut renoncer à une Succession, sous la condition qu'un legs aura lieu, v. Arrêt du 16 Avril 1614, rapporté par Mornac, p. 6, c. 56, Denisart, au mot *Renonciation à Successions échues*.

11217. Les enfants qui ont renoncé, n'en sont pas moins obligés de payer les frais funéraires de leurs peres & meres, Pallu, p. 513, Bourjon, t. 1, p. 766, v. Arrêt du 7 Février 1720, rapporté au Journ. des Aud. ci-dessus n. 8618.

11218. Le Siége de Tours, qui a jugé, le 3 Août 1748, qu'ils n'en sont pas tenus par la voie solidaire, a décidé le contraire, le 6 Septembre 1775.

11219. Un pere, qui, en qualité de Tuteur de ses enfants, avoit perçu leurs revenus, étant mort insolvable, le Siége de Tours, le 25 Juillet 1756, a déchargé les enfants d'une dette pour du pain dont ils avoient consommé une partie, notes de M. Bernard.

11220. M. Bernard dit que les circonstances doivent décider, ainsi que dans le cas de la Renonciation à la Communauté, v. ci-dessus n. 8951 & suiv. qu'il est difficile de donner une regle générale ; que, dans bien des occasions, l'équité doit tempérer la rigueur de la Loi ; qu'il faut considérer l'objet de la dette, l'état de la fortune, la qualité des Parties, l'époque des fournissements, la juste confiance de ceux qui les ont faits, v. Valin, t. 3, p. 190.

11221. La dette étant pour pension dans un Collége, une Académie ou un Séminaire, chez un Maître ou un Procureur, suivant M. Bernard, il y a de l'indécence, si l'enfant qui a reçu les aliments & le bienfait de l'institution, renvoie à la Succession d'un Tuteur, mort insolvable, le Créancier à qui on ne peut reprocher d'avoir trop long-temps demeuré dans l'inaction. L'enfant a contracté lui-même la dette sous l'autorité de son Tuteur ; doit-il en être moins tenu que des arrérages d'une dette, que le Tuteur a négligés de payer ? Un enfant a été condamné à payer des pensions, par un Arrêt du 20 Décembre 1759, cité par Denisart, au mot *Renonciation à Successions échues*.

11222. Un pere doit payer la pension de son enfant, quoiqu'il renonce à sa Succession, & qu'il allegue lui avoir donné de l'argent, pour la payer, Olivier sur Maine, art. 288.

11223. « L'enfant qui a eu des héritages en faveur de mariage, qui a renoncé, » & qui est poursuivi hypothécairement par les Créanciers antérieurs à son Contrat, » a son recours, contre les autres freres, héritiers, pour son acquittement, même » pour la garantie de la chose, s'il est évincé, v. Vrevin sur Chauni, art. 49, » *Salvâ aliorum legitimâ*, » notes de M. Dubois, pere, v. ci-après n. 12039.

11224. Si, de plusieurs héritiers, l'un renonce purement & simplement, sa part accroît à tous les autres, art. 310 de Paris, v. Domat, l. 3, t. 1, s. 9, Lacombe, au mot *Accroissement*, n. 3, ci-dessus n. 10972.

11225. Parmi nous, la Renonciation d'un puîné noble ne profite qu'à ses co-puînés, Boucheul sur Poitou, art. 290, n. 63.

11226. Si l'aîné renonce, dit M. Bouault, en ses notes, les puînés partagent sa portion, sans droit d'aînesse, v. Boullai, p. 252, Pallu, p. 428, Louis sur Maine, art. 238, Valin, t. 3, p. 135, Mignot, c. 2, n. 236 & suiv. Gaz. des Trib. t. 4, p. 225.

11227. La restitution contre la Renonciation faite par un enfant majeur à la Succession de son pere, s'accorde dans les 3 ans, Lacombe, au mot *Renonciation*, s. 2,

n. 6, Furgole, des Test. c. 10, s. 2, n. 67, v. Lemaître sur Paris, p. 482, de Saux sur Lebrun, des Succ. add. 105e. Répert. de Jurisp. au mot *Héritier*. Pallu, p. 426, dit qu'il faut venir dans l'an contre la Renonciation à la Succession de la mere. Valin, t. 3, p. 188, 189, admet le délai de 3 ans, pour les Successions de tous les ascendants indistinctement.

11228. Olivier sur Maine, art. 289, tient que celui qui, au moment de sa Renonciation, ne pouvoit découvrir si la Succession, soit directe, soit collatérale, étoit bonne ou mauvaise, peut se faire restituer dans les 10 ans.

Si, dans les lettres qu'on a obtenues pour se faire restituer contre une Renonciation, il s'est glissé une erreur, on peut la réformer par d'autres lettres, quoiqu'on ne soit plus dans les 10 ans, v. Augeard, t. 3, c. 88.

11229. On ne peut se faire restituer contre l'acceptation d'une Succession, v. ci-dessus n. 6905; qui est une fois héritier, l'est toujours, Pallu, p. 426.

11230. L'art. 128 de l'Ord. de Janvier 1629, qui décide que l'héritier bénéficiaire ne peut renoncer, est suivi, v. L'hommeau, l. 3, n. 30, aux notes, Guyot, t. 2, p. 82, Bourjon, t. 2, p. 502, Valin, t. 3, p. 195, Denisart, aux mots *Bénéfice d'inventaire* & *Renonciation à Successions échues*. La Renonciation de l'héritier bénéficiaire, qui est inconnue dans le droit, qu'aucune Coutume n'admet, que des Praticiens ignorants ont introduite dans quelques Siéges, est un abus à réformer dans ceux où il subsiste. Elle ne peut produire aucun effet, Duplessis sur Paris, p. 332. L'héritier bénéficiaire peut abandonner les biens de la Succession, Pothier sur Orléans, t. 17, n. 53, non la qualité d'heritier, qui l'oblige toujours au rapport, Bourjon, t. 1, p. 765, & l'empêche de demander le douaire, Valin, t. 2, p. 546 & suiv. C'est à lui à soutenir toutes les actions qui pouvoient s'intenter contre le Défunt; ce n'est qu'à raison de celles qu'il a lui-même à former, que, pour y répondre, on doit créer un Curateur au bénéfice d'inventaire, Bourjon, t. 1, p. 823. Les Créanciers peuvent demander un compte à l'héritier bénéficiaire, quoiqu'il ne renonce pas; &, en renonçant, il le leur devroit également. La Renonciation ne peut être utile, ni à lui, ni aux Créanciers, v. Lebrun, des Succ. l. 3, c. 4, n. 25. On peut le comparer à une femme commune, qui n'est tenue que jusqu'à concurrence de l'amendement. La présentation du compte affranchit de l'action des Créanciers; mais l'acceptation étant irrévocable, il n'y a plus lieu à renoncer, v. ci-après n. 11343, 12399.

CHAPITRE VII.

De Ceux à qui la Loi défere les Biens à défaut d'Héritiers.

11231. Les parents des Religieux ne leur succédant point, le Monastere recueille ce qui se trouve leur appartenir, à leur décès; c'est ce qu'on nomme pécule, sur lequel v. Meslé, des Minorités, c. 4, Richer, de la Mort civ. p. 786 & suiv.

11232. Un Arrêt du 2 Mars 1739, a adjugé le pécule d'un Religieux au Monastere où il demeuroit depuis un an & demi, & où il étoit décédé, au préjudice du Monastere où il avoit fait profession, v. Denisart, aux mots *Pécule* & *Translation*.

11233. Le pécule d'un Religieux-Curé doit tourner au profit de la Fabrique & des pauvres de sa Paroisse, v. Code des Curés t. 2, p. 548 & suiv. Le Grand-Conseil l'adjuge à l'Abbé ou au Monastere du Religieux, Piales, des Répar. t. 2, p. 455 & suiv. qui peut former complainte, comme pourroit le faire un véritable Héritier, Pallu, p. 425.

11234. Le pécule d'un Religieux-bénéficier se trouve quelquefois contentieux entre plusieurs Monasteres : l'un le réclame, dit Piales, p. 12, parce que le Religieux y faisoit sa résidence, ou parce qu'il y avoit été transféré ; un autre le prétend, parce qu'il y a fait ses vœux, ou parce que le bénéfice en dépend.

11235. Le pécule des Chevaliers de Malte appartient à l'Ordre, qui n'est pas tenu des dettes contractées avant leur profession.

11236. Ce que laisse un Esclave-negre, qui meurt en France, appartient à son Maître, Edit d'Octobre 1716, art. 10.

11237. La succession des Séculiers qui n'ont pas d'Héritiers, appartient au Fisc, par droit de Déshérence, art. 23 de Tours, 20 de Loudun.

11238. Il faut qu'il n'y ait point du tout de parents ; à défaut des plus proches, les plus éloignés sont appellés, en quelque dégré qu'ils soient, Boullai, p. 305, Pallu, p. 40, 147, Valin, t. 1, p. 74.

11239. Le Fisc est tenu des dettes & des legs ; & même indéfiniment, suivant plusieurs, s'il n'y a pas d'inventaire, v. Breche, t. 1, art. 21, Boullai, p. 317, Pallu, p. 31, 363, Guyot, t. 6, p. 836, Valin, t. 1, p. 76, Pothier, des Succ. c. 5, art. 2, §. 3, ci-dessus n. 9237.

11240. Les effets des Titulaires de Bénéfices consistoriaux, non réclamés dans les 3 ans de leur décès, appartiennent au Roi à titre de Déshérence, Dict. rais. des dom. t. 2, p. 52.

11241. L'Ord. d'Août 1681, l. 3, t. 11, art. 9, porte que les Mariniers ou Passagers décédant sur mer, sans laisser d'Héritiers, & sans avoir testé, leurs hardes seront employées à faire prier Dieu pour eux ; & leurs autres effets étant sur le vaisseau, appartiendront, un tiers au Roi, un tiers à l'Amiral, & un tiers à l'Hôpital du lieu où le vaisseau fera son retour.

11242. Le Roi succede aux Bâtards, à moins qu'ils ne laissent des descendants légitimes ou un Conjoint par mariage ; ou qu'ils n'aient disposé de leurs Biens, par donation entre-vifs ou testamentaire ; ou que les trois conditions énoncées dans l'art. 321 de Tours, ajouté lors de la Réformation de la Coutume, faite en 1559, ne concourent. Dans le cas de ce concours, le Seigneur recueille les Biens qui sont dans sa Justice, v. Cout. loc. de Busançois, Saintôn, t. 28, art. 1, Pallu, p. 554, Valin, t. 1, p. 84, Velly, Hist. de fr. t. 6, p. 141, ci-dessus n. 11011, ci-après n. 11254.

11243. Le Roi succede aux Etrangers, par droit d'Aubaine, Pallu, p. 31, 521, 554 ; droit que Case-neuve, du Franc-aleu, l. 1, c. 16, n. 4, dit être injuste.

11244. Ce droit cesse, s'ils ont obtenu des lettres de naturalité, qui ne se refusent jamais, & qui doivent être enregistrées à la Chambre des Comptes, v. ci-dessus n. 11018, 11019 ; ce qui ne se fait qu'après une information de vie, de mœurs & de Catholicité. Quelquefois, on en accorde à des Protestants, avec dispense de faire preuve sur ce dernier article.

11245. Les Etrangers, à raison des rentes constituées à leur profit, sur le Clergé, en vertu des Lettres-Patentes du 21 Octobre 1775, ne sont pas sujets au droit d'Aubaine ; leurs héritiers étrangers, non regnicoles, peuvent les recueillir, v. ci-dessus n. 11021.

11246. Les Biens d'un Etranger naturalisé, mort sans enfants, appartiennent, à l'exclusion du Seigneur Haut-Justicier, au Roi, Chauvelin sur Tours, art. 55, *à cause de la Couronne*, Cout. loc. d'Amboise & de Montrichard. Ces Coutumes & celles de Busançois & de S. Genoût déferent aux Seigneurs les successions des Aubains nés dans le Royaume, v. art. 43 de Tours, 34 de Loudun.

11247. La Confiscation fait cesser le droit d'Aubaine, dans les Coutumes où elle a lieu en faveur des Seigneurs, notes de M. Dufrementel, v. Denisart, au mot *Confiscation*.

11248. Le Roi ou le Seigneur-Justicier profite de la succession de ceux dont les Biens sont confisqués, v. ci-dessus n. 2768 & suiv.

11249. « Il faut excepter, dit Pothier sur Orléans, Intr. gén. n. 30, des condam-

» nations à peine capitale, qui font perdre la vie civile, celles qui sont rendues par » un Conseil de guerre. Le bannissement hors du Royaume par un simple ordre de » Sa Majesté, sans condamnation judiciaire, ne fait pas perdre l'état civil ni les » droits de Citoyen. » Sur la question, si la Confiscation a lieu en conséquence des Jugements militaires, v. Duplessis, t. 2, Consult. 27e. Serpillon, p. 891, Jousse, de la Just. crim. t. 1, p. 102, Denisart, au mot *Confiscation*, Encyclopédie, au mot *Justice militaire*.

11250. Lorsqu'il y a plusieurs Confiscataires, l'un des meubles, les autres des immeubles, chacun contribue aux dettes, à proportion du profit qu'il retire, même dans les Coutumes où les dettes mobilieres suivent les meubles, Richer, de la Mort civ. p. 406, Serpillon, p. 878, où on lit, que « les Créanciers, quoique purement » chirographaires, peuvent s'adresser, pour leurs créances entieres, contre chaque » partie du Bien confisqué, & actionner un seul Confiscataire, sauf son recours » contre les autres. » Il en est de même dans le cas où plusieurs Seigneurs succedent par droit de Déshérence, Encyclopédie, au mot *Déshérence*.

11251. Dans les cas de Déshérence, de Bâtardise & de Confiscation, chaque Seigneur ne prend que ce qui se trouve dans sa Justice, meuble ou immeuble, Lathaumassiere sur Berri, t. 19, art. 2, Duplessis sur Paris, p. 64, 133, aux notes, Lemaitre sur Paris, p. 118, 214, 216, R. du Dr. fr. p. 71, Boullenois, Quest. mixtes, p. 162, Richer, de la Mort civ. p. 311, 436, Valin, t. 1, p. 72, 75, 86, Serpillon, p. 1541, contre Renusson, de la Garde, c. 6, n. 58, v. ci-après n. 11277.

11252. Les dettes actives, mobilieres ou immobilieres, appartiennent au Seigneur du domicile du Créancier, Auroux, p. 2, p. 140; Louis sur Maine, art. 286, Pallu, N. M. disent que c'est aux Seigneurs du domicile des Débiteurs.

11253. Aucun parent ne se présentant pour recueillir la succession du Prédécédé des Conjoints par mariage, elle appartient au Survivant, préférablement au Fisc, notes de MM. Bouault & Bernard, v. Proust, p. 515, Boullai, p. 305, Pallu, p. 147, 521, 536, 554, Despeisses, des Successions, p. 2, n. 38, Duplessis, t. 2, Consult. 2e. Valin, t. 1, p. 74, 82, t. 3, p. 162.

11254. On a douté, autrefois, si cette espece de succession devoit être reçue en Pays coutumier. Le plus ancien Arrêt qu'on remarque pour l'affirmative, a été rendu, en 1582, pour la Cout. de Tours. Il n'importe que les Conjoints soient bâtards adultérins ou incestueux, ou que le Survivant se remarie, *Fiscus post omnes*, Serpillon, p. 881. Il n'y a que le vice de pérégrinité, non effacé par des lettres de naturalité, qui fasse obstacle à cette succession, dans les Coutumes qui ne la rejettent pas directement, comme celle de Bourbonnois, ou indirectement, comme celles d'Anjou & du Maine, v. Bacquet, du Droit d'Aubaine, p. 4, c. 33, Lathaumassiere sur Berri, t. 19, art. 29, Denisart, au mot *Succession entre Conjoints*, ci-dessus n. 11242, 11243.

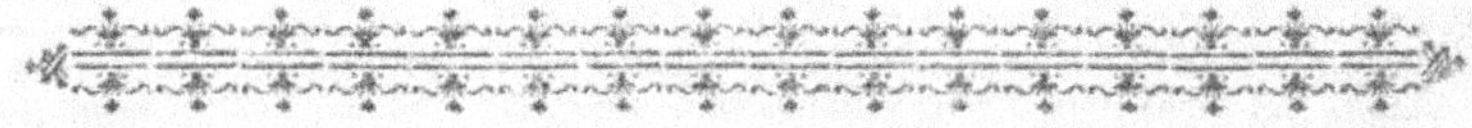

LIVRE TROISIEME.

De la maniere de succéder, considérée par rapport à la qualité des Biens.

11255. LES immeubles qui ont une situation, comme une maison, une vigne, un pré, se reglent par la Loi du lieu où ils sont situés; il en est de même des droits réels à prendre sur iceux, art. 61 de Tours, 51 de Loudun, 56 de Chauni, 57 de Laon, Sainson, t. 25, art 25, Boullenois, des Dém. p. 145 & suiv. Bourjon, t. 1, p. 92.

11256. Par rapport à un moulin, Boullai, C. M. dit que, « si la roue & le » saut de l'eau sont en Touraine, & le surplus du moulin en Poitou, le partage » s'en fera, selon la Cout. de Touraine. »

11257. Il y a des immeubles qui sont régis concurremment par deux Coutumes. Soit par ex. un héritage situé dans ces cantons, entre l'Anjou & le Poitou, qu'on nomme Marches communes: la moitié par indivis suit les regles de la Cout. d'Anjou, & la moitié par indivis celles de la Cout. de Poitou ; de sorte que, si l'héritage, étant tenu à foi & hommage, est tombé en tierce-main, l'aîné roturier a les deux tiers dans une moitié, & n'a, dans l'autre moitié, aucun avantage, parce que l'héritage n'est pas à la 4e. mutation. Dans le cas où l'héritage est tenu à cens & est à partager entre Nobles, l'aîné a le même sort.

11258. C'est la Loi du domicile du Créancier, qui régit les Contrats de constitution & les billets qui en tiennent lieu, Proust, p. 358, Boullai, p. 204, Lathaumassiere sur Berri, t. 19, art. 2, R. du Dr. fr. p. 421.

11259. Si l'un en a la propriété, & un autre l'usufruit, on ne considere que le domicile du Propriétaire, Pothier, de la Comm. n. 87.

11260. Le partage se fait suivant la Loi du domicile qu'avoit le Créancier, lors de son décès, non lors de la création des rentes ; en Normandie, on suit une autre regle, v. Bourjon, t. 1, p. 281, Ferriere, au mot *Rente*, Olivier sur Maine, art. 482, Gaz. des Trib. t. 7, p. 214.

11261. Le changement de domicile, de la part du Créancier d'une rente constituée, donne lieu à plusieurs questions, sur lesquelles v. Boullenois, Quest. mixtes, p. 339 & suiv. Bourjon, t. 1, p. 281, 282.

11262. Un Arrêt de 1741, rapporté par Lacombe, Arr. not. c. 87, a décidé que les rentes dues par les Etats des Provinces, se reglent par le domicile du Créancier.

11263. Pothier, des Rentes const. n. 119, tient qu'on doit décider de même à l'égard des rentes diocésaines, dues par le Clergé des différents Diocèses.

11264. La Cout. de Paris régit les rentes dues par le Clergé de France, Bourjon, t. 1, p. 293, Ferriere, au mot *Rente*, Pr. de la Jur. fr. n. 330, Sérieux sur Renusson, du Douaire, c. 4, n. 19.

11265. Par les Contrats des rentes constituées sur le Clergé de France, en vertu des Lettres-Patentes du 21 Octobre 1775, on a pu stipuler qu'elles seroient payées aux Recettes provinciales.

11266. Ces rentes ne peuvent être saisies par les Créanciers, régnicoles ou étrangers, de ceux à qui elles sont dues.

11267. Celui qui veut être remboursé, l'est des deniers empruntés à cet effet ; les frais du Contrat sont payés par le Prêteur.

11268. Les rentes créées par le Roi sur les Tailles des différentes Provinces, sont soumises à la Loi du lieu où il y a un Bureau de payement établi, Pothier, des Rentes const. n. 119.

11269. Une Déclar. du 8 Mai 1772, art. 2, conserve aux rentes assignées sur les Tailles des Elections particulieres, le régime des Coutumes des Elections sur lesquelles l'assiette en est faite.

11270. La Cout. de Paris gouverne les rentes dues par le Roi sur l'Hôtel-de-Ville de Paris, Boullai, p. 204, R. du Dr. fr. p. 421.

11271. Nous avons lu, dans une Consultation de M. Bigot de Sainte-Croix, célebre Avocat de Paris, donnée, en 1767, aux héritiers du Sieur de Cop, que « les » rentes sur le Domaine de la Ville de Paris, sur le Clergé, sur les Etats, soit » de Languedoc, soit de Bretagne, & toutes les autres dues par les différentes » Communautés de Paris, & affectées sur des Droits royaux dont la perception est » attribuée à ces Communautés, se partagent, dans les successions, suivant les dif-

» positions de la Coutume où le Défunt avoit son domicile. » Un autre Avocat de Paris, consulté, en 1770, par les héritiers de la Demoiselle Belgarde, a été de même avis, excepté pour les rentes sur le Domaine de la Ville de Paris.

11272. Il semble que les rentes que l'Hôtel-de-Ville de Paris, sous l'autorité du Roi, constitue sur son Domaine, & au payement desquelles sont affectés spécialement tels revenus, & généralement tous ses autres Biens, doivent être sujettes aux mêmes regles que les rentes constituées par toute autre Communauté, non aux regles qu'on suit pour les rentes dont le Roi est débiteur, & qu'il a créées sur un revenu désigné, qui a une assiette fixe.

11273. En faveur des Etrangers, on suit la Loi de leur domicile, pour les rentes dues par le Roi sur l'Hôtel-de-Ville de Paris, Répert. de Jurispr. au mot *Biens*.

11274. Denisart, au mot *Rentes*, dit que les rentes constituées par le Roi, & celles constituées par l'ancien Clergé, que le Roi s'est chargé d'acquitter, les unes & les autres payables à l'Hôtel-de-Ville de Paris, se régissent par la Cout. de Paris, pour le capital, & par la Loi du domicile des Créanciers, pour les arrérages.

11275. Remarquez que l'Ord. d'Août 1747, t. 2, art. 22, met sur la même ligne les rentes sur le Roi, les rentes sur l'Hôtel-de-Ville de Paris, les rentes sur le Clergé & les rentes sur les Pays d'Etat.

11276. Les Offices sont soumis à la Loi du domicile de ceux qui en sont revêtus, ou à la Loi du lieu où l'exercice s'en fait, v. Ferriere sur Paris, art. 95, gl. 1, n. 19, 20.

11277. Tous les meubles d'une personne suivent la Loi de son domicile, Sainson, t. 25, art. 25, Boullai, p. 218, Palu, p. 58, 333, Dupineau sur Anjou, art. 41, Bodreau sur Maine, art. 252, R. du Dr. fr. p. 71, Boullenois, Quest. mixtes, p. 487, Bourjon, t. 1, p. 92, v. ci-dessus n. 11251. En quelques endroits qu'ils soient dispersés, ils ne font, dit Boullenois, des Dém. p. 100, qu'un tout avec ceux du domicile. Ce sont des branches qui s'étendent au loin, & qui, à raison de la racine, appartiennent toujours au territoire de la racine.

11278. Nous parlerons du domicile & de la succession aux meubles & aux immeubles.

CHAPITRE PREMIER.

Du Domicile.

11279. LA Loi du Domicile régit la personne, Boullenois, des Dém. p. 134, Bourjon, t. 1, p. 91.

11280. Un seul jour de demeure dans un lieu, avec intention d'y fixer un Domicile, suffit pour l'établir, v. Boucheul sur Poitou, art. 291, n. 15, Poullain sur Bretagne, art. 475, Valin, t. 1, p. 76, 478.

11281. Un enfant conserve le Domicile de son pere, jusqu'à ce qu'étant majeur, ou marié, ou pourvu d'un Office ou d'un Bénéfice, il en ait choisi librement & expressément un autre, v. Boullenois, Quest. mixtes, p. 59, 60, Bourjon, t. 1, p. 90.

11282. Il n'acquiert pas le Domicile de son Tuteur; cependant, il suit celui que sa mere s'établit sans fraude, demeurant en viduité, Pothier sur Orléans, Intr. gén. n. 17 & suiv. Il faut en dire autant d'une aïeule tutrice, Maillart sur Artois, art. 152.

11283. Un Mineur émancipé peut changer de Domicile, v. Lacombe, au mot *Domicile*, n. 9.

11284. On peut conserver son 1er. Domicile, quoiqu'on fasse ailleurs tout ce qui annonce le Domicile.

11285. Les Gouverneurs, les Lieutenants de Roi, les Intendants, les Employés dans les Fermes, &c. nonobstant la résidence continuelle qu'ils font au lieu de leur Département, de leur Exercice, &c. conservent le Domicile qu'ils avoient auparavant.

11286. Un Arrêt du 8 Juin 1742, a regardé comme domicilié à Paris, un Directeur des Fortifications en Bretagne, où il avoit demeuré 64 ans; savoir, 9 à Brest, & 55 à S. Malo, où il étoit décédé. Il y avoit des circonstances particulieres dans l'espece d'un Arrêt contraire du 2 Septembre 1742, rendu pour la succession d'un Directeur des 20es. à Moulins.

11287. L'Homme d'affaires d'un Seigneur, chez qui il demeure, conserve son ancien Domicile; ce qu'on pourroit étendre à un Domestique ordinaire : Varicourt, au mot *Domicile*, rapporte une Sentence contraire de 1768.

11288. Il ne doit pas y avoir de doute sur le Domicile d'un Evêque, d'un Curé, d'un Chanoine, d'un Magistrat, &c. On ne peut leur prêter une intention contraire à leur devoir.

11289. Un Religieux qui est pourvu d'une Cure, y acquiert un véritable Domicile, quoiqu'il puisse être révoqué, Froland, des Statuts, p. 1407.

11290. Dupineau, Quest. & Consult. c. 15, décide que la succession mobiliere d'un Conseiller d'Etat, qui, par cette qualité, étoit censé avoir son Domicile à Paris, devoit néanmoins se regir par la Cout. d'Anjou, où il paroissoit avoir conservé le Domicile qu'il y avoit anciennement établi.

11291. Le Domicile de fait l'emporte sur le domicile de droit, lorsqu'il paroît que c'est le Siége principal de la fortune, dit Bourjon, t. 1, p. 90.

11292. Bourjon tient que les meubles de celui qui a un Domicile de droit & un Domicile de fait, peuvent être régis par deux Coutumes, v. Dupineau sur Anjou, art. 235.

11293. La femme n'a pas d'autre Domicile que celui de son mari, quoiqu'elle ne demeure pas avec lui, à moins qu'il n'y ait eu une Sentence de séparation de corps, Bourjon, t. 1, p. 90, Pothier, du Mar. n. 522.

11294. Le Domicile de tous ceux qui, par état, sont obligés d'aller de lieu en lieu, est celui de leur femme, Bourjon, t. 1, p. 91.

11295. Bourjon dit que le Militaire qui n'a pas de demeure fixe & n'est pas marié, est censé demeurer dans le lieu où est son Régiment.

11296. Sur la translation de Domicile, v. Boullenois, des Dém. p. 135 & suiv. Olivier sur Maine, art. 277; les changements qu'elle opere, sont fréquents dans nos mœurs. Par ex. un pere & une mere nés & mariés à Tours, y marient leurs enfants; puis, ils transferent leur Domicile à Paris; ils peuvent, en instituant Légataire universel un de leurs enfants ou petits-enfants, déroger à l'égalité sur laquelle les enfants comptoient; cela ne peut souffrir de difficulté, notes de M. Bernard. Il ne s'agit pas d'un droit formé, auquel on ne peut déroger.

CHAPITRE II.

De la Succession aux Meubles.

11297. En Touraine, les Meubles ont le sort des acquêts. Il y a, entre Nobles, des exceptions, v. ci-dessus n. 9189 & suiv. ci-après n. 11703 & suiv. lesquelles cessant, on doit toujours appliquer aux Meubles les regles qui concernent les acquêts, v. ci-après n. 11406 & suiv.

11298. C'est à l'héritier aux Meubles qu'appartient le prix encore dû, d'un propre aliéné, sans que l'héritier aux propres puisse prétendre une récompense, v. Valin, t. 2, p. 351 & suiv. ci-dessus n. 10827; il excepte le cas de fraude.

11299. Le prix d'un fief appartient à l'héritier aux Meubles, Louis sur Maine, art. 311.

11300. Des enfants roturiers, en partageant la Communauté avec leur pere, exercent le remploi du prix d'un fief qui appartenoit à leur mere; quoiqu'il se fût partagé noblement, l'aîné ne doit pas néanmoins avoir, dans le remploi, plus que ses freres, v. Olivier sur Maine, art. 311, ci-après n. 11715.

11301. Dans un Contrat de mariage, il avoit été stipulé que les immeubles qui étoient avenus & qui aviendroient, par succession, aux Conjoints, leur sortiroient nature de propre, de même qu'à leurs enfants ou autres heritiers de leur côté & ligne, & qu'en cas d'aliénation, l'action en remploi leur sortiroit également nature de propre, de même qu'à leurs enfants ou autres héritiers de leur côté & ligne; la femme mourut la 1re. sans enfants; un Arrêt du 12 Juillet 1776, rapporté dans la Gaz. des Trib. t. 2, p. 177, a jugé que c'étoit à l'héritier aux Meubles à exercer l'action en remploi, sans que l'héritier aux propres pût rien demander.

11302. La créance d'un immeuble, qui, dès le temps de l'ouverture de la succession, ne devoit se terminer qu'à des dommages-intérêts, le Débiteur n'ayant pas eu, dès ce temps, le pouvoir de livrer l'immeuble qu'il s'étoit obligé de donner, ne peut être considérée, entre les héritiers, que comme une créance mobiliere; de même que le prix d'une vente rescindée depuis l'ouverture de la succession, qui doit être restitué à la succession, v. Pothier sur Orléans, t. 1, n. 299, 300, ci-dessus n. 9324, ci-après n. 11330, 11709, 11710, 11737.

11303. « Les Débiteurs prudents ne payent pas aux héritiers du Créancier, à » moins que ceux-ci ne rapportent, ou un extrait du préambule de l'inventaire, qui » énonce ordinairement les noms de tous les héritiers, ou un Acte de notoriété dé» livré par deux témoins & certifié par le Juge du domicile du Défunt, que ce» lui-ci n'a laissé que tels héritiers, » Maillart sur Artois, art. 187, qui ajoûte que cela n'empêche pas les autres héritiers, s'il en a, de poursuivre les Débiteurs qui auroient payé.

11304. L'héritier dans le lot de qui se trouvent des créances, est obligé de faire signifier aux Débiteurs un extrait du partage, pour pouvoir, en son nom seul, en exiger le payement, Pothier, de la Société, n. 172.

11305. Lorsqu'il y a deux héritiers aux Meubles, l'un n'a le droit de demander que sa part d'une créance, s'il n'a pas la procuration de l'autre, de Saux sur Lebrun, des Succ. add. 119e. Valin, t. 1, p. 422, v. Lacombe, au mot *Partage*, f. 3, n. 16.

11306. Si, après qu'il a reçu sa part, le Débiteur devient insolvable, il n'est pas obligé d'en faire raison à son Co-héritier, Boucheul sur Poitou, art. 291, n. 27, Valin, t. 3, p. 211; il en est autrement entre Associés, Pothier, de la Société, n. 122, 189.

11307. On change l'ordre de succéder établi par la Loi, à l'égard des Meubles, par des stipulations de propres, v. ci-dessus n. 8446 & suiv. elles ne peuvent embrasser les immeubles, Cochin, t. 3, p. 473.

11308. Le changement que les stipulations de propres operent, a des bornes. Les deniers stipulés propres conservent toujours leur nature de Meubles; ils appartiennent à ceux à qui la Loi défere les Meubles; on ne doit pas les assujetir aux regles de la succession aux propres réels; l'art. 311 de Tours reconnoît une différence entre les propres conventionnels & les propres naturels ou réels.

11309. M. Bernard, en ses notes, rapporte qu'à son avénement au Barreau de Tours, de Tours, la question se présenta de savoir si la Dame Taché, qui avoit marié sa fille unique au Sieur Cuisnier, devoit lui succéder dans la partie de la dot stipulée propre de côté & ligne, à imputer, d'abord sur la Succession échue du pere, ensuite sur la Succession à écheoir de la mere; que tout le Barreau & tout le Siége parurent étonnés qu'il soutint la prétention de la Dame Taché; mais que, sur les consultations de MM. Vezin, Berroyer & Macé, Avocats de Paris, qui citerent des Arrêts récents, il fut rendu une Sentence en faveur de sa Partie, contre les héritiers collatéraux du côté paternel.

11310. Le Sieur Mercier, qui avoit une fille d'un 1er. lit, se remariant, stipula que ses effets mobiliers lui tiendroient nature de propres & à ses enfants & héritiers en ligne directe & collatérale à l'infini. Après sa mort, un des enfants du 2e. lit étant décédé mineur, une Sentence arbitrale du 2 Juillet 1757, déposée chez Me. Gaudin, Notaire à Tours, a ordonné le partage de la part de cet enfant dans les propres conventionnels du pere, auxquels la mere ne pouvoit succéder, entre une sœur consanguine & les freres & sœurs germains. Mais, à la mort d'un autre enfant du 2e. lit, décédé aussi en minorité, une Sentence du Siége de Tours, du 3 Août 1763, confirmée par un Arrêt du 21 Août 1766, a adjugé aux seuls freres & sœurs germains sa part dans les mêmes propres conventionnels, v. Valin, t. 3, p. 38, Pothier sur Orléans, art. 330, Fourré, p. 305, Répert. de Jurispr. au mot *Double lien.*

11311. Ce qui a été donné à un enfant par les pere & mere, leur retourne. La stipulation de propre de côté & ligne n'empêche pas ce retour, Valin, t. 3, p. 75, Sérieux, des C. de Mar. t. 1, p. 289 & suiv. v. ci-après n. 11515 & suiv.

11312. Caïus donne en dot à sa fille 50000 l. dont 15000 l. doivent entrer en Communauté; le surplus est stipulé propre à elle & aux siens de côté & ligne; & il est dit qu'elle & ses enfants pourront, en renonçant à la Communauté, reprendre ce qu'elle y aura apporté. Elle meurt, laissant un enfant qui décede peu après. Caïus, alléguant que, parce qu'il auroit été avantageux de renoncer, l'enfant doit être censé l'avoir fait, demande la dot entiere; on lui dispute les 15000 l. apportées en Communauté. Il soutient que cette somme lui appartient, par l'art. 313 de Paris, à l'exclusion du pere; parce qu'il la retrouve dans la succession de l'enfant, soit en vertu de la renonciation, qui est réputée avoir été faite, si ce parti étoit le plus avantageux, soit même en cas d'acceptation, si la Communauté est bonne, puisqu'en ce dernier cas, les 15000 l. subsistent parmi les biens de l'enfant. Le 4 Mars 1759, MM. Gillet, Rousseau, Mallard, Cellier, Delambon & Beviere, Avocats de Paris, ont décidé en faveur de Caïus.

11313. Il y a lieu de suivre, parmi nous, cette décision; l'art. 311 de Tours ne doit pas être restreint aux deniers donnés pour être employés.

11314. Une fille à qui la mere avoit donné en mariage, tant sur la Succession échue du pere, que sur la sienne à écheoir, une somme stipulée propre à elle & aux siens de son côté & ligne, meurt & laisse un enfant qui décede ensuite. Le pere & les Collatéraux paternels sont exclus par la clause; l'Aïeule maternelle, plus proche que les Collatéraux maternels, les exclud. Par l'effet de la clause, tout appartient au côté maternel; l'Aïeule maternelle doit prendre tout ce qui est déféré à son côté; nul parent maternel n'est appellé à concourir avec elle, parce que nul n'a parité de dégré. Ainsi l'a décidé le Pere de l'Auteur, le 10 Septembre 1761, en interprétation des art. 310, 311, 312 de Tours, v. ci-après n. 11423 & suiv.

11315. M. Bernard, en ses notes, tient que le don fait en deniers stipulés propres, par un pere & une mere à leur fille, ne revient au Survivant d'eux que pour une moitié, lorsqu'il a passé, par le décès de la fille, à un enfant décédé en minorité, & que l'action se trouve dans la Succession de cet enfant; il prétend que si d'un côté ce Survivant est favorable, de l'autre la lettre de l'art. 312 de Tours est contre lui; cet article ne parle pas des choses données, mais sa disposition, dit-il, est générale.

11316. Vigier sur Angoumois, art. 86, dit que le pere, héritier aux meubles de son fils, est préférable à l'Aïeul, pour les choses données par celui-ci.

11317. « Il a été jugé que le pere ne peut donner à la fille mineure, en faveur » de mariage, des deniers au lieu de ses propres maternels, au préjudice des futurs » héritiers de sa fille; laquelle venant à décéder, & même son enfant après elle, » les héritiers des propres maternels lui succéderont, de même que si elle avoit été » mariée avec ses droits, » Pallu, p. 549, qui ajoûte: « *Secùs* eût été, si la fille eût » été majeure. » Il suppose une composition & cession de ses droits, moyennant les deniers donnés.

11318. Boullai, C. M. s'exprime ainsi: « Le pere ou mere, Survivant, ne succédera aux deniers que la Coutume, art. 185, répute le propre patrimoine, mais bien » l'héritier de l'estoc de l'héritage duquel ils sont procédés. »

Ainsi que, dans l'art. 255 de Paris, « ces termes, *propre héritage*, se » prennent pour *biens en propriété*, qui sont comme *un patrimoine* des enfants, » Pothier, du Douaire, n. 312, quoiqu'ils consistent souvent en une somme d'argent; de même, dans l'art. 185 de Tours, ces termes, *propre patrimoine*, signifient les biens dont la propriété appartient, comme un patrimoine, c'est-à-dire, par droit de Succession, aux héritiers des Conjoints: biens qui ne sont toujours que des deniers sujets aux regles établies pour les Meubles. L'art. 185 veut qu'ils soient *réputés* le propre patrimoine; ils ne le sont pas réellement; ce n'est qu'une fiction. Suivant MM. Bouault & Bernard, en leurs notes, ces deniers, dans la Succession des héritiers décédés mineurs, appartiennent à ceux qui auroient eu les héritages qu'ils représentent, v. ci-dessus n. 8252 & suiv.

11319. Un Chanoine de Tours ayant ordonné que ses immeubles seroient vendus & le prix partagé, il a été jugé, par un Arrêt du 23 Avril 1626, rapporté au Journ. des Aud. que la part dans le prix, revenante à une des héritieres, décédée mineure, appartenoit à sa mere, son héritiere aux Meubles, nonobstant l'art. 94 de Paris.

11320. L'héritier aux Meubles profite des baux à ferme. « N'ayant pour objet » qu'une courte perception de fruits, ils sont regardés comme des traités de choses » mobilieres; ils ne sont pas susceptibles d'hypotheque; ils ne se décretent pas, comme » un usufruit, un bail emphithéotique; ils ne sont pas sujets au retrait, au douaire, » au centieme denier, ni aux droits seigneuriaux; la complainte n'y a pas lieu, ni » la restitution pour lezion d'outre moitié du juste prix; leur résiliement ne donne » ouverture à aucune action en remploi, » notes de M. Bernard, v. ci-dessus n. 8264.

11321. A Loudun, à défaut de descendants, le pere ou la mere succede aux Meubles, art. 292. Lorsqu'il n'y a, ni descendants, ni pere ou mere, les Meubles vont en deux lignes; de sorte qu'ils se partagent par moitié, ou entre les Aïeuls d'un côté & les Aïeuls de l'autre côté, ou entre les Aïeuls d'un côté & les Collatéraux de l'autre côté, ou entre les Collatéraux d'un côté & les Collatéraux de l'autre côté, art. 293, 302, v. ci-après n. 11462 & suiv.

CHAPITRE III.

De la Succession aux Immeubles.

11322. Les Immeubles peuvent être considérés par rapport aux qualités d'acquêt & de propre, qui sont des qualités extrinséques & relatives aux Propriétaires; ou par rapport aux qualités de noble & de non-noble, qui sont des qualités intrinséques & relatives aux Seigneurs dont les Immeubles peuvent relever.

SECTION PREMIERE.

De la Succession aux Immeubles considérés comme Acquêts ou Propres.

11323. Avant d'exposer les regles qui concernent la Succession aux Acquêts & la Succession aux Propres, nous verrons quels Biens sont Acquêts ou Propres.

ARTICLE PREMIER.

Quels Biens sont Acquêts ou Propres.

11324. Les Biens sont propres à ceux qui les ont eus à titre d'héritiers légitimes, encore qu'ils n'aient jamais fait souche en ligne directe, Brodeau sur Louet, P, c. 28, Pallu, p. 271, Lathaumassiere sur Berri, t. 14, art. 4, Lebrun, des Succ. l. 2, c. 1, s. 1, n. 15, Vigier sur Angoumois, art. 115, Bourjon, t. 1, p. 358.

11325. Il n'y a que les Immeubles qui sont susceptibles de la qualité de Propre, Bourjon, t. 1, p. 115, 356, 358. Nous avons examiné ci-dessus n. 8175 & suiv. quels Biens sont Immeubles.

11326. En Normandie, les Immeubles sont réputés Propres; ailleurs, ils sont réputés Acquêts, Bodreau sur Maine, art. 245, Lathaumassiere sur Berri, t. 19, art. 21, contre Boullai, p. 281, v. Louis & Bodreau sur Maine, p. 9e. R. du Dr. fr. p. 185, Poullain sur Bretagne, art. 593, Valin, t. 2, p. 681.

11327. Les Biens du Domaine, tant qu'ils sont dans les mains des Particuliers, sont sujets aux mêmes regles & aux mêmes qualités que les autres Biens, Bourjon, t. 1, p. 302; ainsi, ils sont susceptibles de la qualité de Propre.

11328. Les Contrats pignoratifs en sont susceptibles, Pallu, p. 269, 373, 404.

11329. L'action pour rentrer dans la propriété d'un Propre vendu sous faculté de remeré, ou pour parvenir à la restitution en entier contre la vente d'un Propre, est Propre; & elle appartient à l'héritier aux Propres, qui doit l'exercer à ses dépens, v. Duplessis sur Paris, p. 311, aux notes, Denisart, au mot *Retrait lignager*.

11330. Si l'Acquéreur de ce Propre est mort, ainsi que son héritier qui l'a recueilli, les deniers qu'on rembourse, appartiennent aux héritiers de ce dernier, qui ont été saisis de ce bien, suivant Bourjon, t. 1, p. 372, qui le décide ainsi, même dans le cas où l'action eût été intentée contre le Défunt, mais non jugée, v. ci-dessus n. 8397, 11302, ci-après n., 11922, 11934.

11331. On répute Acquêt ce qui a été acquis d'un pere, v. Dupineau sur Anjou, art. 513, ci-après n. 11359.

11332. « On appelle Propres sans ligne, les Propres naissants qui me viennent » de la succession d'une personne qui m'étoit parente, tant du côté de mon pere, » que du côté de ma mere, » Pothier, des Propres, s. 1, art. 1, §. 2.

11333. Les Acquêts d'un Défunt sont Propres naissants dans la personne de son héritier. Les immeubles qui avoient déja la qualité de Propres dans la personne du Défunt, sont, dans celle de son héritier, des Propres anciens.

11334. L'héritage acquis par prescription, est réputé Acquêt de celui qui a commencé à le posséder; Propre naissant dans la personne de son fils, qui a continué de le posséder ; & Propre ancien dans celle de son petit fils, qui a accompli le temps de la prescription, Dupineau sur Anjou, p. 9e. v. ci-après n. 11921.

11335. Les Propres d'une ligne défaillante sont Propres naissants aux héritiers qui les recueillent, du côté du Défunt, comme le seroit un Acquêt, Bourjon, t. 1, p. 365. On peut dire que l'art. 310 de Tours ne les considere pas comme des Acquêts, puisqu'il ne les défere pas aux ascendants.

11336. Les biens qu'un des Conjoints recueille, comme Successeur de l'autre, faute de parents, sont purs Acquêts, Bourjon, t. 1, p. 358, 824, Pothier, des Propres, s. 1, art. 2.

11337. Les immeubles auxquels les ascendants succedent, leur sont propres : il faut excepter le cas où ils succedent à un Acquêt qu'ils ont donné ; le prédécès du Donataire fait rentrer les choses dans leur 1er. état ; il y en a qui rejettent cette exception, v. Duplessis, t. 2, Consult. 10e. Maillart sur Artois, art. 105, de Saux sur Lebrun, des Succ. add. 14e. Valin, t. 2, p. 356, t. 3, p. 76, Sérieux sur Renusson, des Propres, c. 1, s. 5, n. 5, Denisart, au mot *Propres*, Pothier, des Propres, s. 1, art. 2.

11338. L'immeuble qu'un des pere & mere a ameubli, ou a donné à l'autre, est Propre aux enfants, du côté de celui dont ils le tiennent.

11339. Les Propres anciens paternels, abandonnés par un enfant à une mere, en payement de ses reprises, & par lui recueillis dans sa succession, lui sont Propres naissants maternels, Valin, t. 3, p. 41, Sérieux, des C. de Mar. t. 1, p. 308.

11340. Une mere qui n'a pas fait liquider ses reprises, & n'a fait aucun partage de Communauté avec son enfant, est décédée avant lui. Dans la succession de celui-ci, tous les conquêts, sans rien prélever pour les reprises de la mere, sont Propres paternels pour une moitié, & Propres maternels pour l'autre, v. Arrêt du 2 Septembre 1762, rapporté par Denisart, au mot *Remploi*.

11341. Le Sieur Rémond, après la mort de sa femme, par un Contrat de mariage passé à Tours en 1718, a doté son fils mineur, avec la clause qu'il ne pourroit être provoqué à aucun inventaire, compte ni partage, & a acquis des Contrats de rentes, au denier 40, pour 442111 l. A sa mort, le fils a fait faire un inventaire des biens des successions de ses pere & mere & de la Communauté d'entreeux. Le 30 Juin 1778, nous avons décidé que ces Contrats étoient, pour le tout, des Propres naissants paternels dans la succession du fils. Il n'y a pas eu de continuation de Communauté, le fils n'ayant pas usé, du vivant du pere, de la faculté qu'il avoit de la demander, Pothier, de la Comm. n. 800. Cette faculté s'est éteinte par la confusion, lorsqu'il s'est porté son héritier, Denisart, au mot *Continuation*, contre Lacombe, au mot *Communauté*, p. 4, n. 15, qui s'appuie d'un Arrêt du 10 Avril 1669, mais il en cite un du 20 Mars 1707, qui est contraire. Une Sentence du Châtelet, du 23 Juillet 1779, a été conforme à notre décision ; & elle a été confirmée par un Arrêt du 11 Juillet 1780, v. ci-dessus n. 10001.

11342. Un Arrêt du 16 Mai 1718, a jugé Propre, dans la personne des enfants, l'héritage que le Curateur à la succession vacante leur avoit cédé pour les remplir d'un douaire préfix, Denisart, au mot *Propre*.

11343. Un enfant se porte héritier de son pere sous bénéfice d'Inventaire ; puis, il renonce ; un Curateur à la Succession vacante, pour le remplir des créances qu'il a à exercer du chef de sa mere, lui abandonne des immeubles. Ce sont des Propres, non maternels, Pocquet sur Anjou, art. 273, mais paternels, parce qu'ils ont passé du pere à l'enfant, en qualité d'héritier ; qualité qui n'a pas cessé, malgré la renonciation, v. ci-dessus n. 11230. L'héritier bénéficiaire est aussi parfaitement héritier, que celui qui a accepté purement & simplement ; il continue la possession du Défunt ; il ne fait pas une acquisition qui soit sujette aux droits seigneuriaux, v. Pocquet, des Fiefs, p. 159, 160, Bourjon, t. 1, p. 183. Il craindroit l'éviction, si la qualité de Créancier ne l'en mettoit pas à l'abri; c'est en cela qu'il différe de l'héritier pur & simple; la différence n'est que vis-à-vis des autres Créanciers, v. Brodeau sur Louet, H, c. 15. Sa qualité d'héritier n'éteint pas celle de Créancier. Si on lui abandonne, comme Créancier, des immeubles qu'il pouvoit retenir, en se payant lui-même, Lebrun, des Succ. l. 3, c. 4. n. 19, c'est un titre qui ne change pas, mais qui confirme seulement la possession qu'il avoit à titre d'héritier. Il a deux titres, qui ont chacun leur effet nécessaire. L'un lui défere la propriété des biens, l'en saisit; l'autre la lui conserve, le garantit de l'éviction, le dispense d'en payer la valeur à des Créanciers postérieurs. Le 1er. imprime à ces biens une qualité de Propres, que le 2e. n'efface pas, v. Lemaître sur Paris, p. 177, 533, aux notes.

11344. Les biens qui viennent par un titre équivalent à Succession, sont Propres; on distingue les Propres d'anticipation, les Propres de reversion, les Propres de partage, les Propres de représentation, les Propres d'accession & les Propres de subrogation.

11345. 1°. Les Propres d'anticipation sont les immeubles donnés par les ascendants aux descendants, Proust, p. 423, encore qu'ils renoncent à leur succession, R. du Dr. fr. p. 187.

11346. « Dans la Cout. de Paris & autres semblables, le don fait à l'héritier en » collatérale, qui renonce à la succession, est Acquêt. S'il accepte la succession, » on distingue: les choses données entre-vifs à l'heritier collatéral, sont Acquêts; » les choses qui lui sont données par testament, lui sont Propres, » R. du Dr. fr. p. 188, 369, v. Valin, t. 2, p. 357, Pothier, des Propres, s. 1, art. 3, §. 2.

11347. Parmi nous, les biens donnés aux Collatéraux appellés à succéder au Donateur, sont toujours Propres, notes de M. Bouault, v. Proust, p. 259, 426, Dupineau sur Anjou, art. 513, ci-après n. 12128.

11348. L'art. 237 de Loudun porte, que les puînés, Donataires de la tierce partie du patrimoine de leurs pere & mere, en jouissent comme de patrimoine; les Acquêts dont ils sont Donataires, leur sont Propres naissants.

11349. Pallu, N. M. dit que les biens donnés en ligne directe, sont Propres aux Donataires dans le cas de l'art. 248 de Tours; mais que ceux donnés aux Collatéraux selon l'art. 249 & autres, sont réputés Acquêts. Peut-être pourroit-on dire que le don, dans le cas de l'art. 250, ne fait que des Acquêts, parce que ceux qui profitent des choses données, n'avoient pas le droit d'y succéder, v. Ferriere sur Paris, art. 246, n. 14, Pothier, des Propres, s. 1, art. 3, §. 1; mais les Donataires, dans le cas de l'art. 249, étant appellés à recueillir, comme héritiers, les choses données, le don fait seulement que leur portion est plus forte, ainsi qu'il arrive en ligne directe, lorsque le pere ou la mere use de la liberté que leur laisse l'art. 248. La différence que Pallu met, à cet égard, entre la ligne directe & la ligne collatérale, est contraire aux maximes que nous suivons. Selon Pallu, p. 435, le principe, que ce qui est donné à l'héritier, imite la succession, a lieu *principalement* en ligne directe; c'est l'admettre en ligne collatérale; aussi, Pallu, p. 163, exempte-t-il du rachat les Collatéraux Donataires, dans les cas où ils n'en devroient pas, comme héritiers, v. ci-après n. 11828. Ce que nous disons du don, convient au legs.

11350. Le don fait à un présomptif héritier, pour des services bien vérifiés, & proportionné au mérite des services, ne peut faire qu'un Acquêt; l'art 147 de Tours l'assujettit aux ventes, & le Donataire est dispensé du rapport, par l'art. 302, notes de M. Bernard.

11351. Ce qu'un frere a eu, comme Donataire mutuel de son frere, lui est Acquêt, Bodreau sur Maine, art. 507, v. ci-dessus n. 3645.

11352. Ce qui est donné au mari qui est en Communauté de biens avec sa femme, par celui dont elle est l'héritiere présomptive, est Propre à celle-ci, v. Bourjon, t. 1, p. 461, ci-dessus n. 8513 & suiv.

11353. Le don ou legs fait par un enfant à son pere, ne forme que des Acquêts, Bourjon, t. 1, p. 360, Pothier, des Propres, s. 1, art. 3, §. 2, contre Renusson, des Propres, c. 1, s. 7, n. 3.

11354. Renusson, c. 1, s. 6, n. 4, tient que l'héritage acquis par un pere, en son nom, & donné par le Contrat même d'acquisition à son enfant, lui est Propre.

11355. Lorsqu'un pere constitue une rente au profit de son enfant, même par libéralité, cette rente, qui prend naissance dans la personne de l'enfant, lui est Acquêt, Bourjon, t. 1, p. 360; Denisart, au mot *Propres*, en cite un Arrêt du 19 Mars 1763.

11356. La charge qu'un pere a achetée, sous le nom de son enfant, lui est Acquêt, Lacombe, au mot *Propre-acquisition*, contre Lemaitre sur Paris, p. 519, Cochin, t. 5, p. 248 & suiv. 269 & suiv. t. 6, p. 518.

11357. L'héritage acquis par mon Aieul, sous le nom de mon pere, ne lui étoit Acquêt, qu'autant qu'il est censé avoir agréé l'acquisition, v. Pothier, des Propres, s. 1, art. 3, §. 1.

11358. Un conquêt donné en dot par le pere & par la mere qui renonce depuis à la Communauté, est Propre paternel pour le tout, dans la succession de la fille Donataire, suivant un Arrêt du 15 Avril 1755, que cite Denisart, au mot *Propres*, v. Lebrun, des Succ. l. 3, c. 6, s. 3, n. 25.

11359. On regarde comme Propre l'héritage cédé par un pere à son enfant, en payement d'une libéralité faite en deniers, ou à la charge de payer ce qui est dû à des tiers, Bourjon, t. 1, p. 360, Valin, t. 2, p. 362; il doit en être de même, si c'est pour s'acquitter, envers son enfant, d'un reliqua de compte de tutelle, Pothier sur Orléans, Intr. gén. n. 68, ou de quelqu'autre dette que ce soit, Duplessis, t. 2, Consult. 62e. nonobstant un Arrêt de 1746, cité par Cochin, t. 6, p. 520. Tout cela doit passer pour anticipation de succession, Pocquet, des Fiefs, p. 188, 195, encore que l'Acte soit qualifié de vente, Guyot, t. 3, p. 384; ce que, parmi nous, il faut étendre à la ligne collatérale, Olivier sur Maine, art. 278.

11360. Pour l'héritage adjugé à l'enfant qui a renoncé à la succession du pere, v. Lacombe, au mot *Propre-donation*.

11361. La substitution faite au profit de la famille, forme des Propres dans la personne de celui en qui elle finit, v. Bourjon, t. 1, p. 360, Denisart, au mot *Propres*, Pothier, des Propres, s. 1, art. 3, §. 3.

11362. 2°. Les Propres de reversion sont les immeubles dans lesquels on rentre en vertu d'une clause inhérente au titre de l'aliénation.

11363. Pothier, des Propres, s. 1, art. 4, §. 1, regarde comme Acquêt l'héritage dans lequel est rentré un Donateur, pour cause d'ingratitude du Donataire.

11364. Denisart, au mot *Propres*, tient que le fief servant, réuni au fief dominant, par l'expiration du temps de la concession, suit la nature du fief dominant; & qu'à l'égard de toutes les autres manieres dont se fait la réunion, le fief est toujours Acquêt. Boullai, p. 23, dit que « l'héritier du patrimoine, qui succede au » fief, pourra retenir l'Acquêt réuni, en remboursant l'héritier des Acquêts du prix » d'iceluí, » v. ci-dessus n. 9956 & suiv.

11365. 3°. On appelle Propres de partage les immeubles qu'a un héritier, même au-delà de sa part héréditaire, par un partage ou tout autre Acte qui en tient lieu.

11366. Un bien échu par un partage à la charge d'un retour, est Propre pour le tout, R. du Dr. fr. p. 186; encore que l'héritier l'ait payé de ses deniers, Bourjon, t. 1, p. 364, & que, dans son lot, il n'y ait aucuns effets mobiliers, notes de MM. Bouault & Bernard, Pothier, de la Comm. n. 156.

11367. Pallu, p. 504, infere de l'art. 151 de Tours, que le bien pour lequel un héritier a payé un retour, de ses deniers, est réputé Acquêt; c'est-à-dire, sans doute, jusqu'à concurrence du retour. Mais, Pallu, p. 210, ayant reconnu que la disposition de cet article ne doit pas s'étendre, il étoit naturel d'en conclure qu'elle ne pouvoit servir de regle pour juger de la qualité du bien, avec d'autant-plus de raison que la regle des droits seigneuriaux n'en est pas une pour la qualité des biens, v. Renusson, des Propres, c. 1, s. 5, n. 13.

11368. C'est une maxime, que la licitation fait des Propres, R. du Dr. fr. p. 186, de Saux sur Lebrun, des Succ. add. 117e. Valin, t. 2, p. 361, Sérieux sur Renusson, des Propres, c. 1, s. 5, n. 10, 15, s. 10, n. 9, Pothier, de la Comm. n. 145, v. Bourjon, t. 1, p. 364, Denisart, au mot *Licitation.* Suivant M. Dufrementel, en ses notes, l'esprit de l'art. 151 de Tours est contraire; M. Bernard, dans les siennes, observe que ce que dit Pallu, p. 504, du supplément de prix, ne doit pas s'étendre à la licitation.

11369. Un héritage dans lequel une femme a un tiers, étant adjugé en entier au Procureur du mari & d'elle, qui fait sa déclaration au profit du mari, est Propre, pour le tout, à la femme, Cochin, t. 5, p. 225 & suiv. 260 & suiv. v. ci-dessus n. 8525.

11370. Si un frere acquiert de son frere, avant partage, sa portion héréditaire, c'est un Propre, Duplessis sur Paris, p. 365, aux notes; on doit regarder, dans ce cas, comme licitation, comme partage, la vente, dont le prix est un retour qui n'empêche pas la qualité de Propre, Guyot, t. 1, p. 22, Pothier, de la Comm. n. 148, v. ci-dessus n. 10066, ci-après n. 11823. » On ne fait plus, sur cela, de question au Palais, dit » Cochin, t. 5, p. 261; c'est un de ces principes contre lesquels on ne peut s'élever » sans révolter ceux qui ont quelque notion des principes. »

11371. Pierre laisse toute la succession maternelle à son frere Jean, qui lui abandonne ce qui lui est échu par le partage de la succession paternelle: le 14 Juin 1774, nous avons décidé que cet arrangement, qui est un échange à l'égard de Pierre, est une espece de licitation à l'égard de Jean. Les biens qu'acquiert Pierre, deviennent Propres maternels par voie de subrogation; tous les biens dans la propriété desquels est confirmé Jean, lui demeurent Propres maternels; il n'importe qu'il paye le prix de la part indivise de Pierre, en immeubles ou en deniers, v. ci-après n. 11380 & suiv.

11372. Le Chevalier de Linieres, héritier du Chevalier Cottereau, acquit, par quatre Actes passés devant Notaires, le 21 Août 1720, du Sieur Saintot & autres composant la 1re. branche paternelle, pour 25000 l. le tiers dans la moitié de la terre de Moncontour; le 31 Août, de la Dame Bigot & autres, composant la 2e. branche paternelle, pour 25000 l. un autre tiers, & du Sieur Tonnereau, seul héritier maternel, pour 80000 l. la moitié de la terre; le 6 Septembre, de la Dame Saupin & autres, composant la 3e. branche paternelle, ce qui restoit, dont le prix fut fixé à 25000 l. Le Chevalier de Linieres, qui étoit de cette branche, n'entra proprement en partage, que par cette derniere acquisition, confondant en lui 1250 l. de ces 25000 l. pour sa part héréditaire; ce qui ne faisoit qu'un 120e. au total: Guyot, t. 1, p. 26, se trompe, en supposant qu'il y avoit un 12e. En 1760, le Marquis de Vassan, Légataire universel du Chevalier de Linieres, prétendit que la majeure partie de la terre étoit Acquêt; le tout fut jugé Propre, par une Sentence qui décida plusieurs autres questions. Sur l'appel, le Marquis de Vassan n'insista pas sur ce point, & l'Arrêt de 1763, cité ci-après n. 11810, supposa le tout Propre.

11373. 4°. La rente fonciere pour laquelle un Propre est aliéné, est Propre par représentation, R. du Dr. fr. p. 191, v. ci-dessus n. 5442 & suiv.

11374. Des héritiers étant obligés de reprendre une rente Propre, cédée par le Défunt avec garantie, elle appartient à celui qui y auroit succédé, si la cession n'eût pas été faite. Bourjon, t. 1, p. 371, dit que le remboursement dû au Cessionnaire, se fait par tous les héritiers, parce que c'est une charge de toute la succession; ce qui n'a pas lieu, parmi nous, v. ci-après n. 12430.

11375. Les matériaux d'une maison Propre, qui a été démolie, étant sur la place pour servir à la construction d'une nouvelle maison, sont Propres, par la représentation & par la destination, Bourjon, t. 1, p. 368, qui regarde aussi comme Propres les nouveaux matériaux étant sur la place destinés à la construction, v. ci-dessus n. 8198.

11376. 5°. Une maison bâtie sur un terrein Propre, devient Propre par accession, avec les boiseries & autres choses que la destination du Propriétaire de la maison rend immeubles, v. R. du Dr. fr. p. 192, ci-dessus n. 8187.

11377. Si la maison est bâtie, tant sur un terrein acquis, que sur un terrein Propre, elle est Acquêt & Propre, à proportion des deux portions de place sur lesquelles elle est bâtie, Bourjon, t. 1, p. 369.

11378. 6°. L'héritage donné en contr'échange d'un Propre, le devient par subrogation, art. 143 de Paris, R. du Dr. fr. p. 190, Bourjon, t. 1, p. 366.

11379. S'il y a un retour, quelque modique qu'il soit, l'héritage pris en échange du Propre, est Acquêt jusqu'à concurrence du retour, selon Valin, t. 2, p. 357 & suiv. Il accorde, dans le cas où le retour est inférieur à la valeur de la moitié de l'héritage, le droit de le retenir, à l'héritier aux Propres, à la charge de récompenser l'héritier aux Acquêts, v. Pothier, des Propres, s. 2.

11380. Le partage, entre cohéritiers, tient lieu d'échange. Si un parent paternel, partageant avec un parent maternel, prend un Propre maternel, pour ce qui lui revient des Propres paternels, il est censé avoir fait un échange; de sorte que celui-là, étant subrogé à ceux-ci, sera, en sa personne, Propre paternel, v. Proust, p. 258, Denisart, au mot *Propres*, ci-dessus n. 11371.

11381. Si le parent est habile à succéder dans les deux lignes, il ne se fait pas de subrogation. Les Propres d'une ligne, assignés pour portion héréditaire dans les deux lignes, restent Propres, pour le tout, dans leur ancienne ligne, Auroux, p. 2, p. 276, de Saux sur Lebrun, des Succ. add. 16e. Valin, t. 3, p. 41 & suiv. qui trouve singuliere la décision d'un Arrêt de 1724, rapporté par de Grainville, p. 595 & suiv. v. Bourjon, t. 1, p. 367.

11382. Varicourt, au mot *Propres*, remarque un Arrêt de 1769, qui a jugé Propre maternel un Bien donné par la mere au fils, en échange d'un Bien de la succession du pere.

11383. « L'échange fait des Propres, *Arg. ex art. 176*; ainsi, l'héritage maternel » donné en partage pour un paternel, est Propre paternel. Il n'en est pas de même » du remploi, qui n'est regardé que comme une vente faite à la femme, qui prend » les Biens de la succession de son mari en payement, Pocquet sur Anjou, art. » 273; à moins que le Contrat de mariage ne porte une clause, que les héritages » ou rentes ainsi donnés en remploi, seront réputés Propres à la future & aux » siens de son estoc & ligne à tous effets, » notes de M. Dufrementel.

11384. Le 19 Novembre 1778, nous avons estimé que ce que Paul avoit pris plus que sa sœur utérine, dans les Biens de leur mere, pour le remplir de ce qui lui étoit dû, comme héritier de son pere, lui étoit Propre maternel, comme s'il l'avoit eu à la charge d'un retour, qui se seroit compensé avec sa créance. La mere avoit eu un Propre de valeur de 6000 l. chargé de 6000 l. de dettes, que le pere de Paul, pendant le mariage, avoit acquittées; par le partage fait avec sa sœur, Paul en avoit pris les trois quarts, & il n'avoit pas exigé de récompense, à raison de l'acquittement des dettes.

11385. « Rentes sur la Ville de Paris, remboursées, sont dénaturées; la reconstitution les rend Acquêts, malgré l'énonciation qu'elles procedent des anciennes » rentes;

» rentes ; ce n'est qu'une précaution pour en justifier l'origine. Elles ne sauroient » garder leur qualité de Propres, sans une déclaration expresse du Créancier, qui » emporte subrogation à cet égard ; la Déclar. du 16 Mai 1698, y est formelle, » notes de M. Dufrementel.

11386. Le remploi d'un Propre aliéné ne peut former un Propre de succession ; encore qu'on ait déclaré que l'acquisition est faite des deniers provenants de l'aliénation du Propre, & qu'on entend que l'héritage acquis y soit subrogé. La volonté de l'homme est, pour ce, impuissante ; c'est la Loi, non la convention, qui fait les Propres réels, Bourjon, t. 1, p. 366, v. Sainson, t. 22, art. 1, Bodreau sur Maine, art. 311, Lathaumassiere sur Berri, t. 19, art. 2, Pocquet sur Anjou, art. 296, obs. 2e. ci-dessus n. 8526.

11387. Un héritage, Propre maternel à un Mineur, a été vendu, & du prix il a été acquis une rente ; l'héritier maternel du Mineur décédé en minorité, doit avoir la rente, v. Arrêt de 1570, cité par Boullai, p. 350, Proust, p. 541, Pothier, des Propres, s. 3, §. 2. S'il étoit parvenu à sa majorité, la rente seroit regardée, en tous points, comme Acquêt, Valin, t. 2, p. 362.

11388. Il n'est pas indifférent, dit Pothier, de faire ou de ne pas faire, lors de la 1re. acquisition d'héritage ou de rente, qui se fait depuis le rachat d'une rente due à un Mineur, une déclaration, qu'elle est faite des deniers du rachat.

11389. Les deniers du rachat d'une rente ou de la vente d'un fonds, ayant servi à payer des dettes, à faire des réparations, à libérer un héritage d'une charge réelle, Pothier observe qu'il n'en est pas moins dû un remploi à l'héritier du Mineur, qui auroit recueilli la rente ou le fonds.

11390. La clause apposée au don d'un héritage, qu'il sera Propre au Donataire, n'a que l'effet de l'exclure de la Communauté conjugale ; c'est toujours un Acquêt, v. Renusson, des Propres, c. 4, s. 1, n. 5, Boucheul sur Poitou, art. 233, n. 39, Cochin, t. 3, p. 473 & suiv. Denisart, au mot *Propre*.

11391. L'héritage acquis de deniers réalisés, n'est jamais qu'Acquêt, v. Dupineau sur Anjou, art. 243.

11392. Les immeubles qui échéent à des enfants par le partage d'une Communauté continuée, leur sont Acquêts ; ils sont censés avoir acquis conjointement avec le Survivant des pere & mere, Duplessis sur Paris, p. 465, aux notes, Bourjon, t. 1, p. 609 ; ce qui a lieu même pour ce qu'ils ont par droit d'accroissement, l'un d'eux étant prédécédé, dit Duplessis, p. 474. Ainsi, à la mort du dernier des enfants, le Survivant des pere & mere recueille le tout, Lathaumassiere sur Berri, t. 19, art. 3, Simon sur Senlis, art. 169.

11393. L'héritage retiré par un Seigneur, est Acquêt, Boucheul sur Poitou, art. 339, n. 8, Pocquet, des Fiefs, p. 515, Bourjon, t. 1, p. 369, Pothier, des Retraits, n. 607.

11394. L'art. 139 de Paris défere l'héritage retiré par un Lignager, à l'héritier aux Propres, ainsi qu'il a été jugé contre le Président de Chavaudon, par un Arrêt du 18 Avril 1760. Si cet héritier fait, dans l'année, le remboursement prescrit par l'art. 139 de Paris, il est réputé saisi du jour de l'ouverture de la succession ; sinon, c'est l'héritier aux Acquêts, v. Proust, p. 259, Bodreau & Louis sur Maine, art. 301, 376, 407, R. du Dr. fr. p. 189, Lacombe, au mot *Propre-retrait*, Bourjon, t. 1, p. 373, 865, 894, 895, Valin, t. 2, p. 108, 260, Pothier, des Retraits, n. 454 & suiv. Fourré, p. 311.

11395. Si, faute de remboursement, l'héritage retiré reste à l'héritier aux Acquêts, il sera, dans sa succession, Propre naissant ; il auroit été Propre ancien dans celle de l'héritier aux Propres, & il auroit appartenu à son héritier de la ligne d'où il procédoit anciennement, sans aucun remboursement à faire à l'héritier aux Propres naissants, Pothier, des Retraits, n. 472, 473, v. Olivier sur Maine, art. 376.

11396. C'est le prix principal qu'a coûté l'héritage, qui doit être remboursé. Il y en a qui ajoutent les loyaux coûts, les frais du retrait, les impenses utiles, jusqu'à concurrence de ce dont l'héritage retiré se trouve amélioré, sous la déduction de ce dont il est d'ailleurs dégradé, v. ci-dessus n. 10091.

11397. Lorsqu'on ne tient aucun compte des impenses utiles, on ne peut demander raison des dégradations, à moins qu'elles n'aient produit de l'argent, comme la coupe d'un bois de futaie, Pothier, des Retraits, n. 469; on a la faculté de ne pas prendre l'héritage retiré.

11398. Olivier sur Maine, art. 376, tient que l'héritage retiré appartient à l'héritier aux Propres, sans observer aucune formalité; qu'il lui suffit de rembourser, dans l'année, le prix, les loyaux coûts & les améliorations; que ce délai est fatal; & que l'héritier aux meubles, qui n'a qu'une action pour ce remboursement, ne peut forcer l'héritier aux Propres de conserver l'héritage retiré.

11399. L'héritier aux Propres, qui prend l'héritage retiré, ne contribue aux dettes, qu'à raison de ce qu'il vaut plus que ce qu'il rembourse, Pothier, des Retraits, n. 461.

11400. Boullai, C. M. MM. Dubois, fils, Bernard & Dufrementel, en leurs notes, attestent que l'art. 139 de Paris est suivi en Touraine. Si l'héritier aux Propres est en même-temps héritier aux Acquêts, il confond le remboursement auquel assujettit cet article, v. ci-dessus n. 10761.

11401. Les 9 Septembre 1764, & 17 Juillet 1769, le Pere de l'Auteur a estimé Propre l'héritage retiré, nonobstant l'art. 196 de Tours, parce que, s'il répute Acquêt l'héritage retiré, ce n'est pas dans la personne sous le nom de qui le retrait est fait, mais dans la personne qui a fourni les deniers; c'est un cas singulier, qui sort de la regle ordinaire des Retraits. D'ailleurs, cet article bien entendu n'est pas contraire. Dans l'affaire dont parle Pocquet sur Anjou, art. 366, les Arbitres reconnurent que la Cout. de Tours, non plus que celle d'Anjou, n'a aucune disposition qui regle la qualité du bien retiré, v. ci-après n. 11916, 11928.

11402. En retirant un Acquêt vendu par ex. par un frere de ma mere, je suis censé moins l'acquérir, que le conserver à la famille & pour la famille de ma mere; ce seroit aller contre le motif de l'établissement du retrait lignager, que de le déférer à mon frere consanguin, qui est étranger à cette famille. Il appartient à mon cousin maternel, à la charge du remboursement qui est dû à mon frere consanguin; il tient en quelque chose de la qualité de Propre, quoi que pense Renusson, des Propres, c. 1, s. 12, n. 2.

11403. Les enfants de celui qui a recueilli l'héritage retiré, le partagent noblement, dans le cas où c'est un fief; il se trouve à la 3e. foi. S'il a été fait un remboursement, l'aîné des enfants doit en faire raison, v. Olivier sur Maine, art. 376, ci-dessus n. 10772, ci-après n. 11926 & suiv.

11404. La disposition de l'art. 139 de Paris ne doit pas être étendue à l'héritage acquis d'un Lignager, Pothier, des Retraits, n. 471, v. Proust, p. 259, Bourjon, t. 1, p. 865, ci-dessus n. 9821; c'est, à tous égards, un Acquêt.

ARTICLE II.

De la Succession aux Acquêts.

11405. La subrogation des Acquêts aux propres, établie par les art. 238 de Tours, 225 de Loudun, n'est pas une véritable subrogation, Valin, t. 2, p. 334; son effet est borné à la *validité des donations entre-vifs ou par testament*; c'est une fiction qui est de droit étroit, qui ne peut s'étendre hors de son cas, qui n'opere rien vis-à-vis des héritiers. N'y ayant pas de propres, les dons ou legs des Acquêts se reglent comme si c'étoient des propres; mais ces Acquêts appartiennent toujours à ceux qui sont appellés à recueillir les Acquêts, par ex. aux freres & sœurs germains, à l'exclusion des freres & sœurs consanguins ou utérins, comme le dit expressément Pallu, N.

M. v. Boucheul sur Poitou, art. 217, n. 8 & suiv. ci-dessus n. 9301, ci-après n. 11409.

11406. Voici l'ordre de succéder aux Acquêts, comme aux meubles, qu'on suit en Touraine : 1°. les descendants d'un Défunt excluent tous autres ; 2°. les pere & mere sont appellés ; 3°. les Aïeuls de chaque côté sont préférés aux freres, sœurs & autres Collatéraux, pour la moitié déférée à leur côté ; 4°. les freres & sœurs germains, ou leurs Représentants, sont préférés aux freres & sœurs consanguins ou utérins, ou à leurs Représentants; 5°. les freres & sœurs consanguins ou utérins, ou leurs Représentants, marchent avant les autres Collatéraux ; 6°. les Collatéraux paternels prennent une moitié, & les Collatéraux maternels l'autre moitié ; 7°. la moitie déférée à un côté, n'y ayant aucun parent de ce côté-là, appartient aux Aïeuls de l'autre côté, à l'exclusion des Collatéraux ; mais ceux-ci, à défaut d'Aïeuls, recueillent tout; 8°. à défaut de parents, vient le Conjoint par mariage; 9°. le Fisc est l'héritier de ceux qui n'en ont point.

11407. Sur l'ordre des Successions, v. Sainson, t. 27, art. 2.

11408. Les descendants recueillent tous les biens, de quelque qualité qu'ils soient.

11409. A défaut de descendants, les Acquêts, comme les meubles, appartiennent en entier au pere ou à la mere, encore qu'il n'y ait pas de propres, Boullai, p. 305; s'ils concourent, ils partagent par moitié, v. art. 311 de Paris, ci-dessus n. 11405.

11410. L'art. 283 de Tours établit ce genre de Succession, par rapport aux puînés nobles qui ont leur partage indivisé; le droit des pere & mere est le même, pour la Succession de tout autre enfant, puîné ou aîné, entre Nobles, comme entre Roturiers, Pallu, p. 457 ; l'art. 310 dispose expressément des uns & des autres, v. ci-après n. 11416, 11426. Si la société légale entre freres, n'empêche pas les ascendants de succéder, il en est autrement d'une société conventionnelle.

11411. Un enfant décede, laissant un Acquêt ; sa mere décede le lendemain ; les héritiers de celle-ci ont droit en la moitié de l'Acquêt ; le pere ne peut prétendre, par droit d'accroissement, le tout, qui lui eût appartenu, si la mere étoit décédée avant l'enfant, v. Dupineau sur Anjou, art. 270, Perchambault, p. 679.

11412. Dans ce cas, le pere, qui devoit une somme à l'enfant, n'est libéré, dit Dupineau, que de la moitié.

11413. Le pere exclud l'Aïeul maternel & le frere utérin.

11414. Un enfant qui est en continuation de Communauté avec son pere, décede impubere; comme héritier aux meubles & Acquêts, le pere succede à sa moitié dans les immeubles qu'il a acquis depuis la mort de la mere. On pourroit dire que la continuation de Communauté n'ayant pas été demandée, les immeubles acquis depuis la mort de la mere, sont censés ne l'avoir été que pour le compte du pere. Quant à sa moitié dans les immeubles acquis du vivant de la mere, il a le droit d'en jouir, & même d'en retenir la propriété, v. ci-dessus n. 9283, 9302, 11341.

11415. Suivant un Arrêt du 30 Mai 1702, rapporté par Jouy, au mot *Succession*, n. 10, les Aïeuls, à Paris, succedent par têtes aux Acquêts, comme aux meubles.

11416. Par l'art. 312 de Tours, les Acquêts, comme les meubles, à défaut de pere & de mere, appartiennent, pour une moitié, à l'Aïeul & à l'Aïeule paternels, ou à l'un d'eux, & pour l'autre moitié, à l'Aïeul & à l'Aïeule maternels, ou à l'un d'eux. « Un seul Aïeul d'un côté en prend moitié, l'autre divisible entre deux Aïeux » de l'autre côté, » notes de M. Dufrementel, v. Sainson, t. 27, art. 2; ce qui a lieu entre Nobles, comme entre Roturiers, v. ci-dessus n. 11410.

11417. A défaut d'Aïeul & Aïeule d'un côté, la moitié qui revient à ce côté, va aux Bisaïeuls du même côté, ou à l'un d'eux.

11418. Ce n'est qu'à défaut des Bisaïeuls, que les Trisaïeuls sont appellés.

11419. Le pere du Bisaïeul ne peut le représenter, pour concourir avec la Bisaïeule.

11420. S'il y a plusieurs Bisaïeuls ou Trisaïeuls qui concourent pour recueillir la moitié déférée à leur côté, cette moitié est sujette à une refente; de sorte que, si, par ex. outre la mere de l'Aïeul paternel du Défunt, il y a le pere & la mere de l'Aïeule paternelle, la 1re. aura le quart au total des Acquêts, comme des meubles, & les deux autres chacun un 8e.

11421. « lorsqu'il n'y a qu'un Aïeul d'un côté, & des freres consanguins ou utérins de l'autre, dit M. Dufrementel, en ses notes, les meubles & Acquêts se fendent par moitié. »

11422. S'il n'y a d'Aïeuls, Bisaïeuls, Trisaïeuls, &c. par ex. que du côté paternel, la moitié déférée au côté maternel, appartient aux freres & sœurs germains, ou aux freres & sœurs utérins, à l'exclusion des freres & sœurs consanguins.

11423. S'il n'y a que des freres & sœurs consanguins, cette moitié leur appartient, puisque, s'il n'y avoit pas d'ascendant, ils auroient le tout, sans partage, à l'exclusion des Collatéraux maternels, Pallu, p. 478, 480, 524 & suiv. Tant qu'il y a frere ou sœur, ou leurs Représentants, les autres Collatéraux n'ont, sur les Acquêts, comme sur les meubles, aucun droit, v. ci-dessus n. 11314, 11315.

11424. « Quand la Coutume, art. 312, dit, *de l'autre côté & ligne*, elle semble » supposer qu'il n'y a, ni freres, ni sœurs germaines, en qui il n'y a point de distinction de côté; mais *putà* un Aïeul maternel se trouve en concurrence avec un » frere consanguin, & *vice versâ* un Aïeul paternel avec un frere utérin, c'est le cas » de l'article. *Idem* s'il n'y a, ni frere, ni sœur, mais seulement des Collatéraux » plus éloignés, » notes de M. Bernard.

11425. N'y ayant pas de Collatéraux maternels, &, par rapport à des deniers réalisés, c'est comme s'il n'y en avoit pas, s'ils sont exclus par la clause de réalisation, un frere consanguin peut-il en demander la moitié, ainsi que la moitié des Acquêts, contre un Aïeul paternel? Celui-ci, habile à recueillir le tout, dira qu'il n'est restreint à la moitié, que par l'existence des Collatéraux maternels.

11426. Suivant M. Bernard, en ses notes, l'art. 312 n'a rapport qu'aux Roturiers; entre Nobles, l'Aïeul paternel emporte les Acquêts, comme les meubles, au préjudice d'un frere germain, d'un frere utérin ou d'un autre Collatéral du côté maternel.

11427. Lorsqu'il n'y a aucun ascendant, les freres & sœurs germains prennent les Acquêts, comme les meubles, par l'art. 289 de Tours, qui établit le privilége du double lien, soit entre Roturiers, soit entre Nobles, Bouguier, F. c. 5, Pallu, p. 478.

11428. Sainson, t. 25, art. 26, s'exprime ainsi : *utrinquè conjuncti præferuntur cæteris, cum duo vincula sint fortiora uno . . . . vidi in practicâ teneri per plures laudabiles advocatos, quod utrinquè conjuncti fratres non excludebant consanguineos vel uterinos tantum; sed quod patrimonia debebantur secundum lineas ex quibus procedebant, sed de conquæstibus paternis ac bonis mobilibus, est majus dubium.*

11429. Le double lien n'est pas considéré à Paris, v. art. 340, 341 de Paris.

11430. Des pere & mere, ayant marié ensemble leurs enfants des 1ers. lits, sont décédés, laissant deux enfants du 2e. lit; au décès de l'un, l'autre doit recueillir ses Acquêts, comme ses meubles, à l'exclusion des enfants des 1ers. lits; ils sont conjoints des deux côtés, mais ils ne sont pas nés d'un même mariage, notes de M. Dubois, fils.

11431. M. Dubois, fils, observe que les freres germains doivent partager également les Acquêts, comme les meubles, sans préciput pour l'aîné.

11432. Entre Nobles, l'aîné des freres germains, s'il étoit l'aîné de tous les freres, auroit les Acquêts, comme les meubles; &, dans le cas où le Décédé seroit cet aîné, l'aîné des survivants auroit les meubles & les deux tiers des Acquêts, outre le préciput, s'il ne le prenoit pas sur les propres; l'autre tiers des Acquêts seroit pour les puînés, freres germains, à l'exclusion des autres freres. Quand l'aîné est frere consanguin ou utérin, le partage égal des meubles & des Acquêts a lieu entre tous les freres germains, lorsqu'ils ont subdivisé leurs portions dans les successions paternelle & maternelle.

11433. Le privilége du double lien l'emporte sur celui qui défere aux mâles les fiefs à l'exclusion des filles, suivant Challine, de l'Intell. des Cout. p. 21, contre Legrand sur Troies, art. 15, gl. 5, n. 2, v. de Grainville, p. 111 & suiv. Répert. de Jurispr. au mot *Double-lien*. On peut dire qu'il l'emporte aussi sur celui qui défere à l'aînesse les Successions collatérales, v. Boucheul sur Poitou, art. 290, n. 24. Il doit céder au privilége attaché à l'union des biens, v. ci-après n. 11853 & suiv.

11434. Les enfants d'un frere germain excluent un frere consanguin ou utérin, qui est plus proche, Pallu, N. M. où il cite l'Arrêt de 1602, rapporté par Leprêtre, Cent. 2, c. 24, v. Valin, t. 3, p. 46, ci-dessus n. 10976; & à plus forte raison, quoi que disent Valin, p. 48, M. Bernard, en ses notes, ses enfants, Pallu, p. 476, Pothier, des Succ. c. 2, s. 3, art. 2, §. 4, Mignot, c. 12, n. 16 & suiv. Fourré, p. 306, Répert. de Jurispr. au mot *Double lien*.

11435. Par les notes de MM. Carré, Dubois, fils, & Bernard, on voit que, le 17 Janvier 1706, le Siége de Tours, après une mure délibération de 15 Juges, adjugea les meubles & les Acquêts de Louis Guesdier aux Représentants sa sœur germaine. Elle avoit épousé Claude Lefevre, dont étoient issues Françoise, mariée à Laurent Boisard, Claudine, mariée à François de l'Etoile, & Anne, mariée à Claude Luthier. La 1re. avoit eu, pour enfants, Laurence, mariée à Michel Falloux, & Gabrielle, mariée à Jean Ménage, qui, conjointement avec leurs tantes, furent préférées à Cirile Blouin & autres, descendus de deux sœurs consanguines, v. ci-dessus n. 10980, ci-après n. 11504.

11436. Les enfants de freres germains, qui excluent un frere utérin, partagent entr'eux par souches.

11437. Un frere germain, consanguin ou utérin, ou son Représentant, peut, sans renoncer à la Succession, laisser à la masse les Acquêts & les meubles; ce faisant, les meubles sont vendus, & le prix est employé au payement des dettes mobilieres; s'il ne suffit pas, celles qui restent à acquitter, doivent l'être par ceux qui recueillent les immeubles, Acquêts ou propres, à proportion de l'émolument; tel est l'usage, Brodeau sur Tours, art. 289, Pallu, p. 480, 644, Mignot, c. 12, n. 106 & suiv. Répert. de Jurispr. au mot *Double lien*, v. ci-après n. 11527, 11728, 11730, 11851, 12425.

11438. Titius ayant laissé des freres consanguins & des freres utérins, *cum quæstio est de dividendis conquæstibus, tunc æqualiter succedunt; intelligo*, dit Samson, t. 25, art. 26, *in Plebeis & non Nobilibus, propter decisionem nostræ consuetudinis.*

11439. « S'il y a deux freres ou sœurs, l'un du côté du pere, l'autre de la mere, » ils partageront par moitié les meubles & Acquêts, » Boullai, C. M.

11440. M. Bernard, en ses notes, rapporte avoir décidé que les meubles & les Acquêts devoient se partager également entre quatre freres utérins & une sœur consanguine, qui, pour en emporter la moitié, n'avoit pas le droit de demander la fente entre les deux lignes. Quand le privilége du double lien cesse, l'art. 289 de Tours appelle indistinctement tous les freres & sœurs ou leurs Représentants; Pallu, p. 472, n'admet pas la fente, lorsqu'il y a frere ou sœur.

11441. « J'ai vu pratiquer sans controverse, depuis 30 ans, auparavant l'an 1600, » que les meubles & Acquêts du Décédé sans enfants ni freres conjoints des deux » côtés, ont été recueillis par le frere ou sœur conjoint d'un côté seulement, les » parents de l'autre côté exclus; jusqu'à l'Arrêt du 29 Janvier 1600, suivi de plu» sieurs Jugements présidiaux, conformes. On dit que la raison de l'Arrêt est qu'au » Procès-verbal de la Réformation de la Coutume, il est écrit, que les art. 288 & » 289 ont été ajoutés pour l'explication des précédents; de sorte qu'ils n'établissent » une nouvelle Jurisprudence, » Boullai, C. M. v. Peleus, Quest. 139, Boullai, p. 281, Pallu, p. 477, 479, Dupineau sur Anjou, art 268, Boucheul sur Poitou, art. 295, n. 38. » Il est de maxime constante, que les freres conjoints d'un côté excluent les autres

» parents, » notes de M. Augeard. » Les Arrêts que cite Leprêtre, Cent. 2, c. 20, » sont contre la disposition de la Cout. de Tours, » notes de M. Carré. « Des Arrêts » postérieurs ont ramené les choses au vrai principe, & c'est notre droit, » notes de M. Bernard. On conviendra, pour-tant, qu'il est étonnant que la Loi municipale, qui appelle les Collatéraux à concourir avec des Aïeux, les écarte, lorsqu'il y a des freres, qui sont moins favorables; ce sont de ces singularités qui ne sont pas rares dans nos Coutumes.

11442. Le fils d'un frere consanguin ou utérin exclud les Collatéraux de l'autre côté, notes de M. Carré. Il faut en dire autant de son petit-fils ou arriere-petit-fils.

11443. Le sieur Bricet & autres ayant formé opposition aux scellés apposés, après le décès du sieur Tissereau des Roses, à la requête du sieur Dorion & autres, ceux-ci, qui offrirent de faire procéder seulement à l'inventaire des titres, pour constater s'il y avoit des propres auxquels les Opposants pussent succéder, obtinrent la levée pure & simple des scellés, au Siége de Tours, le 27 Juillet 1734; parce que, représentant une sœur consanguine, ils excluoient, pour les meubles & pour les Acquêts, les Opposants, qui ne représentoient qu'un oncle maternel, & qui disoient avoir le même droit que cet oncle, qu'ils supposoient avoir, comme représentant l'Aïeul maternel, le droit que donne l'art. 312 de Tours.

11444. C'est une maxime parmi nous, dit M. Bernard, en ses notes, que, lorsqu'il n'y a, ni enfant, ni pere, ni mere, ni frere, ni sœur, ni neveu, ni niece, les meubles & les Acquêts doivent se fendre par moitié entre les deux lignes, paternelle & maternelle, v. Boullai, p. 250, 279, Pallu, p. 472, 535, Sérieux sur Renusson, des Propres, c. 2, s. 11. n. 3, ci-après n. 11451. Ils proviennent souvent des fruits des propres paternels & des propres maternels.

11445. Opposera-t-on que le droit de fente, inconnu dans la Cout. de Paris, qui, art. 325, appelle indistinctement le plus proche parent, n'est pas écrit dans la Cout. de Tours?

1^ent^. Ce droit, suivi dans les Coutumes voisines, v. ci-après n. 11454, est, parmi nous, fondé sur un ancien usage, confirmé par un Arrêt rendu après Enquêtes par turbes, que rapporte Leprêtre, Cent. 2, c. 24 : usage qui est certain, & qui s'observe inviolablement, dit M. Bernard, en ses notes; il faut donc y déférer, v. Arrêts des 2 Juin 1657, & 2 Février 1682, rapportés au Journ. des Aud. Mignot, c. 12, n. 202, dit que l'Arrêt de 1657, est un réglement pour les Cout. de Tours, Loudun, &c. il n'a été rendu que pour la Cout. de Poitou; mais il a consacré un usage semblable à celui que nous suivons.

2^ent^. La Cout. de Tours n'est pas muette sur le concours des deux lignes, paternelle & maternelle, pour le partage des meubles & des Acquêts, comme le suppose Guyné, p. 344.

1°. L'art. 289, en préférant, à défaut de freres & sœurs germains, les freres & sœurs consanguins ou utérins aux autres Collatéraux, suppose que, lorsqu'il n'y a, ni freres, ni sœurs, la proximité ne procure plus de préférence, pour avoir la totalité des meubles & des Acquêts; autrement, la Coutume n'eût pas appellé seulement les freres & sœurs consanguins ou utérins, qui, quand les freres & sœurs germains manquent, sont incontestablement les plus proches, mais elle eût appellé indistinctement les Collatéraux les plus proches, *expressio unius, est exclusio alterius.* C'est donc un privilége qu'elle a voulu établir en faveur des freres & sœurs, une exception au droit général de la Province, qui appelle les deux lignes à la Succession des meubles & des Acquêts. On a fait quelque difficulté de reconnoître l'exception; mais on n'a jamais douté de la regle qu'elle suppose. Si des Arrêts ont rejetté l'exception, c'étoit pour donner à la regle plus d'étendue, en faisant concourir, par ex. avec un frere utérin, les Collatéraux paternels.

2°. On voit, dans l'art. 312, la vocation des deux lignes; la distinction des deux côtés y est bien marquée, & leur concurrence bien établie. Si l'Aïeul d'un côté, qui est le plus proche, & en même-temps le plus favorable, n'exclud pas les Collatéraux de l'autre côté, quelqu'éloignés qu'ils soient, & partage par moitié avec eux, il faut nécessairement dire que les Collatéraux du côté de cet Aïeul, doivent, à son défaut, concourir & partager par moitié avec les Collatéraux de l'autre côté.

11446. La fente qui n'a jamais lieu, quand il y a pere ou mere, se pratique en cinq cas différents, lorsqu'il y a des Aïeuls : 1°. entre des Aïeuls du côté paternel & des Aïeuls du côté maternel ; 2°. entre des Aïeuls du côté paternel & des freres ou sœurs quelconques, ou leurs Représentants ; 3°. entre des Aïeuls du côté maternel & des freres ou sœurs quelconques, ou leurs Représentants ; 4°. entre des Aïeuls du côté paternel & des Collatéraux maternels ; 5°. entre des Aïeuls du côté maternel & des Collatéraux paternels.

11447. Lorsqu'il y a freres ou sœurs, ou leurs Représentants, il ne peut y avoir de fente qu'avec des Aïeuls, Bisaïeuls, &c. Les autres Collatéraux ne peuvent la demander que vis-à-vis des Aïeuls, Bisaïeuls, &c. ou des Collatéraux d'un autre côté, qui ne soient ni freres, ni sœurs, ou leurs Représentants.

11448. « Je serois d'avis, dit M. Bouault, en ses notes, de n'admettre les Col-
» latéraux avec l'Aïeul, qu'en cas qu'ils vinssent par représentation de l'autre Aïeul. »

11449. « Le fils d'un frere conjoint des deux côtés, meurt sans enfants ; le frere » conjoint des deux côtés au pere du Défunt, succédera-t-il aux meubles & Ac- » quêts de ce neveu, sans que le frere utérin du pere y participe ? Les biens pa- » ternels doivent appartenir à l'oncle conjoint des deux côtés ; les biens maternels, » les meubles & Acquêts, se diviseront par moitié entre cet oncle & celui qui n'est » conjoint que d'un côté, » Boullai, C. M. Les héritiers du côté de la mere du Défunt, devoient avoir les biens maternels & la moitié des Acquêts & des meubles ; le frere germain du pere, les biens paternels-paternels, la moitié des biens paternels-maternels, & les trois 8es. des Acquêts & des meubles ; & le frere utérin, la moitié des biens paternels-maternels, & un 8e. des Acquêts & des meubles.

11450. Le double lien n'est considéré, dit Guyné, p. 222, 225, 228, ni entre des oncles d'un défunt, ni entre un oncle & un cousin-germain, ni entre des cousins-germains, v. Pallu, p. 474 & suiv. Auroux, p. 2, p. 98, Mignot, c. 12, n. 29, 79 & suiv. Il ne peut s'exercer que dans la succession d'une personne dont les héritiers sont ou représentent ses freres ou sœurs, Valin, t. 3, p. 53.

11451. « La diction, *biens*, de l'art. 287 de Tours, dit Boullai, C. M. est trop générale » concernant les meubles & les immeubles ; toutes fois, les meubles ne sont sujets à » la Loi de la représentation : aussi, le terme, *héritage*, de l'article suivant est trop » resserré, car les rentes & servitudes ne sont pas proprement dites héritages, » mais immeubles. . . . . . Je ne trouve point qu'en cette Coutume y ait disposition » pour la représentation aux meubles & Acquêts, hors les freres & sœurs ou leurs » Représentants ; néanmoins, elle y a toujours été religieusement gardée . . . . . En la » succession de la dame de Sautrai, il y alloit de six vingt mille écus, la plus part » en deniers comptants. Les deux turbes conclurent que la représentation avoit lieu » en tous dégrés entre Collatéraux infiniment ; qu'il avoit toujours ainsi été jugé & » pratiqué entre Roturiers, sans dispute ; & néanmoins qu'il n'y en avoit aucun exem- » ple entre Nobles. Par l'Arrêt de 1606, le partage par moitié fut ordonné, non-obs- » tant la proximité ; & il fut jugé être faite une refente de la moitié, &c. » v. Peleus, Quest. 136, ci-dessus n. 11444.

11452. Les deux lignes sont appellées concurremment, sans égard à l'égalité ou inégalité du dégré, notes de M. Bernard, v. art. 315 de Bourbonnois, Pallu, p. 472, Boucheul sur Poitou, art 295, n. 47. Les Acquêts, comme les meubles, se fendent entre les héritiers paternels & les héritiers maternels ; » & ce, dit Pallu, N. M. » non-obstant que les uns soient en dégré plus éloigné que les autres ; car ce sont

» deux souches qui n'ont rien de commun, ainsi qu'il a été jugé par les Arrêts des » 29 Janvier 1600, & 8 Juillet 1606, remarqués sur l'art. 289, n. 9, & par autre du » 10 Juin, audit an, donné après deux turbes à Tours & Loches, rapporté par Leprêtre, Cent. 2, c. 24. Quoique, par autres Arrêts, cette fente n'ait été jugée, » lorsqu'il y a freres ou sœurs conjoints d'un côté, non plus quand il y a pere, mere » ou neveux, cependant *in cæteris* elle demeure. »

11453. « Cette fente faite, il y a, quelquefois, lieu à la refente & subdivision dans » chaque ligne; mais, alors, on fait attention au dégré, &, pour que la refente ait » lieu, il faut que les héritiers soient en parité de dégré, ou de leur chef, ou par le » moyen de la représentation. S'il n'y a point de parité de dégré, le plus prochain » emporte la totalité, pour éviter le progrès à l'infini, & parce qu'en matiere de meu- » bles & Acquêts, nous ne connoissons qu'une 1re. distinction des deux lignes, » notes de M. Bernard, v. Pallu, p. 472, L'hommeau sur Anjou, art. 270, Dupineau, Obs. sur Anjou, art. 268, Boucheul sur Poitou, art. 277, n. 61, art. 295, n. 49, 50. » Les deux souches, paternelle & maternelle, dit Pallu, N. M. refendent en » chaque branche les meubles & Acquêts, avec cette différence, savoir que la fente » se fait non-obstant que les deux souches soient en dégré inégal; &, pour la refente » entre les paternels & maternels de chaque côté, il faut qu'ils soient en pareil » dégré, de leur chef ou par représentation: ce qui est établi pour le bien des fa- » milles, *ne scilicet minutiores in partes frustratim communia scindantur*, & d'ailleurs » pour le repos, qui est beaucoup altéré par des recherches éloignées des descentes & » généalogies, souvent difficiles à prouver, pourquoi, par l'Ord de 1560, les subs- » titutions sont limitées à deux dégrés, entre l'institution. »

11454. Notre usage est conforme à ce qui s'observe en Anjou.

Dans un Acte de notoriété du Siége d'Angers, du 5 Août 1769, on lit: « après la » 1re. division, qui remplit la disposition de l'art. 268 d'Anjou, les choses restent » dans le droit commun; en conséquence, la moitié qui est déférée à chaque ligne, » doit appartenir aux plus proches Représentés. Dans l'espece proposée, où on remonte » à l'Aïeul, pour trouver la représentation, il se trouve que l'Aïeul avoit 5 freres ou » sœurs, que l'Aïeule avoit aussi 3 freres ou sœurs. On admet une 2e. division, de » sorte que moitié dans la moitié des meubles & Acquêts, qui forme un quart au total, » doit être déférée à la branche de l'Aïeul paternel, & l'autre part à la branche de » l'Aïeule, parce qu'ils se trouvent en pareil dégré; autrement, elle seroit déférée au » plus proche de l'une ou l'autre ligne: division qui doit se faire, comme si les » Représentés la faisoient eux-mêmes, & comme si les freres des Aïeul & Aïeule » percevoient eux-mêmes la succession, *repræsentatio est absentis præsens imago*.

« Les Représentés se trouvent au même dégré relativement à Urbaine Saillant; » leurs descendants doivent venir également à la succession dans les meubles & Ac- » quêts subdivisés dans les deux branches. La moitié des meubles & Acquêts est défé- » rée à la ligne paternelle, sans considérer s'il se trouve plus de Représentés dans » une branche que dans l'autre; parce que, la Cout. d'Anjou étant de représenta- » tion, il faut, en parité de dégré des Représentés, opérer par les côté & ligne, » qu'elle adopte aux art. 229 & 268, qui sont démonstratifs de la façon dont on » doit opérer en partage de Succession collatérale: toutes-fois qu'on y est appellé » par différentes branches, on doit opérer par souches & non par têtes.

» La grande mere paternelle compose une souche, comme le grand pere pater- » nel a la sienne; l'un & l'autre laissent des Représentants issus de freres & sœurs » de l'un & de l'autre; les deux branches sont également admises; chacune forme » sa souche & doit prendre également.

» Le même principe décide pour les propres naissants, qui procedent du pere & » de la mere de la Demoiselle Saillant. La moitié est déférée à la ligne de sa mere; » l'autre moitié, qui revient à la ligne paternelle, se subdivisera entre la branche de

» l'Aïeule

» l'Aïeule paternelle & la branche de l'Aïeul paternel. Leurs Représentés étant freres » ou sœurs des Aïeul & Aïeule, leurs descendants ont un droit égal à cette sorte » de biens, qui est le fruit des travaux d'un parent qui leur appartenoit au même » dégré; il n'y a aucune raison de préférence d'une branche sur l'autre; elles vien- » nent toutes les deux également, forment chacune souche, & prennent part égale. »

Il a été rendu, le 7 Septembre 1769, un Arrêt conforme à ces décisions, entre les héritiers d'Urbaine Saillant. Nous observerons qu'un des plus éclairés Jurisconsultes du Barreau d'Angers nous a écrit : « l'Arrêt de Saillant n'a pas jugé la question » de la refente; elle n'étoit pas à juger; j'ai les Mémoires imprimés, j'avois été » consulté. Doit-on succéder par têtes ou par souches ? Les héritiers qui descendent » de pere & de mere, sont-ils à préférer à ceux qui ne viennent que de la mere? » Voila de quoi il étoit question. Je sais qu'on cite cet Arrêt, mais mal-à-propos, » pour faire rejetter la refente, pour laquelle je penche plus que contre, quoique, » par déférence pour l'opinion de mes Confreres & pour l'autorité de notre Siége, » parmi nous, j'aie signé plusieurs Consultations contre la refente. » Autrefois, la refente ne souffroit pas de difficulté, en Anjou, où elle étoit multipliée presqu'à l'infini dans les partages; elle a encore lieu dans le Maine, v. Varicourt, au mot *Représentation*, ci-après n. 11509.

Le Siége d'Angers, par un Acte de notoriété du 23 Juin 1773, a attesté que, quand, « dans la subdivision, les Représentés ne sont pas en dégrés égaux, sans admettre » la refente, le plus proche exclud le plus éloigné, pour les meubles & Acquêts. Dans la » Province d'Anjou, la Jurisprudence, à cet égard, n'a pas varié depuis 40 ans. » On citoit une Sentence rendue au Siége d'Angers, le 16 Mai 1766, entre les héritiers de Jacques de Cierzai. Le Siége de Baugé a donné un Acte de notoriété semblable; & les Siéges de la Fleche, du Mans, de Laval, du Château-du-Loir & de Mayenne, en ont donné de contraires, que rapporte Olivier sur Maine, art. 286.

11455. Malgré l'inégalité de dégré, les Acquêts d'Artus, dans la 1re. des généalogies rapportées ci-après n. 11465, comme ses meubles, doivent se fendre entre ses parents paternels, qu'on suppose être des Représentants des freres de ses Trisaïeuls & Trisaïeules, & ses parents maternels, qu'on suppose être des Représentants des sœurs de sa mere. La moitié revenante aux parents paternels d'Artus, est sujette à plusieurs refentes, à cause de l'égalité de dégré des Représentés : 1°. entre la ligne d'Edouard & celle de Clotilde; 2°. entre la ligne de Casimir & celle de Justine d'une part, & d'autre part, entre la ligne d'Emmanuel & celle d'Ursule; 3°. entre les lignes d'André & de Marie, les lignes de Louis & de Sophie, les lignes de Marin & de Rose, & les lignes de Denis & d'Anne. Le Représentant le frere d'André aura un 16e. au total, les Représentants les trois freres de Marie un autre 16e. à subdiviser entr'eux par tiers, & ainsi des autres.

11456. La refente se continue, tant que la parité de dégré ne permet pas de préférer un parent à l'autre. Les Représentés, pour concourir, doivent toujours être en égal dégré; l'inégalité de dégré des Représentants est indifférente; ce n'est que la proximité des Représentés que l'on considere; l'on examine lequel d'eux eût été plus habile à succéder, s'il eût survécu celui de la Succession de qui il s'agit, Pallu, p. 473, Guéret sur Leprêtre, Cent. 2, c. 24.

11457. Une moitié des Acquêts, comme des meubles, de Ferdinand, dans la 2e. des généalogies rapportées ci-après n. 11465, doit aller à la ligne paternelle, & l'autre moitié à la ligne maternelle. La refente de la 1re. moitié doit avoir lieu, parce que Jules, Yves & Pie, étoient au même dégré : ainsi, Pie aura une moitié dans la moitié; Marie & Clou, chacun un quart, c'est-à-dire, un 8e. au total. Pour la moitié déférée à la ligne maternelle, il n'y a pas de refente entre Remi & Jean; ils ne se trouvent pas en dégré égal. Jean représente Joachim, qui n'est pas au même dégré que Remi; non Luc, dont il n'est pas descendu : point de représentation sans génération. Marthe étant décédée sans enfants, la ligne de Luc est éteinte, aussi-bien que celle de Claire; il n'y a pas de Représentants qui puissent faire revivre l'un ou l'autre.

11458. Notre décision pour Remi contre Jean, est semblable à celle que M. Bernard, en ses notes, rapporte avoir donnée, dans la Succession du Sieur d'Armagnac, pour les Représentants la sœur d'un Aïeul, contre ceux qui ne représentoient que le frere d'un Bisaïeul. Quand il s'agit de juger, sur une généalogie, comment les biens doivent se distribuer dans chaque ligne, on doit remonter d'Aïeuls en Aïeuls, jusqu'à ce qu'on trouve des Représentants venus d'eux directement. L'effet de la Représentation est de les faire revivre, ou de les considérer comme vivants; & on regle, sur le droit des Représentés, celui des Représentants

11459. Voici comme M. Bernard a estimé qu'il falloit opérer dans la succession de René Brard: 1°. accorder une moitié de ses meubles & Acquêts aux freres & sœurs de la mere; 2°. faire une 1re. refente de l'autre moitié, entre les Représentants le frere de l'Aïeule paternelle, & les Représentants les trois freres de l'Aïeul paternel; 3°. faire, entre ces derniers Représentants, une 2e. refente, par l'issue de laquelle un 8e. au total, revenant à la ligne du Bisaïeul, seroit pour les Représentants un frere germain, & l'autre 8e. revenant à la ligne de la Bisaïeule, seroit à subdiviser par tiers entre les Représentants le même frere germain & deux freres utérins. Cette maniere d'opérer prouve que M. Bernard pensoit qu'un parent conjoint des deux côtés, qui concourt avec un parent conjoint d'un côté seulement, couvrant les deux lignes, emporte tout ce qui revient à une ligne, & partage dans ce qui revient à l'autre ligne.

11460. Suivant Pallu, p. 474, un Arrêt a adjugé une moitié des meubles & Acquêts au fils d'un frere utérin du pere du défunt, & l'autre moitié à la fille d'un frere germain. Une moitié appartenoit aux parents maternels; ce n'est que pour l'autre moitié, qu'il pouvoit y avoir contestation entre les deux parents paternels qui se présentoient; c'est sans doute cette moitié dont le partage égal fut ordonné, quoique la fille du frere germain eût dû en avoir les trois quarts, v. ci-dessus n. 11449.

11461. Les héritiers de Pierre sont les Représentants Louis, frere consanguin de la mere, Luc, frere utérin de l'aïeul paternel, Jean & Paul, freres consanguins, Denis, frere germain, Gilles, René & Silvain, freres utérins de l'aïeule paternelle: les Acquêts, comme les meubles, appartiennent à Louis, pour une moitié, & à Luc, pour un quart; dans l'autre quart, Jean & Paul doivent avoir chacun un 6e. Denis un 6e. & un 8e. Gilles, René & Silvain chacun un 8e. Entre Nobles, Jean auroit la moitié de ce quart, & Denis l'autre moitié.

11462. Le double lien n'a pas lieu à Loudun, Dumoulin sur Loudun, art. 302, Proust, p. 512, v. ci-dessus n. 11321.

11463. Si le frere germain de Caius concourt avec son frere consanguin, celui-là a seul la moitié de ses Acquêts, comme de ses meubles, qui est déférée à la ligne maternelle, & il partage l'autre moitié avec celui-ci, qui n'a qu'un quart au total, suivant l'art. 302 de Loudun, v. Dumoulin sur Maine, art. 286, Proust, p. 512, Dupineau, Obs. sur Anjou, art. 268, R. du Dr. fr. p. 249, Valin, t. 3, p. 47, Mignot, c. 12, n. 32.

S'il y a deux freres consanguins & une sœur utérine, la sœur a la moitié, & les deux freres chacun un quart des Acquêts, comme des meubles, qui s'en vont toujours en deux lignes, à Loudun. Un frere consanguin les partageroit par moitié avec des cousins maternels.

11464. A Loudun, les ascendants ne succedent pas aux Acquêts; ce qui avoit lieu à Tours, avant la Réformation de la Coutume, faite en 1559. N'y ayant aucun descendant ni collatéral, les ascendants succedent aux Acquêts, comme aux autres biens.

11465. Voici les Généalogies que nous avons annoncées.

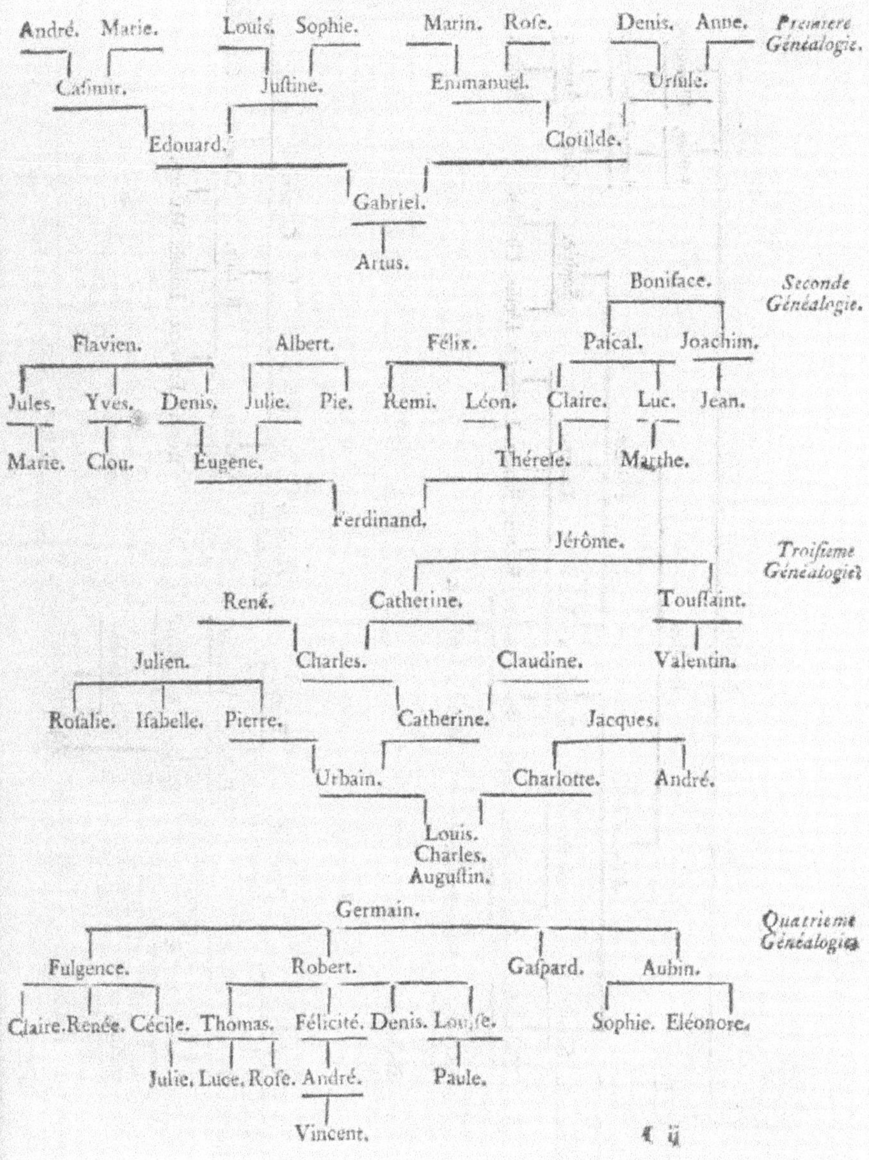
André. Marie. Louis. Sophie. Marin. Rose. Denis. Anne.
Premiere Généalogie.
Casimir. Justine. Emmanuel. Ursule.
Edouard. Clotilde.
Gabriel.
Artus.
Boniface.
Seconde Généalogie.
Flavien. Albert. Félix. Pascal. Joachim.
Jules. Yves. Denis. Julie. Pie. Remi. Léon. Claire. Luc. Jean.
Marie. Clou. Eugene. Thérese. Marthe.
Ferdinand.
Jérôme.
Troisieme Généalogie.
René. Catherine. Toussaint.
Julien. Charles. Claudine. Valentin.
Rosalie. Isabelle. Pierre. Catherine. Jacques.
Urbain. Charlotte. André.
Louis.
Charles.
Augustin.
Germain.
Quatrieme Généalogie.
Fulgence. Robert. Gaspard. Aubin.
Claire. Renée. Cécile. Thomas. Félicité. Denis. Louise. Sophie. Eléonore.
Julie. Luce. Rose. André. Paule.
Vincent.

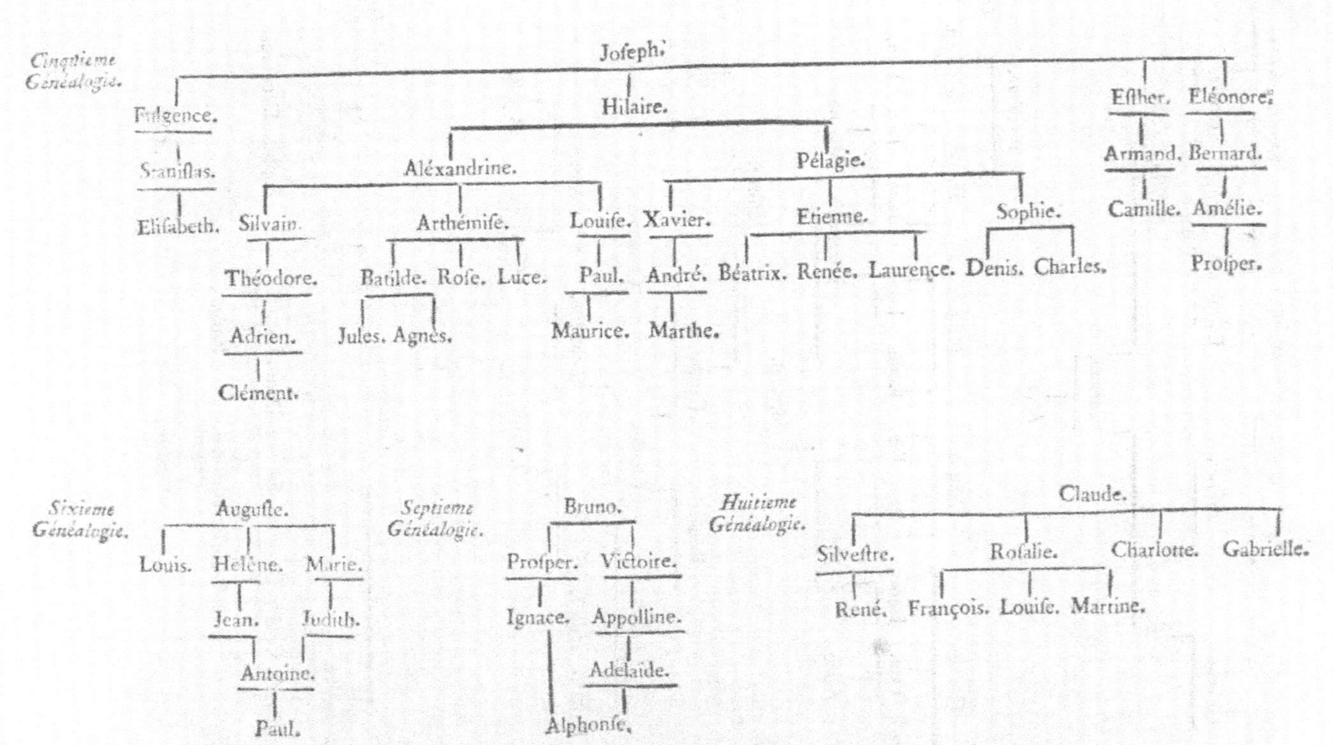
Cinquieme Généalogie.
Joseph.
Fulgence. Hilaire. Esther. Eléonore.
Stanislas. Aléxandrine. Pélagie. Armand. Bernard.
Elisabeth. Silvain. Arthémise. Louise. Xavier. Etienne. Sophie. Camille. Amélie.
Théodore. Batilde. Rose. Luce. Paul. André. Béatrix. Renée. Laurence. Denis. Charles. Prosper.
Adrien. Jules. Agnès. Maurice. Marthe.
Clément.
Sixieme Généalogie.
Auguste.
Louis. Helène. Marie.
Jean. Judith.
Antoine.
Paul.
Septieme Généalogie.
Bruno.
Prosper. Victoire.
Ignace. Appolline.
Adelaïde.
Alphonse.
Huitieme Généalogie.
Claude.
Silvestre. Rosalie. Charlotte. Gabrielle.
René. François. Louise. Martine.

ARTICLE III.

De la Succession aux Propres.

11466. Les Propres sont déférés, parmi nous, 1°. aux Descendants, 2°. aux Collatéraux, 3°. aux Ascendants, 4°. au Conjoint par mariage, 5°. au Fisc.

11467. Par rapport aux Collatéraux, la plupart de nos principes s'accordent avec ceux de la Cout. de Paris, v. art. 318, 326, 329, 330 de Paris, 259, 287, 288, 310 de Tours, 244, 292, 302 de Loudun.

11468. « Il convenoit de ne point mettre l'art. 288, il est contraire aux art. 310 » & 312, » Boullai, C. M. Il a donné lieu à Pothier, des Succ. c. 2, s. 3, art. 4, de supposer que la Cout. de Tours est du nombre de celles qu'on appelle soucheres.

11469. Valin, t. 3, p. 27, range la Cout. de Loudun dans la classe de celles où, pour succéder à un Propre paternel ou maternel, il suffit d'être parent paternel ou maternel, sans remonter plus haut, v. Proust, p. 513.

11470. Voici les regles qu'on suit à Tours: 1°. Celui qui descend de l'Acquéreur, est préféré à tout autre; 2°. s'il n'y a pas de descendants de l'Acquéreur, il suffit, pour être habile à succéder, d'être parent du côté de l'Acquéreur; 3°. entre les parents qui sont du côté de l'Acquéreur, les plus proches excluent les plus éloignés; 4°. à défaut de parents du côté de l'Acquéreur, le plus proche parent du défunt, de quelque côté, de quelque ligne qu'il soit, est appellé à recueillir le Propre; 5° il ne se fait jamais de fente entre la ligne paternelle & la ligne maternelle; 6°. on n'a pas égard au double lien.

11471. C'est une maxime, à Tours, comme à Paris, que le Propre est déféré au plus proche parent du défunt, sans considérer de quelle ligne il est, à moins qu'il ne se trouve, 1°. des parents descendus de l'Acquéreur, 2°. à défaut de ceux-ci, des parents du côté de l'Acquéreur. On entend par Acquéreur celui qui a mis le Propre dans la famille, de quelque maniere qu'il en soit devenu Propriétaire.

11472. Une différence qu'on doit remarquer, est qu'à Paris, la Représentation ne passe pas les enfants des freres, & on regarde le dégré de proximité des Représentants; au lieu qu'à Tours, la Représentation a lieu à l'infini, & c'est le dégré de proximité du Représenté, qui regle le droit des Représentants. Le Représentant un frere, dit Valin, t. 3, p. 91, exclud le Représentant un oncle.

11473. La Représentation est infinie, parce qu'on remonte à l'infini, de génération en génération, jusqu'à ce qu'on trouve l'habilité jointe à la proximité, v. Boucheul sur Poitou, art. 277, n. 61; &, en quelqu'éloignement que se trouve le Représentant, il emporte la Succession, si, entre les Collatéraux habiles, le plus proche est l'auteur de sa ligne.

11474. La proximité du Représenté avec le défunt, ne détermine la préférence, que quand il n'y a pas de parents du côté de l'Acquéreur; quand il y en a, c'est la proximité avec l'Acquéreur, que l'on considere. On a toujours égard à la proximité avec le défunt, à Paris, où, néanmoins, en parité de dégré avec le défunt, ceux qui sont descendus de l'Acquéreur, sont préférés aux autres parents; par ex. le neveu de Pierre succede, concurremment avec l'oncle, à un Propre que l'aïeul a acquis, & il lui est préféré pour un Propre acquis par le pere, Pothier, des Succ. c. 2, s. 3, art. 4, v. ci-après n. 11480.

11475. Pour juger du dégré de proximité, on doit remonter à l'Acquéreur; il est le point fixe & comme le centre d'où partent toutes les lignes, sur lesquelles on doit mesurer la proximité ou l'éloignement, v. Lacombe, au mot *Représentation*.

11476. Après avoir remonté, comme dit Guyné, p. 353, à celui en la personne de qui les deux lignes se réunissent, ou plutôt de la personne de qui les deux lignes sont émanées ; après avoir remonté du fils au pere, à l'aïeul, &c. jusqu'à ce qu'on ait trouvé la souche commune d'où descendent, d'un côté le défunt, de l'autre ceux qui se prétendent ses héritiers ; on examine à quel dégré sont les personnes qu'ils représentent, avec l'Acquéreur du bien dont il s'agit.

11477. « Lorsque les parents d'une ligne sont capables de succéder à des héri-» tages comme acquêts, les descendants de cette ligne peuvent succéder à ces » mêmes héritages, devenus Propres, » R. du Dr. fr. p. 248.

11478. Si, de deux parents, l'un est descendu de l'Acquéreur, la personne qu'il représente, est certainement plus proche que la personne que représente l'autre parent ; celle-là est nécessairement un fils ou une fille de l'Acquéreur, celle-ci ne peut être tout au plus qu'un frere ou une sœur. Voilà, pour les Coutumes de Représentation à l'infini, le fondement de la préférence qu'on y donne aux descendants de l'Acquéreur.

11479. « L'Aïeul maternel a fait un acquêt, duquel la fille, puis le fils de cette » derniere, ont été successivement saisis ; ce fils décede sans hoirs, ni frere, ni » sœur, ou cousin-germain maternel ; un autre parent maternel, non issu de l'Aïeul, » mais du Bisaïeul peut-être, ou d'autre ascendant, sera-t-il appellé à la Succession » de cet immeuble, ou bien le pere du décédé ? Des Arrêts ont jugé, en la » Cout. de Melun, pour le pere ; néanmoins, en Touraine, j'ai toujours vu garder » le contraire, depuis 35 ans, que, sans considérer la souche du 1er. Acquéreur, » les parents de son côté, encore qu'ils ne soient sortis de lui, succedent aux biens » qu'il a acquis. Voires que les meubles se partissent par moitié, alors qu'il n'y a » freres, sœurs ou leurs Représentants, entre les Collatéraux des deux côtés ; ensorte » que les héritiers du côté paternel y prennent une moitié, & ceux du maternel, » l'autre : de même pour les acquêts, encore que les parents ne soient issus de » ceux qui les ont faits, » Boullai, C. M.

11480. Si les Représentés sont également descendus de l'Acquéreur ou également de son côté, celui qui a un tronc commun avec le défunt, est préféré, v. Renusson, des Propres, c. 2, s. 11, n. 3, s. 17, n. 7, Guyne, p. 318. Par ex. entre l'oncle & le neveu de Pierre, également descendus de son aïeul qui a acquis un de ses Propres, le neveu est préféré, pour y succéder. Il en est autrement à Paris, Lebrun, des Succ. l. 2, c. 1, s. 2, n. 12, s. 3, n. 6, 9, & à la Rochelle, Valin, t. 3, p. 28 & suiv. v. ci-dessus n. 11474.

11481. Supposons, dans la 5e. des généalogies rapportées ci-dessus n. 11465, qu'après le décès de Batilde, il s'agisse de biens acquis par Joseph & Eléonore : à défaut de Rose & de Luce, Clément & Maurice, qui ont un tronc commun avec Batilde, doivent être préférés aux Représentants Pélagie, Fulgence & Esther.

11482. Lorsqu'il y a des héritiers de différentes lignes qui procedent de différents troncs, il faut s'arrêter au dernier Possesseur, en la personne de qui les lignes ont fourché la derniere fois, épuiser tous les descendants de la souche la plus prochaine, avant de remonter à la souche supérieure. L'effet de la Représentation est de donner à tous les descendants de chaque ligne l'avantage d'exercer les droits du chef de leur ligne, Mignot, c. 6, n. 43, 44.

11483. S'il ne se présente que Stanislas & Pélagie, celle-ci exclud celui-là, quoique l'un & l'autre soient descendus de Joseph, & représentent un frere d'Eléonore, parce qu'ayant un tronc commun avec Batilde dans une classe plus prochaine, elle doit l'emporter sur l'autre, qui a un tronc commun dans une classe supérieure.

11484. Lorsque les Représentés sont en dégré égal, le partage se fait également, sans distinguer les parents du côté paternel & les parents du côté maternel. Un tiers seroit par ex. pour les Représentants un oncle paternel de l'Acquéreur, & les Représentants deux oncles maternels auroient les deux autres tiers. La parité de dégré produit la parité de droit, & le droit de fente n'a pas lieu pour les Propres. Ce seroit la même décision, si les Représentés étoient une sœur utérine & deux freres consanguins de l'Acquéreur. S'il y avoit, en outre, des Représentants un frere germain, le partage se feroit par quart; le double lien n'est pas considéré, lorsqu'il est question de Propres, Boullai, p. 279.

11485. Dans la succession d'Antoine Bourru, un Arrêt du 20 Mai 1623, rapporté par Pallu, p. 482, a ordonné le partage par tiers d'un Propre ancien, entre les Représentants une sœur germaine, un frere consanguin & une sœur consanguine de l'Acquéreur. Outre l'habilité à succéder, il y avoit égalité de dégré. Les Représentants la sœur germaine demandoient l'exclusion des autres, à cause du privilége du double lien, ou au moins la fente du Propre; & en conséquence, ils prétendoient la moitié qu'ils disoient affectée à la ligne maternelle de l'Acquéreur, & le tiers dans l'autre moitié. On jugea que, s'agissant d'un Propre, il n'y avoit pas lieu de faire valoir le privilége du double lien, ni de proposer la fente; on décida qu'une moitié du Propre n'étoit pas affectée à la ligne maternelle, en décidant que les Représentants une sœur germaine n'excluoient pas de cette moitié les Représentants un frere consanguin & une sœur consanguine, qui, par la faveur de leur dégré, avoient droit au total: l'un d'eux l'auroit eu, cessant le concours des autres, v. Guyné, p. 324 & suiv.

11486. L'acquêt de Georges ayant passé à Laurent, son frere germain, puis à Joseph, fils de Laurent, c'est, dans la Succession de Joseph, un Propre ancien, qui doit se partager par tiers, entre les Représentants un frere consanguin, une sœur consanguine & un frere utérin de Georges, notes de M. Bernard.

11487. Dans le cas d'inégalité de dégré, le plus proche parent est préféré au plus éloigné. Il n'importe de quelle ligne soit le plus proche, dès qu'il est du côté de l'Acquéreur; la proximité seule suffit pour lui assurer la préférence. Par ex. les Représentants un oncle maternel de l'Acquéreur, emportent tout, à l'exclusion des Représentants un grand oncle paternel. Ceux-ci ne peuvent prétendre que l'Acquéreur a acquis également pour la ligne paternelle & la ligne maternelle; que le bien acquis a été affecté aux deux lignes; que l'oncle ne peut couvrir que la ligne maternelle; que la ligne paternelle reste ouverte; que la moitié qui revient à cette ligne, doit conséquemment appartenir au grand oncle paternel ou à ses Représentants. Un parent collatéral, dès qu'il est au 3e. dégré ou au-delà, ne peut couvrir qu'une des deux lignes, la paternelle ou la maternelle. La Cout. de Tours, appellant le plus proche, art. 259, 287, 310, n'exige pas que les deux lignes se réunissent en lui; la proximité dans l'une ou l'autre, est tout ce qu'elle desire.

Pour les acquêts même, la Cout. de Tours ne demande pas toujours que le parent couvre les deux lignes de l'Acquéreur, puisqu'à défaut de freres germains, elle appelle les freres consanguins ou utérins, parce qu'ils sont plus proches que tous autres. Tant qu'il y a pere ou mere, frere ou sœur, le plus proche est saisi.

Comme on ne remonte aux freres & sœurs du pere & de la mere de l'Acquéreur, qu'au cas où il n'avoit, ni freres, ni sœurs; ce n'est aussi qu'à défaut des freres & sœurs du pere & de la mere de l'Acquéreur, qu'on remonte aux freres & sœurs de l'Aieul & de l'Aieule paternels, de l'Aieul & de l'Aieule maternels de l'Acquéreur. Ce n'est qu'après avoir épuisé toutes les lignes qui partent de la même source que celui de la Succession de qui il s'agit, qu'on va au dégré supérieur, qu'on appelle d'autres lignes plus éloignées. On ne peut faire concourir des freres avec des oncles, des oncles avec des grands oncles. Nous n'avons pas, comme en Anjou, de disposition qui admette la fente des Propres, v. ci-après n. 11509. Nous ne suivons pas ce que tient Pallu, p. 535; M. Dufrementel, en ses notes, le critique.

11488. Des Avocats de Paris ayant, par une Sentence arbitrale, adjugé un Propre au frere consanguin de celle qui l'avoit acquis, les Représentants une tante maternelle, qui demandoient la fente, en interjetterent appel. Le Barreau de Paris consulta le Barreau de Tours, qui estima qu'il avoit été bien jugé ; &, depuis, la Sentence fut confirmée par un Arrêt du 29 Mars 1748. Il s'agissoit de la terre des Haies, située en Touraine, qui, acquise par une mere depuis la mort du pere, étoit échue à un des enfants ; à sa mort, elle avoit passé à Joseph Forateau, son frere, dans la Succession de qui elle se trouvoit. La Loi municipale ne requiert que l'habilité à succéder & la proximité du dégré. Il suffit d'être parent du Défunt du côté de l'Acquéreur, dès qu'il n'y a pas de parent qui en descende. La tante maternelle étoit bien habile à succéder, mais elle n'étoit pas la plus proche. Le frere consanguin, ayant l'une & l'autre qualité, l'excluoit. Quand, faisant abstraction de la qualité de Propre, on auroit considéré, comme acquêt, la terre des Haies, quand il auroit été question de la Succession de la mere, le frere consanguin auroit encore exclu les autres Collatéraux, art. 289 de Tours.

11489. En 1750, MM. Bernard & Dufremenel déciderent que le Comte de Montboissier, Représentant un frere consanguin de celui qui avoit acquis un Propre, devoit y succéder, à l'exclusion des Représentants les sœurs de l'Aïeul maternel de cet Acquéreur.

11490. Gilles a eu d'Angélique, Louis & Simon, & de Barbe, Arnoud; Louis, après avoir partagé, avec Simon, un Propre d'Angélique, a acquis la moitié qui lui étoit échue ; pendant son mariage avec Julienne, il a fait des acquêts, dont, par le décès de Julienne, la moitié a passé à Adelaide, leur fille, qui est morte, laissant Marie; celle-ci, après avoir succédé à Louis, est décédée en minorité. La moitié du Propre échue à Louis par le partage fait avec Simon, appartient aux Représentants Cécile, sœur d'Angélique ; l'autre moitié, qui étoit un acquêt dans la personne de Louis, est un Propre naissant dans celle de Marie, que doivent avoir en entier les Représentants Arnoud; les acquêts faits par Louis pendant son mariage, sont, pour la moitié qu'Adelaide a eue par le décès de Julienne, des Propres anciens dans la personne de Marie, qui ne peuvent être contestés à Bernard, frere de Julienne, &, pour la moitié avenue immédiatement à Marie par le décès de Louis, des Propres naissants, qui appartiennent aux Représentants Arnoud.

11491. Ces décisions sont précisément celles que M. Bernard, en ses notes, rapporte avoir données aux héritiers de la Demoiselle Franquelin.

11492. A la mort de Ferdinand, dans la 2e. des généalogies rapportées ci-dessus n. 11465, les biens acquis par Flavien & Denis, appartiennent, pour chacun une moitié, à Marie & Clou; ceux acquis par Eugene, pour chacun un tiers, à Marie, Clou & Pie; ceux acquis par Albert & Julie, à Pie; ceux acquis par Félix, Léon & Thérese, à Remi; & ceux acquis par Boniface, Pascal, Claire, Luc & Marthe, à Jean.

11493. M. Bouault, en ses notes, dit que le Propre naissant se partage entre les deux lignes. Il appartient au parent du côté dont il procede, quoiqu'il ne soit pas le plus proche, v. Proust, p. 513. « En Touraine, nous ne faisons point de distinction » entre les Propres naissants & les anciens ; tous se mesurent d'un même niveau, » Boullai, C. M Cela est certain, Pallu, p. 271, 459, 530, 535. L'art. 311 de Tours n'admet que deux especes de Propres, le Propre conventionnel & le Propre naturel; ce dernier comprend le Propre ancien & le Propre naissant, comme l'acquêt du pere, échu au fils, à qui il est propre patrimoine, art. 185, v. Proust, p. 517.

11494. Par un Arrêt du 8 Mai 1598, rapporté par Pallu, p. 530, la part de Denise Fouquet dans des conquêts, échue à sa fille, dans la personne de qui c'étoit un Propre naissant, suivant l'art. 185 de Tours, a été adjugée, pour une moitié, aux oncles maternels de la mere, & pour l'autre moitié, aux Représentants un oncle paternel; cette décision n'est pas suivie.

11495. Benoît, qui a un oncle paternel & deux tantes maternelles, fait un Acquêt; s'il décede sans enfant ni frere, la fente a lieu: une moitié est pour la ligne paternelle, pour l'oncle seul; l'autre moitié, destinée à la ligne maternelle, se divise également

également entre les deux tantes. Mais, s'il a laissé un enfant ou un frere, qui ait recueilli cet acquêt, c'est, à la mort de l'enfant ou du frere, un Propre naissant, dont la Succession se regle comme celle des Propres anciens. Le droit de l'oncle & des tantes est égal, ils sont au même dégré; il faut suivre la regle générale qui les appelle tous également; l'usage qui y déroge pour les acquêts, ne s'est pas étendu aux Propres; ainsi point de fente; l'oncle & les tantes doivent avoir chacun un tiers: le partage d'un Propre ne se fait pas de la même maniere, qu'il se feroit, s'il s'agissoit de la Succession de l'Acquéreur.

11496. Supposons que Benoît ait un grand-oncle paternel & une tante maternelle, ils auroient partagé son acquêt, s'il fût décédé sans enfant ni frere. Mais, trouvant l'acquêt dans la Succession d'un enfant ou d'un frere, la tante exclud le grand-oncle; c'est l'effet de l'inégalité de dégré. La regle générale appelle le plus proche, & on n'est plus dans le cas d'appliquer l'exception qui a lieu pour les acquêts.

11497. Le frere utérin & le frere consanguin de Benoît auroient été exclus par un frere germain qui auroit recueilli seul l'acquêt, n'y ayant pas d'enfant; mais, l'acquêt, passant à un enfant ou à un frere, est devenu Propre, & ce changement donne lieu à un autre ordre de succéder. Il a perdu la qualité d'acquêt, pour laquelle il y avoit une exception; l'exception doit donc cesser, & la regle générale qui appelle ceux qui sont au même dégré, doit avoir tout son effet, Y ayant égalité de droit & de dégré, les trois freres doivent succéder également; le frere germain n'exclud pas les deux autres; M. Carré, en ses notes, le reconnoît.

11498. Jacques & Pierre sont issus d'un 1er. mariage, Guillaume & Jean d'un 2e. à la mort de Jacques, ses acquêts se sont partagés par tiers, Pierre ayant renoncé au privilége du double lien; la part de Guillaume, après sa mort, doit se partager également entre Pierre & Jean. Au Mans, Pierre qui auroit eu, dans le 1er. partage, les deux tiers, auroit, dans le 2e. les trois quarts, v. Olivier sur Maine, art. 286.

11499. Le bien acquis par Françoise Monmousseau, a été adjugé à René & Gabrielle Amys, ses frere & sœur utérins, à l'exclusion des Représentants René Monmousseau, son oncle paternel, & autres, par un Arrêt du 12 Août 1684, dont on voit l'espece dans les notes de MM. Dubois, pere, Bouault & Bernard, & dont nous avons sous les yeux une copie collationnée: le bien se trouvoit dans la Succession de sa fille.

11500. M. Dubois, pere, en ses notes, qui est d'avis de la fente, rapporte l'Arrêt de 1680, qui ordonna qu'on se retireroit vers le Roi, pour avoir la permission d'informer par turbes, de l'usage, & que, par provision, le partage se feroit par moitié. M. Dubois, fils, dans les siennes, dit que l'Arrêt de 1684, fait Loi, & que la fente n'a pas lieu dans le dégré inégal. Dans celles de M. Bernard, on lit: « ce » n'est pas là la question que cet Arrêt a jugée; la fente n'a lieu en matiere de Propres » naissants, que quand ils procedent de pere & de mere, parce qu'alors, ils sont » paternels pour une moitié, & maternels pour l'autre moitié; mais l'Arrêt a jugé qu'étant Propres maternels, ils devoient retourner aux oncle & tante, comme plus » proches parents Collatéraux dans l'estoc & branchage, » v. Pallu, p. 534.

11501. M. Bouault, en ses notes, atteste qu'on produisit l'Arrêt de 1684, dans l'Affaire jugée par un Arrêt du 10 Février 1699, où il s'agissoit de savoir si un acquêt fait par Louis Taffu, auquel avoit succédé François, son frere germain, se trouvant dans la Succession de ce dernier, devoit appartenir, pour une moitié, aux Courchamps, parents maternels de Louis, & pour l'autre moitié, à Pierre, son frere consanguin. Le tout fut adjugé à Pierre.

11502. C'est de l'Arrêt de 1684, dont Lebrun, des Succ. l. 2, c. 1, s. 2, n. 13, dit qu'on suit la décision à Tours; en conséquence, un pere laissant un acquêt à son fils, à qui il devient Propre, & ce fils mourant sans descendants, ni freres, ni sœurs, le Propre appartient indistinctement au plus proche parent paternel, sans faire de fente entre les deux lignes du pere. Lebrun reconnoit que la fente ne se fait que pour les acquêts; il avoit d'abord pensé autrement.

11503. Voici comme s'exprime M. Carré, en ses notes: « un frere laisse dans » sa Succession un acquêt à son frere germain, qui ensuite meurt sans enfans; il » appartient au frere consanguin de ce dernier pour le tout, les Collatéraux de l'au- » tre ligne exclus d'y prendre moitié. Ainsi décidé par l'Arrêt de Monmousseau, » après enquête par turbes à Tours, où les Avocats furent pour les Collatéraux, & » les Juges pour le frere; & par Arrêt de 1699, confirmatif d'une Sentence arbi- » trale de MM. Duval, Dubois & Delaroche, au profit du sieur Taffu. De mê- » me, quand un fils unique hérite des acquêts de son pere, & meurt sans enfants, » ils appartiennent au plus proche parent du fils, de la ligne du pere, qui a mis » le 1er. l'héritage dans la famille. Ils ne se fendent pas entre les parents de la » ligne paternelle & maternelle, quoique, si le pere Acquéreur fût mort sans en- » fants, l'acquêt se seroit fendu entre sa ligne paternelle & maternelle. Lebrun, » 2e. Edition du Tr. des Succ. paroît d'avis contraire. Il s'est trompé, en ce qu'il » a cru que l'usage du Siége de Tours étoit d'admettre la fente des Propres. Ayant » traité cette question avec lui, il est convenu que l'opinion qui rejettoit la fente » des Propres, est la plus réguliere »

11504. Le 17 Janvier 1706, le Siége de Tours a ordonné que les Propres naissants de Louis Guesdier, qui n'avoit pas laissé d'autres Propres, se partageroient par tiers, entre les Représentants deux sœurs consanguines & une sœur germaine.

11505. M. Bernard & le Pere de l'Auteur ont décidé qu'un fief se trouvant dans la Succession d'un enfant, le Représentant un frere utérin, aîné du pere qui l'avoit acquis, devoit avoir le préciput & les deux tiers, les Représentants un autre frere utérin & une sœur consanguine, l'autre tiers. Une roture auroit été divisée en trois portions égales.

11506. Anne a eu d'un 1er. mariage Louis & Jean, & d'un 2e. Marie. Les acquêts faits par Louis, qui ont passé à Jean, se sont trouvés, ainsi que ceux faits par Jean, dans la Succession de sa fille. Le 14 Mars 1780, nous avons décidé que les uns & les autres appartenoient à Marie. On disoit qu'ils ne devoient pas aller de la niece à la tante, par le principe, *Propre ne remonte*; mais il n'a lieu que pour la ligne directe, & encore reçoit-il plusieurs exceptions, Lebrun, des Succ. l. 1, c. 5, s. 8, n. 35. On ajoûtoit qu'au moins, ils devoient se fendre entre Marie & les Représentants un grand-oncle; on s'appuyoit de l'avis de deux Jurisconsultes de Chinon. Nous nous sommes apperçus que d'autres Jurisconsultes & presque tous les Praticiens sont dans l'erreur, au sujet de la fente des Propres, ignorant les Arrêts qui ont fixé la Jurisprudence sur ce point.

11507. Suivant la doctrine qui nous a été transmise par MM. Bernard, Dufrementel, le Pere de l'Auteur, &c. on doit rejetter, dans tous les cas, la fente, en matiere de Propres. Il n'y a pas de fente, soit qu'il n'y ait que des freres ou sœurs de l'Acquéreur, ou leurs Représentants, comme dans l'espece de l'Arrêt de 1623, remarqué ci-dessus n. 11485; soit que des oncles ou grands oncles, des tantes ou grandes tantes, ou leurs Représentants, demandent à concourir avec des freres ou sœurs, ou leurs Représentants, comme dans les especes des Arrêts de 1684, 1699, & 1748, rapportés ci-dessus n. 11488, 11499, 11501; soit que ceux qui réclament un Propre, soient ou représentent des oncles ou grands oncles, des tantes ou grandes tantes, nonobstant l'Arrêt de 1598, cité ci-dessus n. 11494. Boucheul sur Poitou, art. 358, n. 10, regarde la fente des acquêts & des Propres, comme un effet & une suite de la représentation infinie, v. ci-après n. 11509.

11508. Supposons que, dans la Succession de Louis, noble, un fief acquis par son pere, soit reclamé par Charles, Jean & Paul, nobles, freres de son Aïeul, Bruno & Claude, roturiers, freres de son Aïeule. Si l'on admettoit la fente, une moitié seroit pour la ligne de l'Aïeul; & l'autre moitié pour la ligne de l'Aïeule. N'y ayant pas de fente, Bruno & Claude ne doivent avoir que les deux 5es. à partager entr'eux également; Charles aura les trois 5es. ou y prendra seulement les deux tiers & le préciput, selon que l'Aïeul étoit puîné ou aîné.

11509. René a eu de Charlotte, Françoise, représentée par le Marquis de Vassé, & de Renée, Charles; Charles a eu de Marie, Jean; de Jean & de Catherine est issu le Marquis de Montesson, dont la Succession a donné lieu à la question de la refente, qui a partagé les Jurisconsultes de l'Anjou & du Maine, v. Olivier sur Maine, art. 286, Gaz. des Trib. t. 10, p. 180 & suiv. ci-dessus n. 11454, 11487, 11507.

Si les biens eussent été situés en Touraine, on auroit donné au Marquis de Vassé les acquêts de Charles; au même & aux Représentants le frere de Marie, les acquêts de Jean; au Marquis de Vassé, pour un quart, aux Représentants le frere de Marie, pour un autre quart, & aux Représentants le frere de Catherine, pour une moitié, les acquêts du Marquis de Montesson.

Les biens étant régis par les Cout. d'Anjou & du Maine, où l'on admet la fente des Propres, on a laissé prendre à la Duchesse de Beauvilliers & autres Représentants la sœur de Renée, la moitié des acquêts de Charles. Les autres biens devoient se partager de la même maniere que s'ils étoient sous l'empire de la Cout. de Tours. Les Représentants la sœur de Renée ont demandé, malgré l'inégalité de dégré, la refente, entre le Marquis de Vassé & eux, des portions dans ces autres biens, revenantes au Marquis de Vassé, suivant ce partage; mais cette demande a été proscrite, au Parlement de Rouen, le 24 Février 1779.

11510. Les Propres naissants ne sont pas sujets au double lien, encore qu'ils ne soient affectés à aucune ligne, v. Valin, t. 3, p. 51 & suiv. Fourré, p. 305, 307, Pothier sur Orléans, art. 330, des Succ. c. 2, s. 3, art. 2, §. 9, Mignot, c. 12, n. 220 & suiv. Répert. de Jurispr. au mot *Double lien*.

11511. En 1768, M. Dufrementel a décidé que des Propres sans ligne devoient se partager, comme des acquêts, par moitié, entre les héritiers paternels & les héritiers maternels, v. ci-après n. 11539.

11512. La fille de Charles Pinsonneau a eu, de Louis Gardien, Marguerite Gardien, 2e. femme de Charles Duridan; dans la Succession de Marguerite Duridan, leur fille, il s'est trouvé des Propres procédants de Charles Pinsonneau. Conformément à une Consultation de M. Bernard, du 15 Février 1762, une Sentence du Siége d'Herbault, du 16 Juillet 1764, confirmée, le 2 Juin 1766, au Siége de Châteaurenault, les a adjugés aux Représentants les freres de Louis Gardien, parents de la Défunte, du côté de sa mere, par la Succession de qui ils lui étoient venus. N'y ayant pas d'héritiers de la ligne de Charles Pinsonneau, ils appartenoient, comme acquêts, à la sœur consanguine de la Défunte. C'est ce qui a été jugé, au Siége de Tours, le 27 Mars 1773, v. Mignot, c. 1, n. 27, Répert. de Jurispr. au mot *Dévolution*. Les Propres appartiennent à l'héritier aux acquêts, quand celui qui les demande, n'est parent que du fils ou du petit-fils de l'Acquéreur. Le droit commun, primitif & originaire, est de donner la Succession au plus proche parent; c'est par une exception à ce droit, que les Propres sont déférés à certains héritiers, quoiqu'ils ne soient pas les plus proches. Dès que la condition sous laquelle on a admis l'exception, manque, la regle reprend toute sa force, v. Leprêtre. Cent. 1, c. 71, Renusson, des Propres, c. 2, s. 12, n. 3, Lebrun, des Succ. l. 1, c. 5, s. 5, l. 2, c. 1, s. 1, n. 21, s. 2, n. 1, 12, s. 3, n. 3, 4, de Saux, add. 12e. Denisart, aux mots *Propres* & *Succession*. ci-après n. 11539.

11513. Le 14 Avril 1774, le Sieur Belot, qui représentoit le frere de Catherine Lepot, dans la 3e. des Généalogies rapportées ci-dessus n. 11465, par une Sentence du Siége de Tours, ayant été déclaré héritier de Charles Boileau, « dans tous les Propres de la Succession, » situés, tant dans cette Cout. de Tours, qu'en celle de Blois, qui proviennent du » chef de Catherine Lepot, & dans la moitié des acquêts seulement qu'elle a pu » faire avec René Adam; » il a été ordonné que « les Propres de René Adam, » moitié des acquêts par lui faits avec Catherine Lepot, ensemble les Propres & ac- » quêts de Charles Adam, ceux de Catherine Adam & de Claudine Tessier, dont » les lignes sont défaillantes, seront divisés, dans la Succession de Charles Boileau, » comme acquêts, suivant les dispositions des Coutumes où lesdits biens sont situés. » Il est difficile de concevoir l'erreur grossiere qui s'est glissée dans cette Sentence, où l'on a regardé comme Propres sans ligne, les acquêts faits par le fils & la petite-fille de Catherine Lepot; le Sieur Belot, aussi-bien leur Lignager, que de leur mere & Aïeule, devoit, à l'exclusion de tous autres, recueillir les acquêts faits par ceux-là, comme les acquêts faits par celle-ci, qu'on lui a adjugés, v. ci-après n. 11539.

11514. On a vu qu'il y a trois especes de Collatéraux, les Collatéraux descendus de l'Acquéreur, les Collatéraux du côté & ligne de l'Acquéreur, & les Collatéraux de toutes lignes; & que les 1ers. sont préférés aux 2es. & les 2es. aux 3es. Tous sont préférés aux ascendants. Ce n'est que lorsqu'il n'y a aucun Collatéral, de quelqu'espece que ce soit, que l'ascendant est appellé à succéder aux Propres, art. 310 de Tours.

11515. La seule exception qu'on admette, parce qu'elle est écrite dans l'art. 311 de Tours, concerne les Propres qui ont été donnés.

11516. Observez que l'art. 311 appelle l'ascendant à succéder entiérement aux deniers donnés *pour être employés en Propre, comme n'étant Propre naturel, ains conventionnel* : c'est supposer qu'il ne peut succéder au Propre naturel; cependant, cet article lui défere les héritages qu'il a donnés, sans distinguer s'ils sont acquêts ou Propres; il succede donc au Propre naturel qu'il a donné

11517. Cet art. 311 est de droit commun, Boullai, p 306, v. Domat, l. 2, t. 2, s. 3, n. 4, aux notes, Valin, t. 3, p. 71, ci-dessus n. 11311.

11518. L'ascendant succede aux Propres qu'il a donnés, soit qu'il les trouve dans la Succession du Donataire ou dans celle du dernier mourant de ses enfants, Auroux, p. 2, p. 85. Ces biens sont dits, non remonter, mais retourner, Pallu, p. 523.

11519. M. Bernard, en ses notes, tient que le droit de retour, quand il a été stipulé, s'exerce, parmi nous, comme dans le Droit romain.

11520. Si l'on n'a stipulé le retour, que relativement à la Loi, dans les mêmes termes & conformément à sa disposition, sans exprimer rien de particulier, la clause n'est regardée que comme de style, & une simple expression de la Loi à laquelle on se refere, suivant Lemaitre sur Paris, p. 499, contre Ricard, p. 3, n. 799, Duplessis sur Paris, p. 229, Domat, l. 2, t. 2, s. 3, n. 5, aux notes, v. Boucheul sur Poitou, art. 285, n. 123 & suiv. Boullenois, des Dém. p. 184, Denisart, au mot *Retour*.

11521. Cessant la stipulation, l'ascendant succede à ce qu'il a donné, en qualité d'héritier; il est chargé des dettes, Pallu, p. 523, Auroux, p. 2, p. 86.

11522. L'aliénation à titre, soit gratuit, soit onéreux, fait obstacle au droit de retour, v. Coquille sur Nivernois, t. 27, art. 9, Valin, t. 3, p. 71.

11523. Non-seulement le pere ou la mere, mais l'Aïeul ou l'Aïeule, Pallu, p. 523, ou autres ascendants, Henrys, t. 1, l. 6, quest. 12, succedent à ce qu'ils ont donné en faveur de mariage ou autrement.

11524. Les descendants du Donataire sont préférés au Donateur, encore qu'il ait expressément stipulé le droit de reprendre ce qu'il a donné, en cas de prédécès du Donataire, Valin, t. 3, p. 72.

11525. Le droit de retour, à moins qu'il ne soit stipulé, dit Valin, n'a pas lieu en faveur d'autres que des ascendants, v. Pallu, p. 523.

11526. Ce droit eſt perſonnel au Donateur, & ne paſſe pas à ſes héritiers, s'il prédécede le Donataire, ſuivant Boucheul ſur Poitou, art. 285, n. 102; Varicourt, au mot *Retour*, cite un Arrêt contraire du 17 Février 1767.

11527. L'art. 288 du Maine n'accorde aux aſcendants que l'uſufruit des choſes qu'ils ont données. « Le pere ou la mere, dit Bodreau, peuvent répudier la Succeſ- » ſion mobiliere de leurs enfants, & ſe tenir à l'uſufruit des Propres par eux don- » nés, » v. ci-deſſus n. 11437, ci-après n. 11531. Louis enſeigne que cet uſufruit n'accroît pas au Survivant par le décès du Prémourant.

11528. M. Bernard & le Pere de l'Auteur ont eſtimé que les biens acquis par Marie, dans la 6e. des généalogies rapportées ci-deſſus n. 11465, devoient appartenir pour le tout à Louis. Jean, quand on auroit fait abſtraction de ſa qualité d'Aïeul de Paul, n'étant que neveu de celle qui avoit mis les biens dans la famille, ne pouvoit entrer en concurrence avec Louis, qui en étoit frere. Il ne pouvoit, par le ſecours de la repréſentation, ſe mettre au même dégré que Louis, parce qu'Hélene étoit vivante. Hélene, comme Biſaïeule de Paul, ne pouvoit concourir avec Louis, quoiqu'étant frere & ſœur de Marie, ils fuſſent parents du côté & ligne, & parents au même dégré. Il eſt vrai qu'il n'y avoit pas à craindre que les Propres paſſaſſent dans une autre ligne. Cette crainte eſt la raiſon qu'on donne communément du principe, *Propre ne remonte*, art. 312 de Paris; de ſorte qu'à Paris, Hélene auroit été habile à ſuccéder aux biens acquis par Marie, parce que le principe n'a pas lieu, toutes les fois qu'en remontant, les Propres ne paſſent pas d'une ligne à une autre, v. Lauriere ſur Loiſel, l. 2, t. 5, n. 16, R. du Dr. fr. p. 192, 251, Valin, t. 3, p. 76 & ſuiv. Pothier, des Succ. c. 2, ſ. 2, art. 2. Il en eſt autrement parmi nous, où l'excluſion des aſcendants eſt fondée ſur la diſpoſition préciſe de la Loi municipale, qui les rejette, dès qu'il ſe préſente un Collatéral quelconque. Nous tenons que la réunion, qui ſe trouve dans un aſcendant, des deux qualités d'héritier du côté & ligne de l'Acquéreur, & d'héritier au même dégré qu'un Collatéral, ne le rend pas habile à partager avec le Collatéral les Propres.

11529. A la mort d'Alphonſe, dans la 7e. des généalogies rapportées ci-deſſus n. 11465, Adelaïde a voulu ſuccéder à un héritage acquis par Bruno, pour la moitié qu'Alphonſe avoit recueillie de la Succeſſion d'Ignace. Elle diſoit avoir l'habilité à ſuccéder & la proximité du dégré, puiſqu'elle repréſentoit un enfant de l'Acquéreur; mais ſa qualité de mere étoit un obſtacle invincible; les Repréſentants la ſœur de Bruno devoient l'exclure, notes de M. Bernard. Il eſt ſingulier que le mariage d'Adelaïde avec ſon couſin, lui ait enlevé un droit que lui donnoit ſa qualité de parente du côté & ligne, ait produit une incapacité qu'elle n'avoit pas. Les termes de l'art. 310 de Tours conduiſent à cette rigueur; il exclud la mere, qui ne peut dépoſer la qualité de mere, pour ſe préſenter comme de la ligne & plus proche.

11530. Comme la Loi municipale, très-ſévere ſur ce point, tant qu'il y a des Collatéraux, repouſſe les aſcendants, des Collatéraux qui ne ſont pas de la ligne, ſont préférés à un aſcendant qui en eſt; elle ne place tous les aſcendants, qu'après tous les Collatéraux, lorſqu'il s'agit d'un Propre; les aſcendants ne ſont préférés qu'au Fiſc, Pallu, p. 521, v. ci-après n. 11536.

11531. Dans l'Anjou & le Maine, l'uſage eſt auſſi d'exclure les aſcendants, de la ſucceſſion aux Propres de leurs enfants, encore qu'ils ſoient les plus proches de la ligne, v. Guyné, p. 338, ci-après n. 11537.

11532. Les aſcendants n'ont pas plus d'avantage ſur les Propres naiſſants, que ſur les Propres anciens, Pallu, p. 459, 530. Dans la Succeſſion d'une fille, il y a un bien acquis par ſa mere; l'excluſion du pere ne peut faire de difficulté, il n'eſt pas de la ligne; mais l'Aïeule maternelle, plus proche que ſes freres, ſemble fondée à demander la préférence, qui auroit eu lieu, ſi le bien n'eut pas paſſé en la perſonne de la fille; cependant, comme les aſcendants ſont exclus indiſtinctement de la Succession aux Propres, les Collatéraux doivent toujours marcher avant eux. Par la même raison, si, au lieu de la mere de celle qui a acquis, son Aïeul eut existé, il n'eût pu prétendre la moitié du bien.

11533. Par l'art. 315 de Paris, l'Aïeul recueille l'acquêt du fils, devenu Propre naissant en la personne du petit-fils, v. Valin, t. 3, p. 82, 83. Nos mœurs sont différentes: le bien auroit appartenu à l'Aïeul, s'il eut succédé au fils; mais, ayant passé au petit-fils, il a une qualité qui opere l'exclusion de l'Aïeul, tant qu'il se présente des Collatéraux, v. Pallu, p. 534, où il cite deux Sentences, par lesquelles, suivant qu'il le remarque, d'après M. Poitevin, en ses notes, il « fut dit que les acquêts faits » par le pere ou mere, descendus à l'enfant, leur héritier, depuis décédé sans hoirs, » ne retourneroient au survivant, ni à leur Aïeul ou Aïeule, ains aux Collatéraux » lignagers de ceux qui avoient fait lesdits acquêts, même à leurs freres ou sœurs » *etiam* conjoints d'un côté seulement, privativement en ce cas aux autres Col» latéraux descendus *ab eodem stipite*, autres que les ayant fait lesdits acquêts.

11534. Aucun parent du côté de la mere ne réclamant, à la mort du fils, le bien qu'elle avoit acquis, c'est à l'oncle paternel à y succéder, à l'exclusion du pere, notes de MM. Dubois, fils, & Bernard. Il faut convenir que cela est dur, le pere devroit être préféré, Pallu, p. 520; il peut succeder aux acquêts, le Propre sans ligne est considéré comme acquêt, v. ci-après n. 11539.

11535. Quand il faut partager une Succession entre des ascendants & des Collatéraux, on ne fait attention qu'à la nature des biens. S'agit-il de meubles & d'acquêts, les ascendants ont droit aux uns & aux autres, par les art. 283, 310, 312 de Tours. S'agit-il de Propres, l'exclusion des ascendants est formellement prononcée par l'art. 310, sans distinguer, comme on fait ailleurs, s'ils sont du côté & ligne, s'ils ont la proximité du dégré, Pallu, p. 520.

11536. A défaut de tout Collatéral, les pere & mere, ou l'un d'eux, ou, à leur défaut, les autres ascendants, Dumoulin sur Tours, art. 310, par préférence au Fisc, recueillent les Propres, v. ci-dessus n. 11530. Ceux qui sont de la ligne, excluent ceux qui n'en sont pas; les plus proches excluent les plus éloignés. L'Aïeul paternel succede au Propre naissant paternel de son petit-fils, à l'exclusion de l'Aïeul maternel, qui n'est pas de la ligne, & du pere de l'Aïeule paternelle, qui est plus éloigné. Si l'Aïeule, paternelle existoit, elle partageroit le Propre, par moitié, avec l'Aïeul paternel. Comme nous n'admettons pas la fente des Propres, s'il se présentoit l'Aïeul & l'Aïeule paternels de l'Acquereur, avec son Aïeul maternel, le partage par tiers auroit lieu.

11537. Le Fisc est exclus de la Succession aux Propres de la ligne défaillante, par des ascendants, en Anjou & au Maine, où il les recueille au préjudice des Collatéraux de l'autre ligne, v. Dupineau sur Anjou, art. 268, Louis sur Maine, art. 286, Duplessis sur Maine, p. 181, ci-dessus n. 11527.

11538. Les ascendants sont preférés au Conjoint du Défunt, Mignot, c. 5, n. 35.

11539. Voici une Consultation concernant les biens de Charles Boileau, pour lesquels a été rendue la Sentence de 1774, rapportée ci-dessus n. 11513.

LE CONSEIL SOUSSIGNÉ estime que, suivant le droit naturel, tous les biens d'un Défunt appartiennent à son plus proche parent; il n'a pas besoin de Loi expresse; le vœu de la nature, dit Cochin, t. 3, p. 372, & l'usage de tous les pays, lui suffisent. Il faut une Loi formelle pour l'exclure, pour déroger à la regle générale.

La regle se trouve écrite dans l'art. 259 de Tours; elle souffre, parmi nous, quatre exceptions, qu'on doit restreindre à leur cas.

Les deux 1res. exceptions sont pour les meubles & les acquêts, les deux autres pour les Propres. La 1re. consiste dans le privilége du double lien. Le droit de fente, que nous avons admis, nonobstant l'inégalité de dégré, forme la 2e. La 3e. exclud les ascendants, de la Succession aux Propres. La regle, *paterna paternis, materna maternis*, fournit la 4e.

La regle, *paterna paternis*, &c. comprend en peu de paroles la Succession aux Propres, dit Renusson, des Propres, c. 2, f. 9, n. 1.

On n'a pas besoin de cette regle, quand il y a des descendants ; ils succedent indistinctement à tous les biens de leurs ascendants, meubles, acquêts & Propres, sans qu'on ait besoin d'examiner d'où les Propres sont venus au Défunt. Il n'y a qu'un seul & unique patrimoine, à l'égard des descendants, en la personne de qui se réunissent tous les biens, de quelque ligne qu'ils procedent. Lorsque le Défunt n'a laissé que des freres germains, ils recueillent tout ; ils sont habiles à succéder dans toutes les lignes, & ils sont les plus proches. S'il y a, en outre, des freres consanguins & des freres utérins, les freres germains, qui, par le privilége du double lien, prennent seuls les meubles & les acquêts, art. 289 de Tours, partagent, avec les freres consanguins, les biens venus du pere, & avec les freres utérins, les biens venus de la mere.

N'y a-t-il, ni enfant, ni frere, ni sœur, ni Représentants, c'est où commence l'embarras.

L'intention de nos Coutumes est que les biens retournent à la source d'où ils sont sortis ; elles les déferent aux descendants de l'Acquéreur, &, à leur défaut, aux parents de son côté, encore qu'ils ne soient pas les plus proches, v. Denisart, aux mots *Propres & Succession.* Ici, les Coutumes cessent d'écouter la voie du sang, & de suivre les vœux présumés du Défunt. Dirigées par des vues de politique, elles s'attachent à pourvoir au maintien des familles, en réglant les Successions aux Propres.

Cochin, t. 3, p. 352, expose les principes des Coutumes sur l'affectation des Propres à certaines lignes ; leurs dispositions varient à cet égard. On distingue les Coutumes soucheres, les Coutumes de côté & ligne, & les Coutumes où il suffit d'être parent paternel ou maternel, pour succéder aux Propres, v. Pr. de la Jur. fr. n. 59. Les Cout. de Paris & de Tours sont de la 2e. espece ; il n'est pas nécessaire d'être descendu de l'Acquéreur, art. 326, 329 de Paris. Si l'art. 288 de Tours semble dire le contraire, il a été interprété par les art. 287, 310 ; interprétation qui ne peut avoir lieu, sans faire une violence manifeste au texte, mais elle est reçue, v. Boullai p. 280, Pallu, p. 471, 530, 533. Pallu, N. M. en cite une Sentence arbitrale de cinq célebres Avocats de Paris, déposée chez Me. Vacher, Notaire à Tours, le 24 Mai 1655. Les descendants de l'Acquéreur sont seulement préférés aux autres parents, de Saux sur Lebrun, des Succ. add. 20e. Valin, t. 3, p. 32 & suiv.

Si on ne connoît pas l'Acquéreur d'un Propre, le plus ancien Possesseur en tient lieu, Pr. de la Jur. fr. n. 59, Valin, t. 3, p. 37.

Lorsqu'il s'agit d'un bien acquis par un pere, un Aïeul, un Bisaïeul, on doit examiner si l'acquisition s'est faite pendant sa communauté avec la mere, l'Aïeule, la Bisaïeule ; & on le présume, faute de justification contraire, Bourjon, t. 1, p. 356.

L'acquêt fait par le pere pendant sa communauté avec la mere, est réputé, pour une moitié, acquêt fait par la mere, si elle n'a pas renoncé à la communauté, & cette moitié est affectée à sa ligne, Renusson, des Propres, c. 2, f. 12, n. 2, Auroux, p. 1, p. 449, p. 2, p. 91 ; de sorte que ce conquêt se trouvant dans la Succession de leur fils, qui laisseroit, pour héritiers, un frere utérin & deux freres consanguins, ceux-ci ne seroient habiles à y succéder, que pour une moitié : ils seroient étrangers à la ligne d'où vient l'autre moitié, que recueilleroit seul le frere utérin. S'il y avoit, en outre, un frere germain, il prendroit un tiers dans la moitié déférée à la ligne paternelle, & une moitié dans la moitié qui appartient à la ligne maternelle, & qu'il auroit en entier, dans le cas où le frere utérin n'existeroit pas.

La moitié censée acquise par la mere, est Propre naissant maternel dans la personne du fils ; elle appartient à ses parents maternels, à l'exclusion de ses parents paternels, quoique plus proches, v. Boullai, p. 250 ; Pallu, 534, en cite un Arrêt de 1573 ; par ex. les oncles ou grands-oncles de la mere excluent les freres du pere.

C'est la même décision, si l'Aïeul ou le Bisaïeul de celui de la Succession de qui il s'agit, est l'Acquéreur, les parents du côté de l'Aïeul ou du Bisaïeul ne peuvent prétendre que la moitié du conquêt, quoiqu'ils aient l'avantage du dégré: la distinction des biens de la ligne paternelle, d'avec ceux de la ligne maternelle, a lieu dans les dégrés les plus éloignés, Auroux, p. 2, p. 92.

Un bien acquis par mon Bisaïeul, pendant sa communauté avec ma Bisaïeule, qui a passé successivement à mon Aïeul, & à ma mere, dans la Succession de qui je l'ai trouvé, est de deux lignes. Si je meurs sans enfants, le Représentant le frere de mon Bisaïeul ne peut demander que la moitié qui est de sa ligne; le Représentant l'oncle ou le grand-oncle de ma Bisaïeule l'exclud pour l'autre moitié. On ne doit considérer la proximité du dégré, qu'après que le bien a été partagé entre les deux lignes. Une moitié est acquêt de ma Bisaïeule, tout de même que l'est, en entier, le bien qu'elle a acquis avant le mariage ou après la dissolution de la communauté; pour l'un, comme pour l'autre, le Représentant son oncle exclud le Représentant son grand-oncle, ou est exclus par le Représentant son frere.

Ceci posé, il est facile, d'après la généalogie qui a été communiquée au Conseil, de décider du sort des biens de Charles, qui a survécu ses freres.

1°. Les meubles & les acquêts de Charles doivent se diviser en deux parts égales; l'une pour André, l'autre pour Rosalie & Isabelle. Valentin ne peut demander la refente, parce que Toussaint n'est pas au même dégré que Rosalie & Isabelle, v. Fallu, p. 472.

2°. Les acquêts de Louis & ceux d'Augustin, qui ont passé immédiatement à Charles, sont des Propres naissants dans sa Succession, Vigier sur Angoumois, art. 115; & les acquêts de Louis, qui ont passé à Augustin, avant d'aller à Charles, sont des Propres anciens. Les uns & les autres appartiennent à André, qui est le plus proche parent; quoiqu'ils n'ayent pas fait souche en ligne directe, ce sont des Propres, qui sont dus au plus proche parent indistinctement, sans considérer s'il est parent du côté paternel ou du côté maternel: l'un & l'autre côté ne sont qu'une ligne, qui s'appelle la ligne de l'Acquéreur, v. Renusson, des Propres, c. 2, s. 13, 16, le Brun, des Succ. l. 2, c. 1, s. 3, n. 7, 8, Auroux, p. 1, p. 447, 450, p. 2, p. 91, 92, Valin, t. 3, p. 37. Ces Propres ne sont affectés à aucune ligne, à l'exclusion de l'autre, parce que Charles ne peut avoir aucun parent qui ne le soit du côté de ses freres, qui les ont mis dans la famille, Pr. de la Jur. fr. n. 57. Nous n'admettons, dans aucun cas, la fente des Propres, entre les héritiers paternels & les héritiers maternels; notre usage a été consacré par plusieurs Arrêts; le dernier est du 29 Mars 1748, pour la Succession du Sieur Forateau.

3°. Les acquêts d'Urbain & ceux de Charlotte, soit qu'ils soient Propres naissants, comme étant échus immédiatement à Charles, ou Propres anciens, comme ayant été auparavant recueillis par Louis & par Augustin, appartiennent, les uns à Rosalie & Isabelle, les autres à André. Les acquêts de Pierre sont pour les 1res. & Valentin doit avoir les acquêts de la femme de Pierre, & ceux du pere & de l'Aïeule d'elle: les biens doivent aller aux parents du côté de ceux qui les ont mis dans la famille, v. Renusson, des Propres, c. 2, s. 14.

4°. Les biens qui étoient Propres à René & à Claudine, & ceux qu'ils ont acquis, appartiennent aux plus proches parents de Charles, v. Renusson, des Propres, c. 2, s. 17, Auroux, p. 2, p. 119, Lemaitre sur Paris, p. 524 & suiv. Denisart, aux mots *Propres & Succession*. Les parents du côté de ceux en la personne de qui ces biens ont fait souche pour la 1re. fois dans la famille, ni les parents du côté de ceux par la Succession de qui ils sont venus à Charles, n'y ont aucun droit, Lebrun, des Succ. l. 2, c. 1, s. 3, n. 4, Pr. de la Jur. fr. n. 60, Pothier sur Orléans, t. 17, n. 34.

Les acquêts faits par un Boison, qui, recueillis par une Gaillard, comme représentant son pere, frere utérin de l'Acquéreur, se trouvoient dans la Succession des enfants de cette Gaillard, ont été réclamés, 1°. par les parents de l'Acquéreur, qui pouvoient

pouvoient représenter ses freres consanguins ou ses oncles paternels; 2°. par les Badillers, qui devoient être freres utérins de la susdite Gaillard; 3°. par les Drouault, qui étoient freres consanguins de ses enfants. Les parents de l'Acquéreur ont été exclus, par un Arrêt de 1568, infirmatif d'une Sentence de 1566, sans doute parce qu'ils n'étoient pas parents de ceux de la Succession de qui il s'agissoit. Aux freres utérins de la mere des Défunts, en la personne de laquelle les acquêts de Boison avoient fait souche pour la 1re. fois dans leur famille, & par la Succession de laquelle ils étoient venus aux Défunts, ont été préférés les freres consanguins de ceux-ci, comme leurs plus proches parents, par une Sentence de 1575, confirmée par un Arrêt, dont fait mention Pallu, p. 535. Les Badillers ne pouvoient tirer avantage de la maxime, qu'une ligne manquant, l'autre succede, art. 310 de Tours, Pallu, p. 147, 213, 521, 536, & alléguer qu'à défaut de la ligne paternelle de la mere des Défunts, la ligne maternelle étoit appellée. Cette maxime n'a lieu, dit M. Bernard, en ses notes, que pour exclure le Fisc, non pour remplir une cellule vacante dans une généalogie. De droit commun, auquel est conforme la Cout. de Tours, les Propres sans ligne vont, comme biens indifférents, aux plus proches parents du Défunt, de quelque ligne qu'ils soient, Lebrun, des Succ. l. 1, c. 6, s. 4, n. 14, 17, l. 2, c. 1, s. 3, n. 7, Lauriere sur Paris, p. 394, Guyné, p. 232, 305, 309, Bourjon, t. 1, p. 793, Valin, t. 2, p. 469, t. 3, p. 32, 35 & suiv. Pothier sur Orléans, t. 17, n. 34. M. Bernard admet cette décision. Ainsi, les biens de Boison appartenoient aux Drouault.

De même, les lignes de René & de Claudine manquant, Valentin ne peut réclamer les Propres qui viennent d'eux. Une ligne n'a aucun droit sur les Propres de l'autre ligne, en qualité de Propres, mais seulement à titre de proximité, Lebrun, des Succ. l. 2, c. 4, n. 64.

La plus grande difficulté est de savoir si les Propres sans ligne sont sujets à la fente. Ils sont déférés au plus proche parent, comme biens indifférents, qui ne sont affectés à aucune ligne; mais ils ne sont pas acquêts, ils sont venus par Succession. Ce ne sont que les acquêts qu'on assujettit à la fente, contre les regles du droit commun; c'est une exception qu'on ne doit pas étendre.

Les ascendants ne peuvent succéder aux Propres sans ligne, art. 310 de Tours, quoiqu'ils succedent aux acquêts. La Coutume mettant elle-même une différence entre la Succession à ces Propres & la Succession aux acquêts, doit-on appliquer indistinctement à ceux-là, tout ce qui convient à ceux-ci? La Coutume ne considere pas les Propres sans ligne entiérement comme acquêts; ils conservent la qualité de Propres, à l'effet de produire, dans les ascendants, une incapacité d'y succéder.

Aucun article n'ordonne la fente, si ce n'est l'art. 312, qui prescrit la fente des meubles & des acquêts, entre des Aïeuls, ou entre un Aïeul & des Collatéraux. Elle n'a donc pour objet, que les biens auxquels les Aïeuls sont appellés à succéder; cette conséquence est inévitable. On a pensé que la fente, étant établie lors qu'il y a un Aïeul, doit avoir lieu, à plus forte raison, entre Collatéraux; mais c'est pour les mêmes biens, pour lesquels l'existence d'un Aïeul la nécessite. La Coutume n'ordonne pas la fente des Propres sans ligne entre des Aïeuls, ni entre un Aïeul & des Collatéraux; il seroit singulier de l'admettre entre Collatéraux, pour une espece de biens pour laquelle elle n'a pas lieu entre Aïeuls.

On pourra objecter que des Auteurs disent que les Propres sans ligne se partagent comme les acquêts.

Ces Auteurs parlent suivant les principes du droit commun, qui déferent, 1°. les acquêts aux plus proches parents, sans distinction de ligne, 2°. les Propres sans ligne aux ascendants, comme plus proches, Bourjon, t. 1, p. 788, 793. Nous avons des principes différents, d'après lesquels il est impossible d'admettre la doctrine de ces Auteurs, prise à la lettre. Malgré l'introduction de la fente pour les Propres sans ligne, comme pour les acquêts, il n'y auroit pas encore une parfaite uniformité entre la Succession aux uns & la succession aux autres ; en voici deux exemples : 1°. Charlotte, ayant survécu Charles, auroit eu ses acquêts ; & les Propres sans ligne, dans le système de la fente, se seroient partagés en deux portions, l'une pour André, l'autre pour Rosalie & Isabelle ; 2°. Pierre, ayant survécu Charles, auroit succédé à la moitié de ses acquêts ; Rosalie & Isabelle n'y auroient rien eu, quoique, dans le même système de la fente, elles eussent pris moitié des Propres sans ligne.

Les Propres sans ligne, qui ne perdent pas la qualité de Propres, qui ne deviennent pas acquêts, qui ne sont pas envisagés comme acquêts, par rapport à la disposition, étant susceptibles de réduction, comme Propres, suivant Renusson, des Propres, c. 3, s. 6, n. 1, 2, & comme Propres, faisant subsister le don de tous les acquêts, suivant Valin, t. 2, p. 470, sont considérés comme acquêts, pour être, comme les acquêts, dévolus au plus proche parent ; ils sont considérés comme acquêts, parce qu'il n'y a personne qui ait droit de les réclamer comme Propres, Valin t. 3, p. 79. N'y ayant aucun des parents plus éloignés, qui soit dans le cas d'exclure le plus proche, il prend ces Propres, comme il prend les acquêts, c'est-à-dire, à titre de proximité. C'est à quoi doit se réduire tout ce qu'enseignent les Auteurs, lorsqu'en matiere de Succession, ils mettent au même rang les Propres sans ligne & les acquêts.

C'est le plus proche parent qui doit succéder, tant aux acquêts, qu'aux biens venus par Succession, lorsqu'il ne se trouve aucun parent à qui la Loi affecte ceux-ci ; tel est le droit commun. La Cout. de Tours s'en écarte, 1°. lorsque, par l'art. 310, elle exclud les ascendants, quoique plus proches, des biens venus par Succession ; 2°. lorsque, par l'art. 312, elle divise les meubles & les acquêts en deux parts, pour en déférer une à la ligne paternelle, & l'autre à la ligne maternelle, quoique les parents d'une ligne ne soient pas aussi proches que ceux de l'autre ligne. L'art. 312 n'exprimant que les meubles & les acquêts, c'est y ajoûter, que de l'étendre aux biens venus par Succession. La Coutume ne disposant de la division entre les deux lignes, que pour les biens auxquels les Aïeuls sont habiles à succéder, c'est sortir de sa disposition, que de l'appliquer aux biens que les Aïeuls sont incapables de recueillir. « Les héritages qui ne sont, » ni paternels, ni maternels, quoique propres, comme sont ceux qui n'ont passé » que par des Collatéraux, ceux auxquels on succede suivant le titre *Undè vir & » uxor*, ceux auxquels une ligne succede au défaut de l'autre, & ceux auxquels l'hé» ritier mobilier succede suivant l'art. 310, doivent appartenir, dit M. Bouault, en » ses notes, à l'héritier le plus proche, & ne se doivent diviser dans les deux li» gnes. » La même doctrine se trouve dans les notes de M. Bernard, au sujet de ces différents Propres sans ligne

En se renfermant dans les termes du droit commun, il faut donc décider que les Propres des lignes défaillantes appartiennent au plus proche parent indistinctement ; que les biens de René & de Claudine doivent aller à André, qui est dans un degré plus proche que Rosalie & Isabelle.

Délibéré à Tours, le 25 Juin 1766. COTTEREAU, fils.

SECTION II.

De la Succession aux Immeubles considérés comme nobles ou non nobles.

1154O. Les héritages sont nobles, lorsqu'ils sont tenus en fief, & non nobles, lorsqu'ils sont tenus en censive. On appelle roture ce qui n'est pas fief. Après avoir parlé de la Succession aux fiefs & de la Succession aux rotures, nous dirons quelque chose d'une autre espece de biens, qu'admettent les Cout. de Tours & de Loudun, des biens tenus à franc-devoir.

ARTICLE PREMIER.

De la Succession aux Fiefs.

11541. Les Fiefs sont présentement biens patrimoniaux, ils se transmettent aux héritiers, Sainson, t. 12, art. 1, t. 13, art. 2, Pallu, p. 130, 136.

11542. Le partage des Fiefs se fait toujours noblement à Paris.

11543. En ligne directe, l'aîné a un préciput, qui consiste dans le château ou principal manoir, la cour, la basse-cour & un arpent de terre aux environs de la maison; il a, en outre, une portion avantageuse, savoir les deux tiers du reste du Fief, s'il n'y a que deux enfants, ou la moitié, s'ils sont plus de deux, art. 13, 15, 16 de Paris.

11544. S'il n'y a que des filles, il n'y a pas de droit d'aînesse, art. 19.

11545. L'aîné ayant prédécédé ses pere & mere, ses enfants prennent, dans leur Succession, le droit qui lui auroit appartenu, art. 324.

11546. L'art. 27 décide que, l'aîné qui a été avantagé par le pere ou la mere, renonçant à sa Succession, le droit d'aînesse ne passe pas à l'aîné des puînés.

11547. Par l'exhérédation de l'aîné, le droit d'aînesse est éteint, notes de M. Bouault; mais, si l'aîné est mort civilement, celui qui le suit, a le droit d'aînesse, v. Pallu, p. 428, 507, Pothier sur Orléans, t. 1, n. 293; quoi que dise Sainson, t. 25, art. 8, il n'en est pas de même, si l'aîné est imbécille.

11548. Le droit d'aînesse appartient à celui de deux Jumeaux, qui est en possession de passer pour l'aîné, à moins que l'autre ne prouve clairement que c'est lui qui est né le 1er. Lorsque tout est égal de part & d'autre, M. Bernard, en ses notes, préfere le parti de partager le droit d'aînesse entre les deux jumeaux, à celui d'en décider par le sort, v. Sainson, t. 25, art. 24, Boullai, p. 251, Pallu, p. 428, Bodreau & Louis sur Maine, art. 238, Perchambault, p. 340, Valin, t. 3, p. 133.

11549. En ligne collatérale, il n'y a pas de droit d'aînesse, mais les Fiefs appartiennent aux mâles, à l'exclusion des femelles en pareil dégré, art. 25, 322, 323, 326, 331 de Paris.

11550. L'injuste droit d'aînesse, inconnu sous la 1re. race de nos Rois, qui partageoient entr'eux la Couronne, droit qui n'a pas lieu en Pays de droit écrit, qui consiste en très-peu de chose dans quelques Coutumes, & qui est fort considérable dans d'autres, a été introduit par des vues de politique, contre le vœu de la nature. Que celui qui est assez heureux pour ne pas en étouffer la voix, trouve foibles les raisons spécieuses sur lesquelles ce droit est fondé! Ces raisons n'ont même aucune force dans les Coutumes où le partage noble dépend de la qualité, non des personnes, mais des biens. L'aîné d'une maison ancienne & illustre n'a aucun avantage sur ses freres, s'il n'y a aucun Fief dans la Succession du pere. Mais, que tous les biens d'un homme sorti de la lie du Peuple, consistent en Fiefs, l'aîné en emporte la moitié, à Paris, tandis que 10 freres n'en ont chacun qu'une 20e. partie. Quel nom cet aîné a-t-il à soutenir? Quel privilége mérite-t-il sur une espece de biens qu'autrefois il auroit été aussi incapable de posséder, que ses freres? v. Velly, Hist. de fr. t. 6, p. 189.

11551. Parmi nous, lorsque le partage des Fiefs se fait noblement, l'aîné peut prendre, dans un des Fiefs, un préciput, sur lequel v. Proust, p. 441 & suiv.

11552. « J'ai vu avenir qu'à dame Jacquette de Rillac, femme du Seigneur de » Cingé, par la Succession du Seigneur d'Argis, étant échues deux maisons, pour » son préciput, l'une en Lodunois, Mons; l'autre en Touraine, Argis; elle échan» gea Mons avec le Seigneur d'Aiguemortes, son co-héritier, avec la portion qu'il » avoit au domaine d'Argis, hors la maison & préciput qui appartenoit à la dame » de Cingé; après la mort de laquelle, le Vicomte de Brigueil vouloit prendre, sur

» le contr'échange d'Argis, la valeur de la maison & préciput, que sa mere avoit sur » Mons, ce qui lui étoit empêché par dame de Beauvais, sa sœur; & enfin le Seigneur de Brigueil y a acquiescé, par l'avis des plus célebres Avocats en la Cour, » Boullai, C. M.

11553. « Notre Coutume paroît n'admettre qu'un préciput en chaque Province, » c'est-à-dire, pour tout son ressort, & non en chaque Bailliage, ce qu'il ne faut » pas multiplier, » notes de M. Dufrementel. L'aîné en prend un dans chaque Succession de pere & de mere, s'il y a, dans l'une & dans l'autre, de quoi le prendre, Boullai, p. 251, Pallu, p. 428, v. Pocquet sur Anjou, art. 223.

11554. S'il y a un Fief en Touraine, un autre dans la partie du Berri, qui se régit par la Cout. de Tours, & un 3e. dans le Lodunois; outre un préciput que l'aîné peut prendre dans celui-ci, il peut choisir un 2e. préciput dans l'un des deux autres Fiefs, sans pouvoir le prendre dans les deux, qui, à cet égard, sont censés dans une même Province.

11555. L'aîné évincé du préciput qu'il a choisi, peut en prendre un autre, Pallu, p. 429.

11556. Si le fils aîné décede avant son pere, l'aîné des petits-fils a un préciput dans la Succession de leur pere, & un 2e. dans celle de leur Aïeul, Pallu, N. M. Pothier, des Succ. c. 3, s. 3, art. 1, §. 1. Il en prend encore dans chaque Succession collatérale qui leur échet, Pallu, p. 455.

11557. Si Seius, & peu après son fils unique, décedent, il n'y a qu'un préciput, dit Dupineau sur Anjou, art. 223, qui ajoûte: « s'il y a des Successions de diverses » lignes, par ex. du côté du pere & du côté de la mere, l'aîné auroit divers pré- » ciputs. »

11558. Suivant les art. 260 de Tours, 246 de Loudun, le préciput consiste en quatre choses: 1°. le châtel ou hôtel noble, 2°. la pourprise, 3°. le chezé, 4°. un hommage; s'il n'y a pas d'hommage, on peut choisir entre 5 s. de rente, & une certaine quantité de terre. Pour les Baronnies, Comtés, &c. v. art. 295 de Tours, 279 de Loudun.

11559. Le terme de châtel a rapport aux Fiefs décorés du titre de Châtellenie ou autre supérieur, v. art. 64, 129, 295 de Tours, 54, 102, 279 de Loudun.

11560. Le préciput doit se prendre en entier sur le même Fief; non sur l'un, l'hôtel noble, sur l'autre, la pourprise, ou le chezé, ou l'hommage, v. Ferriere sur Paris, art. 13, gl. 5, n. 8, Valin, t. 3, p. 131. Si, par ex. l'hôtel noble est, moitié sur un Fief, moitié sur l'autre, on ne peut en prendre que moitié à titre de préciput.

11561. Le châtel, l'hôtel noble, l'hôtel principal ou le principal manoir, ainsi que s'expriment les art. 248, 260, 273, 276, 297, 298 de Tours, lequel est appellé maître-hôtel, dans les art. 246, 247, 260 de Loudun, comprend l'écurie & les autres bâtiments destinés uniquement pour l'utilité de l'habitation, v. Boullai, p. 252.

11562. « L'aîné n'est pas astreint de prendre l'hôtel-principal, il peut choisir le- » quel bon lui semble; ainsi, le Vicomte de Brigueil, Messire Louis de Crévant, » faisant le partage à son puîné, prit, pour son hôtel, la maison d'Azay-le-Ferrou, » jaçoit que Cingé fût leur maison principale, de laquelle leur pere commun portoit » le nom & les armes; ce que j'entends dire, pourvu que les deux maisons soient tenues » en Fief en cette Province. Il ne peut prendre celle qui ne seroit en Fief; il n'y a » que les deux tiers, encore qu'il n'y eût point de maison noble », Boullai, C. M.

11563. Il est de droit commun que l'aîné peut choisir quel manoir il lui plaît, Valin, t. 3, p. 119, v. Sainson, t. 25, art. 3.

11564. S'il y a, sur un Fief, deux manoirs, l'aîné peut, par goût ou par des raisons de convenance, se contenter, pour préciput, du moindre.

11565. On ne peut prendre un moulin, Vigier sur Angoumois, art. 89 ; à moins qu'il ne contienne une chambre pour la demeure du Meûnier, Pothier, des Succ. c. 2, s. 1, art. 2, §. 4, contre Fourré, p. 291. « S'il n'y a point d'autre demeure » au Fief, que le moulin, il sera censé, dit M. Augeard, en ses notes, être le prin- » cipal manoir. »

11566. « Au lieu de la maison, l'aîné ne peut prendre, pour son préciput, une » grange, un moulin ou autre chose semblable ; il est nécessaire que tel manoir soit » destiné à la demeure ou habitation d'un pere de famille : & ce, quand il n'y au- » roit autre lieu pour habiter. Si toute la Succession consiste en une seule maison no- » ble, elle appartiendra à l'aîné entiérement, sauf aux puînés à demander leur lé- » gitime sur icelle, par l'art. 17 de Paris. S'il n'y a point de maison habitable au » Fief, l'aîné ne délaissera d'avoir tous les autres avantages, comme la foi, &c. » Boul- lai, C. M. v. ci-après n. 11578.

11567. « Quoiqu'il n'y ait qu'un manoir noble dans la Succession, dit Valin, t. » 3, p. 119, l'aîné peut le prendre, sans qu'il puisse être obligé à aucune récom- » pense pour raison des augmentations & améliorations qui y auront été faites ; de » même, il n'y a pas de récompense à prétendre sous prétexte qu'il n'aura pas été » entretenu des réparations convenables. »

11568. Boullai, p. 292, 293, Pallu, p. 498, Pocquet sur Anjou, art. 321, obs. 6e. tiennent que l'aîné profite, sans récompense, des bâtiments qui ont été faits par le pere ; ce qui a lieu, quoiqu'ils soient de plus grande valeur que tout le reste du Fief, Ferriere sur Paris, art. 13, gl. 3, n. 5, v. ci-après n. 11956, 11957, 12448.

11569. A raison du manoir & de la pourprise que prend l'aîné, il est tenu seul des charges réelles qui y sont imposées, &c, à proportion de leur valeur, de celles qui sont imposées sur tout le Fief, v. ci-après n. 11653, 11957, 12445, 12448, 12449.

11570. « Le choix du principal manoir étant fait en minorité, l'aîné peut varier, » en se faisant restituer, » Valin, t. 3, p. 132.

11571. Un pere & une mere ont, pour tout immeuble, un Fief acquis pendant leur mariage ; après la mort du Prédécédé, l'aîné des enfants a la moitié du manoir & de la pourprise, deux arpents de terre pour le chezé, & une foi & hommage, ou un arpent, &c. Il en prendra autant à la mort du Survivant, v. Dupineau sur Anjou, art. 223, Boucheul sur Poitou, art. 289, n. 38, 39, Lemaître sur Paris, p. 463, Denisart, au mot *Aîné*, ci-après n. 11625.

11572. « Dans un Fief acquis par pere & mere, s'il y a deux châteaux, l'aîné les » aura, » notes de M. Augeard, v. Boucheul sur Poitou, art. 289, n. 37, Valin, t. 3, p. 126. On pourroit dire que le Prédécédé ne laissant, dans sa Succession, que deux moitiés indivises de manoirs, l'aîné ne peut en prendre un entier, mais seulement moitié de celui qu'il voudra, moitié de la pourprise de ce manoir, &c. Si le Survivant devient, par le partage, seul Propriétaire d'un manoir entier, l'aîné, lors de son décès, pourra l'avoir, avec la pourprise, &c.

11573. Le 28 Novembre 1775, nous avons décidé que, lorsqu'il y a, dans les Successions des pere & mere, qui sont à partager, un Fief acquis pendant le mariage, outre un Fief propre à la mere, l'aîné peut prendre, sur le 1er. Fief, pour préciput dans la Succession du pere, une moitié du manoir & de la pourprise, deux arpents de terre pour le chezé, &c. & pour préciput dans la Succession de la mere, l'autre moitié du manoir & de la pourprise, deux arpents de terre pour le chezé, &c. si mieux il n'aime prendre ce 2e. préciput, sur le Fief propre à la mere.

11574. Un Fief ayant été donné à rente par le pere, l'aîné, qui aura les deux tiers de la rente, ne peut en prétendre davantage, à raison du manoir, &c. quoi que dise Bodreau sur Maine, art. 239.

11575. « S'il n'y a de manoir, l'aîné n'en peut prétendre récompense en terre, » Pallu, p. 429.

11576. Valin, t. 3, p. 125, tient que, quand le manoir est sans préclôture, ou qu'il n'y a pas même de manoir, l'aîné ne peut demander aucune indemnité.

11577. Lorsqu'il n'y a pas de manoir pour loger le Propriétaire, ou que celui qui y est destiné, n'est pas tenu en Fief, l'aîné a le droit de prendre le manoir du Fermier ou Métayer, Buridan sur Laon, art. 147, Dupineau sur Anjou, art. 222, Fourré, p. 291, contre Valin, t. 3, p. 120; dès que c'est une maison habitable, le Propriétaire peut y loger, en faisant valoir par lui-même les terres.

11578. Si le manoir n'est pas noble, les bâtiments regardés comme des accessoires du manoir, tels qu'une écurie, une boulangerie, ni la pourprise du manoir, quoique tenus en Fief, n'appartiennent pas à l'aîné, qui ne peut non plus prétendre de chezé, v. ci-après n. 11626, 11643, 11648.

11579. « La pourprise est ce qui est dans la clôture ou circuit de l'hôtel noble, » renfermé de murs, haies ou fossés, » Pallu, p. 428; sauf ce qui doit en être distrait, tant par la disposition expresse de la Coutume, que par l'usage.

11580. Il sera remarqué que, dans l'art. 261 de Tours, on lisoit, « si au-dedans » du chezé ou circuit ancien étang, pêcherie, moulin à banquier, four à ban, &c. » avant la Réformation de la Coutume, faite en 1559, lors de laquelle on fit deux additions dans l'article, sans que le procès-verbal fasse mention de la suppression des mots, *ancien* & *banquier*, v. ci-après n. 11582, 11588.

11581. Par l'art. 261 de Tours, auquel est conforme l'art. 247 de Loudun, l'aîné ne peut profiter seul des « étang, pêcherie, moulin ou four bannal, fuie, garenne, » bois de haute-futaie, clos de vigne, » qui se trouvent dans la pourprise ou le chezé.

11582. » L'étang est presque toujours d'une eau arrêtée; la pêcherie est en ri- » viere ou ruisseau toujours coulant. La pêcherie rend le revenu journalier, non pas » ainsi des étangs, où on relaisse le poisson par deux ou trois ans, après qu'ils ont » été peuplés. . . . . A la différence de l'ancienne, la nouvelle Coutume est ex- » presse pour le moulin, sans distinction, comme celle de Paris, art. 14, & avec » beaucoup de raison. Encore que le moulin ne soit bannal, il ne délaisse d'appor- » ter grand profit à son maître. On en voit, en Touraine, qui n'ont point de chasse, » & qui néanmoins ne délaissent de valoir 5 à 6 muids de grains de revenu annuel; » dont les pauvres puînés seroient privés, si la Coutume n'y avoit pourvu, » Boullai, C. M. v. ci-dessus n. 11580.

11583. Les puînés, profitant du revenu du moulin, doivent contribuer à l'entretien, v. Chopin sur Anjou, art. 33, Pothier, des Succ. c. 2, s. 1, art. 2, §. 4.

11584. « Le moulin qui n'est pas bannal, dit M. Augeard, en ses notes, s'il est dans » l'enclos, appartient à l'aîné; il n'entre au préciput, qui est restreint à l'hôtel noble. »

11585. Pallu, p. 431, enseigne que l'aîné profite du moulin qui n'est destiné qu'à l'usage de la maison, v. Boullai, p. 253.

11586. Si le moulin non bannal est en bateau sans attache, c'est un effet mobilier, qui ne fait pas partie du Fief, v. ci-dessus n. 8219 & suiv.

11587. Ce que la Coutume dispose de la fuie, s'étend au colombier qui est grand & de conséquence, Pallu, p. 432.

11588. Dans la pourprise est compris, outre la cour, le jardin, Bodreau sur Maine, art. 238, Pallu, p. 429, 497, tel qu'il se trouve lors de l'ouverture de la Succession, Boucheul sur Poitou, art. 289, n. 90, v. Ferriere sur Paris, art. 13, gl. 4, n. 5, ci-après n. 11592.

11589. La pourprise peut être divisée en deux, par un fossé ou un chemin, qui sépare du château, par ex. une basse-cour, qui n'est que pour l'usage du Maître.

11590. L'aîné n'a pas, sans récompense, le jardin qui est hors de la pourprise, quoiqu'il soit, par la destination, une dépendance du château. Ce ne sont pas précisément les dépendances du château, que la Coutume accorde; ce sont celles qui se trouvent dans l'enclos, v. Dupineau sur Anjou, art. 222, ci-après n. 11592.

11591. Un jardin potager, assez considérable pour produire un revenu annuel, doit s'estimer, quoiqu'il se trouve dans l'enclos, v. ci-après n. 11595 & suiv. 11631.

11592. Voici comme s'exprime Boullai, C. M. « il faut entendre que le jardin » est des appartenances de la maison, alors qu'il est joignant au château, ou a son « entrée par icelui, à l'usage duquel il est asservi. De fait, j'estime que le jardin » joignant au château, doit être tenu entre les préclôtures, & partant appartient » à l'aîné, sans récompenser ses puînés. . . . . La pourprise est appellée clôture ou » circuit dans l'art. 261. Le préciput & préclôture se prennent en l'état qu'ils sont » trouvés, lors de la Succession, sauf les réserves de l'art. 261, & non comme ils » étoient anciennement. Si celui de la Succession duquel il s'agit, a accru ou dimi- » nué la pourprise, il la faut considérer en l'état qu'il la laisse. Dumoulin dit plus, » que, s'il n'y a clôture, néanmoins les appartenances du château appartiendront » à l'aîné; j'entends appartenances, ce qui est destiné à l'usage de la maison. . . . » L'aîné aura le château, pourprise & basse-cour, encore qu'il y ait fossé ou chemin » entre deux. Sous l'hôtel principal, sont sous-entendues les hautes & basses-cours, » parce qu'elles sont des dépendances du château & maison noble, & de même » du jardin. Il y aura autre disposition, si ces choses ne sont attenantes ni acces- » soires à la maison; comme si elles n'étoient pas destinées pour l'usage d'icelle; » car alors elles ne seront comprises sous la disposition favorable du préciput de » l'aîné, » v. ci-dessus n. 11580, 11590, ci-après n. 12260.

11593. Dans les Coutumes qui donnent, comme partie du préciput, le jardin & l'accint, il ne faut pas comprendre, dans l'accint, tout ce qui n'a été fait que pour un plus grand agrément, s'il n'y a une marque évidente que le pere de famille a voulu que cela en fît partie, quoique séparé par un chemin; comme si c'est un bois qui a son entrée par le manoir ou le jardin, une avenue conduisant au château. Un quinconce séparé du jardin & du parc fermé de murs, sans portes vis-à-vis des allées, n'est pas une dépendance du parc, v. Guyot, t. 5, p. 312.

11594. Poullain sur Bretagne, art. 541, dit que l'aîné doit avoir les avenues.

11595. Si, dans l'enclos, il se trouve un verger dont on peut tirer un grand profit, l'aîné doit en récompenser ses puînés, Pallu, p. 429, v. ci-dessus n. 11591.

11596. Un verger qui communément ne produit pas beaucoup plus de fruits, qu'il n'en faut pour la consommation ordinaire de la maison, ne doit pas être estimé.

11597. Que dira-t-on d'un bois taillis, d'un pré, d'une terre labourable, qui se trouve dans l'enclos? v. Poullain sur Bretagne, art. 541. Le 19 Décembre 1772, nous avons estimé que l'aîné doit, à ce sujet, une récompense. On peut opposer le silence de l'art. 261 de Tours, qui fait une énumération assez longue de ce qui doit être excepté du préciput. Il ne paroît pas qu'on ait voulu accorder à l'aîné, à l'exclusion des puînés, ce qui produit un revenu annuel. Il y a des châteaux dans l'enclos desquels on voit des 10, 15, 20 arpents de terres labourables. Ce n'est pas l'esprit de la Coutume, qui exclud la fuie, de les comprendre dans le préciput. Quelque favorable qu'on suppose le droit accordé à l'aîné, il doit s'interpréter de la maniere qui blesse le moins la légitime des puînés, v. Dumoulin sur Paris, art. 13, gl. 3, n. 30, Boullai, p. 266.

11598. « Par l'art. 261 de Tours, il se voit que l'intention n'a pas été de comprendre » au préciput de l'aîné, des choses qui portassent fruit & utilité considérable, comme » un droit de patronage, qui est *in fructu*, &, comme tel, appartient à la Douairiere, » comme à tout autre Usufruitier, selon la doctrine de Dumoulin sur la Cout. de » Paris. Si l'aîné & ses puînés ne s'accordent de la présentation, ils la feront *alter- » nis vicibus : scilicet* l'aîné qui a les deux tiers, a deux vacances; celui qui aura » l'autre tiers de la terre, a une autre, la 1re. présentation commençant par l'aîné. » Il n'en est pas de même du Capitaine du château, qui doit faire le serment au Pro- » priétaire, art. 331; &, à ce moyen, la provision appartient à l'aîné, selon Bre-

» che, *ad l.* 77, *D. de Verb. sign.* auquel je puis donner l'éloge de Dumoulin à » Pontanus, *Turonensis advocationis decus*, » Pallu, N. M.

11599. C'est à l'aîné à nommer à la Chapelle fondée dans le château, notes de M. Carré; les art. 295 de Tours, 279 de Loudun, lui attribuent le droit de patronage, v. Pallu, p. 429, Boucheul sur Poitou, art. 289, n. 100, Valin, t. 3, p. 131.

11600. M. Bernard, en ses notes, dit avoir décidé qu'une Chapelle non fondée entre dans le préciput; l'esprit de la Coutume n'a été d'excepter que ce qui seroit d'un trop grand profit pour l'aîné. Auzanet sur Paris, art. 90, regarde la Chapelle comme faisant partie du manoir.

11601. Les ornements suivent le sort de la Chapelle, v. ci-dessus n. 8197.

11602. Si, dans la pourprise, il y a un bâtiment pour le Métayer, des étables & autres choses destinées pour la culture des domaines & pour serrer les fruits, l'aîné n'y a que les deux tiers, Pallu, p. 429.

11603. Il en est de même pour le jardin du Métayer & le clos à cheneviere, Olivier sur Maine, art. 238.

11604. MM. Bernard & Dufrementel ayant estimé qu'il falloit détacher du manoir, le bâtiment du Colon, la grange, le pressoir, &c. MM. Héricourt, Rousseau & Vancquetin, Avocats de Paris, ont décidé de même; l'un d'eux, cependant, en faisoit d'abord difficulté, à cause de ce que dit Brodeau sur Tours, art. 260. On écrivit, en 1750, à ce sujet, à M. Bernard, dont la réponse leva les doutes que la note de Brodeau faisoit naître.

Convenoit-il de donner la préférence à une note passagere d'un Auteur qui, étant plein de la Cout. de Paris, étoit porté à en étendre les dispositions aux autres Coutumes, sur l'avis de Pallu, qui est soutenu de deux Arrêts? L'art. 13 de Paris donne expressément la basse-cour. Le manoir comprendroit, parmi nous, la basse-cour, si elle ne contenoit que les écuries & les logements des domestiques, Coquille sur Nivernois, t. 35, art. 6. L'hôtel dont parle la Cout. de Tours, est précisément & uniquement la demeure, ce qui forme le logement, ce qui est fait pour l'usage particulier de l'hôtel, pour son service, pour sa commodité. En accordant l'hôtel *principal*, elle exclud les autres bâtiments. Les bâtiments du Colon servent à l'utilité de tout le Fief; ce n'est pas une dépendance du manoir; c'est une partie du domaine de tout le Fief, qu'on a coutume de régler, comme le surplus. M. Bernard attestoit qu'il avoit trouvé cet usage établi, & qu'on en a toujours ainsi usé dans tous les partages, considérant ces bâtiments comme dépendants du domaine & indépendants du manoir.

11605. S'il y a deux granges, l'une pour serrer la part du Maître, dans les bleds, & l'autre pour serrer la part du Métayer, celle-là doit, comme celle-ci, être comprise dans le partage.

11606. Il faut toujours faire distraction des bâtiments dont l'utilité n'est pas personnelle au Propriétaire, mais regarde les choses du Fief, comme les bâtiments des Closiers & les Celliers, qui sont pour les vignes dépendantes du Fief.

11607. L'aîné peut-il, par argument tiré des art. 261 de Tours, 247 de Loudun, garder tous les bâtiments, en récompensant les puînés, du tiers qu'ils y ont? Cette question souffre difficulté, ainsi que la maniere dont devroit se faire l'estimation de ce tiers, v. ci-après n. 11619.

11608. Si une chose est indivisible, l'aîné doit l'avoir en entier, en récompensant ses puînés, suivant Sainson, t. 25, art. 11, v. ci-après n. 11616, 12347.

11609. « Si le château, dit Boullai, C. M. est accompagné d'un parc, verger, vi- » gnes ou autres choses semblables proche & joignant, lesquels excedent le préci- » put, l'aîné pourra retenir le tout, en récompensant. » Boullai, p. 253, cite, à ce sujet, un Arrêt de 1597.

11610. Olivier sur Maine, art. 238, tient que l'aîné peut employer dans ses deux tiers,

tiers, un parc, un verger, un jardin autre que de plaisir, qui seroit hors de l'enclos, les directes, les droits, honneurs & prérogatives attachés au Fief.

11611. « S'il y a plusieurs terres entieres en même Coutume, l'aîné peut prendre telle » maison qu'il lui plaît, & la retenir avec ses dépendances, annexes & appro» priations, en récompensant ses puînés de ce qu'il prend par-dessus, outre les » deux tiers & avantage que la Coutume lui donne, pourvu qu'il y ait aux autres » maisons, de la même Province, de semblable qualité, à suffire pour la récom» pense de ses cadets; ce qui doit se faire par l'office du Juge, » Boullai, C. M.

11612. L'aîné n'a pas la faculté d'abandonner aux puînés le tiers des objets mentionnés en l'art. 261 de Tours, notes de M. Bouault; ils lui *demeureront*, à la charge d'une récompense, qui se fera en terres à la commodité commune de l'aîné & des puînés, Pallu, p. 431, notes de M. Bernard, v. ci-après n. 11632.

11613. « La récompense doit être, non en deniers, mais en immeubles de la Suc» cession, en terres du même Fief, si tant y en a, sinon en autres terres de la » même hérédité, art. 13 de Paris. La légitime doit être fournie en corps hérédi» taires. . . . . La récompense n'est due que du tiers de la valeur du moulin, &c. » mais il faut que la récompense soit non en autres biens que de ceux de la Succes» sion, » Boullai, C. M.

11614. Si la récompense ne peut se faire, sans un grand préjudice, en biens de la Succession, elle se fait en autres biens, Sainson, t. 25, art 4.

11615. Il n'y a, dans une Succession, qu'un Fief composé d'un manoir, de la pourprise, où il y a un étang, & d'une grande piece de terre labourable, située devant la porte du manoir; suivant Sainson, l'aîné peut offrir la récompense en autres biens, pour que la piece de terre lui reste en entier.

11616. *Pretia rerum*, dit Sainson, *non constituuntur affectione singulorum, sed communi æstimatione appreciabuntur à personis scientibus communem patriæ æstimationem. . . . . Quid erit si piscatura sit, partim intrà clausuram vel circuitum antiquum castri, & partim extra illud circuitum? Responde quod adhuc illum habebit major natu, suos fratres de suis partibus recompensando. . . . . Quid si appreciatores discordant? Dic quod fiet licitatio, quia furnum & molendinum commodè dividi non possunt, nec stagnum, nec garena; & in istâ licitatione dico signanter quod, si major natu offerat condignum pretium fratribus suis, non admitteretur extraneus licitator, qui fortè magis esset animosus, & qui vellet offerre majus pretium. Immò ubi major natu in aliquâ quâcumque re hæreditariâ, quæ commodè dividi non posset, offerret tantum pretium quantum alii fratres sui, certè isto casu talis major est præferendus, eo quod habet in hæreditate majorem partem*, v. ci-dessus n. 11608.

11617. Proust, p. 444, rapporte qu'un aîné a soutenu ne pas devoir de récompense, à raison d'une fuie; mais l'art. 247 de Loudun est précis.

11618. « La récompense est non-seulement du bâtiment de la fuie, mais aussi à » l'égard des pigeons qui y sont, ès-quels le revenu consiste, » Boullai, C. M.

11619. « En la prisée qui sera faite, dit Boullai, doit seulement entrer en con» sidération la valeur du revenu de la superficie, & non pas du fonds, qui appar» tient à l'aîné; ce que je confirme par l'art. 14 de Paris. » M. Bouault, en ses notes, où il est de même avis, ajoûte que cela souffre difficulté; en effet, l'art. 261 de Tours ne s'exprime pas, comme l'art. 14 de Paris; il ne fait pas la même distinction, v. ci-après n. 11629 & suiv.

11620. Un aîné a prétendu que les objets dont parle l'art. 261 de Tours, ne sont exceptés qu'en ce qu'ils sont plus précieux que les autres; & qu'on doit les estimer, non absolument, mais relativement à la valeur des fonds qui restent sans récompense. M. Bernard, en ses notes, dit que cette prétention est injuste; que l'exception est absolue; qu'elle doit s'entendre dans le sens le plus favorable aux puînés, pour qui elle est faite.

11621. La Coutume n'accorde pas à l'aîné, assez avantagé d'ailleurs, la pourprise indistinctement. Si elle ne comprend rien qui soit d'une utilité notable, il n'y a pas un grand inconvénient qu'il en profite, comme d'un accessoire du manoir qui lui appartient. Si une partie produit du revenu, il n'y a pas plus, que dans le reste du Fief; cependant, il la retient pour la valeur qu'elle est estimée en elle-même, afin d'en éviter le démembrement.

11622. Le chezé ne fait pas partie de la pourprise; c'est un autre avantage distinct & séparé; « c'est ce qu'on appelloit anciennement le coq, ce qu'on nomme aujour-» d'hui le vol du chapon, » Velly, Hist. de fr. t. 6, p. 172. L'art. 246 de Loudun le qualifie ainsi. Prouft, p. 484, dit qu'au lieu de, *chezé*, on doit lire, *chesiné*, ou *choizé*, mais v. Glossaire du Dr. fr. au mot *Chezé*.

11623. Le chezé, pour les Baronnies & les Fiefs supérieurs, est de 4 arpents, par l'art. 295 de Tours, & de 3 septrées, par l'art. 279 de Loudun. Pour les Châtellenies & les Fiefs inférieurs, il est de 2 arpents, par l'art. 260 de Tours, & d'une septrée, par l'art. 246 de Loudun. Prouft, p. 444, 484, veut qu'il soit d'une septrée & demie, v. Glossaire du Dr. fr. au mot *Vol d'un chapon*. La septrée vaut un arpent.

11624. L'arpent contient 62500 pieds quarrés, à Tours, & à Paris, 32400 seulement, v. ci-dessus n. 3223, 3227, ci-après n. 11647.

11625. » Si le Défunt n'étoit propriétaire que de la moitié du manoir, l'aîné ne » laisseroit d'avoir tout le chezé, *quia, respectu Successionis*, la moitié d'une maison » est le manoir entier d'icelle, L'hôte sur l'art. 23 du t. des Fiefs de Lorris, en rap-» porte Arrêt du 15 Octobre 1666, » Pallu, N. M. v. ci-dessus n. 11571.

11626. Quoiqu'il n'y ait point de manoir, & conséquemment point de pourprise, Pallu, p. 429, pense que l'aîné n'en a pas moins le chezé; & cependant, ce que M. Dufrementel, en ses notes, remarque être une contradiction, il décide que, s'il n'y a pas de terres en Fief près de l'hôtel noble, il n'y pas de chezé, comme il atteste avoir été pratiqué, par l'avis de plusieurs Jurisconsultes, en la Succession du Sieur de Bray. M. Bouault, dans les siennes, estime, avec raison, que, n'y ayant pas d'hôtel noble, l'aîné ne doit avoir, ni le chezé, ni une récompense à raison d'icelui, non plus qu'à raison de l'hôtel & de la pourprise. Le chezé se prenant en terres près de l'hôtel, on peut dire que c'est un accessoire qui doit se régler comme le principal, v. ci-après n. 11634.

11627. Lorsque, dans les terres que l'aîné prend pour chezé, il y a, par ex. une fuie ou un four bannal, il doit une récompense, comme s'ils se trouvoient dans la pourprise, v. ci-après n. 11629.

11628. L'aîné doit prendre le chezé en terres où ces objets ne se rencontrent pas, s'il y en a de telles à peu de distance de l'hôtel, v. art. 295 de Tours, 279 de Loudun.

11629. Si toutes les terres qui environnent l'hôtel, sont par ex. plantées en vigne, il n'y a pas de chezé, ou du moins, l'aîné ne doit en prendre 2 arpents, qu'en faisant aux puînés raison de la valeur de leurs tiers. Quelques uns diront peut-être que, si les 2 arpents de vigne sont estimés 1200 l. & que 2 arpents de terre labourable, dans le canton, valent 600 l. la récompense doit se borner à 200 l. qui est le tiers de la plus value, v. ci-dessus n. 11581 & suiv. 11607, 11619 & suiv. 11627.

11630. Ce qu'on décide pour les vignes, doit s'appliquer aux bois de futaie, aux bois taillis & aux prés.

11631. Si, dans les 2 arpents qui sont près de l'hôtel, il y a un verger ou un jardin potager considérable, il en est dû récompense, v. ci-dessus n. 1591.

11632. Le chezé ne doit pas se prendre en long, mais aux environs, à la commodité commune de l'aîné & des puînés, Boullai, p. 252, Pallu, p. 430, v. ci-après n. 11646.

11633. Les fruits pendants par les racines, lors de l'ouverture de la Succession, sur les 2 arpents qu'un aîné choisit pour le chezé, même après la récolte, lui appartiennent, sans aucun remboursement des frais de culture.

11634. N'y ayant qu'un arpent, l'aîné doit s'en contenter pour le chezé, Dumoulin sur Tours, art. 260, Boullai, p. 252, v. ci-dessus n. 11566, 11578, 11626.

11635. « S'il y a plusieurs hommages dûs au château que l'aîné acceptera, il prendra celui des hommages qu'il voudra, encore que Sainson ait dit que l'aîné n'aura » le plus grand ni le plus petit. Ce que la Coutume dit qu'il aura 5 s. de rente, ou, » &c. n'est pas afin d'estimer l'hommage, le simple n'étant apprécié que 5 s. & le » lige 10 s. par les art. 362, 363. L'entiere disposition de l'art. 260 est en faveur » du 1er fils; de sorte que les termes d'icelui se doivent déclarer par démonstration, » & non par limitation. Que si la Coutume n'attribuoit point à l'aîné tel hommage, » il est certain qu'icelui & tous les autres de la Succession entreroient en partage » entre lui & ses puînés, les arriere-Fiefs dépendant en général de tout le Fief dominant, » Boullai, C. M.

11636. Sur le choix de l'hommage v. art. 295 de Tours, 279 de Loudun.

11637. Ce n'est qu'au cas qu'il n'y ait aucun hommage, dit M. Bouault, en ses notes, que l'aîné peut prendre 5. s. de rente, ou une certaine quantité de terre, que l'art. 260 de Tours fixe à un arpent, & l'art. 246 de Loudun, à une septrée; Pallu, N. M. a corrigé ce qu'il dit, p. 497, à cet égard, v. art. 363 de Tours, 337 de Loudun. Remarquez qu'une rente de 5 s. étoit, autrefois, un objet, puisqu'elle est mise en parallele avec un arpent de terre.

11638. Quoique 5 s. de rente valussent, autrefois, plus qu'aujourd'hui, l'aîné ne peut demander que 5 s. de rente, v. Olivier sur Maine, art. 239.

11639. L'aîné n'est pas astreint à prendre la rente de 5 s. sur un seul corps d'héritage; il peut la prendre en parcelles sur plusieurs héritages, v. Brodeau sur Tours, art. 260.

11640. Brodeau dit que la rente s'entend d'une rente noble, seigneuriale & féodale, c'est-à-dire, en directe, comme le cens.

11641. L'arpent peut être un arpent de bois de futaie, s'il y en a plusieurs, notes de M. Carré. M. Augeard, dans les siennes, dit que « l'aîné peut choisir l'arpent en » tel endroit & de telle nature qu'il voudra, même le meilleur, chargé de fruits » chers, pré, vigne, bois, non une futaie, un verger, » v. Brodeau sur Tours, art. 260, Pothier, des Succ. c. 2, s. 1, art. 2, §. 4.

11642. L'arpent s'entend de terre labourable noble; s'il n'y a, dans tout le Fief, que des prés, vignes ou bois, l'aîné doit se contenter de 5 s. de rente.

11643. Lorsqu'il n'y a, ni hommage, ni terre labourable, ni rente, il n'y a pas de récompense, v. ci-dessus n. 11626.

11644. L'arpent peut se prendre en plusieurs pieces de terres éloignées de l'hôtel.

11645. L'aîné ne doit pas prendre les meilleures terres, v. Sainson, t. 25, art. 3.

11646. » J'ai vu disputer à l'aîné, qu'il ne pouvoit prendre ses 3 arpents d'un » côté & en long, mais en rond, tout à l'entour des pourprises ou préclôtures du » château; & je crois qu'il y peut être contraint pour la bienséance de lui & de ses » cadets, afin que leurs portions soient plus reculées de la maison noble, que faire » se pourra: l'art. 295 dit, *au tour dudit chatel*, » Boullai, C. M. v. ci-dessus n. 11612.

11647. » Les arpents doivent se prendre à la mesure royale; nous n'en reconnoissons autre en Touraine, dit Boullai, où 100 chaînées font l'arpent, la chaînée de » 25 pieds de Roi, le pied de 12 pouces. Que, s'il y a deux mesures, l'une royale, » l'autre du Justicier, l'arpent se mesurera par la royale, » v. ci-dessus n. 11624.

11648. Dans une Succession ouverte à Mône, il s'est trouvé, outre d'autres biens, un Fief qui ne consistoit qu'en un seul arpent de terre; M. Dubois, fils, en ses notes, dit qu'on a décidé que la fille aînée devoit l'avoir en entier, suivant l'art. 18 de Paris. Cet article donne un arpent de terre, pour tenir lieu de manoir, & l'art. 260

de Tours l'attribue avec le manoir. L'arpent de terre doit avoir, à Paris, le même privilége que le manoir, qu'il remplace; à Tours, rien ne suppléant au défaut de manoir, on peut dire que le manoir n'y a pas la même faveur, qu'à Paris. L'arpent, ainsi que la rente de 5 s. ou l'hommage, peut être regardé comme un accessoire du manoir, qu'on ne doit pas prétendre, lorsqu'il n'y a pas de manoir. Quand le Fief ne consiste que dans le manoir, la pourprise d'icelui, le chezé & un hommage, ou une rente de 5 s. ou un arpent de terre, le partage devroit s'en faire, sans préciput, également entre filles, & s'il y a un mâle, des deux tiers au tiers; sauf à l'aîné ou aînée à user de la faculté qu'accorde l'art. 17 de Paris, de retenir le tout, en récompensant en argent les puînés ou puînées, de leur portion, v. Valin, t. 3, p. 126 & suiv.

11649. Lorsqu'un Fief consiste dans des directes féodales & dans des directes censuelles, ou seulement dans des directes censuelles, le préciput est nécessairement, dans le 1er. cas, un hommage; dans le 2e. cas, une rente de 5 s.

11650. Il n'y a pas de préciput dans le partage d'une rente ou d'un office.

11651. Outre que le préciput est modifié par les art. 261, 295 de Tours, 247, 279 de Loudun, & qu'on peut dire que c'est en considération de cet avantage, que le partage doit se faire aux frais de l'aîné ou aînée, v. ci-après n. 12320 & suiv. il est une double obligation que la Loi municipale y attache nommément: celle de faire la foi & hommage pour les puînés, & de les garantir en parage; & celle de payer les droits seigneuriaux ordinaires, v. art. 264, 273, 297, 298 de Tours, 251, 258, 281 de Loudun.

11652. Lorsqu'on partage noblement, outre le préciput, que la Cout. de Tours appelle avantage, art. 252, 260, 267, 269, 273, 279, 281, 282, 297, 298, & qualifie de droit d'aînesse, art. 271, 276, 294, qui est commun aux aînés & aux aînées, nobles ou roturiers, art. 260, 273, 297, 298, qui a, pour tous, la même étendue, Pallu, p. 497; elle accorde aux aînés, nobles ou roturiers, une autre prérogative, qui consiste dans les deux tiers de toutes les choses nobles, & que nous nommerons portion avantageuse: la distinction de ces deux prérogatives est bien clairement marquée dans la Loi municipale, v. art. 238, 239, 240, 246, 248, 251, 255, 257, 258, 265, 267, 278, 279, 281 de Loudun, où l'aînée a la portion avantageuse, comme l'aîné, v. ci-après n. 11664, 11694.

11653. Dans les Coutumes où l'aîné est exempt de dettes, à raison du droit d'aînesse, on excepte les charges réelles auxquelles il doit contribuer à proportion de l'émolument, v. ci-dessus n. 11569.

11654. Lorsqu'il s'agit d'une Baronnie, d'un Comté, &c. l'aîné ou aînée a le droit de retenir tout le Fief, en récompensant ses freres ou sœurs de leur part, art. 294 de Tours, 277 de Loudun, v. Glossaire du Dr. fr. au mot *Baronnie*, où est rapportée une Enquête faite vers l'an 1340, qui justifie que, par l'usage de Touraine, les Baronnies ne se démembrent pas, mais reviennent uniquement à l'aînée & aux hoirs de l'aînée.

11655. Les Fiefs qui ne sont pas de vraies Baronnies, quoiqu'ils soient décorés de ce titre, se divisent comme les autres Fiefs, Boullai, p. 287, Chauvelin sur Tours, art. 295, sur Loudun, art. 277.

11656. Les vraies Baronnies, lorsqu'il n'y a pas de quoi récompenser les puînés ou puînée en la maniere que l'exige la Loi municipale, se divisent, art. 294 de Tours, 278 de Loudun, Sainson, t. 26, art. 1, Dumoulin sur Loudun, art. 277, Proust, p. 483, Guyot, t. 5, p. 428.

11657. « Sainson écrit avoir vu la copie d'un Arrêt qui permettoit au Baron de » Preuilli, de récompenser ses héritiers en biens quelconques, sans dire qu'ils fus- » sent de la même succession, » Boullai, C. M. v. Proust, p. 483, Bodreau sur Maine, art. 294.

11658. « Je crois, dit M. Bernard, en ses notes, qu'il faut plutôt s'arrêter à la

» disposition de notre article, qu'à l'Arrêt de Sainson, qui peut être intervenu sur » des circonstances particulieres. »

11659. Si la récompense se fait en argent, la subdivision se fait entre les Représentants les puînés, comme si elle étoit en héritages.

11660. L'aîné, qui, pour conserver un Fief en entier, paye en argent aux puînés leur tiers, ne doit pas de centieme-denier, v. Gaz. des Trib. t. 6, p. 206.

11661. On tient les Fiefs de dignité indivisibles, Sainson, t. 13, art. 2, Dupineau sur Anjou, art. 278, R. du Dr. fr. p. 255; tels sont les Duchés, les Marquisats & les Comtés, selon Valin, t. 1, p. 15, 17, 69, t. 3, p. 137, qui observe que les Châtellenies ne sont pas des Fiefs de dignité, qui ne puissent se diviser. « Les Fiefs qualifiés de Duchés, de Marquisats, de Comtés, de Baronnies, » devoient être impartables dans les premiers temps de la féodalité, parce qu'alors » ils étoient joints à des emplois civils ou militaires, qui n'admettoient point de » division; mais, dans l'état actuel des choses, rien n'empêche de les partager » comme les Fiefs simples. Dumoulin le décide de la sorte; & si son sentiment » souffre quelque difficulté pour les terres dont l'érection en dignité remonte au temps » où les Fiefs étoient la récompense des offices que l'on remplissoit, au moins on » ne peut pas le contester par rapport à celles qui n'ont été titrées qu'après cette » époque. C'est ce que pensent Chopin & Loiseau, & ce qu'a jugé un Arrêt du 5 » Février 1778, » Répert. de Jurispr. au mot *Légitime*, f. 9, §. 2, v. Gaz. des Trib. t. 5, p. 100, ci-dessus n. 11654 & suiv.

ARTICLE II.

De la Succession aux Rotures.

11662. A Paris, les Rotures se partagent toujours également, art. 302, 327 de Paris.

11663. Il n'y a pas, parmi nous, de préciput à prendre sur les Rotures, quand même il n'y auroit pas de Fief sur lequel il pût être pris; l'art. 260 de Tours veut que l'hôtel soit *noble*, *en fief*. L'aîné noble a seulement les deux tiers des Rotures, outre les meubles, notes de M. Dubois, fils.

11664. L'aînée, qui n'a pas de portion avantageuse dans les fiefs, n'en a, à plus forte raison, aucune dans les autres immeubles. M. Dubois, fils, en ses notes, remarque qu'elle n'y a rien plus que ses puînées, quoiqu'il n'y ait pas de fief, v. ci-dessus n. 11652.

11665. Observez, avec Boullai, C. M. que les « rentes constituées sur immeubles » nobles, sont roturieres, & se partagent, entre Roturiers, roturiérement, » v. art. 68 de Blois, 97 de Chauni, Boullai, p. 119.

ARTICLE III.

De la Succession aux Biens tenus à Franc-devoir.

11666. La Cout. de Paris, art. 68, distingue deux especes de Franc-aleu, qui se partagent, l'un roturiérement, l'autre noblement; elle ne parle point du Franc-devoir, qui est différent, Pallu, p. 197, 503, v. Proust, p. 488, 489, 558. Le Franc-devoir releve d'un Seigneur, le Franc-aleu n'en reconnoît point.

11667. « Il y a des Francs-aleux en la Paroisse de Tauxigni, qui ne doivent rien, » que 15 d. pour les gands du Seigneur, de chacun Contrat d'acquêt; il y en a de » même à Loché, qui sont pourtant chargés de nétoyer les fossés du Château de » Loches, de 7 ans en 7 ans, » Boullai, C. M. Ce ne sont pas là de vrais Francs-aleux, mais plutôt des Francs-devoirs.

11668. « Selon l'opinion commune, les Roturiers ne commencerent à posséder

» des fiefs, que dans le temps des croisades ; & comme ils ne pouvoient pas s'ac-» quitter des services qui en étoient dûs, parce qu'ils ne faisoient point profession » des armes, ils s'abbonnerent avec les Seigneurs féodaux, & obtinrent d'eux des » affranchissements d'hommages & de services, pour lesquels Philippe III, par Ord. » de 1275, les obligea de payer finance. C'est de-là qu'il faut tirer l'origine du Franc-» devoir ; dont il est parlé dans les Cout. de Touraine & de Lodunois, que Pallu » & Proust n'ont point entendu, » Lauriere, du Droit d'Amortissement, p. 90.

11669. Le Franc-devoir se constitue de deux manieres, suivant les art. 145 de Tours, 129 de Loudun : 1°. quand la foi due pour un héritage noble, est convertie en un devoir ; 2°. quand un héritage roturier est donné à Franc-devoir.

11670. Pallu, p. 197, se contredit sur cette derniere espece de Franc-devoir, le supposant d'abord roturier ; puis, paroissant regarder comme une même chose, que d'anoblir des rotures, ou de les donner à Franc-devoir. Mais, p. 503, il dit clairement qu'un héritage roturier concédé à Franc-devoir, reste roturier & toujours sujet au partage égal entre Roturiers ; & que le partage noble ordonné par l'art. 299 de Tours, n'est que pour l'héritage noble dont la foi a été convertie en un devoir, v. ci-après n. 11682, Proust, p. 558, considere comme noble tout franc-devoir.

11671. Dans des Mémoires imprimés en 1767 & 1769, on a soutenu que tout Franc-devoir est roturier. Suivant M. Dubois, pere, en ses notes, dans le doute, on le présume tel. M. Bouault, dans les siennes, dit qu'il est présumé noble, s'il n'appaoît du contraire. M. Bernard, dans une de ses notes, écrit que tout Franc-devoir est noble, & qu'on ne peut en disposer que comme d'un véritable fief, sans encourir la peine du dépié ; mais, dans une autre, il reconnoît deux sortes de Franc-devoir, l'un noble, l'autre roturier.

11672. Les fiefs se concédoient gratuitement, sous des conditions qui engageoient le Seigneur & le Vassal, l'un envers l'autre. Le Seigneur s'obligeoit de défendre & de soutenir le Vassal, qui, de son côté, devoit lui être fidele & s'obligeoit de l'accompagner à la guerre. Le serment de fidélité se prêtoit par la faction de la foi. Des Seigneurs ont dispensé quelques-uns de leurs Vassaux de la prestation de serment, en convertissant la foi en un devoir annuel ou dû à mutation de Seigneur ou de Vassal ; ce qui forme un Franc-devoir, qui est noble, parce que ce changement ne donne aucune atteinte à la qualité de ce qui avoit été concédé. La nobilité subsiste, quoique l'exemption de la foi & l'assujettissement à un devoir, s'il est annuel, présentent l'idée d'une roture.

11673. Au lieu de concéder à la charge de la foi, & de convertir ensuite la foi en un devoir affranchi de la prestation de la foi, on peut d'abord concéder à Franc-devoir. L'héritage concédé moyennant un *devoir*, est bien une censive ; mais, s'il est concédé *à Franc-devoir*, le mot, *Franc*, annonce l'affranchissement de la prestation de la foi, que devroit l'héritage, qui continue d'être noble.

11674. En convertissant le cens en Franc-devoir, on anoblit la roture ; quel autre objet auroit la conversion ?

11675. Si un héritage roturier est concédé à Franc-devoir, c'est pour le tenir noblement, sans être assujetti aux charges ordinaires de cette tenure. Les art. 145 de Tours, 129 de Loudun, le supposent noble, en l'affranchissant du rachat, auquel devroit l'assujettir la nobilité qu'il acquiert, v. Boucheul sur Poitou, art. 99, n. 52, 53.

11676. L'héritage tenu à Franc-devoir, differe de l'héritage tenu en fief, qui est noble & chargé de la foi, & de l'héritage tenu en censive, qui est roturier & assujetti à un devoir annuel. Quoiqu'il soit noble, il n'est pas chargé de la foi, qui annonce la noblesse ; & quoiqu'il ne soit pas roturier, il peut être assujetti à un devoir annuel, qui est la marque ordinaire de la roture.

11677. Si une concession est faite à *Franc-devoir roturier*, elle ne differe d'un accensement, que dans les termes ; le devoir est un vrai cens ; la qualité de *Franc* est un titre stérile, qui ne produit aucun effet. Dès que le devoir est roturier, l'héritage n'est pas noble ; ainsi, on ne pouvoit exiger, ni la prestation de la foi, ni le rachat. On ne peut pas dire qu'il en soit affranchi. Où est donc l'affranchissement dont il jouit ? Comme la censive, il reconnoît un Seigneur, il est chargé d'un devoir pour marque de cette reconnoissance, il est sujet aux ventes, dans les cas où elles sont dues par la Coutume ; « en vente, art. 147 de Tours, quoiqu'il y ait grace, si elle » excede 9 ans, art. 148 ; en don pour récompense de services, art. 147 ; en trans- » port par transaction avec deniers, art. 150 ; en échange en divers fiefs, art. 143, » même en un même fief, s'il y a retour de deniers, car, pour le retour, le Seig- » neur peut demander les ventes ; en bail à rente amortissable, sujet au retrait, par » l'art. 166, » Boullai, C. M.

11678. La conversion de la foi en un devoir, avec la qualification de *roturier*, qu'il soit annuel ou casuel, est une vraie conversion en censive.

11679. Le Franc-devoir noble peut, par la prescription, devenir roturier, v. ci-dessus n. 827.

11680. Sur le Franc-devoir v. Proust, p. 243, 489, ci-dessus n. 825 & suiv. C'est à celui qui prétend posséder à Franc-devoir, dit Proust, à le justifier.

Voici un exemple de Franc-devoir : le Seigneur de Saché & celui d'Azai-le-Rideau, étant convenus par un écrit du 28 Octobre 1610, que, dans le cas où l'un d'eux feroit l'acquisition de la Seigneurie & Châtellenie de Villaine, relevante de la Seigneurie & Baronnie de l'Isle-Bouchard, il en céderoit à l'autre une partie, de sorte que le Seigneur de Saché auroit ce qui seroit de la Paroisse de Saché, & le Seigneur d'Azai-le-Rideau ce qui seroit de la Paroisse de Villaine ; l'acquisition fut faite le 12 Décembre 1614, par le Seigneur d'Azai-le-Rideau, qui refusa d'exécuter la convention ; mais il y fut forcé, par un Arrêt du 1er. Février 1625. Cela donna lieu à une transaction, passée devant Me. David, Notaire à Tours, le 28 Janvier 1631, par laquelle, « de l'avis de noble homme Etienne Pallu, n'a guere » Conseiller & Avocat du Roi au Siége présidial de Tours, Echevin de ladite Ville, » & de noble homme Jean Patrix, avocat audit Siége, » a été distrait, au profit du Seigneur de Saché, de la Seigneurie de Villaine, tout ce qui s'en trouve dans la Paroisse de Saché, domaines, hommages, cens, &c. à la charge de relever de Villaine à 12 d. de Franc-devoir, payables à mutation du Propriétaire des parties distraites, qui en donnera déclaration dans les 6 mois de sa mutation, sans hommages, rachats, loyaux-aides ni autres devoirs, & à un écu d'or pour l'abonnement des ventes ès-cas où elles sont dues par la Coutume. Cette distraction comprend le droit de Justice sur ce qui est de la Paroisse de Saché, avec titre de Châtellenie relevante en la Justice Suzeraine de l'Isle-Bouchard.

11681. Il y a des Francs-devoirs pour lesquels on n'est pas dispensé de rendre la foi ; par ex. le fief de la Menaudiere, qui releve à Franc-devoir du fief de la Salle-Clervault, réuni au fief des Arpentils, outre 2 s. de service ou rente, dont il est chargé, doit la foi ; mais il ne paye jamais de rachat. On a demandé récemment le rachat, pour le fief de la Fontaine-du-Breuil, dont les aveux portent, qu'il *est tenu à foi & hommage lige du Roi, & est chargé d'un Franc-devoir de 10 s. par an.* L'affranchissement du rachat, que prononce l'art. 145 de Tours, n'est, disoit-on, que pour le cas où, la foi ayant été convertie en un devoir, l'obligation de la faire ne subsiste plus. Le Propriétaire de ce fief alléguoit une possession immémoriale de ne point payer de rachat.

11682. Les regles des Successions aux fiefs ou aux rotures, s'appliquent au Franc-devoir, selon qu'il est noble ou roturier. M. Augeard, en ses notes, faisant mention d'un Jugement arbitral, rendu en Mars 1678, pour le partage de la terre de Baudri, dit « que, dans une interprétation qu'on n'a que de l'usage, il faut admettre, » avec les Anciens, la distinction que Pallu fait sur l'art. 299, » v. Boucheul sur Poitou, art. 280, n. 41, 42. On doit partager de même que si c'étoit un fief, tout Franc-devoir qu'on ne justifie pas avoir été possédé comme roture, v. ci-après n. 11905.

LIVRE QUATRIEME.

De la maniere de succéder considérée par rapport à la qualité des Personnes.

11683. A Paris, il n'y a pas de différence entre les Nobles & les Roturiers, pour le partage des Successions ; on ne considere pas la qualité des Personnes, mais seulement celle des Biens ; quelle que soit la qualité du Défunt, ses héritiers, nobles ou roturiers, partagent inégalement les fiefs, & également les autres biens. Le partage se regle, dans l'Anjou & le Maine, par la qualité du Défunt, & dans le Perche, par la qualité des héritiers. Parmi nous, on a égard à la qualité, tant du Défunt, que de ses héritiers.

11684. M. Dubois, pere, en ses notes, après avoir fait part d'une décision suivant laquelle des Roturiers devoient partager noblement la Succession d'une fille noble, a écrit : « je ne crois pas que nous ayons bien jugé, parce que, de l'esprit de notre » Coutume, il résulte que, pour partager noblement, il faut que la Succession soit » d'une personne noble, & que les héritiers soient pareillement nobles. » Ces deux conditions sont absolument nécessaires; MM. Augeard, Dubois, fils, & Bernard, en leurs notes, le reconnoissent ; & les art. 297, 314 de Tours, ne permettent pas d'en douter. Par le 1er. les roturiers partagent roturiérement toutes les Successions, sans distinguer si elles sont nobles ou roturieres ; le 2e. annonce qu'il n'y a que les Successions nobles, que les Nobles partagent noblement : ajoûtez que l'art. 282 se sert des termes, *entre Nobles*, au pluriel. Ainsi, dans le cas où le Défunt est Roturier & ses héritiers Nobles ou Anoblis; & dans celui où, le Défunt étant Noble ou Anobli, ses héritiers sont Roturiers, le partage se fait également, en ligne tant directe que collatérale, pour tous les biens, les biens nobles, tombés en tierce main, exceptés, comme s'il s'agissoit de la Succession d'un Roturier échue à des Roturiers.

Observez que le droit de partager noblement, acquis à des enfants nés nobles, ni le droit de partager roturiérement, acquis à des enfants nés roturiers, ne peuvent respectivement leur être ôtés par un 2e. mariage roturier, ou par un 2e. mariage noble, par une charge anoblissante ou autrement.

11685. La Succession d'un Anobli, qui échet à des Anoblis, se partage roturiérement. Si elle n'échet qu'à des Nobles, elle se partage toujours noblement en ligne directe; mais en ligne collatérale, il est requis, pour cela, que tous les héritiers soient nobles d'ancienneté. Les Anoblis partagent noblement la Succession d'un Noble.

11686. M. Bouault, en ses notes, remarque qu'il se trouve, dans le titre des Successions des Nobles, de la Cout. de Tours, les art. 258, 259, 286, 287, 288, 289, qui conviennent à la Succession des Roturiers, comme à celle des Nobles; & dans le titre des Successions des Roturiers, les art. 296, 303, 304, 305, 310, 311, 312, 313, 319, qui regardent la Succession des Nobles, comme celle des Roturiers. Dans ce titre, sont les art. 315, 316, 317, 318, qui disposent de la Succession des Anoblis.

11687. Nous allons parler de la Succession des Nobles, de celle des Roturiers & de celle des Anoblis.

CHAPITRE PREMIER

CHAPITRE PREMIER.

De la Succession des Nobles.

11688. LA Loi municipale a à cœur d'entretenir une parfaite égalité entre les Roturiers ; elle en use autrement vis-à-vis des Nobles. Entraînée par des vues de politique, elle s'écarte de la route qu'elle suit si constamment pour les Roturiers, route tracée par la nature elle-même. Elle attribue à l'aînesse des avantages considérables.

11689. L'aîné a la Succession des puînés en entier, art. 263, 279, 282 de Tours, 249, 264, 265 de Loudun. Il a la majeure partie de toutes les autres Successions, tant collatérales que directes : 1°. il lui est libre de prendre tous les meubles, art. 260, 269 de Tours, 245, 256 de Loudun ; 2°. il prend les deux tiers dans tous les immeubles, nobles ou non-nobles, art. 260, 267, 279, 280, 281, 282 de Tours, 246, 255, 265, 267 de Loudun ; 3°. il préleve, avant partage, dans un des immeubles nobles, un préciput, franc & quitte de toutes dettes, art. 260, 267, 280, 281, 282 de Tours, 246, 255, 265, 267 de Loudun.

11690. Il faut convenir que la Loi municipale tempere, modifie, affoiblit ces prérogatives ; elle offre même les moyens d'y donner atteinte.

11691. Si l'aîné a le droit de succéder seul aux puînés, c'est, à Tours, sous une condition qu'il doit remplir ; & la Loi municipale ouvre, tant à Tours qu'à Loudun, aux puînés la voie de lui enlever ce droit, & de l'exclure de leur succession, non-seulement pour les propres, mais pour les meubles & les acquêts, art. 263, 279, 282, 283 de Tours, 249, 264, 265, 266 de Loudun. Les puînés qui ne prennent pas cette voie, ont au moins la faculté de le priver de leurs meubles & de leurs acquêts, en se les donnant les uns aux autres, art, 250 de Tours.

11692. Ce n'est qu'à la charge de payer seul toutes les dettes mobilieres, que l'aîné a tous les meubles, art. 268 de Tours, 256 de Loudun. Son préciput a des charges particulieres, v. ci-dessus n. 11651 ; & l'avantage qu'il a de prendre les deux tiers de tous les immeubles, est balancé par la disposition des art. 248, 249, 253 de Tours, 237, 238, 241 de Loudun.

11693. A Loudun, l'aîné est le seul qui soit honoré de la qualité d'héritier, Proust, p. 439, 464 ; il est seul saisi de tous les immeubles de la Succession ; jusqu'à ce qu'il ait été sommé par les puînés, de leur donner leur portion, il a tous les fruits, art. 244, 248 de Loudun ; *istud*, dit Dumoulin, *non præjudicat alimentis*, *præsertim pupillorum.* Les puînés ne sont saisis que depuis la sommation, art. 250. On peut les comparer aux Légataires, qui n'ont les fruits, que du jour de la demande en délivrance de leur legs. A Tours, les puînés sont tellement saisis de leur tiers, qu'ils peuvent former complainte, art. 262 de Tours, contre leur aîné, v. Boucheul sur Poitou, art. 293, n. 21 & suiv. ci-dessus n. 4372, ci-après n. 11969, 12306.

11694. L'aînée a le même sort que l'aîné ; ce qui souffre, à Tours, une exception considérable, qui n'a pas lieu à Loudun, art. 273, 274, 279, 282 de Tours, 245, 246, 248, 249, 255, 258, 265 de Loudun, v. ci-après n. 11704, 11705.

11695. Dans les cas douteux, il faut pencher, en faveur des puînés ou puînées, contre l'aîné ou aînée, pour le parti qui tend à diminuer les avantages qui lui sont accordés, & à ramener à l'égalité que ces avantages blessent. « Le droit d'aînesse » est favorable, dit Hévin sur Frain, p. 890, en ce qu'il contient par la disposi- » tion expresse de la Coutume ; mais l'on n'en peut faire d'interprétation extensive :

» la raison est qu'en tant qu'il induit une inégalité de partage entre les enfants, il » est contraire au droit commun, » v. ci-dessus n. 11550, 11597.

11696. Nous considérerons la Succession directe, & la Succession collatérale, par rapport, soit à l'aîné ou aînée, soit aux puînés ou puînées.

SECTION PREMIERE.

De la Succession directe entre Nobles.

11697. Après le décès des pere, mere, aïeul, aïeule ou autres ascendants, l'aîné, partageant avec ses freres ou sœurs, prend les deux tiers des immeubles, nobles ou non nobles, outre un préciput, tel qu'il a été expliqué ci-dessus n. 11558. & suiv. sur un des immeubles nobles, propre ou acquêt, à son choix, Olivier sur Maine, art. 238; l'autre tiers se partage entre les puînés ou puînées également, art. 260 de Tours.

11698. Si un pere a donné à une puînée, qui se tient à son don, le seul fief qu'il avoit, l'aîné ne peut en prétendre récompense, v. Dupineau sur Anjou, art. 247.

11699. Si l'aîné prend son préciput sur un fief dont l'usufruit a été donné, le Donataire jouira du prix que sera estimé le préciput, v. Olivier sur Maine, art 238.

11700. Après la mort d'un pere qui avoit un quart indivis dans un immeuble, les enfants se rendent Adjudicataires de la totalité; l'aîné n'a pas plus que ses freres, dans les trois quarts, Pothier, des Succ. c. 2, s. 1, art. 2, §. 3.

11701. Pothier, §. 2, tient que la créance d'un immeuble, qui, au moment de l'ouverture de la Succession, devoit se terminer à l'immeuble même, doit se partager comme l'immeuble, v. ci-après n. 11737.

11702. Un bien acquis par un pere au nom de tous ses enfants, doit se partager également, Dupineau, Obs. sur Anjou, art. 222, contre Olivier sur Maine, art. 238.

11703. « A l'aîné *appartiennent* tous les meubles, art. 260 de Tours; l'art. 264 se sert du » terme, *prend*, qui est vraiment direct, & signifie prendre par soi, sans ministere » d'autrui, voires emporte non-seulement une disposition, mais aussi une exécution » d'icelle, » Boullai, C. M.

11704. L'aîné, &, à défaut de mâles, l'aînée a le même avantage par les art. 245, 246 de Loudun; les meubles &, outre le préciput, les deux tiers des immeubles, nobles ou non nobles, Proust, p. 440, v. ci-dessus n. 11652.

11705. L'aînée, qui, par l'art. 274 de Tours, a, comme l'aîné, les meubles, *quorum appellatione moventia continentur*, Sainson, t. 25, art. 3, Proust, p. 439, n'a, par l'art. 273, outre le préciput, que sa part personnelle dans tous les immeubles.

11706. La réparation adjugée pour l'homicide du pere, appartient à tous les enfants également, Boullai, p. 251, Louis sur Maine, art. 238.

11707. Parmi les meubles déférés à l'aîné ou aînée, « sont compris les dettes » personnelles, arrérages de rentes dues au Défunt au temps de son décès, & aussi » les deniers des choses immeubles acquises par ledit Défunt, sujettes à retrait con- » ventionnel ou coutumier, retraites dedans le temps de la grace, ou dedans le temps » de la Coutume du Pays, qui est dedans l'an & jour de la vendition ou de la pos- » session prise par l'Acquéreur desdites choses, » art. 245 de Loudun, v. ci-dessus n. 8418, 9704.

11708. Encore que le retrait de l'immeuble soit exercé après le partage, les puînés n'ont rien dans les deniers qui sont remboursés, v. Ragueau sur Berri, t. 8, art. 25, pourvu que l'aîné n'ait pratiqué aucune fraude pour procurer le retrait, Boucheul sur Poitou, art. 251, n. 18.

11709. A Tours, si des enfants sont évincés par l'exercice d'un retrait conventionnel, seigneurial ou lignager, ou par l'événement d'une licitation, chacun doit avoir, dans le prix qui est remboursé, une part proportionnée à celle qu'il avoit dans l'héritage retiré ou licité, v. Pallu, p. 269, 270, 495, Pocquet sur Anjou, art. 91, Valin, t. 3, p. 116 & suiv. Pothier, des Succ. c. 2, s. 1, art. 2, §. 3, Olivier sur Maine, art. 305, 306, ci-dessus n. 9324, 11302.

11710. Cela « doit avoir son application, dit Olivier, pour l'argent procédant » de la rescision d'un Contrat annullé pour lézion, crainte, dol ou minorité. »

11711. Il n'y a pas de difficulté, pour le partage des deniers provenus du rachat d'un Contrat pignoratif ou d'une rente, fait depuis le décès du pere.

11712. Un pere étant mort après un Jugement de reconnoissance en retrait, avant l'exécution, c'est à l'aîné que le remboursement doit être fait, Pothier, des Retraits, n. 423, v. ci-dessus n. 11330.

11713. Il doit avoir les dommages-intérêts auxquels donne lieu l'éviction d'un immeuble.

11714. Le prix d'un immeuble vendu par le pere, quoiqu'il ne l'eût pas livré de son vivant, appartient à l'aîné; à moins que, par la vente, le contraire n'eût été dit, v. Boucheul sur Poitou, art. 291, n. 15.

11715. Un propre d'une mere, situé à Paris, est vendu 30000 l. la Communauté, à sa mort, se trouve composée de 10000 l. de meubles & de 20000 l. de conquêts. Les puînés prétendent partager également l'action en remploi, parce qu'ils auroient partagé également le propre, s'il n'eût pas été aliéné. Ils seroient fondés, si leur mere étoit décédée mineure; le bien des mineurs ne pouvant changer de nature, l'action en remploi eût représenté le fonds. Comme l'action est mobiliere, l'aîné veut l'exercer seul, &, en l'exerçant, prendre tous les conquêts; mais les puînés doivent y avoir leur tiers, dit M. Bernard, en ses notes. La mere pouvoit prendre, en remploi, les conquêts; en transmettant ses droits à ses enfants, ajoûte-t-il, elle leur a transmis cette faculté; il n'y a pas de différence entre le fonds & l'action pour l'avoir, v. ci-dessus n. 11300.

11716. Si l'action en remploi a lieu pour le tout, l'aîné devoit avoir les 30000 l. c'étoit une créance mobiliere, quoiqu'elle s'acquittât en partie avec des conquêts. On peut soutenir qu'il ne devoit avoir que les 20000 l. dont étoit tenu le pere, à raison des meubles & de la moitié des conquêts, qui lui appartenoient à titre de Communauté & de survie. L'autre moitié des conquêts appartenante à la mere, devoit se partager, sans aucun prélevement, entre l'aîné & les puînés; ceux-ci étoient saisis de leur tiers, sans que la mere, qui ne se devoit pas de remploi à elle-même, eût transmis à l'aîné aucune action contr'eux, à raison de son propre aliéné; les Successions se prennent dans l'état où elles se trouvent, v. Pocquet sur Anjou, art. 235, obs. 4°. Olivier sur Maine, art. 252, ci-dessus n. 8687, 11298 & suiv.

11717. Une Communauté est composée de 12000 l. de meubles & de 48000 l. de conquêts. Les remplois & les propres conventionnels du pere, qui est décédé, montent à 15000 l. & ceux de la mere à 10000 l. On peut dire que la mere, à raison de sa moitié des biens de la Communauté, est tenue, pour les remplois & les propres conventionnels du pere, de 7500 l. qui appartiennent à l'aîné des enfants, quoique, pour s'en remplir, il prenne des conquêts; & qu'elle ne doit rien, à raison des meubles qu'elle prend à titre de bail. Les enfants, saisis de 24000 l. de conquêts, paieront, pour les remplois & les propres conventionnels de la mere, 4000 l. Pendant le bail, elle doit jouir des 7500 l. v. ci-après n. 12449.

11718. Le 28 Juin 1763, M. Bernard estima que le remploi d'un propre aliéné appartient à l'aîné. Il est, en tout, mobilier, quoiqu'il se leve, en partie, sur les conquêts, & même quoiqu'il n'y ait que des conquêts. Si l'on dit que c'est ouvrir un moyen de faire passer à l'aîné, au préjudice des puînés, tous les propres, & conséquemment de l'avantager contre le vœu de la Loi; la réponse est que tout Propriétaire a la liberté de changer la nature de ses biens, & qu'on ne doit pas soupçonner, sans des circonstances particulieres, qu'il ait d'autre motif, que son propre intérêt.

11719. L'aîné ou aînée ayant prédécédé son pere, ses représentants prennent tous ensemble ce qui lui étoit déféré. Le « droit de prendre appartient, dit Boullai, » p. 256, non-seulement à l'aîné, mais à son fils, en la Succession de l'aïeul, voires » à tout autre tenant lieu de l'aîné, en la Succession, quand ce seroit un Acquéreur. »

11720. Les représentans subdivisent ce qui leur échet, de maniere qu'à l'aîné ou aînée d'entr'eux, appartiennent tous les meubles, & les mêmes prérogatives sur les immeubles, que dans la 1re. division, Dupineau sur Anjou, art. 235, Pallu, p. 430, 455, 501, encore que la Succession du représenté ait été répudiée, Pothier, des Succ. c. 2, s. 1, art. 2, §. 1, v. Valin, t. 3, p. 133, ci-après n. 11751 & suiv. 11770, 11777, 11807 & suiv. 12008.

11721. « La fille de l'aîné, qui vient à la Succession de son aïeul, avec ses tantes » ou oncles, aura droit d'aînesse, tout comme son pere l'auroit eu; ce qui a lieu » en collatérale, comme en directe, » Boullai, C. M.

11722. « La sœur puînée décede avant son pere, dit Boullai, & délaisse un fils, « qui la représente; la Succession du pere étant déférée à l'aînée & au neveu, il n'aura » plus qu'auroit eu sa mere, comme a remarqué Sainson, art. 14; à même raison, » l'aînée mourant & délaissant un fils, auquel & à ses tantes la Succession avienne, » il ne prendra plus grand avantage que feroit sa mere. »

11723. Les enfants d'un puîné ou d'une puînée subdivisent sa part dans le tiers des immeubles, avec droit d'aînesse, art. 280 de Tours, 267 de Loudun, Boullai, p. 270, Pallu, p. 430, 456, Valin, t. 3, p. 134, v. ci-dessus n. 10986.

11724. L'aîné ou aînée ne prend les meubles dans la Succession de l'un de ses pere & mere, aïeul & aïeule, que lorsque le Survivant d'eux ne les veut ou ne les peut prendre, v. ci-dessus n. 9189 & suiv.

11725. Si le Survivant n'y renonce qu'à l'expiration du délai de 3 mois & 40 jours, l'aîné ou aînée doit avoir un délai pour délibérer s'il lui est avantageux de les prendre, v. ci-dessus n. 9260, ci-après n. 11729.

11726. Les effets mobiliers que n'embrasse pas le droit de survie, appartiennent à l'aîné ou aînée, v. ci-dessus n. 9227, 9402, 9408.

11727. « Chopin est d'avis que l'aîné ne doit prendre que les deux tiers aux bes- » tiaux; mais j'estime qu'en Touraine, il les doit avoir tous; car les termes sont ex- » près en faveur de l'aîné. Si la Coutume eut entendu réserver les bestiaux, même » ceux de labeur, elle l'eût déclaré, comme elle l'a fait en l'art. 342. Je l'ai toujours » ainsi vu garder sans contredit, par 35 ans que je pratique, même ès- maisons de » Cingé, Paulmi, Chanceaux & autres, » Boullai, C. M. v. ci-dessus n. 9225.

11728. L'aîné peut renoncer au privilége de prendre les meubles, art. 269 de Tours, 256 de Loudun. « La Coutume ne le rend l'objet des dettes mobilieres, » que quand il les a pris. C'est une faculté dont il peut ne pas user, en laissant le » mobilier en masse, comme il y devroit rester, selon le droit commun, » notes de M. Dufrementel. « En toutes rencontres, dit Boullai, C. M. l'aîné peut renoncer » aux meubles; ce faisant, ne paiera que les deux tiers des dettes mobilieres. L'aînée » peut aussi répudier les meubles; ainsi a été pratiqué en la maison du Fau, » en 1592, » v. ci-dessus n. 11437.

11729. La renonciation peut se faire en tout temps, v. Boullai, p. 261.

11730. Au moyen de la renonciation aux meubles, ils se partagent comme les immeubles, notes de M. Carré; ou plutôt ils sont inventoriés & vendus, & le prix s'emploie au payement des dettes, art. 269 de Tours, 256 de Loudun.

11731. « J'ai toujours vu juger la faction de l'Inventaire, à la diligence & non » aux frais de la veuve qui renonce; mais la vente doit être faite à la diligence,

» soit de l'aîné renonçant, ou d'autres. Voires qu'il semble que la Coutume n'o-» blige pas la veuve à la faction de l'Inventaire ; *& seront, audit cas*, se doit rap-» porter à la renonciation de l'aîné. Les meubles ne seront vendus, qu'au cas que » toutes les Parties ne s'en accordent autrement ; car, en ce cas, leur convention » sera suivie ; même que les puînés, ou l'un d'eux les pourra accepter, baillant » caution d'acquitter les dettes. Je l'ai appris aux Notables de M. Baret, » Boullai, C. M.

11732. M. Dufrementel, en ses notes, s'exprime ainsi : « la conciliation des art. » 269 & 274, est que la renonciation aux meubles n'est pas une véritable & ab-» solue renonciation, puisque le renonçant reste toujours héritier ; c'est seulement » la renonciation à un privilége, au moyen de laquelle les meubles restent dans » la masse de l'hérédité, au lieu qu'ils pouvoient en être distraits en faveur de l'aîné » ou aînée. De-là vient que, s'ils ne sont pas suffisants, l'aîné porte les deux tiers » du surplus des charges auxquelles ils sont affectés, & qui, à défaut, se rejettent » sur les immeubles, dont il prend aussi les deux tiers ; que, par conséquent, s'il » reste du bénéfice, il doit également en prendre les deux tiers, malgré sa renon-» ciation, dont tout l'effet est de réunir le mobilier à l'immobilier, pour que toute » la Succession soit regardée comme immobiliere, & le profit doit être égal à la » perte. Au lieu que l'aînée, quand il n'y a que filles, partageant les immeubles par » têtes, sa renonciation au mobilier fait qu'il se partage de même par têtes entr'elle » & ses puînées ; que par conséquent, elle ne contribue aux dettes qu'en la même » proportion. » Il a ajouté : « *Fallor*; s'il y a un bénéfice, il revient pour le tout » à l'aîné, sa déclaration qu'il n'accepte pas le mobilier, n'attribuant aucun droit » à ses puînés, & n'est qu'une faculté que la Loi lui accorde, comme un remede pour » n'être pas accablé du poids des charges. C'est comme si elle vouloit qu'il n'en fût » pas tenu *ultrà vires inventarii*, quand il en a fait faire un fidele, suivi d'une » vente par encan, sous l'autorité de la Justice, & toutes les Parties intéressées, » présentes ou appellées, Dupineau sur Anjou, art. 235. » Le plus sûr pour l'aîné, est de faire des réserves, Olivier sur Maine, art. 252.

11733. L'aîné, acceptant les meubles, doit payer les dettes personnelles mobilieres, art. 269 de Tours, 256 de Loudun, Sainson, t. 25, art. 12, les frais funéraires, dons & legs à une fois payer, Pallu, p. 446.

11734. « L'aîné ni la veuve ne seront chargés de payer ce qui reste des maria-» ges des filles, dit Boullai, p. 260, sinon qu'elles soient mariées, & par leur Con-» trat de mariage aient renoncé au profit de l'aîné, qui prendra les portions des » filles, desquelles il paiera les mariages. Il est vrai que, hors ce dernier cas, les » puînés pourront quitter la part de la fille, à laquelle le mariage est encore dû, &, » ce faisant, l'aîné la prendra & paiera comme dessus. Je l'ai pratiqué en la maison » de Cingé, en Février 1601 ; j'entends, si l'aîné veut : car, à son refus, la portion » de la fille mariée se partagera entre tous, & la dette due pour le mariage, sera » payée par tous, » v. ci-dessus n. 11122, 11123, ci-après n. 12429.

11735. Tous les enfants contribuent à une réparation adjugée pour un homicide commis par le pere, Bodreau sur Maine, art. 252, 254. L'aîné est seul tenu des dommages-intérêts que de Saux sur Lebrun, des Succ. add. 69e. dit être dûs à l'occasion de quelque délit.

11736. « L'aîné sera seulement obligé au rachat des héritages vendus par Contrats » pignoratifs, pour les deux parts ; & paiera les arrérages, jusqu'au jour du tré-» pas de celui auquel il a succédé, s'il a recueilli les meubles, » Boullai, C. M.

11737. Le prix dû au Vendeur d'un immeuble, qu'il l'eût ou ne l'eût pas livré, ou le prix qu'il faut restituer à un Acquéreur d'un immeuble, qu'on évince par l'exercice d'une action rescisoire ou d'une action de retrait conventionnel, seigneurial ou lignager, est, parmi nous, une dette réelle, dont l'aîné doit sa part à raison du preciput & des deux tiers qu'il prend dans l'immeuble, v. Poullain sur Bretagne, art. 552, ci-dessus n. 11302, 11569, 11701, ci-après n. 12430, 12446.

11738. Un Acquéreur étant évincé par un tiers, l'action pour la restitution du prix & des dommages-intérêts, regarde celui qui prend les meubles, dit Pallu, N. M.

11739. « Si une tierce personne s'est obligée à amortir une rente constituée, & ne » le fait, l'obligation est pure personnelle & mobiliere, passe à l'héritier des meu- » bles ou Donataire d'iceux; jugé par Arrêt confirmatif de la Sentence du Prévôt » de Loches, le 18 Avril 1606, » Boullai, p. 222, v. ci-après n. 12427.

11740. « L'aîné, en recueillant les meubles par bénéfice d'inventaire, dit Boullai, » C. M. ne paiera les dettes, sinon jusqu'à la valeur des meubles; la Coutume re- » çoit sa déclaration par le droit commun, comme a reconnu Sainson, » v. Proust, p. 458, ci-après n. 12425.

11741. « La Succession n'étant que de meubles, en 1676, quelques-uns estime- » rent que l'aînée devoit en laisser le tiers pour légitime aux puînées; le plus grand » nombre fut pour le partage égal, » notes de M. Augeard. MM. Dubois, pere & fils, Bouault & Bernard, en leurs notes, sont aussi divisés. Le 1er. veut que la légitime soit préférée au droit d'aînesse; le 2e. dit qu'il y a grande raison d'en douter; les deux autres n'attribuent, en ce cas, à l'aînée, que sa part personnelle, comme à l'aîné les deux tiers, v. Olivier sur Maine, art. 238, ci-dessus n. 11409.

SECTION II.

De la Succession collatérale entre Nobles.

11742. On tient, parmi nous, pour maxime, que les Successions collatérales des Nobles sont déférées au seul aîné ou aînée; ce qui souffre deux exceptions. La 1re. consiste en ce que la Succession qui procede d'un chef de ligne, se partage entre tous les cohéritiers. La 2e. est en faveur des puînés, qui, lorsqu'ils tiennent leur portion héréditaire en commun, ont le privilége de s'entre-succéder, v. Velly, Hist. de Fr. t. 6, p. 173.

11743. On pourroit dire: 1°. c'est une regle générale, pour les Successions, soit des Nobles, soit des Roturiers, que les Successions collatérales se partagent comme les Successions directes. Ainsi que, lors du décès d'un ascendant, ses biens vont à toutes les branches qui en sont descendues; de même, l'une de ces branches venant à s'éteindre, toutes celles qui restent, sont abreuvées de ses biens. 2°. C'est une regle particuliere à la Succession des Nobles, que les biens d'une branche accroissent à la seule branche aînée, pourvu qu'à Tours, la branche aînée ait satisfait à la condition qui lui est imposée. 3°. Par une exception à cette regle particuliere, l'accroissement se fait aux autres branches puînées, lorsqu'elles ont pratiqué ce qui est nécessaire pour jouir de cet avantage.

11744. La Coutume cesse de vouloir favoriser la branche aînée, lorsque les branches puînées ont embrassé le moyen le plus propre à les soutenir, qui est l'union des biens, à laquelle est attaché le privilége de s'entre-succéder. C'est un privilége dont on ne peut jouir, qu'en observant exactement ce dont il est la récompense. Sous ce point de vue, la disposition qui l'établit, n'est pas susceptible d'extension, & on ne peut l'invoquer, qu'autant qu'on est précisément dans le cas où ce privilége est admis; sinon il faut revenir à la regle particuliere, qui elle-même doit être renfermée dans ses propres termes, & ne doit s'appliquer qu'au cas pour lequel elle a été faite, qu'aux Successions des puînés ou puînées nobles, à l'égard desquelles la Loi municipale s'écarte de la regle générale, afin de favoriser l'aîné ou aînée. Hors ce cas, c'est à la regle générale qu'il faut s'en tenir; on doit partager une Succession collatérale, comme une Succession directe.

11745. On ne peut pas dire que les biens qui viennent par la défaillance de la ligne à laquelle ils étoient déférés, proviennent d'un aîné ou d'un puîné, afin d'en abreuver tous les membres de la famille, ou de les réunir à la table de l'aîné, dont ils n'ont jamais été détachés; il semble que tous les membres de la famille doivent en être abreuvés, comme en Succession directe. On lit, cependant, dans les notes de M. Bernard: « la 1re. partie de l'art. 282 de Tours doit s'appliquer à toute Succession où, » une ligne manquant, l'autre succede; les qualités d'aîné & de puîné cessent dans ces » Successions; *idem* à la Succession de la sœur aînée; *idem* à la Succession de la » femme anoblie, quand tous les Collateraux sont nobles d'ancienneté. »

11746. Nous examinerons ce qui concerne, tant la Succession d'un chef de ligne, que celle d'un puîné ou puînée.

ARTICLE PREMIER.

De la Succession d'un Chef de ligne.

11747. La Succession d'un Chef de ligne est celle de tout parent par la mort de qui s'éteint la branche aînée, en quelque dégré qu'il soit parent de ceux qui survivent dans les branches puînées.

11748. La Succession d'un aîné, d'un issu ou d'une issue d'aîné, qui ne laisse pas de descendants, se partage comme celle d'un pere; tous les freres & sœurs, ou leurs représentants, y ont part, art. 267, 282 de Tours, 255, 265 de Loudun.

11749. « L'aîné mourant avant le partage de la Succession du pere, il se fait deux » partages, l'un en directe, l'autre en collatérale, de sa part, » notes de M. Augeard.

11750. Dans la Succession d'un Chef de ligne, qui comprend toutes celles qui lui ont été déférées, encore « qu'il ne les ait appréhendées devant sa mort, » dit Boullai, p. 258, l'aîné des Survivants a les deux tiers des immeubles, avec l'avantage, qui « est, non-seulement l'hôtel noble, préciput & chezé, mais aussi les meubles, comme » il s'induit des art. 268 & 274 de Tours; car, de diverses dispositions de la Coutume, il » est clair que son esprit est d'attribuer les meubles, en Successions directes & col- » latérales des Nobles, à l'aîné ou aînée; c'est le sentiment de Boullai, qui en at- » teste l'usage, » Pallu, N. M. pourvu qu'il n'y ait pas d'ascendants, v. ci-après n. 11782, 11816, 11850.

11751. La subdivision se fait entre les représentants l'aîné, comme si sa part lui étoit d'abord échue, & qu'ils lui eussent ensuite succédé, v. ci-dessus n. 11723.

11752. On voit, dans Proust, p. 447, que la Succession de la fille d'un Chef de ligne a été divisée des deux tiers au tiers, entre les représentants un puîné & les représentants deux puînées, qui avoient été mariées & dotées; & que, dans la subdivision entre les représentants le puîné, l'aîné a pris les deux tiers, & les autres le tiers.

11753. Si, à la mort d'un aîné ou de son représentant, ceux qui sont appellés à lui succéder, ne sont ou ne représentent que ses sœurs, il faut déférer à la branche qui devient la branche aînée, les mêmes avantages qu'a l'aînée de plusieurs filles dans la Succession de leur pere; & les représentants de chacune des sœurs, doivent partager la part qui échet à leur branche, comme si elle leur venoit par la Succession de leur mere.

11754. « J'ai vu arriver, dit Boullai, C. M. pour la Succession d'un Chef de li- » gne, cette difficulté. Dans la Succession de René, la Dame de Cingé prend, sans » controverse, par préciput, le château d'Argis & avantage attribué par la Cou-

» tume ; le surplus se divise en trois portions égales : l'une pour les représentants François, (Boullai veut dire Rosalie) ; la 2e. aux représentants Charlotte ; la 3e. aux représentants Gabrielle. Chacun des aînés des représentants Louise & Martine, (Boullai ne voudroit-il pas dire Charlotte & Gabrielle), veut prendre droit d'aînesse sur ses cohéritiers ; sur quoi il y a contestation, d'autant qu'en une même Succession, n'y a qu'un seul droit d'aînesse, qui avoit été pris par la Dame de Cingé, & que partant ceux des autres branches, qui ne sont que puînés, ne le peuvent demander sur leurs cohéritiers, & semble que l'art. 282, en ces termes, & *tous les puînés le tiers*, le veuille ainsi. Aussi, fût le partage fait entre tous les puînés ou leurs représentants en cette sorte, en Juillet 1600. » La Dame de Cingé, fille de François, dans la 8e. des généalogies rapportées ci-dessus n. 11465, devoit avoir, dans une des trois portions égales, revenante aux représentants Rosalie, les deux tiers ; Louise, en subdivisant avec Martine leur tiers, ne pouvoit prétendre de droit d'aînesse, il n'y en a qu'un seul dans une même Succession, Boullai, p. 270 ; mais, si Louise ou Martine eût eu des enfants, l'aîné ou aînée auroit dû avoir le droit d'aînesse vis-à-vis de ses freres ou sœurs. De même, les enfants de Charlotte n'avoient aucun droit d'aînesse à demander contre les enfants de Gabrielle ; mais l'aîné ou aînée des enfants de Charlotte ou de Gabrielle, pouvoit exiger le droit d'aînesse vis-à-vis de ses freres ou sœurs.

11755. M. Bouault, en ses notes, dit que « la Succession d'une sœur, d'une tante, » d'une cousine, se partage également entre l'aînée & les puînées, sans préciput. » C'est une erreur, soit que la Défunte soit ou représente une puînée ou une aînée. Il ajoute : « Chef de ligne ne peut se dire des sœurs & tantes. » Mais, selon lui-même, « le mot, *puîné*, signifie tous ceux qui ne sont pas Chefs de ligne. » Pour être conséquent, il faut, ou tenir que le mot, *puîné*, signifie la sœur ou la tante qui est aînée, ce qui est ridicule ; ou avouer qu'elle est Chef de ligne.

11756. MM. Bernard, Dufrementel & Leveigneur, ont estimé qu'une fille, qui peut bien représenter un Chef de ligne, ne peut l'être ; & qu'ainsi, la Succession de la Duchesse de Rochechouard, représentante l'aînée de six filles, n'appartenoit pas à toutes ses sœurs, mais au seul représentant l'aînée des cinq puînées. Ce système, qui, après avoir partagé les plus célebres Avocats de Paris, a été adopté par une Sentence des Requêtes du Palais, du 7 Août 1756, ne doit pas être suivi.

11757. 1°. Tous les membres doivent être abreuvés d'une Succession, & dans le cas exprimé par l'art. 282 de Tours, où l'aîné a les deux tiers, & tous les puînés l'autre tiers ; & dans le cas non exprimé par cet article, où le partage se fait également : savoir, lorsque l'aîné ou aînée laisse sa Succession à partager entre des filles. Toutes sont appellées à succéder à leur aîné ou aînée, par l'art. 282 ; & par l'art. 273, elles doivent partager par têtes. C'est ce qu'on auroit exprimé, en finissant l'art. 282 ainsi : « en aura, comme en Succession directe, l'aîné les deux » parts & l'avantage, & tous les puînés le tiers ; &, s'il n'y a que filles, chacune » d'elle sera saisie de sa portion par tête, fors qu'à l'aînée appartiendra l'avantage. » Il y a d'autres cas où l'on est obligé de suppléer ce qui a été omis, v. Pallu, p. 409, ci-après n. 11785. La Coutume a manqué de s'expliquer dans l'art. 282, comme dans les art. 261, 263, 267, 271, 280, 281, qui n'expriment que le cas d'un partage des deux tiers au tiers, entre un aîné & des puînés, quoique leur disposition doive s'appliquer au cas d'un partage égal, entre une aînée & des puînées. La même omission ne se rencontre pas, pour ce qui fait la matiere des art. 264, 266, 269 ; les art. 273, 274, préviennent, à cet égard, les difficultés qu'on auroit pu faire. Quelque sentiment qu'on embrasse, c'est une nécessité de suppléer à l'art. 282, ou de soutenir que la Succession de l'aîné, qui avient à des filles, n'est pas comprise dans l'exception, & demeure sous l'empire de la regle générale, qui commence l'article ; c'est ce que personne n'a osé prétendre, parce qu'il faudroit, pour cela, effacer cet l'art. 273. Pour juger de l'étendue de la regle, on doit connoître l'étendue de l'exception. Si l'exception embrasse la Succession d'une aînée, cette Succession n'est pas l'objet de la regle. Comme la partie de l'article, qui contient l'exception, est non-seulement la répétition de l'art. 267, mais la répétition abrégée & mal rédigée d'un autre article, il faut recourir à cet article, qui est l'art. 273, lequel détermine clairement à qui appartient la Succession qui procede du Chef des nobles, c'est-à-dire, du Chef de ligne, ainsi que l'explique Pallu, p. 451.

11758. 2°. On oppose que, si la Succession de l'aînée est réglée par l'art. 273, l'art. 282 est inutile, ne disant exactement rien qui ne se trouve dans les articles précédents. L'art. 282 contient trois dispositions, une regle & deux exceptions; on ne peut disconvenir qu'il ne soit, dans les exceptions qu'il exprime, une répétition des art. 263, 267, 279; pourquoi ne seroit-il pas également une répétition de l'art. 273? Alors, la regle que contient l'art. 282, n'est que la conséquence qui résulte des dispositions d'articles précédents, ne présente rien de nouveau, ne renferme pas un genre de Succession, dont il n'ait pas été parlé. Autrement, dans l'art. 282, où on a eu tant de soin de rappeller des dispositions déja clairement énoncées, on auroit nommément exprimé ce genre de Succession, sans se contenter de l'envelopper sous une disposition générale. Deux mots auroient suffi; on auroit pu les insérer dans l'art. 267, ou dans l'art. 273, sans faire, en vue de ce même genre de Succession, un très-long article, où on n'en parle point, tandis qu'on s'y occupe de Successions dont le sort étoit réglé. Il est visible que la regle de l'art. 282 n'a pas eu, pour objet, la Succession de l'aînée. On auroit pu, sans inconvénient, le supprimer, comme on ne peut disconvenir que l'art. 265 de Loudun ne soit superflu, d'après les art. 249, 255, 258, 264.

11759. 3°. L'art. 249 de Tours ne fournit pas une objection solide. Il ne décide pas que les freres & oncles sont les seuls qui peuvent être Chefs de ligne, mais il leur donne seulement le droit de déranger l'ordre de leur Succession, lorsqu'ils sont Chefs de ligne; & encore dans le cas seulement où leur Succession doit se partager des deux tiers au tiers, non dans celui où le partage s'en fait par têtes. On n'a pas entendu y définir ce qu'est un Chef de ligne; on a seulement donné la qualité de Chefs de ligne à de certains mâles. Il y a des filles à qui elle convient; l'article ne dit pas le contraire. Il ne nomme pas tous ceux qui peuvent être Chefs de ligne.

11760. 4°. La qualité de Chef de ligne ne convient pas, dit-on, à une fille en qui la famille s'éteint. C'est le nom qui s'éteint, lorsque l'aînée passe dans une famille étrangere; mais la famille subsiste, & l'aînée n'en est pas moins, dans l'ordre de la naissance, la 1re. de la famille. Son sexe n'est pas un obstacle à la qualité de Chef de ligne, puisqu'une fille en jouit, vis-à-vis même des mâles, lorsqu'elle représente un mâle; pourquoi n'en jouiroit-elle pas, vis-à-vis d'autres filles, lorsqu'elle est ou représente une aînée? Si un aîné n'avoit eu qu'une fille, qui auroit été mariée à un Roturier, la fille issue de ce mariage, quoique roturiere, quoique portant un nom différent de celui de ses grands-oncles, leur seroit préférée, pour les droits d'aînesse; nouvelle preuve que la Loi municipale ne considere, ni le sexe, ni le nom: il suffit, à ses yeux, d'occuper le 1er. rang dans la famille.

11761. 5°. On se trompe, en croyant que l'art. 282 annonce que le titre de Chef de ligne n'appartient qu'à la masculinité, comme le titre de Chef de nom & armes. Le mot, *parent*, est un terme générique, qui, dans l'art. 282, ainsi que dans l'art. 249, comprend le sexe féminin, aussi-bien que le sexe masculin. Les filles ne sont pas moins que les mâles, de la parenté, de la ligne. Celle qui y tient le 1er. rang, est le Chef, auquel tout se rapporte, Proust, p. 449, 450, Pallu, p. 492. Ce n'est que lorsqu'il y a un mâle, que la Loi municipale refuse aux filles la qualité de Chef de ligne, comme la qualité d'aîné; qualités qui, parmi nous, se confondent.

11762. 6°. Il est impossible de soutenir, à Loudun, que l'aînée n'est pas comprise sous le terme de *Chef de ligne*, dans l'art. 265; que l'aînée des puînées peut prétendre sa Succession; que tous les membres ne doivent pas en être abreuvés. N'y a-t-il pas de l'absurdité à vouloir donner un autre sens à l'art. 282 de Tours, qui est conçu dans les mêmes termes ?

11763. 7°. L'aînée a toujours été regardée, à Tours, comme le Chef de la famille, aussi-bien que l'aîné. Avant la Réformation de la Coutume, faite en 1559, l'un & l'autre avoient la saisine universelle des Successions: les puînés ou puînées n'y prenoient part que du jour qu'ils en formoient la demande. En faisant un changement, à cet égard, on a conservé à l'aînée, comme à l'aîné, les autres prérogatives qui, avec le titre de Chef de ligne, ont été de tout temps affectées à l'aînesse. C'est l'aînée qui donne partage à ses sœurs; elle peut retenir en entier les grandes Seigneuries, comme les Baronnies; elle « prend pareils droits, portions & avantages que l'aîné, hoir-mâle, pourroit » avoir, eu égard à ses puînées, porte l'art. 258 de Loudun; & aussi est tenue à » pareilles charges que ledit hoir-mâle. » Cette regle, qui ne souffre aucune exception à Loudun, ne doit pas, dans la Cout. de Tours, qui a le même esprit, en recevoir d'autre que celle qui s'y trouve écrite en termes formels. Si l'on excepte le partage des deux tiers au tiers, l'aînée jouit, à Tours, de tous les droits attachés à l'aînesse. Où les droits sont les mêmes, on doit dire que le titre est égal. Qu'il y ait un mâle, ou qu'il n'y en ait pas, la Loi municipale reconnoît toujours, dans la famille, un Chef, qui en est comme le centre, à qui elle attribue des prérogatives, & à qui elle impose des charges. C'est ce chef en la main de qui réside la table représentative de la Succession de l'Auteur commun; c'est ce chef qui garantit en parage les autres membres de la famille; c'est ce Chef qu'à la fin du parage, ils reconnoîtront pour leur Seigneur; c'est ce Chef qui possede le Chef-lieu, auquel se réuniront, par la mort des puînés ou puînées, ou de leurs représentants, les parties qui en ont été détachées. Peut-on refuser la qualité de Chef à l'aînée, qui en fait toutes les fonctions ?

11764. 8°. La faculté de déroger à l'ordre des Successions, est accordée, non-seulement à ceux dont la Succession doit se partager inégalement, art. 248, 249 de Tours, mais encore à ceux dont la Succession ne doit pas être partagée, art. 250. Si la Succession de l'aînée devoit avoir le même sort, que la Succession de ceux dont parle l'art. 250, il est naturel de penser que l'aînée eût participé à la faculté que cet article leur accorde, v. Pallu, p. 406.

11765. 9°. L'aînée est en tout comparée à l'aîné, & particuliérement lorsqu'il s'agit de recueillir une Succession collatérale. Il est singulier qu'on veuille faire disparoître cette uniformité dans le partage de sa propre Succession; c'est, en même-temps qu'on consent qu'elle vive comme aînée, la faire mourir comme puînée.

11766. 10°. L'aînée des puînées, qui recueilleroit seule la Succession de leur aînée commune, seroit plus avantagée que l'aîné des puînés, qui est obligé de partager, avec ses freres & sœurs, la Succession de leur aîné commun.

11767. 11°. La Loi municipale n'accorde pas le droit de succéder seul, sans modifier cet avantage, sans ouvrir, en faveur de ceux ou celles qu'elle prive du droit de participer à la Succession, un moyen d'éviter cette privation, d'avoir même toute la Succession. Où l'aîné ou aînée a le droit d'exclure ses puînés ou puînées, ceux-ci ou celles-ci ont la faculté de l'exclure. Suivant l'esprit de la Loi municipale, l'un ne marche pas sans l'autre; celle qui ne peut pas être exclue de la Succession de l'aînée, n'a donc pas le droit de la recueillir seule, d'exclure ses sœurs.

11768. 12°. La Succession des puînés ou puînées n'est déférée à l'aîné ou aînée, que comme un accroissement d'une partie au tout, que comme un retour à la table de l'Auteur commun. Déférer la Succession de l'aînée à l'aînée des puînées, c'est faire accroître le tout à une des parties plutôt qu'aux autres, ce qui répugne. L'aînée des puînées ne possédant pas la table, il n'y a pas de motif de la préférer. C'est la table elle-même qui est à partager ; la Succession où elle se trouve, parce qu'elle est une image de la Succession directe, a été assujettie aux mêmes regles. Que cette table sorte des mains d'une fille ou d'un mâle, dès qu'elle est dévolue à des filles, le partage doit être le même, parce qu'il n'y a pas de raison d'établir une différence ; l'art. 273 a compris l'un & l'autre cas, sous les termes de *Successions collatérales, procédant du Chef des Nobles.* La regle générale, que les Successions collatérales se partagent comme les Successions directes, doit avoir son effet, dès qu'on n'est pas dans le cas pour lequel est faite la regle particuliere, qui n'a pour objet que les Successions des puînés ou puînées, v. ci-dessus n. 11743.

11769. 13°. Notre interprétation, outre l'avantage de sortir des différentes différentes dispositions de la Coutume, en a un autre, qui doit décider : elle est conforme à l'usage, & elle est affermie du suffrage de ceux qui ont le mieux connu la Coutume.

L'exemple que nous allons citer, est trop remarquable, pour ne pas en valoir plusieurs. On le trouve dans la famille de René Batarnai, Comte de Bouchage & de Montrésor, qui eut, d'Isabelle de Savoie-tende, cinq enfants. Par le prédécès de Claude, Françoise, veuve de François d'Ailly, Vidame d'Amiens, devint l'aînée de Marie, Jeanne & Gabrielle, qui moururent avant elle. A sa mort, arrivée le 7 Octobre 1617, Jeanne n'ayant pas laissé de postérité, de Bernard de Nogaret, Seigneur de la Valette, Amiral de France, la terre de Montrésor se partagea entre la représentante Marie, qui avoit épousé Guillaume, Vicomte de Joyeuse, Maréchal de France, & les représentants Gabrielle, qui avoit épousé Gaspard de la Chartre, Comte de Nancey. Françoise étoit certainement aînée, non pas parce qu'elle garantissoit en parage la représentante Marie, pour les parties de la terre de Montrésor, que celle-ci possédoit du vivant de celle-là, puisqu'une puînée qui a acquis la portion de l'aînée, peut garantir en parage les autres puînées ; mais parce que ce ne peut être que la Succession d'une aînée, qui se partage avec droit d'aînesse, comme se partagea la Succession de Françoise : la Succession d'une puînée ne se partage point, ou elle se partage avec une parfaite égalité.

Observez que cet exemple est rapporté par Pallu, p. 151, dans une Consultation souscrite par les anciens Avocats du Barreau de Tours ; & que MM. Carré, Augeard, Dubois, &c. n'ont fait aucune note sur un exemple qui les auroit frappés singuliérement, s'ils eussent été dans une opinion contraire à celle de Boullai, qui a disertement reconnu que le nom de Chef de ligne convient aux filles, comme aux mâles, v. ci-dessus n. 11133, & de Pallu, p. 406, qui donne pour constant, qu'en Touraine, lorsqu'il n'y a pas de mâle, les puînées succedent aux immeubles de l'aînée, qu'il regarde comme Chef de ligne.

11770. Pour savoir si une personne décédée sans enfants, est ou représente un Chef de ligne, il faut remonter à l'ascendant le plus proche dont elle est descendue, & dont il existe d'autres descendants, & examiner si elle est ou représente un aîné ou une aînée. Soit par ex. la 4e. des généalogies rapportées ci-dessus n. 11465.

1°. Posons qu'à la mort de la fille ou petite-fille de Julie, ou de Luce, ou de Rose, il ne reste, des descendants de Germain, que Claire, Gaspard, Eléonore, André & Paule : André recueillera les meubles, le préciput & la moitié des immeubles, & Paule l'autre moitié. Gaspard ni Eléonore ne tiennent pas le rang de puînés, vis-à-vis de la Défunte, qui elle-même ne doit pas être considérée comme puînée, à l'égard de Claire, tant qu'il existe quelqu'un à l'égard de qui elle faisoit fonction de Chef de ligne.

2°. Si Thomas meurt sans postérité, sa Succession appartient à Denis, pour les deux tiers des immeubles, outre le préciput & les meubles, & à Vincent & Paule, pour l'autre tiers. Il est Chef de ligne à leur égard, comme Fulgence l'est à l'égard de Gaspard & des représentants Robert & Aubin, comme Claire l'est à l'égard de Renée & Cécile, & Sophie à l'égard d'Eléonore. La Succession de Thomas seroit considérée comme celle d'un puîné, s'il se trouvoit seul descendant de Robert ; elle iroit à Fulgence, ou à Claire, Renée & Cécile, qui la partageroient par têtes, hors les meubles & le préciput, que prendroit Claire.

3°. La Succession de la derniere décédée des filles de Fulgence, appartient, pour les deux tiers des immeubles, outre le préciput & les meubles, aux représentants Robert ; l'autre tiers se subdivise par moitié, entre Gaspard & les représentantes Aubin, dont l'aînée doit avoir le préciput, dans le partage qu'elle fait avec sa puînée. Par le partage de la portion des représentants Robert, les meubles, le préciput & les deux tiers du surplus de cette portion, sont pour les filles de Thomas, dont l'aînée prend les meubles & le préciput, plus que ses puînées ; l'autre tiers dans cette même portion, se divise également, entre Vincent, Denis & Paule. S'ils avoient laissé chacun plusieurs enfants, l'aîné, dans chaque subdivision, auroit le préciput & les deux tiers, ou l'aînée seulement le préciput & une part virile. Le partage se fait comme en ligne directe, dans tous les dégrés à l'infini, v. ci-dessus n. 11720.

ARTICLE II.

De la Succession d'un Puîné ou d'une Puînée.

11771. C'est une regle qui est particuliere à la Succession des Nobles, parmi nous, que l'aîné ou aînée succede aux Puînés ou Puînées ; la Cout. de Tours exige, pour cela, qu'il n'y ait pas de retardement notable de faire partage.

11772. Cette regle reçoit une exception, lorsque les Puînés ou Puînées ont possédé leur part en commun.

11773. Pour décider si la Succession d'un Puîné ou d'une Puînée appartient à l'aîné ou aînée, on doit voir, d'abord, s'il a été fait un partage entre l'aîné ou aînée, & les Puînés ou Puînées. Lorsqu'il n'en a pas été fait, on examine s'il y a eu, de la part de l'aîné ou aînée, de la négligence ; cette négligence étant punie de la privation de la Succession du Puîné ou de la Puînée qui vient à décéder. Quand il y a eu un partage, il faut savoir si les Puînés ou Puînées ont subdivisé leur portion ; la possession commune produisant le droit de s'entre-succéder.

PARAGRAPHE PREMIER.

Du Droit qu'a l'Aîné ou Aînée, de succéder aux Puînés ou Puînées.

11774. La Succession d'un Puîné ou d'une Puînée, ou de son représentant, appartient à l'Aîné ou à ses représentants, & n'y prennent rien les autres Puînés ou Puînées, ni leurs représentants, art. 263, 279, 282 de Tours, 249, 264, 265 de Loudun.

11775. Cette regle a lieu pour les propres, comme pour les acquêts, notes de M. Bernard.

11776. Par un Arrêt que remarquent Dumoulin sur Loudun, art. 264, Proust, p. 466, les biens qu'un fils avoit eus de sa mere, ont été adjugés à l'enfant de son frere utérin, à l'exclusion de sa sœur germaine, v. Arrêt du 29 Avril 1585, cité par Proust, p. 452.

11777. Chauvelin sur Tours, art. 282, cite un Arrêt de 1567, « qui a décidé, » dit-on, contre sa disposition. Il a simplement décidé que, quand le partage général » est fait, & qu'il s'agit de subdiviser, le partage doit se faire comme en directe. » C'est sur ce fondement qu'a été réformé l'art. 279. Il se pouvoit que Damien & » Catherine fussent venus par représentation, auquel cas ils devoient partager comme » en directe, » notes de M. Bernard, v. Chopin, des Priv. des Rust. l. 3, c. 9, n. 2.

11778. Un Aîné, qui avoit partagé les meubles d'une Puînée avec les enfants de deux autres Puînées, ignorant la disposition de la Loi municipale, qui les déféroit à lui seul, s'est fait restituer contre le partage, par un Arrêt du 31 Juin 1634, cité ci-après n. 11889; ses Créanciers auroient pu le faire révoquer, suivant Valin, t. 3, p. 189, v. Lebrun, des Succ. l. 2, c. 2, s. 1, n. 40, Denisart, au mot *Erreur*, Répert. de Jurispr. au mot *Ignorance*, ci-dessus n. 6883, ci-après n. 12259, 12304.

11779. J'ai deux freres consanguins & trois freres utérins, nés avant moi : à mon décès, l'Aîné des freres consanguins, outre les propres paternels, aura-t-il les deux 5es. ou la moitié des meubles & des acquêts, & l'Aîné des freres utérins le surplus, outre les propres maternels?

11780. Si, plus jeune que les freres consanguins, je suis plus âgé que les freres utérins, les propres paternels iront à l'Aîné de ceux-là, les deux tiers des propres maternels à l'Aîné de ceux-ci, l'autre tiers à ses Puînés; mais que décidera-t-on à l'égard des meubles & des acquêts?

11781. Dans la 1re. des généalogies rapportées ci-dessus n. 11465, ce qui est déféré par ex. à la ligne de Marie, si on la suppose une Puînée, appartient à l'Aîné de ses freres. Au contraire, ce qui est déféré à la ligne de Louis, si on le suppose un Aîné, se subdivise, de sorte que l'Aîné de ses freres a la portion des meubles, un préciput & les deux tiers dans la portion des acquêts & des propres; & ce qui est déféré à la ligne de Sophie, si on la suppose une Aînée, se subdivise, de sorte que l'Aînée de ses sœurs a la portion des meubles, un préciput & sa part virile dans la portion des acquêts & des propres, v. ci-dessus n. 11455.

11782. Lorsqu'il y a des ascendants, ils sont préférés, pour les meubles & les acquêts.

11783. Quand il n'y a pas d'Aîné ni de représentants un Aîné, c'est à l'Aînée ou à ses représentants, qu'est dévolue la Succession d'une Puînée ou de son représentant, & n'y prennent rien les autres Puînées ni leurs représentants.

11784. Sainson, t. 25, art. 24, entend par l'Aînée, la plus âgée; de sorte qu'il attribue à une fille qui a un frere plus jeune qu'elle, la Succession d'un autre frere, qu'elle n'auroit pu prétendre qu'au cas où ils auroient tenu en commun leur part dans la Succession du pere, comme l'observe Boullai, C. M. Lors de la Réformation de la Cout. de Tours, faite en 1559, ou l'on ne fit pas attention à l'interprétation de Sainson, ou l'on ne craignit pas qu'elle fût adoptée; on ne se donna pas la peine de faire aucun changement à l'article qui a donné lieu à son erreur, v. art. 226 d'Anjou.

11785. On a soutenu que, quand il n'y a que des filles, la Succession d'une Puînée appartient à toutes les sœurs; que l'art. 282 de Tours n'exclud que les Puînés; que l'art. 279 distingue bien clairement le cas où il y a un mâle, & celui où il n'y a que des filles : dans le 1er. la Succession d'un Puîné est déférée à l'aîné seul; dans le 2e. à toutes les filles, qui succedent par têtes.

1°. La Succession d'un mâle qui n'a, pour héritieres, que des sœurs, est la Succession d'un Aîné; ainsi, on ne peut pas dire que l'art. 279 parle du cas où la Succession d'un Puîné est déférée à ses sœurs.

2°. L'art. 279, qui ne parle que de la table de l'Aîné, doit s'entendre également de la table de l'Aînée; ainsi, sa disposition doit s'appliquer aux Successions des Puînées ou issus de Puînées, quoiqu'il ne fasse mention que de celles des Puînés ou issus de Puînés. Ce qui est ajouté dans l'article, *savoir est*, &c. a pour but de régler, entre les représentants l'Aînée ou Aînée, le partage de la Succession qui leur est déférée. Les termes, *s'il n'y a que filles*, se rapportent aux représentants l'Aîné ou Aînée. La Coutume n'a pas en vue de régler par-là la Succession d'un Puîné ou d'une Puînée dans le 1er. dégré; elle la regle, en la faisant revenir *à la table de l'Aîné*, ou aînée, qu'il faut suppléer, d'après l'art. 282, qui dit positivement, *à l'Aîné ou Aînée, & n'y prennent rien les Puînés*, ou Puînées, qu'il faut également suppléer. Ainsi, s'il n'y a que trois filles, dont les deux Puînées ne soient pas en société, une Puînée décédant sans enfants, sa Succession appartient à l'Aînée seule; c'est ce qui a été jugé par un Arrêt de 1567, qui n'est pas contraire à l'art. 279, comme le suppose Boullai, p. 272, dont M. Bernard, en ses notes, a relevé l'erreur.

3°. L'art. 263 s'entend de l'Aînée, comme de l'Aîné, notes de MM. Carré & Dubois, fils; M. Carré cite l'Arrêt de 1700, dont l'espece est rapportée ci-après n. 11804. Le nom masculin comprend souvent le féminin, v. Sainson, *t.* 1, art. 23, Pallu, p. 405, Dupineau, Obs. sur Anjou, art. 247, Pocquet sur Anjou, art. 321, obs. 1e. L'usage est constant, pour l'exclusion des Puînées, en faveur de l'Aînée, comme en faveur de l'Aîné; MM. Bernard, Dufrémentel & le Pere de l'Auteur, l'attestent, dans une Consultation que nous avons entre les mains, v. Arrêt de 1726, cité ci-dessus n. 10984. On pretendoit, dans le Mémoire sur lequel la Consultation fut donnée, que, parce qu'il y avoit eu originairement un Aîné, dont la postérité étoit éteinte, l'Aînée ne pouvoit exclure la Puînée. C'est au moment du décès, qu'on cherche la branche Aînée; la circonstance qu'il y a eu un Aîné, est indifférente.

11786. L'art. 263 de Tours punit l'Aîné qui est en demeure notable de donner à ses Puînés leur part, en le privant du droit de leur succéder. Sainson, *t.* 25, art. 24, fait part d'une espece qui paroît avoir donné lieu à cette disposition. S'ils ont des enfants, ou s'il n'y a qu'un Puîné, il n'y a plus de motif qui engage l'Aîné à faire partage.

11787. Il y a demeure notable, lorsqu'il s'est écoulé 3 mois, depuis le décès de celui de la Succession de qui il s'agit. M. Bouault, en ses notes, paroît insinuer que les 3 mois ne doivent se compter que du jour de l'expiration des 3 mois & 40 jours dont il a été question ci-dessus n. 11179.

11788. « Si les 3 mois ne sont pas écoulés, l'Aîné succédera entiérement à la por- » tion du Puîné décédé au-dedans de ce terme, ainsi que je l'ai lu aux Notables de » M. Baret, » Boullai, C. M. L'Aîné n'est pas en retard; ce n'est qu'après l'expiration du délai accordé par la Coutume, qu'on présume, contre l'Aîné, ce qui est plus favorable aux Puînés : on présume que, s'ils eussent eu leur part, ils l'eussent possédée en commun.

11789. Des pere & mere, qui avoient trois enfants, après avoir doté leur fille, avec réserve de venir à leur Succession, ont fait une démission de leurs biens : les deux freres ont passé un Acte dans lequel ils ont regardé leur sœur comme remplie de sa part; & par lequel, liquidation faite des droits de l'Aîné & du Puîné, celui-là a abandonné à celui-ci des biens, pour sa part, & lui a vendu même la sienne. A la mort du Puîné, les représentants la Puînée ont allégué que l'Aîné n'avoit pas fait de partage à ses Puînés, & qu'il n'y avoit pas eu de subdivision entre les deux Puînés. La Puînée, dont la dot étoit de 4000 l. & qui, en la rapportant, n'auroit eu que 2000 l. avoit reçu plus que sa part; ainsi, il n'y avoit de partage à faire, qu'avec le Puîné, & il a été fait. Il n'y a pas eu d'indivision entre le Puîné & la Puînée; point de masse commune à subdiviser; ils ont reçu & possédé séparément leur part; la Puînée s'est tenue à sa dot, & le Puîné à ce que l'Aîné lui a abandonné. Les représentants l'Aîné doivent donc succéder à ce dernier, notes de M. Bernard.

11790. En 1763, le Pere de l'Auteur décida que la prétention des enfants de Jeanne, qui vouloient succéder à leur tante, sous prétexte qu'il n'y avoit pas eu de partage, n'étoit pas fondée.

1°. Jeanne avoit eu une dot en avancement de Droits successifs, mais elle n'avoit pas rapporté. Elle n'avoit pas songé, pendant sa vie, à exercer la faculté qu'elle avoit, de venir à la Succession de ses pere & mere; elle n'en avoit pas eu l'intention; son intérêt demandoit qu'elle se tînt à son don. Malgré cette faculté, elle n'en avoit pas moins sa part divisée; elle avoit joui de sa dot, voulant la conserver, comme Donataire, comme seule Propriétaire, comme la possédant divisément.

2°. Les biens de la tante, qui lui revenoient de la Succession du pere, consistoient en rentes, qui étoient divisées de droit, nulle opération préalable n'étant nécessaire pour en faire le partage; le partage s'en fait de lui-même, v. de Saux sur Lebrun, des Succ. add. 123e. ci-après n. 12236. La peine de l'Aîné, attachée à sa négligence de faire partage, n'a pas d'autre motif que le préjudice que causeroit son retardement aux Puînés, en les empêchant de tenir ensemble leur tiers indivisé, &, par-là, de s'entre-succéder. L'Aîné doit donner partage à ses Puînés, afin qu'ils puissent opter de faire cesser ou de continuer l'indivision. Si l'Aîné avoit fait partage des rentes aux Puînées, il n'eût pu leur donner que ce qu'elles avoient déja, leur tiers, qui n'auroit pas été plus indivisé après le partage qu'auparavant. Il étoit essentiellement divisé, étant impossible de concevoir qu'une rente soit possédée indivisément. Qu'auroient fait les Puînées, pour opérer une division qui étoit déja faite de droit? Quand Jeanne, en rapportant sa dot, eût demandé le partage de la Succession du pere, elle n'eût pu prétendre posséder sa part indivise avec sa sœur; la Succession de celle-ci appartenoit donc pour le tout à l'Aîné.

11791. M. Bouault, en ses notes, décide que l'Aîné succede toujours à l'un des Puînés qui ont eu leur tiers en argent ou en rente constituée.

11792. Une Succession est composée d'un fief ou d'une roture de 600 l. de revenu, & d'une rente constituée ou fonciere de 300 l. qui est abandonnée aux Puînés, dont l'un touche seul les arrérages en entier, puis distribue aux autres leur part. Il y a division, sans qu'ils fassent aucun Acte.

11793. Il en est de même, si la Succession consiste en une rente de 1200 l. & que l'Aîné touche, pendant plusieurs années, les arrérages, donnant annuellement à chacun de ses quatre Puînés 100 l. Il y a, par le seul effet de la Loi, un partage. L'Aîné n'est pas en société avec ses Puînés, ni les Puînés entr'eux.

11794. Le défaut de partage n'empêche l'Aîné de succéder, que lorsqu'il y a des Puînés à qui il peut nuire.

11795. Un Aîné qui a quatre Puînés, donne à l'un sa part; il lui succédera, v. Proust, p. 451, ci-après n. 11832, & il ne succédera pas aux autres, à l'égard de qui il est en demeure de leur donner leur part. S'il n'est en demeure, qu'à l'égard d'un Puîné, il lui succédera, que les autres soient en société ou non.

11796. « En Avril 1663, l'on m'a proposé, dit Pallu, N. M. une question, au » sujet d'un Aîné qui avoit cinq Puînés, à trois desquels il avoit donné des partages » séparés; n'étoient restées que deux sœurs, non mariées, lesquelles ne subsistoient » que du revenu annuel que leur donnoit leur frere. L'une étant décédée, l'Aîné » n'a pas douté que la derniere qui a survécu, lui ait succédé, puisqu'il étoit en de- » meure de leur faire partage, & qu'elles tenoient leurs parts indivisées en la masse. » Etant cette derniere décédée, l'Aîné a prétendu sa Succession entiere, qui lui a été » contestée par ses Puînés, qui soutenoient qu'il en étoit privé, pour n'avoir donné » partage à ses sœurs. Sur quoi j'ai répondu que, par l'ancien droit de la Coutume, » l'Aîné succede pour le tout à ses Puînés, décédés sans enfants, fors lorsqu'ils pos- » sedent leur tiers indivisé; que l'obligation qu'a l'Aîné de leur faire partage, est de » la Coutume réformée, pour tempérer les rigueurs de l'ancienne, qui attribuoit tous » les fruits de l'hérédité à l'Aîné, jusqu'à ce qu'il eût été sommé par ses Puînés, » de leur donner partage, ainsi qu'il se voit par le Procès-verbal de la Réformation; » d'où se doit induire que la privation, pour la demeure de faire partage, de la Succes- » sion de l'un des Puînés, décédé sans enfants, n'est qu'en conséquence de la jouissance » indivisée que font lesdits Puînés de leur tiers, soit à eux baillé à part & divis, » ou confusément laissé à la masse de l'hérédité, & non *respectu* de ceux qui ont » leur part divisée; de sorte que, comme l'Aîné succede à ceux des Puînés qui ont » eu leurs parts séparées, & non les autres qui possedent leurs parts indivisément, » aussi lesdits Puînés ne doivent succéder à leurs sœurs qui ne possedent rien con- » jointement avec eux. »

11797. Pallu, N. M. ne pense pas que l'Aînée, faute d'avoir fait partage aux Puînées, soit exclue de leur Succession. C'est une suite de l'opinion où il étoit, que l'obligation de faire partage, ne la regarde pas; & que, le partage étant fait, les Puînées ne peuvent jouir de l'avantage de l'exclure de leur Succession.

11798. M. Bernard, en ses notes, est d'avis que la peine de la négligence n'est pas la même pour l'Aînée que pour l'Aîné. L'Aîné perd en entier la part du Puîné ou de la Puînée qui décede, cette part accroît aux autres Puînés ou Puînées; l'Aînée perd seulement, selon lui, le Droit de succéder seule & d'exclure les autres Puînées.

11799. Ou l'Aînée n'encourt aucune peine, ou elle encourt la même que l'Aîné. Une peine différente devroit être formellement exprimée. On ne voit, dans la Coutume, aucun article qui autorise le partage égal de la Succession d'une Puînée, entre une Aînée & les Puînées; suivant son esprit, l'Aînée doit avoir tout ou rien; le partage ne s'en fait qu'entre les Puînées, lorsque l'Aînée ne doit pas avoir tout. Nous estimons, avec M. Dubois, fils, en ses notes, que « l'Aînée doit, comme l'Aîné, » faire partage à ses Puînées dans 3 mois, &, faute de ce, être privée de la Suc- » cession de la Puînée décédant après les 3 mois; autrement, l'Aînée seroit d'une con- » dition plus avantageuse que l'Aîné; elle tireroit avantage de sa négligence, en ce que, » suspendant toujours le partage, elle empêcheroit ses Puînées de pouvoir réunir leurs » portions, & se mettre en état de se succéder les unes aux autres, à son exclu- » sion, ce qui ne seroit pas juste. » C'est aussi l'avis de M. Bouault, en ses notes; il dit que le terme, *Puînés*, dans l'art. 263 de Tours, comprend les Puînées; conséquemment, le terme, *Aîné*, comprend l'Aînée, v. ci-après n. 11804, 11842.

11800. Le délai de 3 mois court, quoiqu'il n'y ait pas eu de sommation à cet effet, Boullai, C. M. On ne doit pas en exiger, dès que la Coutume n'en parle pas, *dies statuti interpellat pro homine*, Sainson, t. 34, art. 1, v. Pallu, p. 433, 434, 483, 537.

11801. En cas de minorité, le délai de 3 mois ne court pas, Pallu, p. 434, notes de M. Bernard, v. Boullai, p. 255.

11802. L'Aîné ou Aînée n'encourt aucune peine, si le partage est retardé sans qu'il y ait de sa faute.

11803. Louis de Crémille, qui avoit donné partage à Pierre, a laissé trois enfants, Joseph, Catherine & Marie. Joseph a donné partage à ses Puînées, qui ont subdivisé leur tiers. Pierre est décédé, en Avril 1756, & Catherine, en Septembre 1757. Il n'est pas douteux que la Succession de Catherine appartenoit à Joseph, pour tout ce qui lui étoit échu par la subdivision. Il y avoit difficulté, pour la part de Catherine dans la Succession de Pierre, dont il n'avoit pas été fait partage; il s'étoit écoulé 17 mois, depuis le décès. Joseph disoit que, le bien étant encore affermé pour 8 ans, & ayant touché le prix de la ferme, il avoit payé à chaque Puînée séparément ce qui lui revenoit; que, comme il y avoit, dans le bail, des bestiaux, qui en augmentoient le prix, & qui lui appartenoient, il en avoit déduit l'intérêt sur le montant de la ferme, & il avoit compté seulement du surplus; que, n'y ayant pas d'autre moyen de jouir d'un bien dont la jouissance effective étoit engagée pour 8 ans, c'étoit une espece de partage provisoire; qu'il n'avoit pas dépendu de lui de partager réellement, le bien ayant été reconnu non susceptible de division; qu'il lui avoit été fait des propositions de s'accommoder du tiers des Puînées; que, n'ayant pu convenir du prix, on étoit demeuré d'accord de vendre; qu'en conséquence, la vente avoit été affichée à Loches & publiée à la Messe paroissiale de Genillé, où étoit situé le bien; que ce n'étoit qu'en attendant la vente, qu'il avoit été arrêté que le prix de la ferme seroit partagé des deux tiers au tiers. M. Bernard, consulté, se déclara pour Joseph.

11804. Louis Bouchard a laissé trois sœurs, Claudine, Marie & Nicole; celle-ci est décédée peu après Louis: il n'y avoit aucune difficulté pour la Succession de Louis; mais le tiers que Nicole y avoit, devoit-il appartenir à Claudine seule, mariée au Sieur

Sieur de Louesme ? Le Sieur Souard, qui avoit épousé Marie, a soutenu la négative, parce que l'art. 282 de Tours ne parle pas de la Puînée, & que d'ailleurs le partage avoit été différé pendant plus de 15 mois. On a répondu que le terme, *Puînés*, comprend les Puînées, v. ci-dessus n. 11785 ; & qu'il y avoit eu des séquestres, qui avoient suspendu le partage. Un Arrêt du 20 Juillet 1700, confirmatif d'une Sentence du Châtelet, du 6 Juin 1698, a prononcé en faveur de Claudine. « Cet » Arrêt seroit injuste, dit M. Bouault, en ses notes, si la Cour ne s'étoit pas dé- » terminée par quelques motifs particuliers ; j'ai appris qu'il avoit paru au Procès » que l'on avoit mis Claudine hors d'état de faire le partage dans le temps de la » Coutume, par des séquestres de papiers, dont on avoit rendu plainte. On con- » sidéra encore que c'étoit une femme en puissance de mari, qui n'avoit pu, par » son fait & sa négligence, priver sa femme d'une Succession à elle échue. »

11805. Comme Louis n'avoit pas fait partage des biens des pere & mere, le Sieur Souard prétendit que le Droit de s'entre-succéder pour ces biens, une fois acquis, s'étoit conservé ; mais on adjugea à Claudine la part de Nicole dans les Successions de ses pere & mere, comme dans celle de son frere.

11806. Il suffit, pour fonder le Droit de l'Aîné, que le partage soit fait au temps du décès d'un des Puînés qui ont subdivisé, sans rechercher si le partage a été originairement fait dans les trois mois, ou non. On voit, dans les notes de M. Bernard, que des Puînés ont prétendu que la peine portée par l'art. 263 de Tours, est perpétuelle, & s'étend même après le partage ; ce qui n'est pas soutenable.

11807. Si l'Aîné ou Aînée a prédécédé le Puîné ou la Puînée, qui, tenant sa part divisée, meurt sans enfants, sa Succession n'ira-t-elle qu'à l'Aîné ou Aînée des représentants l'Aîné ou Aînée ? Les Puînés ou Puînées du 2e. dégré seront-ils exclus, comme les Puînés ou Puînées du 1er. dégré ? L'art. 264 de Loudun a embrassé l'affirmative. Mais, « quand le partage général est fait, & qu'il s'agit de subdiviser, le » partage doit se faire comme en directe ; c'est une maxime dans les Coutumes de » représentation ; c'est sur ce fondement, dit M. Bernard, en ses notes, qu'a été réformé » l'art. 279 de Tours, » v. ci-dessus n. 11720.

11808. M. Bouault, en ses notes, rapporte une espece où, un Puîné ne laissant, pour héritiers, que les enfants de son Aîné, l'Aîné demandoit toute la Succession ; il décide qu'elle devoit se partager entr'eux, comme une Succession directe.

11809. MM. Bernard, Dufrementel & le Pere de l'Auteur, ont estimé que le partage de la Succession de la Comtesse de Beuil, représentante une Puînée, qui appartenoit pour le tout aux représentants l'Aînée, devoit se faire, entr'eux, comme en Succession directe, des deux tiers au tiers, avec le préciput.

11810. Le Chevalier de Linieres, dans la Succession de qui se trouvoit la terre de Moncontour, située en Touraine, a laissé, pour héritiers, les Dames de Berci, de Novion & de Bréhan, enfants du frere aîné, l'Abbé de Baudri, Trésorier de l'Eglise Collégiale de S. Martin de Tours, Co-puîné, le Marquis de Vassan & sa sœur, enfants d'une Co-puînée. MM. Bernard, Barbet & le Pere de l'Auteur, consultés séparément par la Dame de Berci, qui prétendoit avoir la terre en entier, ont estimé, en Février 1761, que sa prétention n'étoit pas fondée. M. Bernard a depuis changé de sentiment ; il a imaginé un nouveau système, favorable à la Dame de Berci, qu'il a exposé dans une Consultation imprimée, du 26 Février 1762. Les autres Consultants, ne se laissant pas éblouir par l'appareil de l'érudition étalée dans cette Consultation, ont persisté dans leur avis ; ils ont trouvé que la nouvelle explication de l'art. 279 de Tours est contraire à la maniere dont on l'a entendu dans tous les temps, au sens naturel qu'il offre, à l'esprit comme à la lettre des dispositions de la Coutume sur les Successions des Puînés. Cependant, à Tours, MM. Estevou, Delagrandiere, Menard, Martineau, Saullay & Chevreuze, le 11 Février 1763 ;

à Paris, MM. Gillet, Cellier & Mallard, le 18 Mars suivant, ont adopté cette Consultation; ce qui n'a pas empêché que le systême de M. Bernard ait été rejetté, par un Arrêt du 11 Juillet 1763, qui n'a accordé à la Dame de Berci, que le tiers de la terre, outre le préciput. Aux Requêtes du Palais, on avoit refusé le préciput, parce que la Dame de Berci en avoit eu un dans la Succession du pere, v. ci-dessus n. 11556. Le Marquis de Vassan, Cessionnaire des Droits des Dames de Novion & de Bréhan, a eu les deux tiers.

11811. L'art. 282, en établissant, entre Nobles, une regle particuliere, qui défere la Succession d'un Puîné à l'Aîné, ou à ceux qui le représentent, sans que les Puînés y aient part, n'a en vue que d'exclure les Co-puînés de celui de la Succession de qui il s'agit, non les Puînés des représentants l'Aîné. Dans la 4e. des généalogies rapportées ci-dessus n. 11465, la Succession de Thomas, qui se trouve seul descendant de Robert, appartient aux représentantes Fulgence, à l'exclusion de Gaspard & des représentantes Aubin. Voilà l'objet de la regle particuliere rempli; elle ne s'étend pas au-delà; elle ne dispose pas de la subdivision, pour laquelle on doit suivre la regle générale, qui veut qu'on opere, comme en Succession directe, v. ci-dessus n. 11743. Si l'ancienne Cout. de Tours s'étoit écartée de ce principe, on y a remédié lors de la Réformation faite en 1559. Ainsi, l'exclusion prononcée contre les Puînés, ne regarde pas Renée & Cécile.

11812. La part des Puînés revient à la table de l'Aîné *dont ils sont descendus*, dit l'art. 279; c'est-à-dire, à la table de l'Aîné de la souche, de la famille dont les Puînés & l'Aîné sont descendus. Il n'y a pas là, comme le prétend M. Bernard, dans sa 2e. Consultation, donnée en 1762, où il fait une distinction vraiment imaginaire, il n'y a pas là, disons-nous, une limitation, une exception, mais une regle qui se retrouve dans l'art. 282, constamment suivie depuis la Réformation de la Cout. de Tours, faite en 1559. La table du pere commun, dont les Puînés & l'Aîné sont descendus, ayant passé de l'Aîné à ses représentants, ceux-ci, qui l'ont partagée, doivent tous profiter de l'accroissement qu'elle reçoit par la Succession d'un Puîné; aussi, M. Bernard, en ses notes, dit-il, sans user d'aucune distinction, que l'Aîné des représentants ne peut exclure ses Co-représentants. Dans la 4e. des généalogies rapportées ci-dessus n. 11465, la Succession de Vincent, seul représentant Félicité, accroît aux représentantes Thomas, Propriétaires de la table de Robert; s'il étoit seul représentant Robert, elle accroîtroit aux représentantes Fulgence, Propriétaires de la table de Germain.

11813. C'est aux représentants l'Aîné, pris collectivement & tous ensemble, c'est à la représentation entiere de l'Aîné, que l'art. 282 attribue la Succession d'un Puîné. Les art. 263, 279, sont aussi précis. L'art. 279 va jusqu'à régler comment les représentants doivent partager, & quelle part les Puînés des représentants peuvent prétendre, tandis que les Puînés du 1er. dégré, les Puînés de l'Aîné, ou les représentants ces Puînés, sont exclus entiérement, par ces termes de l'art. 282, *& n'y prennent rien les Puînés*, qui ne disent pas autre chose; sans quoi cet article seroit contraire à l'art. 279, ce qui n'est pas, selon Pallu, p. 430, 455, qui explique de la même maniere l'art. 279, v. Lacombe, au mot *Aîné*, s. 1, n. 1.

11814. Les art. 279, 282, doivent s'interpréter l'un par l'autre, comme en convenoit M. Bernard, dans sa 1re. Consultation, donnée en 1761, où il attestoit qu'*on l'a toujours ainsi entendu & pratiqué*; il ajoûtoit que *tout concourt à cette interprétation, les dispositions de la Coutume, les principes sur la représentation, & l'usage*; pour prouver l'usage, il citoit le partage de Succession de la Comtesse de Beuil, v. ci-dessus n. 11809.

11815. Dans l'espece rapportée ci-dessus n. 11803, M. Bernard ne prétendit pas que toute la Succession de Pierre appartenoit à Joseph, à l'exclusion de Catherine & de Marie; il suivoit alors l'usage. La question élevée entre Joseph & Marie, annonce comment on entendoit, de part & d'autre, l'art. 279; on n'y trouvoit seulement pas la matiere d'un doute.

11816. M. Delagrandiere & le Pere de l'Auteur furent consultés, en Juillet 1762, par les héritiers du sieur de Villebois, Grand-Chantre de l'Eglise de Tours, qui étoit un Puîné. Ses Co-puînés demandoient à succéder, parce qu'il y avoit des rentes qui avoient toujours été possédées en commun; à quoi le Pere de l'Auteur répondoit: 1°. l'Aîné étoit lui-même associé; 2°. il faut une société universelle; 3°. ces rentes étoient divisées de droit, v. ci-dessus n. 11790. L'exclusion des Co-puînés étant certaine, toute la Succession appartenoit aux représentants l'Aîné. Il ne s'éleva de difficulté, entre ceux-ci, qu'au sujet des meubles; M. Delagrandiere, loin de penser, alors, que l'Aîné des représentants dût avoir toute la Succession, étoit d'avis qu'il devoit partager même les meubles avec les Puînés. Le Pere de l'Auteur décida que, l'art. 274 donnant les meubles à l'Aînée, en Succession collatérale, comme en Succession directe, l'Aîné doit avoir le même avantage, v. Boullai, p. 258, Pallu, p. 455, ci-dessus n. 11750. Les meubles ne se partagent jamais entre Nobles, dit M. Bouault, en ses notes.

11817. Le sieur de la Chauviniere a laissé cinq enfants, François, Michel, Torquat, Marguerite & Louis. Torquat & Louis ont seuls accepté sa Succession, qu'ils ont possédée indivisément; Louis a succédé à Torquat; le 4 Juin 1716, MM. Dubois, fils, Baudouin & Venier, ont décidé que la Succession de Louis, dans laquelle se trouvoient tous les biens de la famille, appartenoit à François seul.

11818. Si, dans la 4e. des généalogies rapportées ci-dessus n. 11465, Gaspard est devenu, par l'événement d'une licitation, ou autrement, seul propriétaire de tout le bien de Germain, sa Succession n'en appartiendra pas moins, pour les meubles, le préciput & le tiers des immeubles, à Claire, & pour les deux autres tiers, à Renée & à Cécile. Fulgence n'ayant pas laissé de descendants, les meubles, le préciput & les deux tiers des immeubles, seroient pour Thomas, ou pour ses filles, &c. v. ci-dessus n. 11770.

PARAGRAPHE II.

Du Droit qu'ont les Puînés ou Puînées, de s'entre-succéder.

11819. Les Puînés s'entre-succedent, lorsqu'ils n'ont pas fait de partage entr'eux, art. 263, 282 de Tours, 249, 264, 265 de Loudun. La possession commune du tiers qui leur est déféré, ou de la majeure partie, fait présumer une société tacite, qui renferme la convention de s'entre-succéder, Pallu, p. 438 & suiv.

11820. Le tiers des Puînés est une légitime coutumiere, qui appartient solidairement à chacun d'eux, jusqu'à ce qu'il soit divisé, Pallu, p. 434. Proust, p. 428, 446, 453, 474, le qualifie ainsi; & tient qu'ils sont tellement associés, que l'action intentée, à raison d'icelui, par l'un, sert aux autres, v. de Saux sur Lebrun, des Succ. add. 123e. ci-dessus n. 3847. Ils sont invités à le posséder en commun, par l'espérance de s'entre-succéder. Sur la légitime v. Sainson, t. 24, art. 3, Breche, t. 24, art. 4, Domat, l. 3, t. 3, Guyot, t. 5, p. 242, 297.

11821. « Si le partage est seulement fait pour un certain temps, entre l'Aîné & les » Puînés, la portion de l'un de ceux-ci appartiendra à ses Co-puînés, non à l'Aîné, » comme j'ai lu aux Mémoires de M. Baret, » Boullai, C. M.

11822. Le partage provisionnel, entre mineurs, fait cesser le Droit de s'entre-succéder, Boullai, p. 269, 272, C. M. Pallu, p. 435, Boucheul sur Poitou, art. 125, n. 15, 16, art. 294, n. 5, 6, où il observe qu'un partage définitif, contre lequel on se fait restituer, n'est pas considéré, v. Chauvelin sur Tours, art. 282, Dupineau, Obs. sur Anjou, art. 228, Valin, t. 3, p. 150.

11823. Un des Puînés vend sa portion indivise dans leur tiers, cela vaut, à son égard, partage, v. Soëfve, t. 1, cent. 3, c. 61, ci-dessus n. 11370.

11824. Angélique, Marie & Dorothée, qui possedent indivisément, passent entr'elles un Acte où elles annoncent qu'elles veulent conserver l'indivision, &, à cette fin, elles conviennent qu'Angélique, qui s'est mariée, aura en propriété tout le tiers, à la charge de payer aux deux autres une rente viagere de 2000 l. pendant leur vie, & de 1500 l. à la Survivante d'elles; que, si Marie ou Dorothée se marie & ait des enfants, le remboursement de sa part dans la rente, pourra être exigé sur le pied du denier 20, dans les circonstances qu'elles spécifient; & que, si Angélique décede sans postérité, les biens retourneront à Marie & à Dorothée, ou à la Survivante d'elles, sans laquelle clause de réversion, l'Acte n'eût pas été fait, ni la pension fixée à un prix si modéré. Angélique meurt, sans laisser d'enfants. Son aîné veut lui succéder, à la charge de la pension, & du remboursement stipulé, prétendant que l'Acte est un partage, fait, il est vrai, sous des conditions, mais suffisant pour faire cesser l'indivision. Les Puînées répondent que le remboursement effectué auroit fait dégénérer l'Acte en partage, mais que le cas n'étoit pas arrivé; que l'Acte est comme un bail des fruits, pour n'avoir pas de discussion avec le mari d'Angélique; & que, si on le regarde comme une aliénation, l'héritier de celle qui a acquis sous la condition de la réversion, ne peut l'empêcher. Nous estimons, avec M. Bernard, en ses notes, qu'on ne peut priver, en faveur de l'aîné, les Puînées, du Droit de réversion, qu'elles réclament. La clause de réversion, la principale de l'Acte, est licite, & elle doit s'exécuter.

11825. Par un Acte sous signature-privée, un frere & une sœur déclarent que leur intention n'est pas de partager leurs biens, mais d'en jouir par indivis; & cependant, vu la nécessité où ils se trouvent de veiller à la culture des terres & au rétablissement des vignes, ils reglent les objets dont chacun jouira, sans pouvoir mutuellement se demander aucun compte des fruits qui seront respectivement perçus. Ce qu'on se propose principalement dans un partage, est de diviser la propriété, & il n'en est pas question dans l'Acte, qui ne contient qu'une espece de convention pour la régie des biens communs, qui fixe la portion de chacun dans les revenus, pour éviter toute occasion de trouble. Il n'est pas nécessaire que les Puînés demeurent ensemble, ni même que l'un d'eux touche tous les revenus; ils peuvent convenir que l'un d'eux touchera telle ferme, l'autre telle rente. Dès que la propriété est indivise, l'accroissement doit avoir lieu au profit du Survivant, à l'exclusion de l'aîné. Ainsi l'ont décidé M. Bernard & le Pere de l'Auteur. L'aîné objectoit que le Puîné avoit vendu une maison; mais c'étoit pour en payer une autre qu'il avoit acquise, & dans l'acquisition, sa sœur lui avoit servi de caution. La sœur avoit reçu le remboursement d'une rente; mais le frere avoit concouru à donner la décharge au Débiteur. Ces circonstances n'étoient pas suffisantes pour induire un partage, contre les termes de l'Acte, qui n'auroit jamais pu empêcher que l'un formât contre l'autre une demande en partage. Tous les fonds étoient toujours restés en masse commune; la division ne concernoit que les fruits.

11826. Une seigneurie est donnée à un des Puînés, à la charge de fournir aux autres, en fonds de terre, à prendre sur la seigneurie, 500 l. de revenu. Chaque Puîné reçoit, tous les ans, 500 l. du fermier; il y a indivision. Chaque Puîné a séparément le Droit de demander la distraction de fonds jusqu'à concurrence de 500 l. de revenu. Mais, jusqu'à ce que la distraction soit faite, il n'a pas plus de Droit sur tel fonds, que sur tel autre; il n'a la propriété d'aucun fonds particulier, à part, dont il puisse disposer à son gré; il n'a qu'un Droit indivis, qui s'étend sur toutes les parties de la seigneurie; de sorte que, si les Puînés, dans l'espece rapportée par Pallu, p. 437 & suiv. n'avoient pas eu à part chacun une terre, si ce qui étoit à prendre sur la seigneurie, eut formé leur lot en entier, & n'en eut pas été seulement le supplément, il y auroit eu une indivision capable d'opérer l'exclusion de l'aîné.

11827. Pour pouvoir s'entre-succéder, les Puînés doivent tenir leur partage ensemble, *supple, realiter non dividendo*, dit Sainson, t. 25, art. 24, *adeò quod si minores natu possedissent partes suas pro diviso, longo tempore, scilicet 10 annorum inter præsentes, & 20 inter absentes, licet præsumatur divisio; attamen realiter non diviserunt, licet pro diviso partes aliquas possederint. Isto casu credo quod ad omnes fratres devolveretur successio defuncti; scilicet anciano pro duabus partibus, & aliis pro tertiâ parte.* L'aîné doit être exclus.

11828. Le Droit de s'entre-succéder a lieu, lorsque les Puînés possedent en commun ce qui leur a été donné ou légué par leur pere, à la succession de qui ils ont renoncé, Pallu, p. 408, 434; ou le bien qui leur a été donné par l'aîné, pour leur tiers, quoiqu'il ne dépendît pas de la succession.

11829. Si les Puînés ont reçu de l'aîné chacun leur part divisée, sans réclamation, peuvent-ils, pour jouir du bénéfice de l'indivision, tenir leur partage en commun? v. Sainson, t. 25, art. 6, Dupineau sur Anjou, art. 228, ci-après n. 11847, 12297.

11830. Il n'est pas nécessaire que l'indivision subsiste entre tous les Puînés, Dupineau sur Anjou, art. 228; Pallu, p. 441, N. M. dit qu'il a été ainsi jugé par une Sentence arbitrale de 1626; Brodeau sur Tours, art. 263, atteste que cela se pratique ainsi. Il y a, à ce sujet, une autre Sentence arbitrale, rendue le 11 Novembre 1664, dont la décision semble se contredire, de la maniere que la rapporte M. Dubois, pere, en ses notes. Il fait aussi part de cette espece: un aîné donne partage à cinq Puînés; l'un des Puînés provoque la subdivision; deux protestent qu'ils jouiront indivisément de leurs lots; il leur échet à chacun une moitié indivise d'une terre; ils la possedent en commun; l'un d'eux meurt, sans enfants; l'autre doit lui succéder, ainsi que le décida, le 29 Avril 1676, M. Dubois, pere; ce que M. Bernard, en ses notes, approuve.

11831. Brodeau sur Tours, art. 263, dit que, » si l'aîné a baillé une terre ou au» tre héritage à l'un des Puînés, n'y ayant point de partage & de subdivision entre » lui & ses Puînés, ils succedent à ce qui lui a été baillé, à l'exclusion de l'aîné. »

11832. Un pere ayant laissé, outre une fille mariée, quatre enfants, Alexis, Denis, Luc & Paul, Alexis donne séparément à Luc ce qui lui revient, & aux deux autres leur portion, qu'ils possedent en commun. La fille mariée ne succédera pas aux autres Puînés, ni eux à elle; Alexis lui succédera seul, ainsi qu'à Luc, v. Dumoulin sur Loudun, art. 265, Boullai, p. 273, Pallu, p. 436, 438, ci-dessus n. 11795. Denis & Paul s'entre-succéderont, encore que le Survivant ait des enfants, Pallu, p. 435, 436.

11833. Pour pouvoir s'entre-succéder, il faut que les Puînés tiennent indivisé tout ce qui leur est échu, suivant Pallu, p. 438 & suiv. Il est absurde, dit-il, d'admettre l'aîné à succéder seul à un certain bien possédé divisément par le Puîné, & les Puînés à succéder à ce qui se trouve indivisé; la Coutume n'a pas voulu admettre deux différents partages des successions des Puînés.

11834. « Quand les meubles auroient été partagés, cela ne fait rien pour les im» meubles, » Brodeau sur Tours, art. 263.

11835. M. Bouault, en ses notes, estime que la division des biens régis par une autre Coutume, ne tire pas à conséquence, pour les biens soumis à celle de Tours, que les Puînés possedent indivisément; Pallu, p. 439, exige une société universelle. L'art. 279 de Tours porte, *leur partage*, & l'art. 282, *leurs partages*; dans plusieurs Editions de la Réformation de la Cout. de Tours, faite en 1507, on lit, dans le 1er. article, *leurs partages*, & dans le 2e. *leur partage*. Un des Puînés qui tiennent, en commun, tous leurs propres régis par la Cout. de Tours, décédant, les autres y succedent, ainsi qu'à ses acquêts régis par la même Coutume; & même, s'il avoit son domicile en Touraine, à tous ses effets mobiliers. Ses autres propres, qu'il possédoit divisément ou indivisément, & ses autres acquêts, suivent les regles des Coutumes qui les gouvernent.

11836. « Les Puînés tenant indivisés les biens paternels, & partageant les biens » maternels, l'aîné succédera à ceux-ci, & les Puînés à ceux-là; cependant, la » question n'est pas sans difficulté, » notes de M. Carré. Il y en a qui donnent tout à l'aîné, comme dans le cas où, les Puînés tenant les biens paternels divisés, il est en demeure de plus de 3 mois de faire le partage des biens maternels. Les Puînés qui tiendroient les biens paternels indivisés, succéderoient, pour les biens paternels & pour les biens maternels, à l'un d'eux, décédé dans les 3 mois de l'ouverture de la succession maternelle, dont il n'auroit point été fait de partage.

11837. Observez que, dans l'espece rapportée ci-dessus n. 11803, Joseph ne fit pas valoir le moyen qu'il n'y a pas deux partages d'une même succession; M. Bernard ne le suppléa pas, même par surabondance de Droit; de sorte que, si les circonstances ne l'eussent pas déterminé à décider que Joseph n'étoit pas en demeure de faire partage, il lui auroit adjugé la succession de Catherine, pour ce qui étoit échu de la succession du pere, & à Marie, pour ce qui étoit échu de la succession de l'oncle. Dans ce cas, les meubles & les acquêts de Catherine eussent-ils appartenu à Joseph? Il eût dit que la société de tous les biens régis par la Cout. de Tours, est nécessaire au moins pour que la disposition de l'art. 283 de Tours ait lieu.

11838. Si le tiers de la succession de Germain, dans la 4e. des généalogies rapportées ci-dessus n. 11465, a toujours été possédé en commun par Gaspard & les représentants Robert Aubin, ces représentants ont le Droit de succéder à Gaspard, quelque division qu'il y ait eu, respectivement entr'eux, des successions de Robert, Thomas & Aubin. La succession de Gaspard, partagée par moitié entre les représentants Robert & les représentantes Aubin, se subdiviseroit comme une succession directe. On pourra dire que Gaspard & les représentantes Aubin, perdroient le Droit de s'entre-succéder, s'ils subdivisoient le tiers qui leur reviendroit de la succession de Fulgence. Ils ne le perdroient pas, en divisant la succession du dernier mourant des représentants Robert, dans laquelle il appartiendroit à Gaspard la moitié des meubles & des immeubles, les propres auxquels il seroit étranger, exceptés; à Sophie, l'autre moitié des meubles & un quart des immeubles, outre le préciput; & à Eléonore, l'autre quart. Pour conserver le Droit de s'entre-succéder, il ne faut posséder en commun, jusqu'au décès, que les immeubles dépendants de toutes les successions dans lesquelles on avoit droit avec l'aîné qu'on veut exclure.

11839. Les Puînés ne peuvent s'interdire la faculté de faire cesser l'indivision.

11840. Après la subdivision de leur tiers, les Puînés peuvent rentrer en société, afin d'avoir le Droit de s'entre-succéder, notes de M. Bonault; Louis & Olivier sur Maine, art. 244, requierent, pour cela, une convention par écrit. Il faut exprimer, si l'on entend ne se soumettre qu'aux effets de la société légale, ou contracter une société conventionnelle, qui peut par ex. embrasser des biens situés à Paris. Toutes les fois que des Puînés craignent qu'un jour, leur aîné ne prétende qu'ils ne sont pas dans le cas de s'entre-succéder, ils feront bien de passer un Acte de société, qui explique leurs intentions. Quelques-uns pensent que la propriété des propres n'entre pas dans la société conventionnelle, l'art. 250 de Tours ne permettant pas de les donner. Les Puînés peuvent, en conservant un propre quelconque, convertir les autres en acquêts, dont la propriété pourroit entrer dans la société conventionnelle, v. ci-dessus n. 3602 & suiv. 11410, 11718, 11829, 11835, 11836.

11841. Les Puînées qui ont partagé avec une aînée, peuvent-elles, à Tours, par le moyen de l'indivision, l'exclure de leur succession? Pallu, N. M. adopte la négative; l'affirmative paroît plus conforme à nos mœurs.

11842. L'intention de la Cout. de Tours est d'opposer toujours à l'avantage d'exclure, le désavantage d'être exclus. Où elle admet l'un, l'autre doit avoir lieu. Aussi, M. Bouault, en ses notes, qui dit que les Puînées ne peuvent jamais s'entre-succéder ni s'entre-donner, prétend que l'aînée ne doit pas succéder seule à l'une des Puînées, & qu'il faut rayer le mot, *aînée*, de l'art. 282 de Tours; si cette opinion est est téméraire, elle est au moins conséquente. L'aînée excluant, comme l'aîné, les les Puînées, elle doit être exclue par celles-ci dans les mêmes cas où le seroit l'aîné: 1°. si elle est négligente de donner partage, 2°. si les Puînées tiennent leurs parts indivisées; autrement, dit M Dubois, fils, en ses notes, elle seroit plus favorisée que l'aîné, ce qui est contre le vœu de la Coutume. Elle est même moins avantagée, n'ayant que sa part personnelle dans les immeubles. Il répugne qu'elle ait, comme l'aîné, le privilege de succéder seule aux Puînées, & qu'elle ne soit pas exposée, comme lui, à en être privée, v. ci-dessus n. 11799.

11843. L'art. 282 de Tours établit, entre Nobles, une regle, en déférant les successions collatérales à l'aîné seul, ou à l'aînée seule, & en excluant les Puînés & Puînées de l'aîné, ou les Puînées de l'aînée. Une succession collatérale est dévolue à l'aînée, de la même maniere qu'elle le seroit à l'aîné. L'exclusion des Puînées se trouve dans ces termes de l'article, *& n'y prennent rien les Puînés*; ce qui comprend également les Puînées, soit de l'aîné, soit de l'aînée, comme on ne peut en disconvenir, v. ci-dessus n. 11804. L'article ajoûte, *fors en deux cas*; l'un de ces cas est *quand les Puînés tiennent leurs partages ensemble indivisés.* Les Puînés mentionnés dans cette exception, sont les mêmes que ceux dont il est question dans la regle, sont ceux qui, hors les cas exceptés, *ne prennent rien* d'une succession collatérale: l'exception doit donc s'entendre des Puînées de l'aînée, comme des Puînés & Puînées de l'aîné; les Puînées de l'aînée, qui *tiennent leurs partages*, c'est-à-dire, leurs lots, *ensemble indivises*, prennent donc part en la succession de l'une d'elles, & excluent l'aînée.

11844. Y ayant quatre filles, les Puînées peuvent choisir trois des quatre lots dans lesquels l'aînée a divisé la succession, hors le préciput, & les posséder en commun. Si l'une d'elles ne veut pas rester en société, après avoir retouché aux trois lots, s'il est nécessaire, elle en aura un, par la voie du sort, & les deux restants seront tenus indivisément par les deux autres Puînées, jusqu'à ce qu'elles les tirent au sort. Jusques-là, s'il y a de l'augmentation ou de la diminution dans la valeur d'un lot, elles en profiteront ou souffriront toutes les deux; jusques-là, l'indivision subsiste & la propriété est commune.

11845. L'indivision peut avoir lieu, lorsqu'une succession étant composée de deux domaines, l'un de 4000 l. & l'autre de 12000 l. l'aînée prend le 1er. & les trois Puînées le 2e. qu'on ne peut leur refuser, si elles le demandent, afin de le posséder en commun; l'art. 273 de Tours suppose que plusieurs Puînées peuvent avoir ensemble un domaine, un fief entier, non divisé: il a rapport aux art. 266, 272.

11846. Par les art. 128, 294 de Tours, l'aînée doit donner à ses Puînées *leur portion*; il n'est pas dit, *leurs portions*; ce qui semble donner lieu de soutenir qu'elles peuvent exiger, dans tous les cas, pour elles toutes, une unique portion, dans la succession dont le partage est à faire entre elles & l'aînée: laquelle portion forme les deux tiers des immeubles de la succession, si elles sont deux Puînées, les trois quarts, si elles sont trois, & peut être possédée par elles en commun. L'art. 273 dit bien, *leurs portions*, ce qui s'entend des portions indivisées, aussi bien que des portions divisées, comme dans l'art. 262.

11847. Les Puînées, après avoir eu chacune leur portion séparée, peuvent se mettre en société, v. ci-dessus n. 11840, sur-tout si, lors du partage, elles ont protesté de s'y mettre.

11848. « Tous les Puînés ensemble peuvent refuser la part du Puîné décédé, ou » bien l'un d'eux ce qui lui appartient en icelle; &, en ce faisant, le Puîné dé-

» cédé sera sans héritier, si l'aîné ou autre parent ne l'accepte avec ses charges, » Boullai, C. M.

11849. De deux Puînés qui étoient en société avec un 3e. l'un renonçant à sa succession, l'autre recueille tout. S'ils l'acceptent tous deux, ils partagent, sans aucun Droit d'aînesse, les meubles & les immeubles. Des Experts font des lots, qu'on tire au sort.

11850. Les Puînés appellés à succéder à l'un d'eux, prennent, s'ils le veulent, ses meubles & ses acquêts, comme par Droit de société, Proust, p. 470, pourvu qu'il n'y ait pas d'ascendants. S'il n'y a d'aïeul que d'un côté, ils prennent la moitié des meubles & des acquêts, v. art. 283 de Tours, 266 de Loudun, ci-dessus n. 11410, 11422.

11851. Ils peuvent renoncer aux meubles & aux acquêts, & accepter néanmoins la part du Défunt dans les propres, moins par un Droit de succession, que par un Droit de société, v. ci-dessus n. 11437.

11852. Deux Puînés qui ont recueilli la part d'un 3e. ne la perdent pas, quoiqu'ils la divisent, ainsi que le surplus de ce qu'ils possédoient en commun, Olivier sur Maine, art. 244.

11853. Supposons cinq freres, André, Gilles & Jean, issus d'un 1er. lit, René & Xavier, issus d'un 2e. lit : Jean, qui est en société avec ses Co-puînés, décede ; Gilles recueille ses meubles & ses acquêts, conjointement avec René & Xavier. Si Jean n'étoit en société qu'avec René & Xavier, ses meubles & ses acquêts leur appartiendroient, v. ci-dessus n. 11433.

11854. Bruno a une sœur consanguine, Perrine ; deux sœurs utérines, Anne & Marthe ; & trois sœurs germaines, Félicité, Cécile & Jeanne. Perrine, Félicité & Cécile possedent indivisément les propres paternels. Anne, Marthe, Félicité, Cécile & Jeanne possedent de même les propres maternels.

Les meubles & les acquêts par ex. de Félicité iront à Perrine, Anne, Marthe & Cécile ; les propres paternels, à Perrine & Cécile ; & les propres maternels, à Anne, Marthe & Cécile.

Les meubles & les acquêts par ex. d'Anne, feroient pour Marthe, Félicité, Cécile & Jeanne.

Pour les meubles & les acquêts de Jeanne, Anne & Marthe les partageroient. La société, entre ces trois sœurs, est aussi étendue qu'elle peut l'être ; Félicité & Cécile n'y auroient rien, parce que la société qui, à leur égard, pouvoit embrasser les propres paternels, ne les embrasse pas, vis-à-vis de Jeanne : c'est Bruno qui les recueilleroit.

11855. Denis, qui avoit eu, d'un 1er. lit, Julie & Rose, a épousé en 2es. nôces Luce, qui avoit eu, d'un 1er. lit, Marie & Thérese ; ils ont eu Louis, Martin & Paul.

Martin, qui possede en commun avec Julie ce qu'ils ont eu de la succession de Denis, & avec Marie ce qu'ils ont eu de la succession de Luce, doit succéder seul aux meubles, aux acquêts & aux propres paternels de Julie, & aux meubles, aux acquêts & aux propres maternels de Marie. Les propres maternels de Julie sont pour Rose ; & les propres paternels de Marie, pour Thérese.

Julie auroit les propres paternels & la moitié des meubles & des acquêts de Martin ; l'autre moitié, avec ses propres maternels, appartiendroit à Marie.

Les meubles, les acquêts & les propres maternels de Rose, feroient pour Julie ; les meubles, les acquêts & les propres paternels de Thérese, pour Marie. Louis succéderoit aux propres paternels de Rose, aux propres maternels de Thérese, & aux meubles, aux acquêts & aux propres, tant paternels que maternels, de Paul.

Les meubles de Louis appartiendroient à Martin, avec les deux tiers des acquêts, & l'autre tiers à Paul. Martin, qui ne prendroit pas son préciput sur les acquêts, en prendroit-il deux, l'un en partageant les propres paternels avec Julie, Rose & Paul ; l'autre l'autre en partageant les propres maternels avec Marie, Thérese & Paul? C'est prendre deux préciputs dans une même succession, vis-à-vis de Paul. Ces deux préciputs auroient lieu, si Paul n'existoit pas; cependant, si Julie, Rose, Marie & Thérese n'existoient pas, il n'y auroit qu'un préciput, vis-à-vis de Paul, ou sur les biens paternels, ou sur les biens maternels, au choix de Martin.

CHAPITRE II.

De la Succession des Roturiers.

11856. Toute Succession de Roturiers se partage suivant les art. 297, 298 de Tours, 281 de Loudun. « La Succession des choses roturieres, ou de chose noble, » non en tierce-foi, tenue indivisément par personnes Roturieres, se partage par têtes, » Boullai, C. M.

11857. La qualité de Nobles, qu'auroient ceux qui sont appellés à recueillir la succession d'un Roturier, ne peut influer sur la nature du partage; leurs droits sont les mêmes que s'ils étoient Roturiers, art. 314 de Tours, 295 de Loudun. Les mots, *échus en tierce foi*, furent ôtés de l'art. 314 de Tours, lors de la Réformation de la Coutume, faite en 1507, & furent remis, lors de la Réformation faite en 1559, v. Sainson, t. 27, art. 19.

11858. « Sainson remarque que, si la Succession vient d'un Roturier, l'aînée n'aura » aucun avantage, soit en meubles ou immeubles, » Boullai, C. M.

11859. Sur la Noblesse & les Priviléges dont jouissent les Nobles, v. Sainson, t. 24, art. 8, Encyclopédie, au mot *Noblesse*.

11860. On est présumé Roturier, si l'on ne prouve le contraire, Proust, p. 488.

11861. La noblesse se prouve par témoins, faute de titres, Bodreau sur Maine, art. 272.

11862. Les titres qui prouvent la noblesse, sont des Extraits-Baptistaires, des Contrats de mariage, des Partages & autres Actes de famille, dont les dates remontent au-delà de 100 ans, & qui justifient que, depuis ce temps, les ancêtres ont vécu noblement, & ont été qualifiés de Nobles. Si, néanmoins, il y a preuve que celui qui allegue cette possession de 100 ans, a eu, avant ce temps, des ancêtres roturiers, il n'est pas Noble, Pothier, des Personnes, t. 1, s. 2, art. 1.

11863. Ceux qui ont été anoblis par Lettres du Prince, par charges municipales, par charges dans les Bureaux des Finances, dans les Chanceleries près les Cours & Conseils supérieurs, depuis le 1er. Janvier 1715, leurs veuves & descendants, doivent, pour jouir des priviléges de noblesse, justifier de la quittance du droit de confirmation, ordonné par un Edit d'Avril 1771, ou d'un Arrêt du Conseil, qui les en ait spécialement déchargés, v. Arrêts du Conseil, des 5 Septembre 1771, & 29 Novembre 1772.

11864. Les lettres de noblesse ou Arrêts de maintenue, réhabilitation, ou autres, obtenus depuis 1689, jusqu'en 1715, ayant été révoqués par un Edit d'Août 1715, ne peuvent servir, si l'on ne rapporte de nouvelles lettres ou de nouveaux Arrêts, obtenus depuis, & si l'on n'a payé le susdit droit de confirmation.

11865. Pour faire valoir les lettres de noblesse obtenues depuis 1664 jusqu'en 1689, il faut justifier du payement du droit de confirmation, ordonné par un Edit de Décembre 1692.

11866. Des Edits d'Août & Septembre 1664, ayant révoqué toutes les lettres de nobleſſe obtenues depuis 1611, elles n'ont aucun effet, ſi elles ne ſont ſoutenues d'un Arrêt de maintenue, poſtérieur à 1664, & antérieur à 1689.

11867. Les Lettres de nobleſſe antérieures à 1611, ſuffiſent ſeules, dès que, depuis, il n'y a eu aucune dérogeance.

11868. Les lettres de nobleſſe n'ont aucun effet, qu'elles n'aient été enregiſtrées au Parlement, Edit de Juillet 1766, art. 2, v. Pocquet, Arr. cél. l. 5, c. 2, Deniſart, au mot *Nobles*.

11869. Le Roi a créé, par un Edit de Novembre 1750, une nobleſſe militaire, dont la preuve ſe fait par des lettres d'approbation de ſervices, ſcellées du grand ſceau, qui ne ſont ſujettes à aucun enregiſtrement, & qui peuvent être dépoſées, pour minutes, au Greffe du Parlement ou de la Chambre des comptes, Déclar. du 22 Janvier 1752, v. ci-après n. 11999, 12000.

11870. Lorſqu'on a un titre d'anobliſſement, la nobleſſe eſt impreſcriptible, Dunod, des Preſcr. p. 218, Laroque, c. 63, 135.

11871. On peut revenir, dit Laroque, c. 73, contre un Arrêt qui y a donné atteinte.

11872. La nobleſſe ne ſe perd pas par des partages faits roturiérement; ce n'eſt pas avoir dérogé, que de les avoir conſentis, non plus que d'avoir payé la taille, v. Laroque, c. 89.

11873. La poſſeſſion de n'être pas impoſé à la taille, de prendre le titre d'Ecuyer ou de Chevalier, ne rend pas Noble, lorſqu'il y a preuve de roture dans la famille.

11874. Si quelqu'un, né Noble, a fait quelqu'Acte dérogeant à la Nobleſſe, & eſt mort, ſans avoir obtenu des lettres de réhabilitation, ſes enfants, quoique nés avant ſa dérogation, & par conſéquent Nobles, partagent ſa Succeſſion, ſans droit d'aîneſſe, parce que c'eſt la Succeſſion d'un Roturier, Valin, t. 3, p. 106, 108.

11875. Valin, t. 1, p. 112, tient que la Succeſſion d'un Noble ſe partage également, ſi l'aîné de ſes enfants exerce un état qui le prive des effets de la Nobleſſe.

11876. Les fonctions de Procureur, même dans les Cours ſupérieures, ſont incompatibles avec la Nobleſſe; mais, dans les lieux où elles ſont unies à la Profeſſion d'Avocat, les Nobles qui l'exercent, conſervent leur nobleſſe, v. Pocquet ſur Dupineau, Queſt. & Conſult. c. 6, Laroque, c. 147, Deniſart & Encyclopédie, au mot *Procureur*.

11877. Laroque, c. 148, tient que les Notaires royaux ne dérogent point, v. ci-deſſus n. 3895.

11878. Il en eſt de même des Greffiers, qui jouiſſent des privilèges des Officiers qu'ils ſervent.

11879. Les Nobles peuvent, ſans déroger, prendre à ferme des terres appartenantes à des Princes du ſang, faire le commerce en gros, travailler à la fouille & fonte des mines & minieres, Deniſart, au mot *Nobles*.

11880. Le Noble qui ſuccede à un Roturier, peut, ſans déroger, continuer le bail à ferme pris par ce dernier, pour le temps qui reſte, Boullai, p. 310.

11881. Les Verriers ont le privilége de ne point déroger, v. Renauldon, V, n. 90, Encyclopédie, au mot *Nobleſſe*.

11882. On prétend que les Acteurs de l'Opéra, ni les Comédiens du Roi ne dérogent pas; ce qu'il ne faut pas étendre aux autres, Encyclopédie, au mot *Comédien*.

11883. La condamnation à quelque peine que ce ſoit, n'emporte dérogeance qu'autant qu'elle eſt expreſſément prononcée, Pothier, des Perſonnes, t. 1, ſ. 2, art. 4.

11884. « L'art. 320 de Tours dit que les enfants du bâtard partagent roturiérement; » d'où s'enſuit que les bâtards ne ſont Nobles, mais Roturiers, » Boullai, C. M. Ils ne ſuivent la condition de leurs peres, dit Boullai, p. 316, s'ils n'ont Déclaration du Roi pour cet effet.

11885. Le bâtard d'un Noble, quoique légitimé, n'eſt pas Noble, Salvion, t.

28, art. 13; exceptez le bâtard du Roi, qui est Prince, & le bâtard d'un Prince du sang ou d'un Prince légitimé, qui est gentilhomme, Pothier, des Personnes, t. 1, s. 2, art. 2.

11886. La Succession d'un bâtard noble ou anobli, se partage noblement entre ses enfants.

11887. La Succession d'une Noble, mariée à un Roturier, se partage, entre ses enfants, comme une Succession roturiere, art. 296 de Loudun, v. ci-après n. 12005.

11888. En Champagne, où la Noblesse se communiquoit par les femmes, les enfants d'une Noble, mariée à un Roturier, étoient Nobles, v. Denisart, au mot *Nobles*; ce qui avoit lieu anciennement par tout le Royaume, Velly, Hist. de fr. t. 6, p. 162, Renauldon, V, n. 48 & suiv. « Présentement la Noblesse utérine, admise par » les Coutumes de Champagne & quelques autres, ne sert que pour ce qui dépend » de la Coutume, comme pour posséder des fiefs, pour les partages, Successions » & autres choses semblables; mais elle ne préjudicie point aux droits du Roi, » Encyclopédie, au mot *Noblesse*.

11889. Les notes de M. Bouault nous apprennent que Madeleine Rocher, née depuis l'anoblissement de son pere, qui avoit acquis une charge de Secrétaire du Roi, ayant épousé Jean Gaulpied de Boisleroi, Roturier, & lui ayant survécu, l'aîné de ses enfants demanda à partager noblement sa Succession; & que l'avis du Barreau de Tours fut contraire à cette prétention. La Noblesse que reprend la Noble, après la mort de son mari, Roturier, est une Noblesse personnelle, non transmissible à ses enfants, qui suivent la condition de leur pere. Etant Roturiers, ils ne peuvent partager que roturiérement; la Noblesse de leur mere ne suffit pas, pour déterminer le partage noble de ses biens.

11890. La Succession d'une Noble, mariée à un Roturier, qui est échue à des Collatéraux Nobles, se partage noblement, notes de MM. Dubois, fils, & Bouault, v. Arrêt de 1634, rapporté par Bardet, t. 2, l. 3, c. 25, Pallu, p. 540, 647, ci-dessus n. 211; encore qu'elle décede avant son mari, Roturier: si elle a vécu Roturiere, elle meurt Noble, v. Valin, t. 3, p. 110. Le mariage avec un Roturier, n'ôte pas, relativement au partage, l'effet de la Noblesse.

11891. Dans le cas où une femme, Roturiere lors de son mariage avec un Roturier, décede avant son mari, mais après son pere, qui a acquis, depuis ce mariage, la Noblesse, sa Succession doit suivre les regles des Successions des Anoblis. Son mariage n'a pas empêché l'impression de la Noblesse; il en a seulement suspendu les effets, v. Mém. des Tailles, au mot *Enfants*, n. 5.

11892. Un Noble laisse, pour héritieres, ses sœurs, mariées à des Roturiers: l'aînée doit avoir les meubles & le préciput. Une des puînées vient-elle à mourir, sa Succession appartient à l'aînée seule, ou à ses Co-puînées, si elles étoient en société, suivant une décision donnée par MM. Dubois, fils, & Delaroche, que nous préférons, avec M. Bernard, en ses notes, à l'avis contraire de MM. Valois, Venier & Baudouin, v. Valin, t. 3, p. 109. Il y a Noblesse de part & d'autre.

11893. Lorsqu'il y a des enfants de différents lits, les uns Roturiers, les autres Nobles, les art. 317, 318 de Tours, 297, 298 de Loudun, reglent la nature du partage de la Succession de leur mere, par la qualité du 1er. mari. Ce qu'ils décident pour une femme Roturiere, s'applique à une femme Noble.

11894. L'aîné des enfants Nobles d'un 2e. lit ne peut avoir aucun avantage, dès qu'il y a une fille Roturiere d'un 1er. lit.

11895. S'il n'y a que des filles Nobles d'un 1er. lit, & un mâle Roturier d'un 2e. lit, M. Augeard, en ses notes, ne pense pas que le partage noble doive avoir lieu. Quelques-uns accordent les prérogatives de l'aînesse au mâle; mais elles appartiennent à la fille aînée, comme si le mâle étoit une fille, v. Pallu, p. 541, 542. Il rapporte l'avis de Tévin, qu'adopte M. Bouault, en ses notes; & que M. Carré, dans les fiennes, dit ne devoir pas être suivi, comme étant contraire à l'art. 318 de Tours, v. Boucheul sur Poitou, art. 286, n. 33 & suiv. Poullain sur Bretagne, art. 556, Valin, t. 3, p. 108, 111.

11896. MM. Dubois, fils, & Bouault, en leurs notes, rapportent avoir décidé qu'un enfant Roturier, issu d'un 1er. lit, renonçant, les enfants Nobles, issus d'un 2e. lit, doivent toujours partager la Succession de leur mere par égales portions. La renonciation ne change pas la nature du partage; la part du Renonçant accroît seulement aux autres, v. ci-dessus n. 11224.

11897. Si, y ayant un enfant Noble d'un 1er. lit, & des enfants Roturiers d'un 2e. lit, celui-là renonce, ceux-ci partagent également toute la Succession. Ce n'est pas en conséquence de la renonciation, que cela se fait, puisqu'ils auroient partagé de même leur tiers, si l'aîné eut exercé ses droits; au lieu de partager le tiers, ils partagent la totalité par droit d'accroissement. La renonciation de l'aîné n'apporte aucun changement dans la forme du partage entre les puînés, elle ne fait qu'en augmenter l'objet.

11898. La Succession d'un Noble, échue à des Roturiers qui représentent des Nobles, se partage noblement; & celle d'un Noble, échue à des Nobles qui représentent des Roturiers, se partage comme celle d'un Roturier.

11899. M. Bernard, en ses notes, décide qu'une moitié des meubles & des acquêts d'un Noble doit appartenir aux Représentants un frere du pere, qui étoit Noble, pour la partager noblement; & l'autre moitié, aux Représentants trois freres du pere de la mere, qui étoit Roturiere, pour la partager également, sauf aux Représentants l'aîné, qui sont Nobles, à subdiviser noblement leur part.

11900. Les héritiers d'un Noble sont des Nobles, qui représentent ses deux freres consanguins, Nobles, & ses trois sœurs utérines, Roturieres; quel sort auront ses meubles & ses acquêts? v. ci-dessus n. 11779, 11780.

11901. Marie, Roturiere, fille d'Anne & sœur de Jules, a eu d'un 1er. mari, Noble, Jean, Joseph & Louis, & d'un 2e. mari, Roturier, André, Urbain & Sophie; Louis décede, après avoir recueilli la Succession de Joseph, avec qui seulement il a possédé indivisément sa part dans le tiers revenant aux puînés, de celle de Marie, & après avoir eu son 5e. dans celles d'Anne & de Jules, & son quart dans celle d'Urbain; Jean doit-il avoir tous les biens, ou doit-on admettre le partage égal, non-seulement des propres que Louis a eus des Successions d'Anne, de Jules & d'Urbain, qui se sont partagées également, mais de celle de Marie, qui s'est partagée noblement? L'art. 318 de Tours ne dispose que de la Succession directe.

11902. Si tous les puînés possédoient indivisément leur tiers dans la Succession de Marie, cette société n'auroit effet qu'entre Joseph & Louis, v. ci-après n. 11967.

11903. Nous admettons le partage noble des fiefs, quoique le partage roturier ait lieu pour le surplus de la Succession, toutes les fois qu'ils sont tombés en tierce-foi, quelle que soit la qualité du Défunt ou de ses héritiers, v. art. 297, 298, 314, 316 de Tours, 281, 284, 295, 296, 299 de Loudun.

11904. La Loi municipale, ayant à cœur de conserver l'intégrité des fiefs, n'en accorde qu'un tiers à tous les puînés nobles. Admettre indistinctement cette regle entre Roturiers, c'eût été ouvrir la porte aux avantages indirects. Un Roturier, pour favoriser un de ses héritiers, eût mis tout son bien en acquisitions de fiefs, ce qui eût blessé l'égalité qui doit regner entre Roturiers; il étoit sage de prévenir cet inconvénient, en reculant d'un dégré le partage noble des fiefs; l'éloignement de l'Acquéreur à ceux qui partagent pour la 2e. fois les fiefs, & toutes les vicissitudes qui peuvent arriver pendant la vie des deux 1^rs^. vassaux, rassurent sur la crainte de l'avantage indirect. On ne peut donner, est-il dit dans la Consultation citée ci-après n. 12450, d'autre raison de cette suspension du partage noble, que l'amour de l'égalité ; c'en est la véritable cause, Duplessis sur Maine, p. 159 ; on pourroit en alléguer une autre, v. Bibl. des Cout. p. 31.

11905. La regle est la même pour les héritages nobles tenus à franc-devoir, tombés en tierce-main, que pour les fiefs tombés en tierce-foi, art. 299 de Tours, 282 de Loudun, v. ci-dessus n. 827, 11670, 11682.

11906. Pour les héritages tenus en franc-aleu, v. Boucheul sur Poitou, art. 280, n. 37.

11907. Un héritage noble ayant été donné à rente, la rente est-elle réputée de même qualité que l'héritage, pour être partagée noblement, étant tombée en tierce-main ? Pallu, N. M. décide que, si cette rente n'a pas été inféodée, elle se partage comme Roturiere.

11908. Olivier sur Maine, art. 252, 273, estime que la rente fonciere, moyennant laquelle un fief a été aliéné, doit être partagée, comme l'auroit été le fief, quoiqu'elle soit rachetable.

11909. Des Roturiers partagent noblement un fief acquis par un Noble, & venu par droit de Succession au Noble ou au Roturier dont ils sont les héritiers, Boucheul sur Poitou, art. 280, n. 74.

11910. Un fief échu en tierce-foi, se partage noblement, en ligne directe ou collatérale, non-seulement dans le partage général, mais dans les subdivisions à faire entre les Représentants l'aîné ou les puînés, v. Dupineau, Obs. sur Anjou, art. 252. Par ex. Claude, représentant une aînée, doit avoir une moitié des fiefs échus en tierce-foi, avec le préciput ; & dans l'autre moitié, qui revient à René & Catherine, représentants une puînée, René doit avoir les deux tiers avec le préciput.

11911. « Fiefs ou héritages nobles tombent en tierce-foi ou main, quand ils » sont acquis de bourse coutumiere, donnés ou légués, & par Succession continués » en tierce-main, dont l'Acquéreur fait la 1re. » art. 300 de Tours, qui s'entend de la Succession directe ou collatérale, notes de M. Dubois, fils.

11912. Dupineau sur Anjou, art. 255, propose une espece où il fut décidé qu'un fief donné devoit se partager également. Il étoit propre au Donataire, mais celui-ci, qui avoit renoncé à la Succession du Donateur, avoit eu le fief par un titre particulier, non par le titre universel de Succession, comme l'exige l'art. 255 d'Anjou. Les art. 300 de Tours, 284 de Loudun, demandent aussi que le fief ait passé aux deux dernieres mains à titre héréditaire.

11913. Lucius donne un fief qu'il a acquis, à son frere, à la charge d'une Substitution au profit des enfants de ce frere ; ceux-ci partageront noblement, Olivier sur Maine, art. 273.

11914. Pocquet sur Anjou, art. 273, Olivier sur Maine, art. 290, enseignent que le fief donné par le pere au fils en remploi des propres de la mere, même dans le cas où il est propre, doit se partager également dans la Succession du fils.

11915. « Constant sur l'art. 280 de Poitou, forme un doute, si une terre noble » en tierce-foi est échangée avec une autre terre noble, elle retient, par la force » de la subrogation, la même qualité, pour être partagée, *inter plebeios*, noblement ; » & remarque Arrêt du 1er. Avril 1597, qui a jugé qu'elle seroit partagée également, à quoi fait l'art. 300 de Tours, » Pallu, N. M. v. Dumoulin sur Tours, art. 297, Boullai, p. 291, Pallu, p. 494, Pocquet sur Anjou, art. 321, obs. 6e. Boucheul sur Poitou, art. 280, n. 77, Olivier sur Maine, art. 290.

11916. Chopin sur Anjou, l. 3, c. 1, t. 5, n. 1, décide que le fief se partage également entre les héritiers du Retrayant, quoiqu'il tienne que le bien retiré est propre. M. Dufrementel, en ses notes, est de même avis, v. Dupineau & Pocquet sur Anjou, art. 256, 366, Bodreau & Olivier sur Maine, art. 274, ci-dessus n. 11401.

11917. Mœvius, ayant vendu un fief qui lui étoit propre, en redevient Propriétaire par un Contrat sujet aux ventes; c'est un acquêt, quoi que dise Loiseau, des Offices, l. 2, c. 7, n. 53, qui doit se partager également, Olivier sur Maine, art. 273. Ce seroit un propre qui se partageroit noblement, s'il l'eut retiré sous le nom d'un de ses enfants, v. ci-dessus n. 10763.

11918. Mes enfants partageront noblement un fief que j'ai eu, comme héritier de ma 1re. femme, v. ci-dessus n. 11253, 11336.

11919. Les petits-fils partagent également le fief qu'a acquis l'Aïeul, à qui ils succedent par représentation du pere; le fief n'est pas à la 3e. foi; il faut que le fief soit continué par Succession en tierce-main, v. Dupineau sur Anjou, art. 256.

11920. Pallu, N. M. dit avoir décidé que, le pere étant mort après l'Aïeul, avant le partage, le fie fest à la 3e. foi. Cela a lieu, quoique, ni l'un, ni l'autre n'aient rendu effectivement la foi; il suffit qu'ils aient dû la rendre, art. 284 de Loudun, v. Proust, p. 490, Boullai, p. 291, 294, Pallu, p. 494, Boucheul sur Poitou, art. 281, n. 6.

11921. Un fief a été possédé sans titre par Titius, pendant 20 ans, & par son fils, pendant 15 ans; Dupineau sur Anjou, art. 256, décide que ses petits-fils doivent le partager noblement, v. ci-dessus n. 11334.

11922. Caius acquiert un fief le 1er. du mois; il meurt le 2, laissant un fils, qui décede le 3; le 4, l'action en retrait est intentée; les petits-fils de Caius doivent partager les deniers du retrait, de même qu'ils eussent partagé le fief, qui étoit à la 3e. foi, v. ci-dessus n. 11712.

11923. « On ne compte que pour une foi, celle faite par mari & femme pour un » conquêt, art. 275 du Maine; les divers fois & hommages faits par une même per- » sonne, ne sont comptés que pour une foi, » Inst. féod. c. 17, n. 2.

11924. L'héritier d'un mari meurt; sa part dans un conquêt dont la femme jouissoit, doit se partager noblement, v. Olivier sur Maine, art. 273.

11925. Seius a donné à son enfant, en faveur de mariage, un fief, qui étoit un conquêt, à imputer tant sur la Succession maternelle échue, que sur la sienne à écheoir; à la mort de l'enfant, le fief est retourné à Seius, moitié par droit de reversion, art. 311 de Tours, moitié en en payant la valeur, suivant l'art. 319; Seius est mort, laissant trois freres. Pallu, N. M. rapporte avoir estimé que l'aîné devoit avoir les prérogatives qui ont lieu en partage noble, dans la moitié que Seius avoit eue à titre successif, de sorte que les deux autres fussent réduits au tiers; mais que l'autre moitié devoit se partager également, comme se seroit partagé le prix qui en avoit été payé. Dans ce cas, le pere ne vient pas à cette moitié, par droit successif; il n'est pas du lignage dont elle procéde; on feint qu'elle n'est pas sortie de ses mains; delà, l'exemption des ventes, à raison de la rentrée. On ne doit considérer que la foi qu'il a rendue ou dû rendre, lors de son acquisition, & la foi qui est due par ses héritiers.

11926. Un aîné ou un puîné, en prenant moins dans les héritages roturiers, a eu, sans payer de retour, plus que ce que la Coutume lui donnoit, dans tous les héritages nobles de la Succession de celui qui les avoit acquis. Il n'y a, à son décès, que sa portion héréditaire qui soit à la 3e. foi; le surplus est réputé acquis par la voie d'échange; autrement, pour avantager l'aîné de ses enfants, un des Co-partageants s'arrangeroit avec les autres, afin d'avoir dans son lot tous les héritages nobles, quoiqu'il ne dût en avoir qu'une très-mince portion. L'avantage plus ou moins grand d'un aîné dans un fief, ne doit pas dépendre de son pere; ce seroit contre l'esprit de la Coutume, cependant v. Pallu, p. 496, Pocquet sur Anjou, art. 255, obs. 1re. Boucheul sur Poitou, art. 280, n. 65, Olivier sur Maine, art. 273, ci-dessus 11403.

11927. Trois puînés donnent à un aîné chacun une somme, pour qu'un fief qui est à la 3e. foi, soit compris au partage égal; le fief échet à l'un des puînés, qui décede sans enfants; on a jugé que le tiers de ce fief devoit se partager noblement,

Pallu, p. 496. Mais, chaque puîné n'a droit que dans quatre 36es. & il a, par un partage égal, neuf 36es. En le consentant, l'aîné abandonne à ses puînés ensemble quinze 36es. savoir ce qui excede sa part personnelle, qui est de neuf 36es. Chaque puîné n'est réputé acquérir, à prix d'argent, que cinq 36es. Outre les cinq 36es. ainsi acquis de l'aîné, le puîné à qui échet tout le fief, a, par forme d'échange, les dix 36es. que ses Co-puînés ont acquis de l'aîné, les huit 36es. à quoi se montent leurs droits, & les neuf 36es. qui sont la part personnelle de l'aîné. Il semble qu'à la mort de ce puîné, on ne doit partager noblement que les quatre 36es. du fief, la 9e. partie, non le tiers.

11928. Par un partage, il échet à l'un des Co-héritiers, à la charge d'un retour, un fief acquis par le Défunt; M. Bernard, en ses notes, décide que les enfants de ce Co-héritier doivent le partager noblement, si le retour a été payé en choses provenantes de la Succession, & également jusqu'à concurrence du retour, s'il a été payé des deniers du Co-héritier; parce que, dit-il, « quoique tout le bien soit réel-» lement & effectivement propre, cependant on le considere comme acquêt jusqu'à » concurrence du retour, pour conserver l'égalité, ensorte que cette portion n'est » point censée à la 3e. foi. Ce n'est pas le seul cas où on recourt à cette fiction. » Le retrait fait des propres; cependant, si l'héritier des propres veut avoir le bien » retiré, il doit faire raison de ce qui a été payé à l'héritier des acquêts. Notre Cou-» tume, qui a éloigné, entre Roturiers, le partage noble des fiefs juspu'à la 3e. » foi, auroit manqué de prévoyance, si, en ce cas, il avoit lieu pour le tout; il y » faut suppléer par l'égalité, qui est son esprit dominant. Mais juste de donner à » l'aîné l'option de mettre ce retour en masse, ou de partager également cette » portion. »

11929. Les raisons de M. Bernard militent également pour le cas où le retour a été fait des deniers de la Succession; sa distinction n'a pas un fondement bien solide. M. Bouault, en ses notes, sans user de distinction, dit: « si le pere, pour avoir le fief, » a donné un retour en argent à ses Co-héritiers, je crois que le fils doit le rappor-» ter à la masse; » à moins qu'on ne veuille faire distraction d'une portion du fief, jusqu'à concurrence du retour, pour la partager également, v. Pallu, p. 504, Pocquet, Arr. cél. l. 6, c. 24, Boucheul sur Poitou, art. 280, n. 60 & suiv. Olivier sur Maine, art. 273.

11930. Si, moyennant un retour de 6000 l. provenantes de la Succession ou d'ailleurs, un aîné ou un puîné a eu un fief, l'aîné de ses héritiers, qui ne veut pas parger également la portion acquise par ce retour, doit une récompense aux puînés. Il doit donner 1000 l. à son puîné, s'il n'y en a qu'un; à chacun autant, s'il y en a deux; 833 l. 6 s. 8 d. s'il y en a trois; 700 l. s'il y en a quatre; 600 l. s'il y en a cinq, &c.

11931. Pocquet sur Anjou, art. 298, estime qu'en cas de retour payé, de rente amortie, &c. il est plus naturel de partager également jusqu'à concurrence du retour, de la rente, &c. v. Boullai, p. 292.

11932. Deux enfants ont licité entr'eux un fief acquis par leur pere; quoique le tout soit propre dans la Succession de celui qui s'en est rendu Adjudicataire, il n'y en a néanmoins que la moitié qui doive être considérée, comme étant à la 3e. foi; l'autre moitié doit se partager également entre ses héritiers, suivant un Arrêt rendu pour la Cout. du Maine, le 4 Juillet 1763, v. Bodreau sur Maine, art. 273, Duplessis sur Maine, p. 160.

11933. La récompense dont il est parlé dans l'art. 261 de Tours, ayant été faite en deniers ou héritages qui n'étoient pas de la Succession, Pallu, N. M. rapporte avoir décidé, avec MM. Gatien & Clavier, « que la récompense ne change pas la nature » & qualité de propre en tierce-foi. » Il semble qu'il auroit été juste d'en indemniser les puînés; mais on peut dire que ce qui faisoit l'objet de la récompense, est attribué à l'aîné, sous une charge seulement qui lui est imposée, v. ci-dessus n. 11612;

c'eſt le fait de la Loi municipale, non le fait de l'homme. Cela peut déterminer le partage noble; la qualité de propre n'y influe pas.

11934. Un pere intente une action en retrait lignager, & décede; le fils eſt reconnu au retrait; l'héritage retiré, quoique ce ſoit un fief, ne ſera pas partagé noblement entre les héritiers du fils; le pere n'en a jamais été véritablement Propriétaire, Boncheul ſur Poitou, art. 280, n. 76, v. ci-deſſus n. 11922.

11935. Lentulus acquiert un fief ſous faculté de reméré, ſtipulée pour 6 ans; 2 ans après, il meurt; ſon fils fait renoncer le Vendeur à cette faculté, & décede, laiſſant deux enfants; le puîné prétend que le fief n'eſt pas à la 3e. foi, parce que le Seigneur n'auroit pu exiger la foi de Lentulus, art. 90 de Loudun, mais v. Dupineau, Obſ. ſur Anjou, art. 256.

11936. Pocquet ſur Anjou, art. 256, décide que, ſi un pere, ayant acquis un fief à la charge d'en faire faire un décret volontaire, & ayant mis le prix dans un ſac cacheté, eſt mort avant l'interpoſition du décret, & que le fief ait été adjugé au fils, il doit ſe partager noblement dans la Succeſſion de celui-ci.

11937. « Si les choſes tombées en tierce-foi, ſont vendues par décret, dit Boullai, p. 292, les deux tierces parties des deniers de l'adjudication cederont au profit de l'aîné. »

11938. Si je libere un fief d'une rente, d'un droit de ſervitude ou de toute autre charge réelle, celui de mes héritiers, qui prendra les deux tiers du fief, récompenſera les autres, v. Olivier ſur Maine, art. 273. Il ne devra pas de récompenſe, pour le profit que lui procurera le rembourſement d'une dette qui ſe feroit priſe ſur tous les immeubles de ma Succeſſion.

11939. Les fruits recueillis depuis l'ouverture de la Succeſſion, ſe partagent comme le fief; ce qui ne s'étend pas, dit Olivier, aux profits des beſtiaux qui y ſont.

11940. Pocquet ſur Anjou, art. 255, obſ. 2e. tient « qu'un ſeul Acte de foi & » hommage ſuffit pour prouver qu'une choſe eſt féodale, s'il n'eſt détruit ou com» battu par des Actes ou par des préſomptions violentes du contraire, qui en faſſent » connoître l'erreur; tel eſt le ſentiment de Dumoulin. »

11941. A défaut d'Acte de foi, il faut au moins deux aveux reçus, ou préſumés reçus par le laps de 30 ans, pour ſuppléer l'inveſtiture 1re. Guyot, t. 5, p. 189 & ſuiv.

11942. Lorſqu'on n'a, ni Actes de foi, ni aveux, la poſſeſſion forme une préſomption, que les puînés ſont obligés de détruire, Perchambault, p. 669, 708, Valin, t. 3, p. 113. Un ſeul partage ſuffit, v. Dupineau ſur Anjou, art. 255, 262, Bodreau, Louis & Olivier ſur Maine, art. 273, 296.

11943. » Il ſemble, dit Dupleſſis ſur Paris, p. 112, qu'il ſeroit impoſſible de ren» contrer une tenure féodale, dont il n'y ait quelqu'Acte par écrit, du moins de » poſſeſſion. Mais, poſé que le fait puiſſe arriver, je commencerois par examiner la » diſpoſition de l'héritage, ſon étendue, ſa circonférence, ſes édifices, & autres choſes » qui s'y trouvent, pour voir ſi, dans le tout, il s'y rencontreroit quelque marque & » veſtige de nobleſſe, afin de le préſumer, en ce cas, féodal. »

11944. Tout le monde peut mettre des girouettes ſur ſes maiſons, Répert. de Juriſpr. au mot *Girouettes*; mais il n'appartient, par l'art. 37 de Tours, qu'au Seigneur de fief, d'avoir une fuie ou une garenne.

11945. De droit commun, le colombier que nous appellons fuie, eſt une marque de maiſon noble, ſuivant Salvaing, de l'Uſage des fiefs, c. 43, Dunod, des Preſcr. p. 407.

11946. « Il n'eſt libre, dit Lalande ſur Orléans, art. 167, n. 12, à toutes per» ſonnes d'avoir des buiſſons & terriers à lapins, parce que c'eſt comme une marque » d'honneur & de nobleſſe en une terre. »

11947. On conſerve la poſſeſſion de la fuie, de la garenne, quand elles ne ſubſiſteroient

sisteroient plus dans leur 1er. état. L'existence des vestiges produit le même effet, Dunod, des Prescr. p. 19; encore que, depuis plus de 100 ans, il n'y ait eu, ni pigeons, ni lapins, d'Argentré sur Bretagne, art. 266, c. 4, n. 12. Il suffit qu'il y ait des vestiges de la fuie; qu'on fasse voir que, dans le fonds en question, il y a des clapiers de tout temps; qu'il s'en reconnoisse plusieurs marques sur le lieu, Lalande sur Orléans, art. 167, n. 13.

11948. Lorsque la noblesse d'un héritage ne peut être prouvée, on présume que c'est une roture, Bourjon, t. 1, p. 127, 226, Valin, t. 3, p. 113; parce que c'est la tenure la plus commune dans le Royaume, & la moins onéreuse au Propriétaire, Dumoulin sur Paris, art. 33, gl. 2, n. 6, Pallu, p. 134, Pocquet, des Fiefs, p. 526.

11949. La présomption contraire peut avoir lieu, dans le cas où le Propriétaire d'un domaine prétend que, la majeure partie des dépendances étant en fief, tout est censé l'être; ce que ne peut pas dire le Seigneur, Billecoq, p. 288, aux notes. M. Bernard, en ses notes, dit que, si l'on n'a pas d'aveux qui fixent la continence d'un bien noble, tombé en tierce-foi, tout ce qui, dans un Contrat de vente, va sous le nom de dépendances, doit être présumé noble, jusqu'à ce que les puînés prouvent le contraire, v. Olivier sur Maine, art. 295.

11950. Les art. 301 de Tours, 285 de Loudun, décident que la chose hommagée, venue au Propriétaire d'un fief, par puissance ou droit de fief, se partage, même entre Roturiers, comme le fief; il en est de même d'une censive, notes de M. Augeard.

11951. Ces articles s'entendent des choses venues par déshérence, commise ou autre moyen semblable, sans bourse délier, non pas par acquêt ou retrait seigneurial, Boullai, p. 294, Bodreau & Olivier sur Maine, art. 273.

11952. « Censive réunie par Succession au fief, dit Olivier, n'est pas pour cela » partagée des deux tiers au tiers. »

11953. Sainson, t. 27, art. 7, Proust, p. 491, admettent le partage noble de l'héritage retiré. L'aîné ne peut en avoir les deux tiers, sans récompenser les puînés, Chopin sur Anjou, l. 2, p. 3, c. 1, t. 4, n. 4, Pallu, p. 504, Boucheul sur Poitou, art. 283, n. 1, 2. M. Augeard, en ses notes, dit « qu'il se faut prendre garde de » la note de Pallu, qui ne vaut rien. »

11954. Il semble que les biens qui viennent par déshérence, s'acquérant par droit de Justice, encore qu'ils soient réunis de fait au fief, ne doivent pas être mis sur la même ligne, que les biens acquis par droit de fief, dont parle uniquement la Loi municipale.

11955. Pallu, N. M. s'exprime ainsi: « les biens acquis par déshérence, ou tombés » en commise, se départent comme les choses du fief, art. 301 de Tours; à quoi je réponds que la Coutume desirant, pour fonder le partage noble entre Roturiers, que » la terre soit en tierce-foi, cela se doit entendre *actu & potentiâ*, & non par fiction, comme en la subrogation. Quant aux accessions & unions, elles ne peuvent » demeurer à l'avantage de l'aîné, sinon lorsqu'elles viennent *nullo dato*, *puta* le bien » vacant, & non quand la Communauté en est affoiblie, & que la chose unie en » peut être séparée; qui fait que l'intention de l'aîné, en ce rencontre, ne peut être » fondée. Je ne puis aussi souscrire à l'opinion de Constant sur l'art. 280 de Poitou, » qui tient que la portion du puîné roturier, acquise par l'aîné, unie à ses deux tiers » qu'il avoit eus en tierce-foi, étant garantie en parage, & l'aîné faisant la foi pour » lui, doit être partagée entre les enfants de l'aîné, comme les deux tiers & hôtel noble, qu'il a eus en tierce-foi; ce qui pourroit être admis en la Cour. de » Poitou, en laquelle les donations des pere & mere aux enfants est permise, mais » non en la nôtre, qui défend à personne coutumiere, par quelqu'Acte que ce soit, » de rendre la condition d'un de ses héritiers meilleure ou pire, art. 302. Ainsi, quoiqu'en ce rencontre, la chose acquise, qui étoit garantie en parage par l'aîné ac-

» quéreur, soit réputée en tierce-foi, d'autant que l'aîné, durant le parage, porte » la foi & hommage pour ses puînés, art. 264; cependant, cette augmentation d'acquêt est par le fait du pere. Ne fait rien que l'aîné a tous les bâtiments faits par le » pere au principal manoir, parce que *cedunt solo*, & le plus souvent l'hôtel noble » de l'aîné, sans fruit, lui seroit bien onéreux, s'il étoit obligé à une récompense » pour les bâtiments. »

11956. Olivier sur Maine, art. 273, refuse aussi une récompense aux puînés, pour les bâtiments; c'est ouvrir au pere un moyen d'avantager l'aîné, malgré la précaution qu'a prise la Loi municipale à l'égard des Roturiers. Il n'y a pas de récompense à l'égard des Nobles, parce que le pere, qui peut avantager l'aîné, en acquérant un fief où il y ait de considérables bâtiments, le peut également, en les faisant construire; mais un pere Roturier ne doit pas pouvoir plus l'un que l'autre, v. ci-dessus n. 11568.

11957. L'aîné est tenu seul de la récompense du mi-denier, due à la mere, pour les bâtiments, ou du prix dû aux ouvriers, c'est une dette réelle, Chopin sur Anjou, l. 2, p. 3, c. 1, t. 5, n. 3, Bacquet, des Droits de Justice, c. 21, n. 11, Bodreau sur Maine, art. 252, contre Pallu, p. 498, Pocquet sur Anjou, art. 321, obs. 6e. v. ci-dessus n. 11569.

11958. Pocquet oblige l'aîné au partage égal jusqu'à concurrence d'un retour dont le pere auroit été chargé; si mieux il n'aime récompenser les puînés, ou, le retour étant encore dû, en payer les deux tiers. Il doit en payer à raison du manoir, de la pourprise & des trois arpents, dont le retour est le prix, comme des deux tiers. C'est une espece de retour, si le pere a été chargé de payer des dettes au-delà de sa part, v. ci-après n. 12446.

11959. On ne peut frustrer l'aîné de ses héritiers, du droit d'aînesse, par des avantages faits aux autres pour établir l'égalité, Filleau, Quest. 201, Pocquet, Art. cél. l. 5, c. 4, v. Boullenois, Quest. mixtes, p. 447 & suiv.

11960. Le don ou legs d'un fief, fait à un étranger, nuit à l'aîné, pour le préciput & pour les deux tiers, & aux puînés, pour le tiers; l'aîné n'est pas récompensé de ce qu'il souffre plus que les puînés, v. Dupineau, Obs. sur Anjou, art. 337, Louis sur Maine, art. 238, ci-dessus n. 11698, 11699.

11961. Si le fief acquis par l'aïeul, a été converti en censive, par une convention faite entre le pere & le Seigneur, les enfants le partageront également, v. Boucheul sur Poitou, art. 280, art. 44, Bourjon, t. 1, p. 700, Pothier, des Succ. c. 4, art. 2, §. 2, Fourré, p. 292.

11962. Comme on peut vendre une Roture, pour acquérir un fief régi par la Cout. de Paris, on peut vendre un fief tombé en tierce-foi, pour acquérir une Roture, encore que la vente soit faite à l'un des héritiers, Olivier sur Maine, art. 278, v. Louis sur Maine, art. 273, Pallu, p. 500, Lathaumassiere sur Berri, t. 19, art. 31, ci-dessus n. 11718, 11840. On peut, en conscience, dit Fourré, p. 366, par un bon motif, qu'il faut toujours supposer, en dénaturant ses biens, changer le sort de ses héritiers.

11963. Un héritage noble, tombé en tierce-foi, a été licité; les deniers de l'adjudication doivent se partager également entre les héritiers du Propriétaire de l'héritage, décédé mineur; Pothier, des Propres, s. 3, §. 5, enseigne que la subrogation de l'art. 94 de Paris ne s'étend pas à autre chose, qu'à la qualité de propre.

11964. Quoique, dans la vente d'un fief tombé en tierce-foi, & dans l'acquisition d'un autre, acquis des deniers de la vente, il ait été stipulé que l'aîné prendroit les mêmes droits sur celui-ci, qu'il auroit pris sur celui-là, le partage doit toujours s'en faire également, Boucheul sur Poitou, art. 290, n. 12, v. ci-dessus n. 11714.

11965. Par des conventions faites entre des enfants, tous majeurs, concernant les Successions de leurs pere & mere, l'aîné, Prêtre, a renoncé au droit d'aînesse dans une terre tombée en tierce-foi, sous la condition que le tiers dévolu aux puînés, lui resteroit, & qu'il le posséderoit à titre de cens, sans pouvoir le réunir aux deux tiers en échange, il leur a abandonné d'autres biens nobles. L'aîné étant décédé, le 1er. des puînés, pour avoir les deux tiers dans le tiers arroturé, & dans les biens nobles abandonnés, a voulu revenir contre les conventions qu'il avoit souscrites. Ces conventions, qui tendoient à ramener à l'égalité prescrite par la Coutume, lui étoient avantageuses à l'instant où elles ont été faites; il en a recueilli le fruit; ce n'est point contre lui qu'elles ont été faites, il pouvoit mourir le 1er. Les Successions se prennent dans l'état où elles se trouvent. L'aîné, qui auroit pu renoncer purement & simplement à tout ce que la Coutume lui déféroit, sans ouvrir aucun droit en faveur du 1er. des puînés, v. ci-dessus n. 11226, qui auroit pu, après l'avoir recueilli, l'aliéner & en dissiper le prix, a pu, à plus forte raison, faire ce qu'il a fait. Le 24 Décembre 1778, MM. Taillandier & Courtin, Avocats de Paris, ont décidé que le 1er. des puînés ne pouvoit, pour y donner atteinte, invoquer la Cout. de Tours.

11966. Entre Roturiers, pour les fiefs tombés en tierce-foi, on a recours aux dispositions qui concernent les Nobles, lorsqu'elles tendent à diminuer les avantages de l'aîné; par-là, on se rapproche de l'égalité, qui est le vœu de la Coutume. Ainsi, on doit assujettir l'aîné Roturier aux mêmes charges que l'aîné Noble, & en conséquence lui imposer l'obligation de récompenser les puînés, dans le cas de l'art. 261 de Tours; de les garantir en franc-parage, conformément à l'art. 264; de contribuer aux dettes à proportion de l'émolument, suivant l'art. 269; & de faire partage, comme le prescrit l'art. 271. Tout cela se concilie avec l'esprit de la Coutume. C'est se conformer à la lettre de la Coutume, que de consulter les dispositions concernant les Nobles, pour les points à l'égard desquels elle y renvoie, au sujet du partage des fiefs tombés en tierce-foi entre Roturiers. Les art. 297, 298, y renvoient, pour annoncer que le chezé, que le préciput, qui y est nommé avantage, est le même & a les mêmes charges, entre Roturiers, qu'entre Nobles.

11967. Dans un partage noble, des puînés Roturiers ayant eu, pour leur tiers, un fief ou portion d'un fief, s'ils possedent ce tiers indivisément, s'entre-succéderont-ils, à l'exclusion de l'aîné? Chauvelin & Brodeau sur Tours, art. 297, MM. Dubois, pere, Bouault & Bernard, en leurs notes, embrassent l'affirmative; Boullai, p. 272, Pallu, p. 499, la négative. On lit dans la Consultation citée ci-après n. 12450: « l'aîné roturier, en aucun cas, ne peut être privé de la Succession du puîné, » qui décede. » Il y a un Arrêt contraire de 1561, rapporté par Levest, c. 69; mais il infirme une Sentence du Siége de Tours, qui, dans un temps où la Coutume venoit d'être réformée, devoit en connoître l'esprit. Quelquefois, une Sentence juste est mal infirmée, *L. 1, D. de Appell. & Relat.* La Sentence accordoit à l'aîné les deux tiers. Il avoit été jugé de même, en 1554, entre Jean Brouillard & Etienne Nobileau & sa femme. D'ailleurs, comme le droit des puînés de s'entre-succéder, à l'exclusion de l'aîné, n'a été introduit que pour balancer le privilége de l'aîné de succéder seul, lorsqu'il en jouit, il faudroit admettre que l'aîné recueille seul la part qu'un puîné possédoit divisément; mais elle se partage toujours des deux tiers au tiers, Pallu, p. 499, 500. Si la regle qui défere les Successions collatérales à l'aîné, est étrangere aux Roturiers, il ne doit pas être question, entr'eux, de l'exception à laquelle l'indivision peut donner lieu.

11968. Ce seroit aller contre l'esprit & contre la lettre de la Cout. de Tours, que d'étendre aux Roturiers les dispositions des art. 263, 279, 282, 283.

1°. La Coutume veut qu'entre Roturiers, un héritier n'ait pas plus que les autres, art. 302. On ne peut s'écarter de cette regle, que dans les cas qu'elle a expressément spécifiés. Les avantages qu'elle accorde à l'aîné, sur les fiefs tombés en tierce-foi, doivent être restreints le plus qu'il est possible. Si elle lui donne les deux tiers avec le préciput, c'est une exception, qu'on doit suivre, puisqu'elle est écrite, mais qui ne peut donner lieu d'en suppléer une autre, qui seroit encore plus contraire à la regle générale. Celle-là ne fait que diminuer la portion de quelques héritiers, celle-ci auroit pour objet la privation de toute portion héréditaire.

2°. L'art. 297 dispose de toutes Successions collatérales, pour lesquelles il établit une maniere uniforme de partager; il ne distingue pas, comme l'art. 282, par rapport aux Nobles. Il comprend toutes les Successions, celles des puînés ou puînées, comme celles des aînés ou aînées; celles des puînés ou puînées qui tiennent leur partage indivisé, comme celles des puînés ou puînées qui possedent divisément leur portion. Toutes ces Successions sont assujetties à la même regle. Elles *se partagent*, art. 297; il n'y en a donc aucune qui appartienne à l'aîné seul ou à l'aînée seule. L'aîné y prend le préciput & la portion avantageuse; l'aînée, le préciput seulement *ès-dites Successions*, dit l'art. 298; ce qui comprend les collatérales, comme les directes. Dans toutes les Successions collatérales, l'aînée n'a que le préciput plus que les puînées; l'art. 298 n'exige pas, pour qu'elles aient toutes leur part personnelle, que la Succession procede d'un aîné ou aînée, comme le porte l'art. 273.

3°. Ce seroit ajoûter à la Coutume, que de faire des distinctions qu'elle ne fait pas, v. ci-dessus n. 36. Elle spécifie trop exactement les prérogatives de l'aîné & de l'aînée, pour avoir manqué de faire mention du droit de prendre toute la Succession des puînés ou puînées, si c'eut été son intention de l'accorder. Ce droit forme un avantage trop considérable, pour ne pas demander une disposition particuliere.

4°. L'art. 282, auquel se rapportent les autres articles qu'on voudroit étendre aux Roturiers, ne considere que la qualité des personnes, sans avoir égard à la qualité des biens; il ne dispose qu'*entre Nobles*, sans comprendre les Roturiers, pour les biens nobles, tombés en tierce-foi. Les art. 314, 316, ont soin d'excepter expressément ces biens, du partage roturier. La Coutume s'en occupe beaucoup; quoiqu'elle ait réglé leur partage, art. 297, 298, elle ne les perd pas de vue; ils sont l'objet d'une exception qu'il étoit naturel de suppléer, & qu'elle répete cependant deux fois. Il étoit plus essentiel de faire mention, dans l'art. 282, des Roturiers, pour les biens nobles, tombés en tierce-foi, s'ils devoient être soumis, pour ces biens, à toutes les regles qu'il contient.

5°. L'art. 297 entre dans un détail de toutes les prérogatives que doit avoir l'aîné Roturier, pour qu'on ne doute pas s'il doit avoir les mêmes que l'aîné Noble. Cet article ne s'explique pas tant au sujet des charges, parce qu'elles ne doivent pas faire la même difficulté.

6°. Si la Coutume eut entendu assimiler en tout les Roturiers aux Nobles, au lieu des art. 297, 298, c'eût été assez d'un article conçu en ces termes : « entre gens » Roturiers, Successions directes ou collatérales se départent par têtes, & en est cha- » cun des héritiers saisi pour sa portion; toutes-fois, s'il y a aucuns héritages no- » bles, acquis de bourse coutumiere & tombés en tierce-foi, ils suivent les regles » déclarées ci-dessus au chapitre des Successions des Nobles. » Par cet article, la Coutume eût adopté toutes les regles de ces Successions. Elle ne s'est expliquée plus longuement, que pour déterminer précisément en quoi elle vouloit que le partage des fiefs entre Roturiers, ressemblât au partage des fiefs entre Nobles : ce qui exclud toute autre maniere de succéder non exprimée dans sa disposition. Elle n'adopte, pour la ligne collatérale, comme pour la ligne directe, le partage noble, que tel qu'il est expliqué dans l'art. 260; dès-là, elle rejette toutes autres regles particulieres aux Successions des Nobles.

7°. Les termes de l'art. 297, *tel qu'il est déclaré au chapitre des Successions des Nobles*, ne peuvent s'étendre à l'ordre des Successions, Pallu, p. 499. Ils ne peuvent se rapporter qu'au chezé, qui est de deux arpents de terre, art. 260, dit Brodeau sur Tours, art. 297, & auquel l'art. 261 apporte des modifications considérables; ou tout au plus à l'avantage expliqué par l'art. 260. Avant la Réformation de la Coutume, faire en 1559, l'art. 297 portoit: « l'aîné..... prendra les deux parts avec l'avan-» tage, qui est le maître hôtel, un hommage, s'il y est, ou 5 s. de rente, le chezé: » lequel chezé est ci-devant déclaré au chapitre des Successions des Nobles. » La Coutume a si peu entendu renvoyer au chapitre des Successions des Nobles, pour tout ce qui leur convient, que, lorsqu'il s'agit des charges de l'aîné, elle renvoie une 2e. fois au même chapitre, où se trouve l'art. 264, qui traite de ces charges. Si le 1er. renvoi étoit général, le 2e. seroit superflu; si l'un est limité à ce qui en est l'objet, l'autre n'est pas plus étendu. L'attention de faire le dernier, prouve l'insuffisance du 1er. & n'y supplée que pour un point, pour ce qui concerne les charges. Il n'y a, ni un 3e. renvoi pour les Successions des puînés, ni un renvoi général qui adopte toutes les dispositions des Successions des Nobles.

L'art. 298 accorde à l'aînée *ledit avantage, ainsi que dit est ci-dessus*, c'est-à-dire, l'avantage dont il a été parlé dans l'article précédent, & tel qu'il y est expliqué; ou, si l'on veut, tel qu'il est expliqué par l'art. 260. La Coutume veut que l'aînée ait un préciput semblable à celui de l'aîné; c'est pourquoi, lorsqu'il s'agit du préciput de l'aînée, noble ou roturiere, les art. 273, 298, renvoient à ce qu'a décidé l'art. 260, pour l'aîné. L'objet du renvoi exprimé, est le même dans l'art. 298, que dans l'art. 273; il n'a pas plus d'étendue dans l'un que dans l'autre: il ne s'agit que du préciput.

Ainsi, à l'égard des Roturiers, on ne doit jetter les yeux sur ce qui se passe entre Nobles, que quand il faut fixer l'étendue du préciput ou des charges qui y sont attachées.

11969. A Loudun, la regle selon laquelle, entre Nobles, l'aîné est saisi seul, ainsi que l'aînée, de tous les immeubles de la Succession, & en gagne les fruits jusqu'à ce que les puînés ou puînées lui aient fait une sommation de leur donner leur portion, s'applique aux Roturiers, pour les fiefs tombés en tierce-foi, v. art. 281, 283 de Loudun, ci-dessus n. 11693. Le gain des fruits ne devroit avoir lieu que dans le cas où les enfants seroient majeurs lors de l'ouverture de la Succession, suivant l'art. 237 de Normandie.

CHAPITRE III.

De la Succession des Anoblis.

11970. L'Anoblissement s'acquiert par mariage, par lettres du Prince, par charge, par service militaire.

11971. C'est une maxime générale que l'Anoblissement donne lieu au partage noble. Ainsi, on suit, pour la Succession d'un Anobli, les mêmes regles que pour la Succession d'un Noble.

11972. Cette maxime souffre des exceptions. La 1re. est que l'Anoblissement que procuroient, à Tours, la Mairie & l'Echevinage, ne s'étend pas au partage des Successions. La 2e. a lieu dans le cas d'Anoblissement par plusieurs charges; par ex. les charges de Trésoriers de France, qui ne produisent leur effet, à l'égard du partage des Successions de ceux qui en sont revêtus, que sous certaines conditions. La 3e. qui se tire de la prohibition faite aux Roturiers, de donner atteinte, par quelque voie que ce soit, à l'égalité qui doit être inviolablement observée entre leurs enfants, regarde ceux de l'Anobli. La 4e. concerne les héritiers collatéraux.

11973. 1ere. La noblesse n'avoit été concédée au Maire & aux Echevins de la Ville de Tours, par des Lettres-Patentes de Février 1461, que sous la condition que leurs

Successions se partageroient roturiérement; l'intérêt du commerce demandoit cette sage précaution, dans une Ville comme Tours.

11974. Le titre qui rend noble, veut que la Succession se partage roturiérement; c'est la Loi de la Province, qu'on doit exécuter dans ses deux dispositions, dit M. Bernard, en ses notes; si l'une accorde la noblesse, l'autre décide qu'on doit en faire abstraction, lorsqu'il s'agit du partage. La Succession, en ligne directe ou collatérale, réputée roturiere par rapport au partage, se regle par les art. 297, 298 de Tours.

11975. La possession de partager également, entre personnes nobles de Touraine, est une preuve que leur noblesse vient de la Mairie ou de l'Echevinage, v. Pocquet, Arr. cél. l. 5, c. 1.

11976. La Mairie & l'Echevinage ne donnent plus, à Tours, la noblesse; ce privilége a été révoqué par un Edit de Mars 1667.

11977. 2^{ent}. La noblesse que donne une charge de Trésorier de France, est personnelle à celui qui en est revêtu; à moins que le pere & l'aieul n'en aient chacun possédé une pendant 20 ans, ou n'en soient morts pourvus, la noblesse ne se transmet pas aux enfants. La condamnation à mort avant 20 ans d'exercice, empêcheroit la transmission, v. Pothier, des Personnes, t. 1, s. 2, art. 4.

11978. Dans le 1er. dégré, le partage se fait également. Un roturier achete une charge de Trésorier de France, & en meurt pourvu, laissant tous ses enfants Trésoriers de France; ils n'en partagent pas moins également.

11979. M. Bernard, en ses notes, fait part d'un Arrêt du 15 Avril 1744, qui a ordonné que les Demoiselles Quentin, filles & petites filles de Trésoriers de France, à Tours, partageroient noblement la Succession de leurs pere & mere; il a adjugé les meubles à l'aînée, v. Poullain sur Bretagne, art. 570. Le pere & le fils jouissent des prérogatives de la noblesse, mais ce ne sont, disoit la puinée, que les petits-enfants qui sont Anoblis, auxquels l'Edit d'Avril 1694 accorde la noblesse. Il s'ensuivroit que l'Edit, qui anobliroit les petits-enfants, dès le moment de leur naissance, les feroit naître nobles d'un pere roturier.

11980. Lors d'un Arrêt du 10 Décembre 1708, rapporté au Journ. des Aud. M. Lenain, Avocat-général, dit que la Succession du 2e. Trésorier de France ne doit pas être partagée noblement, parce qu'il n'est pas noble d'extraction. Cette raison ne peut être alléguée en la Cout. de Tours, qui admet le partage noble des biens de l'Anobli; le 2e. Trésorier de France est Anobli. On peut même aller plus loin, & tenir que la noblesse du 1er. est transmissible sous deux conditions : la 1re. qu'il exercera pendant 20 ans ou décédera pourvu; la 2e. que son fils également exercera pendant 20 ans ou décédera pourvu. Lorsque ces deux conditions ont été remplies, la noblesse est pleine; & ainsi le 1er. peut être regardé comme Anobli, & le 2e. comme noble. Celui-ci n'est qu'Anobli, s'il existoit, lorsque celui-là a été pourvu. Il étoit né roturier, mais sa Succession doit toujours se partager noblement, à moins qu'un de ses enfants ne fût né avant que leur pere ou leur aïeul fût Trésorier de France.

11981. Si le pere est mort avant l'aïeul, dans le cas où le pere n'est pas fils unique, ses enfants partagent, avec leurs Co-héritiers, la Succession de l'aïeul également, leur pere n'eût pas partagé autrement; sauf à subdiviser noblement.

11982. La Succession du pere doit se partager noblement, si, à sa mort, il y a 20 ans que l'aïeul est Trésorier de France.

11983. Les 20 ans d'exercice commencent du jour de la réception, Pothier, des Personnes, t. 1, s. 2, art. 2.

11984. Celui qui résigne avant les 20 ans d'exercice, mais après avoir obtenu des lettres de vétérance, dit Pothier, acquiert la noblesse.

11985. 3^{ent}. Les art. 302 de Tours, 236 de Loudun, interdisent aux Roturiers toute voie, même indirecte, de rendre la condition d'un de leurs enfants meilleure que celle des autres. Quelque générale que soit la défense, on eût pu regarder l'Anoblissement, comme un moyen légitime de l'éluder, & d'introduire, parmi ses enfants, un partage inégal, si la Loi municipale ne s'étoit pas disertement expliquée sur ce point. Pour prévenir toute difficulté & remplir parfaitement ses vues, elle a expressément décidé qu'un pere ou une mere qui a un ou plusieurs enfants, nés roturiers, ne peut, l'un en se procurant la noblesse, par ex. par une charge, l'autre en se remariant à un noble, changer la condition de ses enfants pour le partage de sa Succession.

11986. 1°. L'existence d'un enfant roturier ou de son représentant, lors du décès d'une mere Anoblie par un 2e. mariage, est un obstacle au partage noble de sa Succession. Cet obstacle cessant, sa Succession doit être regardée comme une Succession noble, entre ses enfants; l'Anoblissement a tout son effet, à l'égard des enfants; ils sont nobles, & leur mere l'est, parce qu'elle suit la condition de son mari; c'est de droit commun, v. Proust, p. 505, Pallu, p. 540, ci-dessus n. 11893, ci-après n. 12005.

11987. 2°. Les art. 315 de Tours, 299 de Loudun, reglent la Succession directe d'un Anobli par lettres du Prince, par charge ou par service militaire.

11988. Une personne ayant obtenu des lettres de noblesse, où sont expressément compris ses enfants, sa Succession devroit se partager noblement entre ses enfants, qui sont nobles comme elle, ainsi que la Succession de celui qui a possédé pendant 20 ans une charge de Conseiller au Parlement, ou qui en est mort pourvu. Mais la Loi municipale, par une disposition qui lui est particuliere, Pallu, p. 538, distingue: si tous les enfants vivants lors de l'ouverture de la Succession, sont nés depuis l'Anoblissement du pere, cette Succession est regardée comme une Succession noble; on décide autrement, s'il y a seulement un enfant qui soit né avant l'Anoblissement. Cet enfant, né roturier, ne pouvoit prétendre que partager également; son pere n'a pu changer son sort, qui étoit déja fixé par la Loi municipale, & le rendre plus avantageux, en obtenant des letres de noblesse, ou en achetant une charge anoblissante. M. Dubois, fils, en ses notes, reconnoît qu'un Roturier ne peut faire l'avantage de son aîné, en ligne directe ou collatérale, quoiqu'il se procure, par lettres du Prince ou par charge, la noblesse.

11989. Cette décision a lieu, non-seulement pour le partage de la Succession du pere, mais pour celui de la Succession de la mere, encore qu'elle fût noble, lorsqu'elle s'est mariée; c'est l'état du pere qui doit déterminer, dit M. Bernard, en ses notes. La qualité de la mere n'a pas empêché que l'enfant né avant l'Anoblissement du pere, ne soit né roturier.

11990. « Si l'homme nouvellement Anobli, n'avoit qu'un enfant avant l'Anoblis-» sement, & que les autres naquissent après, il semble qu'il seroit juste que le par-» tage se fît noblement; mais l'usage est contraire, » notes de M. Carré.

11991. Si cet enfant renonce à la Succession, l'aîné des autres enfants ne peut prétendre partager noblement; autrement, celui-ci pourroit engager celui-là, en le dédommageant secretement, à renoncer. Afin de prévenir cette fraude, la Loi municipale ne requiert pas, pour que le partage se fasse roturiérement, que l'enfant né avant l'Anoblissement, ou son representant, vienne à la Succession; il suffit qu'il vive, qu'il soit habile à succéder, lors de son ouverture. S'il est mort civilement, le partage noble a lieu, v. ci-dessus n. 11224, 11226, 11547, 11896, 11897.

11992. Bouchel, au mot *Noblesse*, remarque un Arrêt du 8 Mai 1573, qui a jugé qu'un fief, situé en Touraine, qui n'étoit pas à la 3e. foi, devoit néanmoins se partager noblement entre les enfants d'un Conseiller au Parlement; mais, sans doute qu'ils étoient tous nés depuis que le pere avoit acheté sa charge.

11993. « Les enfants de Sécretaire du Roi, nés avant que leur pere fût titulaire » de cet office, partagent roturiérement, au desir de l'art. 315 de Tours, » notes de M. Carré.

11994. L'aîné des enfants du Sieur Martel, Sécretaire du Roi en la Chancellerie établie près du Parlement de Bordeaux, a prétendu être en droit de partager noblement, appuyé de l'avis de MM. Delambon, Cellier & Elye de Beaumont, Avocats de Paris; mais il a consenti le partage égal, subjugué par les raisons qu'a employées, pour les puînés, le Pere de l'Auteur, dans une Consultation rapportée ci-après n. 12013.

11995. La Succession d'un enfant né avant que son pere eût acheté une charge de Sécretaire du Roi, se partage noblement, à moins qu'un des petits-enfants ne fût né avant l'achat de la charge.

11996. M. Bernard, en ses notes, rapporte avoir décidé que la Succession du fils d'un Officier, qui, ayant des enfants & petits-enfants, avoit obtenu des lettres de noblesse, pour lui & ses enfants nés & à naître, devoit se partager noblement. L'art. 315 de Tours, dit-il, ne parle que de la Succession de celui qui a acquis l'Anoblissement, non de celle de son fils; &, n'ordonnant le partage roturier que pour la 1re. fois, l'article déclare que pour la 2e. fois, pour la Succession du fils, le partage noble aura lieu. « La restriction des termes, *la 1re. fois*, n'a été mise, dit M. Dubois, fils, en ses notes, dans l'art. 315, qui ne s'applique qu'aux Successions directes, que pour marquer que les enfants des enfants des Anoblis doivent partager noblement les Successions de leurs pere & mere, parce que leurs Successions sont nobles & eux nobles. » Mais le fils de l'Officier a acquis l'Anoblissement, aussi-bien que le pere, par les lettres de noblesse; quoiqu'il n'y ait que le pere qui ait sollicité les lettres, la noblesse a été accordée au pere & aux enfants. Si l'existence des enfants qu'avoit le pere, lors de l'obtention des lettres, empêche le partage noble de sa Succession, l'existence des enfants qu'avoit le fils, dans le même temps, doit opérer le même effet, par rapport à la sienne. L'art. 315 parle de tout homme nouvellement Anobli, ayant enfants avant l'Anoblissement; le fils de l'Officier étant homme nouvellement Anobli, ayant enfants avant l'Anoblissement, sa succession doit se partager roturiérement pour la 1re. fois. La Succession du fils de l'Anobli, qui n'est pas né noble, qui est Anobli lui-même par l'Anoblissement de son pere, ne se partage noblement, que quand ses enfants sont nés depuis l'Anoblissement. La regle est pour tout Anobli, sans distinction de pere & de fils.

11997. Je partagerai également avec mes freres la Succession de notre pere, étant né, lorsque notre pere & notre aieul ont été pourvus d'une charge de Trésorier de France, qu'ils ont possédée pendant 20 ans. Le partage noble, il est vrai, auroit lieu ailleurs; mais il est, dans ce cas, reculé d'un dégré, parmi nous, en vertu de la disposition de la Loi municipale, suivant laquelle, pour le partage noble de la Succession d'un Anobli, il faut que tous les enfants soient nés nobles. Je ne suis qu'Anobli. Je serois né noble d'une noblesse conditionnelle, v. ci-dessus n. 11980, si notre aieul ou notre pere avoit été pourvu avant ma naissance.

11998. Si l'un & l'autre n'ont été pourvus, que depuis la naissance d'un de mes enfants, ma Succession se partagera également.

11999. L'Officier d'un grade inférieur à celui de Maréchal de Camp, qui a, ainsi que son pere & son aieul, rempli les conditions requises par un Edit de Novembre 1750, acquiert de droit, du jour daté dans les lettres d'approbation de services, une noblesse qui passe à ses enfants, même à ceux nés avant la noblesse acquise. Ainsi, le partage noble n'a lieu qu'au 3e. degré. Le pere & l'aieul de l'Officier n'ont joui, en ce cas, que d'une noblesse personnelle. Lui seul communique la noblesse à ses enfants. Pour qu'ils soient tous censés nés nobles, pour qu'ils partagent noblement, ils doivent être tous nés depuis le jour daté dans les lettres d'approbation de services, v. ci-dessus n. 11869.

12000. Le grade d'Officier général confere la noblesse de droit à celui qui y parvient,

vient, & à ses enfants nés & à naître. Si un des enfants est né avant sa promotion, ils partagent également.

12001. 4^{ent}. La Succession de la fille anoblie par le mariage, lorsqu'elle échet à des héritiers collatéraux, est mise, par les art. 316 de Tours, 300 de Loudun, sur la même ligne que celle de l'homme anobli par une charge ou autrement, v. Sainson, t. 27, art. 23, Boullai, p. 309. L'une & l'autre Succession ne se partagent pas noblement, quoique, les héritiers qui seroient Anoblis, n'étant pas roturiers, la noblesse se rencontre dans la personne de la Succession de qui il s'agit, & dans la personne de ses héritiers. Il faut quelque chose de plus; le partage noble n'a lieu que quand les héritiers sont tous Nobles d'ancienneté.

12002. Toute Succession collatérale d'Anobli devroit se partager également, sans que la circonstance, que les héritiers sont Nobles d'ancienneté, fît une différence; ils n'en eussent pas moins partagé roturiérement la Succession de celui qui a été Anobli, cessant l'Anoblissement. Il suit de l'art. 316 de Tours, qu'un Roturier ou une Roturiere, qui n'a, pour héritiers, que des Nobles d'ancienneté, peut, contre le vœu de l'art. 302, rendre la condition d'un de ses héritiers meilleure que celle des autres; l'un, en se procurant la noblesse par ex. par une charge, l'autre, en se mariant à un Noble.

12003. On est Noble d'ancienneté, dès qu'on prouve que son aïeul a été anobli par lettres du Prince ou par charge de Sécretaire du Roi ou de Conseiller au Parlement, ou que son aïeul & son pere ont été Tréforiers de France, v. Pallu, p. 539. Il faut, dans tous les cas, que le pere soit né depuis l'Anoblissement de l'aïeul; autrement, on ne seroit que fils d'Anobli, &, pour être Noble d'ancienneté, on doit au moins être fils de Noble.

12004. « Les enfants du Sécretaire du Roi, nés avant que leur pere eût sa charge, » sont nouvellement Anoblis; leur Succession doit se partager également, » notes de M. Carré; à moins que les héritiers ne fussent Nobles d'ancienneté. Il en est de même de la Succession des petits-enfants, s'ils sont nés avant l'achat de la charge; ce sont des Anoblis.

12005. Si, de trois sœurs roturieres, mariées à des Nobles, l'une décede sans enfants, les deux autres doivent partager également sa Succession, dit M. Bernard, en ses notes; elles ne sont pas Nobles d'ancienneté, elles ne sont qu'Anoblies. Mais elles sont véritablement Anoblies, v. ci-dessus n. 11986. Valin, t. 3, p. 111, se trompe, lorsqu'il dit que la Roturiere qui épouse un Noble, n'acquiert pas la noblesse, mais seulement le droit de jouir des priviléges qui y sont attachés; de sorte que sa Succession est roturiere.

12006. De ce que la Succession d'une Roturiere anoblie par son mariage avec un Noble, se partage noblement, lorsque tous ses héritiers sont Nobles d'ancienneté, M. Bernard, en ses notes, conclud que la Succession de la Demoiselle de Saint-Prix, mariée au Sieur de Cop, appartenoit à l'aîné des enfants du Sieur Grassin, frere de son aïeule paternelle, pour ce qui revenoit à cette ligne, parce que les enfants du Sieur Grassin sont Nobles d'ancienneté, leur aïeul & leur pere ayant possédé une charge de Greffier au Bureau des Finances de Tours.

Nous observerons, 1°. que l'aîné ne devoit avoir que les deux tiers avec le préciput, & les puînés l'autre tiers, comme si la Succession étoit échue à leur pere, à qui ils eussent succédé; 2°. que, s'il y avoit eu des petits-fils nobles d'une sœur de l'aïeule paternelle, qui auroit été mariée à un Noble, le partage se seroit d'abord fait par moitié, les Représentés n'étant pas Nobles d'ancienneté, sauf, par la subdivision, à donner, dans les deux branches, à l'aîné les prérogatives de l'aînesse; 3°. qu'en supposant des Représentés nobles d'ancienneté, les branches puînées n'auroient pas été excluses, l'art. 316 de Tours ne déférant, dans aucun cas, à la branche aînée la succession collatérale d'un Anobli, dont il ordonne le partage égal ou inégal, suivant la qualité des héritiers. M. Dubois, fils, en ses notes, dit que l'art. 282 de Tours est pour ceux qui sont véritablement nobles, non pour les Anoblis par lettres du Prince ou par charges, v. ci-dessus n. 11745.

12007. La Succession d'un Anobli par lettres du Prince, échet aux petits-enfants d'un frere, décédé Sécretaire du Roi, & d'un autre, décédé Conseiller au Parlement. La 1re. division doit se faire par moitié; la 2e. & la 3e. division doivent se faire comme elles se seroient faites si les Représentés eussent recueilli leur part & l'eussent transmise à leurs enfants. La 2e. division se fait roturiérement, si l'un de ceux du 1er. dégré, étoit né avant l'Anoblissement du pere; la 3e. division se fait de même, si l'un de ceux du 2e. dégré, étoit né avant l'Anoblissement de l'aïeul.

12008. Dans la 5e. des généalogies rapportées ci-dessus n. 11465, supposons Joseph noble, Aléxandrine & Batilde mariées à des Roturiers, Théodore & Arthémise mariées à des Nobles, & Louise mariée à un Anobli.

1°. La Succession d'Arthémise, échéant à Clément & à Maurice, quoiqu'ils soient tous deux Nobles d'ancienneté, doit se partager roturiérement; c'est la qualité des Représentés, non des Représentants, que l'on considere; Silvain & Louise n'auroient pu prétendre partager noblement.

2°. La Succession de Louise, ou de Paul, ou de Maurice, venant à Clément & aux filles d'Arthémise, celui-là y aura une moitié, celles-ci l'autre moitié, dans laquelle Batilde prendra son droit d'aînesse; Silvain & Arthémise auroient partagé également: les Représentants n'ont que les droits des Représentés.

3°. Adrien laissant, pour héritieres, Arthémise & Louise, elles partageront noblement; c'est la Succession d'un Noble, échue à des Anoblies. La disposition de la Loi municipale, qui demande, dans les héritiers, une noblesse ancienne, forme une exception qu'on doit renfermer dans ses propres termes; elle ne parle que de la Succession de l'Anobli, & elle ne s'étend pas à celle du fils de l'Anobli, né noble.

Si le mari de Louise n'étoit pas Anobli, Arthémise ne pourroit prendre un droit d'aînesse, parce qu'il faut que tous les héritiers soient ou représentent des Nobles ou des Anoblis, pour partager noblement la Succession d'un Noble.

4°. La Succession du dernier des descendants d'Hilaire, quel qu'il soit, ira, pour le tout, à Elisabeth; ou, si la branche de Fulgence est éteinte, à Camille, qui prendra les meubles, le préciput & une moitié des immeubles, & à Prosper, qui aura l'autre moitié.

5°. La Succession d'Elisabeth appartiendra, pour les meubles & les deux tiers des immeubles, outre le préciput, aux Représentants Hilaire; l'autre tiers à Camille, pour une moitié, & à Prosper, pour l'autre moitié.

Dans la subdivision à faire entre les Représentants Aléxandrine & les Représentants Pélagie, ceux-là auront les meubles, le préciput & une moitié dans les deux tiers des immeubles, ceux-ci l'autre moitié.

Dans cette derniere moitié, Marthe aura les deux tiers, outre un préciput; un 6e. sera pour Béatrix, Renée & Laurence, qui le partageront également, hors un préciput que prendra Béatrix; Denis aura un préciput & les deux tiers dans le 6e. restant, & Charles l'autre tiers.

Clément n'aura qu'un tiers des meubles & des immeubles, dans la portion revenante aux Représentants Aléxandrine; un tiers sera pour Maurice; & un tiers pour les Représentants Arthémise.

Dans ce tiers, les Représentants Batilde prendront les meubles, un préciput & un tiers des immeubles, les deux autres tiers étant pour Rose & Luce.

Le lot des Représentants Batilde se partagera également, pour les meubles & pour les immeubles, entre Jules & Agnès.

6°. Si, après la mort d'Elisabeth, Prosper décede, Camille ne prendra rien dans la Succession; elle sera dévolue aux Représentants Hilaire; &, dans les différentes subdivisions qu'il faudra faire, on opérera, pour cette Succession entiere, comme pour la portion qui revenoit à ces Représentants, de celle d'Elisabeth.

V. ci-dessus n. 10981 & suiv. 11481, 11483, 11720, 11811, 11812, 11838.

12009. MM. Dubois, fils, Delaroche & Duval, déciderent, en 1695, que la Succession du Sieur Bernin devoit se partager par moitié, entre son frere aîné & les Représentants sa sœur, parce que les deux freres & la sœur avoient partagé par tiers, conformément à l'art. 315 de Tours, les biens de leur pere Anobli par une charge de Sécretaire du Roi, achetée depuis leur naissance. Cette décision fut confirmée par une autre de deux Avocats de Paris; les Parties compromirent, & il y eut une Sentence arbitrale conforme.

MM. Dubois, fils, Delaroche & Baudouin, donnerent une décision semblable, en 1719 pour la Succession du Sieur Baudart, puîné, né depuis l'Anoblissement du pere.

La même question s'est élevée dans la Succession de la Dame de la Jonchere, & dans celle du Sieur Mangot; celui-ci né avant, & celle-là née depuis l'Anoblissement du pere.

M. Dubois, fils, en ses notes, observe que, dans toutes ces occasions, les aînés ont transigé, en accordant aux puînés, à peu de chose près, leur part afférente dans un partage égal. « Nous avons toujours tenu, dit-il, que l'aîné Anobli par l'Anoblissement du pere, ne succede jamais aux puînés, nés avant ou depuis l'Anoblissement, » que pour sa part personnelle, comme les autres, parce que, sans cela, l'égalité requise par l'art. 302 de Tours, seroit blessée. Sa condition, en ligne collatérale, seroit meilleure que celle des puînés, » v. ci-dessus n. 11988.

M. Bouault, en ses notes, varie sur cette question.

12010. La Succession d'un fils de Sécretaire du Roi, né avant l'Anoblissement, est une Succession d'Anobli, qui ne peut se partager que roturiérement entre ses freres, nés même depuis l'Anoblissement, entre leurs enfants ou petits-enfants. Les héritiers ne sont pas, ne représentent pas des Nobles d'ancienneté, mais seulement des fils d'Anoblis. Pour la Succession de celui qui est né depuis l'Anoblissement, c'est une Succession de Noble, qui devroit, ce semble, se partager noblement entre ses freres nés avant ou depuis l'Anoblissement; les Anoblis partagent noblement la Succession d'un Noble; ils sont vraiement nobles; ils ne different pas des autres Nobles. C'est parce qu'ils sont nobles, que leur Succession se partage noblement, excepté dans les cas exprimés par les art. 315, 316 de Tours. Dans ces cas, où il s'agit de déférer leur Succession, la Loi municipale, par des vues particulieres, les considere comme roturiers; mais elle les considere autrement, lorsqu'il s'agit de recueillir une Succession. Les Successions qui leur aviennent, aviennent à gens nobles. Pour soustraire à la disposition de l'art. 282, la Succession d'un Noble, échue à des Anoblis, il faudroit une disposition précise. Sans les art. 315, 316, la Succession d'un Anobli, échue à des Anoblis, se régleroit par l'art. 282. Les termes, *entre Nobles*, dont il use, conviennent aux Anoblis, comme aux Nobles d'ancienne extraction, Pocquet sur Anjou, art. 253, obs. 1e.

12011. Un homme qui a deux filles, achete une charge de Sécretaire du Roi; il lui naît depuis un fils & une fille; la plus jeune des filles meurt après le pere. Si l'on ne défere pas sa Succession au seul aîné, parce que les filles qui ont partagé roturiérement avec lui la Succession du pere, n'ayant pu se procurer le droit de s'entre-succéder à son exclusion, il paroît juste qu'il ne puisse pas les exclure; au moins, devroit-on lui accorder les meubles, le préciput & les deux tiers des immeubles; &, s'il mouroit ensuite, il faudroit donner à l'aînée des deux filles les meubles & le préciput dans sa Succession. L'usage est contraire; la faveur de l'égalité, qui l'a introduit, doit le soutenir.

12012. L'aîné des enfants du Sieur Martel, dont il a été parlé ci-dessus n. 11994, étant décédé en 1780, ses freres & sa sœur, conformément à l'avis de plusieurs Avocats de Tours, ont partagé également sa Succession.

12013. Voici la Consultation dont il a été fait mention ci-dessus n. 11994.

LE CONSEIL SOUSSIGNÉ estime qu'en Touraine, la Succession d'un Sécretaire du Roi doit se partager également entre ses enfants nés avant l'achat de la charge.

Les Coutumes sont de droit étroit; on ne doit pas imaginer de différence, quand la Loi s'est expliquée en termes généraux & absolus, Pocquet sur Anjou, art. 253, obs. 1e. A cette regle triviale & commune à toutes dispositions de Coutume, se joint ici une raison particuliere, qui doit faire rejetter toute distinction; c'est que la Cout. de Tours, par l'art. 315, a eu dessein d'empêcher les Roturiers de favoriser un aîné par la voie de l'Anoblissement. Il n'y a point de genre d'Anoblissement où l'inconvénient que la Coutume a voulu prévenir, ne puisse arriver; ainsi, sa disposition ne souffre aucune exception, elle comprend toutes sortes d'Anoblissements.

Le terme d'Anoblissement ou d'Anobli a un sens fixe & consacré par l'usage. Il n'y a que le Roi qui puisse anoblir, Bacquet, du Droit d'Anoblissement, c. 17. Il le fait de deux façons; ou par lettres, ou par la collation d'offices Anoblissants, Bacquet, des Francs-Fiefs, c. 2, n. 2, Loiseau, des Ordres, c. 4, n. 41. Tout Anoblissement vient du Roi; qui dit Anobli en général, dit Anobli par le Roi, soit par lettres, soit par charges: l'art. 315 de Tours doit s'entendre également des deux especes d'Anoblissements.

Cet article n'a pas introduit un droit nouveau; il a été pratiqué dans tous les temps; on n'en découvre pas l'origine. Il étoit observé avant que nos usages eussent été rédigés par écrit, en 1460. Parmi ces usages rédigés par écrit, on remarque l'art. 315. Ces usages furent confirmés par des lettres-Patentes de 1461. En 1484, les Sécretaires du Roi obtinrent de magnifiques priviléges, celui de noblesse, &c. Cela dut faire de l'éclat; néanmoins, la Cout. de Tours ayant été réformée en 1507, on y laissa en entier, sans aucune modification ni restriction, l'art. 315. En 1549, les Sécretaires du Roi furent confirmés dans leur privilége de noblesse; 10 ans après, on procéda à une nouvelle Réformation de la Coutume, sans toucher à cet art. 315. C'est donc une Loi ancienne & renouvellée plusieurs fois; Loi qui a toujours été uniformément suivie. Le motif qui l'a dictée la 1re. fois, a toujours été le même. Nous avons toujours été jaloux de conserver l'égalité; ce sentiment, conforme à la nature, n'a pas plus varié que la source où il est puisé.

Nous ne sommes pas les seuls qui soyons demeurés attachés au droit naturel; les Cout. d'Anjou, du Maine, de Bretagne, &c. reglent le partage des biens des Anoblis, comme celle de Tours, à peu de différence près.

Outre l'ancienneté, la sagesse & l'équité de notre Loi municipale, elle a tous les caracteres d'authenticité, qui doivent la rendre indistinctement inviolable. Elle a reçu le sceau de l'autorité du Prince, qui en a ordonné la Rédaction & les Réformations. Quel prétexte peut-on imaginer, pour en éluder l'exécution?

Dira-t-on que le Roi, en anoblissant, déroge aux Coutumes qui restreignent l'effet de l'Anoblissement? 1°. En autorisant ces Coutumes, on a autorisé la restriction. Il falloit effacer les articles qui reglent le partage des Anoblis, si les Coutumes ne peuvent pas disposer au préjudice des Anoblissements faits par le Roi, parce que c'est lui qui fait tous les Anoblissements. 2°. Le Roi n'est pas présumé donner atteinte aux Coutumes, dans les concessions qu'il fait aux particuliers.

Il n'est pas même présumé le faire dans ses Ordonnances générales, qui doivent avoir plus d'efficace, & dont l'exécution est plus importante; du moins, on distingue. Les Ordonnances générales qui ont pour objet un bien public, dérogent aux Coutumes contraires; mais non, si les Coutumes ont des dispositions favorables, ou si leurs dispositions ne sont contraires qu'en partie. En quelques rencontres mêmes, les

Coutumes dérogent aux Ordonnances; on en maintient les dispositions au préjudice de la dérogation portée par les Ordonnances, v. Legrand sur Troies, art. 200, gl. 1, n. 3, 4, Guéret sur Leprêtre, Cent. 1, c. 54, Ferriere, au mot *Déroger*.

Les Anoblissements ne concernent pas la Police générale du Royaume, l'avantage public; c'est une faveur dont le Roi gratifie des particuliers; les Coutumes qui en limitent l'effet, sont très-favorables; elles maintiennent le droit naturel & civil sur lequel est fondée l'égalité du partage, ainsi que l'observe d'Argentré, en traitant cette même question, dans ses Avis sur les partages des Nobles, quest. 19, n. 5.

Comme l'ancienne Cout. de Bretagne, qui dispose au sujet du partage noble, ne parle que des Nobles de race, qui sont en possession de vivre noblement, d'Argentré résoud que le simple Anoblissement par lettres ne donne pas le droit de partager noblement, à moins que, par une clause expresse, le Roi ne l'attribue. Il n'examine la question, que relativement à l'ancienne Cout. de Bretagne, qu'il avoit commentée, & qui n'exclud pas formellement, comme la nouvelle, le partage noble de la Succession de l'Anobli. Aussi, quoiqu'il eût décidé précédemment que, si le Roi a anobli le pere & les enfants nés & à naître, avec droit de partager noblement sa Succession, le partage noble aura lieu, il y a mis, ou son Annotateur, un correctif, portant, qu'encore, avec cette clause, il faudra attendre jusqu'aux petits-enfants; d'où il suit que, contre une disposition précise qui interdit le partage noble de la Succession d'un Anobli, la clause générale, dans les lettres, de partager noblement, ne suffit pas, sans une dérogation particuliere à la Coutume qui y est formellement contraire.

Lebrun, des Succ. l. 2, c. 2, s. 1, n. 95, est tombé dans une absurdité sensible, en n'appliquant sa déférence pour les usages & Coutumes, qu'aux partages des biens des Officiers dont le titre ne regle pas la Succession; comme s'il ne disoit pas lui-même de tous les Officiers, que leur titre regle leur Succession; comme s'il ne disoit pas de tous, qu'on a égard à l'usage des lieux; comme si le titre d'office étoit moins sujet à ces usages, que les lettres spéciales d'Anoblissement, qu'il y assujettit.

Dupineau pensoit qu'en Anjou, la Succession de toutes sortes d'Anoblis doit se partager également la 1re. fois. Pocquet sur Anjou, art. 253, obs. 1°. combat cette opinion, comme contraire à sa Coutume; mais il n'a garde de soutenir que les Anoblissements sont affranchis des Loix municipales; s'il l'eût pensé, il se fût retranché dans ce moyen, & il se fût épargné toute la dépense qu'il fait à cette occasion.

La Jurisprudence des Arrêts autorise ce principe, que les usages des lieux reglent les Successions des Anoblis; à plus forte raison, les Coutumes qui ont des dispositions formelles à cet égard.

Louet, N, c. 4, rapporte un Arrêt de 1607, qui a jugé que la Succession d'un Conseiller au Parlement seroit partagée roturiérement, dans la Cout. du Maine, à cause de l'usage de cette Province, qui étoit prouvé, non par des Sentences ou des Arrêts, mais seulement par des partages, du nombre desquels étoient ceux d'un Conseiller au Parlement, d'un Président aux Enquêtes, d'un Maître des Requêtes, d'un Chancelier de France, Guillaume Poyet. Il est vrai que celui-ci avoit essuyé une condamnation qui auroit pu donner atteinte à sa noblesse; mais il paroît qu'on le regardoit encore, lors de sa mort, comme Anobli. Par deux Arrêts de 1628 & 1634, que cite Brodeau, il a été ordonné qu'il seroit informé du même usage; c'est donc cet usage, qu'on doit suivre. Point de difficulté, que le partage doit se faire roturiérement, s'il y a une disposition précise, comme dans les Cout. de Tours & de Loudun, dit Brodeau, v. Bodreau sur Maine, art. 239, 272, Guéret sur Leprêtre, Cent. 1, c. 9.

D'après ces maximes & ces autorités, qui assujettissent toutes sortes d'Anoblissements aux usages & aux Coutumes, peut-on excepter les Sécretaires du Roi?

Sont-ils d'un ordre supérieur à celui des Officiers des Cours souveraines, tandis que Loiseau, des Offices, c, 9, n. 19 & suiv. après avoir mis leurs offices au rang des moindres, qui n'attribuent pas la qualité de Chevalier, mais qui anoblissent, conclut qu'*à plus forte raison*, les Conseillers au Parlement sont nobles en vertu de leurs offices; & que Brodeau sur Louet, N, c. 4, observe que la qualité de Conseiller de Cour souveraine est toute autre que celle des Echevins de Poitiers, qui sont Anoblis par privilége, *comme les Sécretaires du Roi*, & que les Conseillers des Cours souveraines le sont par la dignité de leurs charges.

Les Sécretaires du Roi sont-ils plus privilégiés que ceux que le Roi anoblit en récompense de leur vertu ou de leur mérite, & dont la Succession néanmoins, par l'art. 570 de Bretagne, doit être partagée roturiérement la 1re. fois, comme elle doit l'être, par l'art. 315 de Tours, s'il y a des enfants nés avant l'Anoblissement. Loin d'être plus favorisés, ils ne jouissent pas même de la faveur accordée par la Cout. de Bretagne aux Anoblis pour valeur ou mérite; la Succession de ceux-ci se partage noblement, lorsqu'elle est parvenue aux petits-enfants; celle des Anoblis par argent ne participe pas à ce privilége. Perchambault, p. 720, donne, pour exemple de ce dernier genre d'Anoblis, les Sécretaires du Roi; cet exemple lui sert de preuve, pour montrer la sagesse de la disposition de sa Coutume. Il seroit étrange qu'un Marchand ou un Banquier, qui n'a jamais travaillé qu'à amasser du bien, pût, parce qu'il est riche, en achetant une charge de Sécretaire du Roi, qu'un sourd & muet peut exercer, dit cet Auteur, profiter d'une grace que mérite seule la vertu.

Mais, dit-on, les Sécretaires du Roi ont obtenu une multitude infinie de beaux priviléges. Oui, sans doute; les deux gros volumes qu'ils ont fait imprimer, ne les contiennent même pas tous. On n'est pas surpris de voir tous ces priviléges; « il n'étoit » pas raisonnable, remarque Loiseau, des Offices, l. 4, c. 2, n. 80, que la cire leur » fût refusée, & qu'eux qui dressent, pour les autres, les lettres d'exemptions & » priviléges, oubliassent d'en prendre leur part, comme certainement ils l'ont prise » à bonne mesure. » Quelques priviléges qu'ils aient, ils n'en ont & ne peuvent en avoir aucun qui les fasse Nobles de race; cela est au-dessus du pouvoir du Prince, Loiseau, des Ordres, c. 4, n. 42, Laroque, de la Noblesse, c. 8. Le Roi peut bien accorder les droits dont jouissent les Nobles de race; mais, quelques droits qu'il accorde, il ne les accorde qu'à un homme né roturier; il fait un Anobli, non un Noble de race; il fait un Anobli, qui jouit des priviléges d'un Noble de race, qui est réputé l'être; c'est une fiction; il ne l'est pas en effet; il n'est réellement & dans la vérité, qu'Anobli; donc, nonobstant les prérogatives dont il est décoré, il est compris parmi les Anoblis dont les Coutumes reglent les Successions.

Disons un mot des priviléges des Sécretaires du Roi.

En 1715, les Sécretaires du Roi & autres Officiers des Chancelleries établies près des Cours, &c. furent supprimés, & on fit une nouvelle création. Voilà les anciens titres éteints, & avec eux tous les droits qui y étoient attachés; voilà une nouvelle création, un nouveau titre; il faut s'y renfermer. Il accorde le privilége de noblesse au 1er. dégré, pourvu qu'on ait servi 20 ans, ou qu'on soit décédé revêtu de l'office.

Ce privilége fut ôté, en 1724, aux Officiers des Chancelleries établies près des Cours, &c. & il leur fut rendu, en 1727, au moyen de 1680000 l. qu'ils payerent.

Lors de la demande qui leur fut faite en 1743, d'une augmentation de Finance, ils réclamerent les mêmes priviléges qu'avoient les Sécretaires du Roi de la grande Chancellerie; mais on n'y eut pas égard, Dict. rais. des dom. t. 1, p. 401. Un Edit de Décembre 1743, concernant les petites Chancelleries, confirma tous les Officiers dans le privilége de la noblesse au 1er. dégré.

La Finance de leurs offices fut fixée par un Edit d'Octobre 1755, qui confirma les Titulaires dans leurs priviléges, à la charge de payer un supplément de Finance.

Par un Edit d'Août 1758, il fut attribué une augmentation de gages aux Officiers de la grande & des petites Chancelleries, avec clause que, faute de satisfaire au payement de la Finance, ils demeureroient déchus de tous priviléges.

On voit que le privilége de noblesse accordé aux Sécretaires du Roi des petites Chancelleries, n'est pas fort stable, puisqu'il est sujet à tant de révolutions, & qu'il ne se conserve qu'à force d'argent.

Supposons qu'ils participent à tous les droits des Sécretaires du Roi de la grande Chancellerie. Le titre favori de ceux-ci, qui est en effet le plus honorable, est un Edit de Charles VIII, donné en 1484; il contient trois dispositions. La 1re. accorde la noblesse tout au plus au 1er. dégré, un commencement de noblesse, à ceux qui ne sont pas nés nobles, *Nobilitatis initium.* La 2e. rend les Sécretaires du Roi capables d'être faits Chevaliers; cette prérogative n'est pas rare; elle fut attribuée aux Officiers municipaux de la Ville de Tours, en 1461, à ceux de la Ville d'Angers, en 1474, &c. La 3e. rend les Sécretaires du Roi dignes de tous honneurs, dignités, bénéfices & charges, comme s'ils étoient nobles d'ancienneté & au-delà de quatre générations; c'est ainsi que les Sécretaires du Roi, dans la table du 1er. tome de l'Histoire de la Chancellerie, expliquent cette derniere disposition. Loiseau, des Offices, c. 9, n. 20, en la rappellant, dit, *quatre générations*, & non, *au-delà de quatre générations ;* de même, les Lettres-Patentes de Septembre 1549, ou elle est rapportée.

Du temps de Charles VIII, il falloit quatre générations, pour procurer la noblesse de race; des Lettres-Patentes du 5 Mai 1583, l'exigeoient; la meilleure opinion l'exige encore aujourd'hui, v. Laroque, de la Noblesse, c. 12. L'Edit de 1484, ne disoit pas plus, que s'il eût dit que les Sécretaires du Roi pourroient jouir des mêmes priviléges, que s'ils étoient nobles de race; cette faculté est commune à tous les Anoblis. Toujours est-il vrai que cette fiction n'est faite, que pour la derniere disposition, que pour jouir des honneurs, dignités, &c. Les priviléges, comme les fictions, sont de droit étroit; ils ne s'étendent pas d'une chose à une autre, Bacquet, des Francs-Fiefs, c. 9, n. 5, Leprêtre, Cent. 1, c. 31; au contraire, l'expression d'un privilége exclud un autre, Brillon, au mot *Privilege.* L'Edit de 1484, n'ayant réputé les Sécretaires du Roi nobles de quatre générations, que pour les honneurs, &c. ne les a pas réputés tels, pour que leur succession se partageât noblement; il n'en dit rien.

Quand cette fiction emporteroit quelque chose de plus, que celle de noblesse de race, qui est commune à tous les Anoblis, il s'ensuivroit uniquement qu'on auroit voulu élever les Sécretaires du Roi au-dessus des Nobles ordinaires, les assimiler aux Barons, à cause de leur dignité de Sécretaires; dignité qui est énoncée être le motif de la concession. En ce cas, ce dégré de haute noblesse seroit personnel, seroit attaché à l'office; il ne passeroit pas à la postérité des Sécretaires du Roi; il ne passeroit qu'à leurs Successeurs dans l'office, v. Loiseau, des Ordres, c. 4, n. 45. Ce dégré, qui n'est que passager, n'opere aucun effet sur leur Succession. Le Sécretaire du Roi mort, on ne considere plus que la simple noblesse qu'il avoit reçue pour lui & pour la transmettre à sa postérité. Il n'étoit pas plus noble que tout autre Anobli; tout Anobli est aussi noble qu'un Noble d'extraction; la noblesse, en elle-même, n'est susceptible, ni de plus, ni de moins, Pocquet sur Anjou, art. 253, obs. 1e. Le Roturier qui est Anobli, jouit de pareils droits, que les Nobles de race, Bacquet, du Droit d'Anoblissement, c. 16, Laroque, de la Noblesse, c. 21.

Un Noble de race de trois générations, a autant de droit, & ses enfants, de partager noblement, qu'un Noble de quatre, de dix générations. L'Anobli toutes-fois à qui le Roi concéderoit les droits d'un Noble de race de trois générations, ne partageroit, & ses enfants, que roturiérement, dans les Coutumes qui le décident; donc, l'Anobli qui auroit les droits d'un Noble de quatre générations, même au-delà, ne partageroit pas pour cela noblement dans les mêmes Coutumes. La conséquence est invincible, parce que le Noble de quatre générations ou plus, n'a pas plus de droit, pour le partage, que celui de trois générations; parce que d'ailleurs, les lettres d'Anoblissement ne limitent pas les droits accordés à l'Anobli, à ceux des Nobles de trois générations, mais elles lui donnent indistinctement & en général les droits des Nobles d'ancienneté, soit de trois, soit d'un plus grand nombre de générations; parce qu'enfin, l'Anobli, de quelques droits qu'il ait été gratifié, n'est toujours, dans l'exacte vérité, qu'un Anobli.

Les Sécretaires du Roi n'ont pas dû, depuis 1484, être plus favorisés qu'ils le furent par Charles VIII. Alors, leurs charges n'étoient pas vénales; c'étoit au mérite & aux talents, que le Roi les donnoit; leurs fonctions étoient bien plus nobles, qu'elles ne le sont aujourd'hui; ils étoient appellés aux Conseils & aux plus grandes affaires de l'Etat; ils tenoient lieu de Sécretaires d'Etat & des Commandements, v. Bouchel, au mot *Chancellerie*, Filleau, t. 1, p. 214. Depuis que leur nombre s'est accru, & que chacun entre, dit Filleau, dans cet emploi, par la porte dorée, ils ont beaucoup perdu de leur crédit & de leur autorité; aussi, leurs titres de privilèges n'ont pas reçu un accueil favorable dans les Cours souveraines. Ils ont plusieurs Edits qui n'ont été enregistrés, qu'avec répugnance & après différentes lettres de jussion, Dict. rais. des dom. t. 3, p. 353. Que de Procès & de troubles n'ont-ils pas essuyé, pour raison de leur noblesse! Il n'y a qu'à lire leur Histoire.

Ils comptoient si peu sur leur privilége de noblesse, que plusieurs d'eux & de leurs enfants prirent la précaution de se faire anoblir par des lettres particulieres, même depuis l'enregistrement fait au Grand-Conseil, en 1576. Toutes ces lettres, aussi-bien que les lettres générales du 29 Mars 1577, ne font mention de la noblesse, que comme les lettres ordinaires.

Quand ces lettres attribueroient expressément le droit de partager noblement, cela n'auroit lieu, que dans les Coutumes qui n'auroient pas de disposition contraire; pour les autres, il faudroit une dérogation formelle: encore le Parlement pourroit-il ne pas y avoir égard, comme il arriva à Gilles Lezot, qui avoit obtenu, en 1599, des Lettres-patentes où étoit une clause qui autorisoit le partage noble de ses biens, sans qu'on pût objecter la Cout. de Bretagne. Elles ne furent enregistrées que sous la restriction, que le partage seroit fait suivant l'art. 570 de Bretagne.

Les Sécretaires du Roi sont mis au rang des autres Anoblis, par tous les Auteurs, v. Brodeau sur Louet, S, c. 19, Bodreau sur Maine, art. 239, Dupineau, Obs. sur Anjou, art. 253, Pocquet sur le même article, obs. 3e. Perchambault, p. 719. Les Arrêts de 1593 & 1631, rapportés par Brodeau, qu'on ne suivroit pas aujourd'hui, prouvent, au moins, qu'on n'a jamais eu égard à la fiction qui répute les Sécretaires du Roi nobles de quatre générations, & qu'on ne l'a jamais étendue hors de son cas; l'Arrêt rendu contre le Sieur d'Alluye, qui est remarqué par Bouchel, au mot *Sécretaires du Roi*, s'il ne concernoit pas une Succession régie par la Cout. de Tours ou autre semblable, paroît avoir jugé que la noblesse des Sécretaires du Roi n'est, dans le pere, qu'un commencement de noblesse graduelle, comme semble le penser Loiseau, des Offices, c. 9, n. 19, 20.

Par un Arrêt du Conseil, du 9 Septembre 1669, les Sécretaires du Roi & autres Officiers de la Chancellerie établie près du Parlement de Rennes, furent maintenus dans le privilége de noblesse, à la charge de suivre l'art. 570 de Bretagne, pour le partage de leurs Successions; cet Arrêt est parmi les titres des Sécretaires du Roi, en leur Histoire, t. 1, p. 575. Il confirme l'usage attesté par un Acte de notoriété de 1633, que cite Hévin, en ses Observations sur la Cout. de Bretagne, p. 449.

En Touraine, on n'a jamais mis de différence entre les Sécretaires du Roi & les autres Anoblis. Il n'y a jamais eu de question pour le partage de la Succession des 1ers. Il ne s'en est élevé, que pour celui de la Succession de leurs enfants puînés, que, quelquefois, l'aîné a prétendu appartenir à lui seul, ou du moins lui appartenir pour les deux tiers des immeubles, le préciput & tous les meubles.

bles. Les enfants des Sieurs Bernin, Aubri, Baudard, Mangot & Tourtai, Sécretaires du Roi, ont partagé également leurs Successions. Celles des Sieur & Dame Nau & autres ont été partagées noblement, parce que tous les enfants étoient nés depuis l'achat de la charge de Sécretaire du Roi. On décide la même chose, pour les enfants d'un Conseiller au Parlement, v. Arrêt de 1626, rapporté par Louis sur Maine, art. 271, & pour les enfants d'un Anobli par lettres du Prince. L'art. 315 de Tours, dans sa totalité, est une Loi commune à toutes sortes d'Anoblis.

Délibéré à Tours, le 20 Août 1767. COTTEREAU, pere.

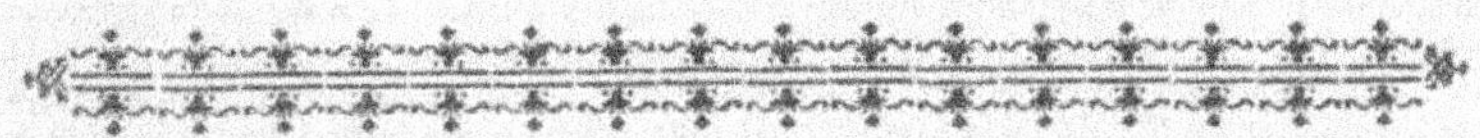

LIVRE CINQUIEME.

Du Partage des Successions.

12014. C'Est lors du Partage, que ceux des Co-héritiers qui ont reçu quelque libéralité, en font le rapport aux autres; nous parlerons de ce rapport, avant de traiter du Partage.

CHAPITRE PREMIER.

Du Rapport entre Co-héritiers.

12015. LEs libéralités qui ont été faites à un des Co-héritiers, sont sujettes à Rapport, comme étant présumées faites en avancement d'hoirie, v. art. 278 de Paris.

12016. Suivant Pocquet sur Anjou, art. 260, obs. 2e. pour le Rapport qui est dû lors du décès du Donateur, il y a un privilége sur la chose donnée & sur les biens de la succession du Donateur; &, si le don a été fait par un Acte passé devant Notaire, il y a une hypotheque du jour de cet Acte, sur les biens particuliers du Donataire.

12017. L'héritier bénéficiaire n'est pas dispensé du Rapport; il doit employer, dans son compte, ce qui lui a été donné; cela doit s'entendre vis-à-vis de ses Co-héritiers, non des Créanciers, R. du Dr. fr. p. 265, 266, Valin, t. 3, p. 194, v. Pothier sur Orléans, t. 17, n. 89, ci-dessus n. 11230, ci-après n. 12035 & suiv.

12018. Le Rapport est dû d'une somme prêtée à un fils qui a fait faillite, encore que le pere ait fait une remise comme les autres Créanciers, Pothier, des Succ. c. 4, art. 2, §. 2.

12019. Sur le Rapport des dots, v. ci-dessus n. 7520 & suiv. Si, en dotant un enfant, il a été dit que le Survivant des pere & mere l'acquittera du Rapport qui seroit demandé après la mort du Prédécédé, Olivier sur Maine, art. 278, tient que cette clause n'a pas son effet.

12020. Une fille doit rapporter la dot qu'elle a eue, Pallu, p. 509, quoique son mari l'ait dissipée; il ne lui suffit pas de rapporter l'action qu'elle a contre la succession de son mari.

12021. La fille, renonçant à la Communauté, n'est pas obligée de rapporter la somme prêtée à son mari seul, Valin, t. 3, p. 205.

12022. La succession de celui qui a donné au mari seul, s'ouvrant pendant le mariage, le Rapport demeure en suspens, jusqu'à la dissolution de la Communauté, Denisart, au mot *Rapport*.

12023. Pothier, des Succ. c. 4, art. 2, §. 4, tient que le Rapport doit se faire provisionnellement par la fille, qui a des enfants du Donataire; sauf à en avoir la répétition, si, par sa renonciation à la Communauté & par celle de ses enfants à la succession de leur pere, il arrive que, ni elle, ni eux, ne profitent du don.

12024. Un pere a donné à sa fille, qui avoit un enfant d'un 1er. lit, une métairie, pour être commune entr'elle & son 2e. mari, sans laquelle convention, le 2e. mariage n'eût pas eu lieu; il est né de ce mariage un enfant. La mere & le 2e. mari étant décédés, l'enfant du 1er. lit a demandé que la métairie fût partagée par moitié, disant qu'autrement on ouvriroit une porte aux avantages indirects, & une Sentence du Siége de Tours l'a ordonné; mais elle été infirmée par un Arrêt du 7 Mars 1591, que M. Poitevin, en ses notes, dit être « fort notable & considérable pour l'a-» venir. » Il a adjugé la moitié de la métairie à l'enfant du 2e. lit, comme représentant son pere; & n'a admis le partage que de l'autre moitié entre les deux enfants.

12025. Le fils rapporte le don fait au petit-fils, art. 306 de Paris; comme, par l'art. 308, le petit-fils doit rapporter ce qui a été donné à son pere, quoiqu'il ait répudié sa succession, Pallu, p. 509, v. Boullai, p. 299.

12026. Le don fait par l'aïeul au petit-fils, rapporté par le fils dans la succession du Donateur, doit être rapporté par le petit-fils dans celle du fils.

12027. Pour le cas où le don qui a été dissipé par le Donataire, préjudicie à la légitime de celui qui est obligé d'en faire le Rapport, v. Valin, t. 3, p. 204.

12028. Parmi nous, des neveux doivent rapporter à la succession de leur oncle ou grand-oncle, ce qu'il a donné à leur pere, quoiqu'ils aient répudié sa succession, Pocquet sur Anjou, art. 260, obs. 4e.

12029. Un de plusieurs héritiers d'une même branche, a tout ce qui appartient à sa branche, les autres ne concourant pas; mais c'est à la charge de rapporter ou précompter tout ce qui a été donné à la même branche; il doit y avoir de l'égalité entre les branches, comme entre les personnes d'une même branche, notes de M. Bouault, v. Dupineau sur Anjou, art. 260, Pallu, p. 508.

12030. Quoiqu'il n'y ait pas, dans la Loi municipale, de disposition textuelle, qui défende d'avantager un des héritiers présomptifs de l'héritier présomptif, vu qu'on peut dire que les art. 302, 304, 309 de Tours, 236, 286, 291 de Loudun, ne se rapportent qu'au cas où il y a divers héritiers, dont l'un est plus favorisé que l'autre; cependant, cette défense résulte de l'esprit de la Loi municipale; autrement, un aïeul qui n'a qu'un fils, de concert avec lui, choisira, entre plusieurs petits-fils, celui qu'il avantagera; une tante qui n'a qu'un frere, de concert avec lui, fera passer ses biens à un de ses neveux, à l'exclusion des autres. D'ailleurs, le petit-fils, non plus que le neveu, n'étant pas personne étrange, art. 233, 234 de Tours, 225 de Loudun, ne peut être Donataire ni Légataire. Pallu, N. M. M. Bouault, en ses notes, assujettissent le petit-fils à rapporter dans ce cas; ce qui n'a jamais fait de question parmi nous. M. Bernard, dans les siennes, décide de même, à l'égard du neveu; les Arrêts qu'on peut opposer, sont rendus en la Cout. de Paris ou autres qui ne sont pas Coutumes de parfaite égalité.

12031. A Paris, un enfant peut, en renonçant, se tenir à la libéralité qui lui a été faite, pourvu qu'elle n'entame pas la légitime des autres enfants, art. 300, 303, 307 de Paris; & en ligne collatérale, les héritiers peuvent également, en renonçant, se tenir à ce qui leur a été légué, pourvu que la part des autres héritiers dans les quatre quints des propres leur soit réservée, art. 295, 300: ils peuvent même se porter héritiers, sans rapporter ce qu'ils ont eu par donation entre-vifs, art. 301.

12032. Selon les art. 309 de Tours, 291 de Loudun, la renonciation ne met pas à l'abri du Rapport. M. Bouault, en ses notes, dit qu'il ne faut pas étendre l'art. 309 de Tours à la ligne collatérale; mais cette extension résulte de l'art. 302. On ne peut aussi concilier, avec l'art. 236 de Loudun, ce qu'on lit dans Prouſt, p. 493, qu'en « collatérale, il n'y a point de Rapport, parce que le Défunt ne doit rien à ses hé» ritiers collatéraux. »

12033. Perchambault, p. 337, tient qu'un pere peut s'obliger pour la dot d'une fille Religieuse, qui excede sa portion héréditaire; Pothier sur Orléans, t. 15, n. 71, dit que cette dot est sujette à retranchement, pour la légitime des autres enfants, v. Ord. de Février 1731, art. 35, ci-dessus n. 7528.

12034. « Le Prêtre doit rapporter à ses Co-héritiers le titre sacerdotal, ou les hé» ritages qui lui ont été donnés, pour lui servir de titre, jusqu'à concurrence de ce » qu'ils excedent sa part héréditaire, tant en ligne collatérale, qu'en directe; soit » que le Prêtre accepte la succession ou qu'il y renonce, » Confér. d'Angers sur le Sacrement de l'Ordre, conf. 4, quest. 3, v. Dupineau, Obs. sur Anjou, art. 260, Auzanet, l. 3, c. 4, Bruneau, des Criées, p. 542, Perchambault, p. 696, Boucheul sur Poitou, art. 218, n. 105, Mém. du Clergé, t. 5, p. 594, 596, Lacombe, au mot *Titre clérical*, n. 3, 4, Olivier sur Maine, art. 278, 349, ci-après n. 12103.

12035. Un enfant peut profiter d'un don fait en avancement d'hoirie, quoiqu'il renonce à la succession du Donateur, v. Dumoulin sur Amiens, art. 52. Les Créanciers ne peuvent pas l'obliger au Rapport, v. Prouſt, p. 501, Boullai, p. 303, Pallu, p. 518, Brodeau & Richebourg sur Tours, art. 309, sur Loudun, art. 291, Pocquet, Arr. cél. l. 6, c. 16, R. du Dr. fr. p. 266, Boucheul sur Poitou, art. 215, n. 16, Pothier, des Succ. c. 4, art. 2, §. 6, Olivier sur Maine, art. 278, 346.

12036. M. Augeard, en ses notes, observe, qu'en Mars 1697, il fut jugé que le droit de demander le Rapport, étant personnel à l'enfant, un Créancier ne peut l'exercer, v. ci-dessus n. 11157, 12017.

12037. Le Créancier d'un héritier ne peut attaquer un Acte par lequel la condition de son Débiteur est rendue pire que celle des autres héritiers; cet héritier ne se plaignant pas, le Créancier ne peut se venger que sur sa légitime, notes de M. Bernard, v. Arrêt du 20 Août 1674, rapporté au Journ. du Pal.

12038. « Le Mars 1697, on fut, à la Chambre, unanimement d'avis, dit M. Au» geard, en ses notes, de se tenir à l'ancienne opinion, qu'il n'est pas nécessaire de » se porter héritier, pour demander le Rapport. »

12039. L'enfant qui se tient à son don, ne doit rapporter aux autres, que jusqu'à concurrence de ce qui est nécessaire pour les égaler tous; il leur importe peu qu'il soit héritier ou Donataire. Ils peuvent eux-mêmes demander à participer au don, sans prendre la qualité d'héritier, selon plusieurs, qui étendent cette décision à la ligne collatérale. M. Augeard, en ses notes, après avoir fait mention d'un Arrêt qui a décidé qu'en la seule qualité d'enfant, on peut demander le Rapport à un frere donataire, ajoûte qu'il l'a vu juger encore depuis, v. Dupineau sur Anjou, art. 260, 334, 338, Brodeau & Chauvelin sur Tours, art. 233, Pallu, p. 519, Ferrière sur Paris, art. 298, gl. 3, n. 3, Boucheul sur Poitou, art. 218, n. 41, 42, Lacombe, au mot *Rapport*, s. 2, n. 17, Bourjon, t. 1, p. 744, Olivier sur Maine, art. 278, 346, ci-dessus n. 7528, 7529, 11223; le sentiment de Lebrun, qui y est cité, paroît être adopté par MM. Dubois, pere & fils, & Bernard, en leurs notes, où ils observent que l'Arrêt de 1642, remarqué par Pallu, n'a pas jugé ce qu'il dit, ayant eu égard aux lettres de restitution qui avoient été obtenues contre la renonciation.

12040. Tout ce qui est imputable sur la légitime, se rapporte, Samson, t. 27, art. 10, Lebrun, des Succ. l. 3, c. 6, s. 3, n. 1.

12041. L'art. 302 « est souvent violé; combien ne nous consulte-t-on pas, dit M. » Bernard, en ses notes, comme s'il nous étoit permis de montrer les moyens de » violer la Loi. On n'est pas assez convaincu que les Coutumes obligent en cons-

» cience; que ce n'est pas à nous à juger la Loi, mais à la Loi à régler nos actions. »

12042. Un pere a procuré à un de ses deux enfants un poste avantageux, où il a fait fortune; l'autre s'est livré au Commerce, où il a essuyé des revers qui l'ont réduit à l'indigence. Les sommes données à celui-ci par le pere, de la main à la main, sont sujettes à Rapport, en conscience, si, en interprétant la Loi du Pays, les Jurisconsultes estiment que le Rapport de ces sommes seroit ordonné en Justice, dans le cas où le don en seroit avoué. La circonstance où se trouve l'enfant Donataire, ni aucune autre, quelque favorable qu'elle paroisse, ne peut autoriser un pere à partager ses biens, entre ses enfants, inégalement, contre le vœu de la Loi, v. cidessus n. 11, 71, ci-après n. 12125.

12043. Pallu, p. 505, admet tout avantage qui ne coûte rien à celui qui le procure, v. Sainson, t. 24, art. 2, Boullai, p. 296.

12044. L'omission de faire faire un Inventaire, pour arrêter une 2e. Communauté, lorsqu'on en a fait faire un, pour arrêter la 1re. n'est pas, dit M. Bernard, en ses notes, un avantage indirect; c'est user d'une liberté que donne la Loi, v. Pothier, des Succ. c. 4, art. 2, §. 2.

12045. Pothier incline à assujetir au Rapport, dans le cas où une mere renonce à une 1re. Communauté, quoique opulente; & dans celui où, en l'acceptant, quoique mauvaise, elle renonce à la reprise de son apport.

12046. Un enfant d'un 2e. lit, qui, renonçant à la Communauté, exerce la reprise de l'apport, doit en remettre le montant à la masse du partage, Fourré, p. 319.

12047. Renusson, de la Comm. p. 4, c. 3, n. 30, décide qu'une mere peut renoncer à une 2e. Communauté, quoique les enfants d'un 1er. lit offrent de lui donner caution qu'elle ne souffrira pas de l'acceptation; ce que Pallu, N. M. estime ne pouvoir avoir lieu en la Cout. de Tours, entre Roturiers, vu l'art. 302.

12048. La femme qui, en ce cas, ne peut être excusée d'injustice, n'est pas obligée à restitution, Confér. d'Angers sur le Mar. t. 2, p. 319.

12049. La remise faite par une mere à son fils d'un 1er. lit, de son douaire, n'est pas un avantage dont les enfants d'un 2e. lit puissent se plaindre & demander le Rapport. « Je conclus pour la confirmation de cette remise sans Rapport, dit Pallu, N. » M. me servant de l'art. 304 de Tours, qui décharge le Donataire du Rapport des » fruits des choses données. Si la mere a pu donner à son enfant du 1er. lit son pro » pre, sans charger du Rapport des fruits au partage de sa succession; avec autant de » raison, elle a pu lui remettre le douaire, ce qui fut jugé, » v. Bourjon, t. 1, p. 736.

12050. La remise du droit de garde, ne donne pas lieu au Rapport, v. Valin, t. 3, p. 203.

12051. Sur la remise d'un reliqua de compte de tutelle, v. Boullai, p. 300.

12052. La remise entiere des droits seigneuriaux faite par un pere à un enfant qui a acquis dans son fief, n'est pas sujette à Rapport, Brodeau sur Paris, art. 76, n. 22, notes de M. Bernard.

12053. Fourré, p. 319, dit qu'il n'y a pas lieu au Rapport, à raison de la renonciation à un droit d'usufruit, qu'a faite un pere, Donataire mutuel de sa femme.

12054. J'ai répudié une Succession ou un legs, dont mon héritier présomptif a profité, ou je n'ai pas usé de la faculté que j'avois de faire réduire un legs qui lui a été fait, & qui entamoit les réserves coutumieres, il n'y a pas lieu, pour cela, au Rapport, v. Sainson, t. 24, art. 2, Pothier, des Don. entre mari & femme, n. 88, 90, des Succ. c. 4, art. 2, §. 2.

12055. Une femme ayant donné à un des enfants d'un 1er. lit de son mari, ce qu'elle pouvoit donner à celui-ci, le Donataire n'est pas obligé d'y faire participer ses freres.

12056. Si une personne a pris à emphitéose ou autrement un héritage, pour lui &

les fiens, avec la condition que toujours l'aîné de fes defcendants en jouira feul, Dupineau fur Anjou, art. 278, dit que les puînés doivent en être récompenfés.

12057. Suivant Olivier fur Maine, art. 278, tous les enfants renonçant à la Succeffion du pere, ceux d'un 1er. lit ne peuvent demander le Rapport du prix des bâtiments qu'il a faits fur le fonds de ceux d'un 2e. lit.

12058. Une libéralité qui a pour caufe la récompenfe de quelques fervices, n'eft pas fujette à Rapport; ce n'eft pas proprement une libéralité, Pallu, p. 506. Sainfon, t. 27, art. 10, avoit fait cette exception; & elle a été adoptée, lors de la Réformation de la Cout. de Tours, faite en 1559.

12059. L'art. 302 de Tours exige, 1°. que les fervices foient réels & prouvés; 2°. qu'ils foient proportionnés à la libéralité, v. Sainfon, t. 24, art. 3, Lebrun, des Succ. l. 3, c. 6, f. 3, n. 2.

12060. Il n'eft pas néceffaire, fuivant Pallu, p. 506, que les fervices foient tels que, pour raifon d'iceux, il y eût action, v. Boullai, p. 296, Coquille fur Nivernois, t. 23, art. 27.

12061. Les fervices doivent être prouvés autrement que par la déclaration du Donateur, Boullai, p. 296, Pallu, p. 506, Coquille fur Nivernois, t. 4, art. 34, Poullain fur Bretagne, art. 217.

12062. La récompenfe excédant les fervices, le Rapport fe fait de l'excédent.

12063. Le legs fait à un enfant qui a paffé les plus belles années de fa vie à foigner un pere infirme, doit être confirmé, notes de M. Bernard.

12064. Un enfant, tandis que fes freres s'établiffent, ou travaillent au dehors pour leur compte, foulage fon pere ou fa mere, en qualité de Facteur, Compagnon ou Domeftique; fi on le met de fociété, ou fi on lui donne tous les ans une récompenfe, cela eft fi jufte que M. Bernard eftime même qu'il convient de lui en accorder, lorfqu'il n'y a pas eu de convention.

12065. Fourré, p. 318, obferve que la donation pour fervices domeftiques n'eft pas fujette à Rapport. Les pere & mere peuvent donner des gages à un de leurs enfants, Coquille, Queft. 65; celui-ci peut en exiger, lorfqu'il en a été promis. Sur le fait de la promeffe, on s'en rapporte aux pere & mere, s'ils vivent; &, après leur décès, à l'enfant. Il y a un cas où on lui en accorde, quoiqu'il n'en ait pas été promis, v. ci-deffus n. 9525.

12066. Un fils, même mineur, qui demeuroit avec fes pere & mere, ou le Survivant d'eux, à qui il fervoit de domeftique, depuis 5 ans, pendant lefquels il auroit pu gagner annuellement 60 l. chez un étranger, a acquis une piece de terre, moyennant 300 l. fon frere ne peut en exiger le Rapport; ce peut être le fruit de fon économie & de fon induftrie. On a pu lui donner annuellement 60 l. ou de temps en temps quelques fommes, au lieu de gages, pour reconnoître fes fervices, ou lui abandonner quelques profits, le laiffer faire quelques ouvrages pour fon compte. On ne doit pas en croire le frere qui allegue avoir rendu les mêmes fervices & n'avoir jamais rien eu; il eft à préfumer que, s'il a été auffi utile à la maifon, il aura été traité de même. S'il fe fût apperçu de quelque prédilection pour fon frere, il eût quitté la maifon, pour fe procurer ailleurs un meilleur fort. On peut donner à un des enfants, outre fon entretien, des gages, fans en donner aux autres; & ces gages peuvent égaler ceux que l'enfant gagneroit chez un étranger. S'il gagne de plus fon entretien, c'eft un foible avantage qu'on doit avoir la liberté de lui faire. Ne lui ayant donné, tous les ans, précifément que fon entretien, on peut lui donner, au bout des 5 ans, de la main à la main, une fomme pour le récompenfer. Dans l'efpece, la fomme peut être de 150 l. & même de 300 l. fi on eft dans l'aifance: il faut être plus difficile à admettre une récompenfe de 300 l. que des gages de 60 l. pendant 5 ans.

12067. Louife, qui a une ferme confidérable, ou qui fait un commerce fort étendu, marie fa fille Anne avec Claude; le gendre, la fille & leurs enfants, font nourris

& entretenus à la maison pendant plusieurs années ; Claude fait des acquêts pour 12000 l. Les sœurs d'Anne, au décès de Louise, demandent le partage de ces acquêts. 1°. Les nourritures & entretien sont un avantage que Louise a pu faire, v. ci-après n. 12120 ; 2°. Claude a pu épargner le revenu de son bien & de la dot d'Anne ; 3°. Louise a pu lui donner annuellement une gratification pour les peines qu'il se donnoit, ou lui laisser la moitié des profits de la ferme ou des gains du commerce, v. ci-après n. 12159. Si tout cela a pu mettre Claude en état de faire des acquêts pour 12000 l. on ne doit pas les lui envier.

12068. Si Claude n'a pu faire autant d'acquêts, sans s'approprier tous les profits de la ferme ou tous les gains du commerce, & peut-être même partie des revenus des biens de Louise, on décidera qu'au moins une partie des acquêts doit entrer en partage. Mais Claude pourra dire qu'une mere peut gratifier de tous ses revenus, un de ses enfants, v. ci-après n. 12125 ; qu'elle n'est pas obligée de les conserver, pour en faire des acquêts ou autrement les laisser à ses enfants ; que les profits d'une ferme ou les gains d'un commerce doivent être mis au rang des revenus dont la disposition est libre ; que Louise pouvoit d'ailleurs lui céder sa ferme ou son commerce, v. ci-après n. 12160 ; que la cession a eu lieu de fait, par l'abandon de la majeure partie de ce qui en revenoit ; qu'il suffit que la maison, au décès de Louise, soit aussi bonne que lorsqu'il y est entré ; que, si elle avoit reçu des rachats de rentes ou aliéné quelques-uns de ses biens, sans qu'on vît l'emploi des deniers en acquittement de dettes ou autrement, si elle avoit contracté de nouvelles dettes, sans éteindre les anciennes, si son mobilier étoit diminué de valeur, sans que rien pût compenser cette perte, on auroit raison de soupçonner l'avantage indirect ; mais que, ces circonstances ne se rencontrant pas, il doit être à l'abri de toutes recherches.

12069. L'art. 304 de Tours exempte du Rapport les frais d'éducation, les *dépenses d'école & apprentissage* ; il ajoute : *tous autres frais qui seront pour l'avancement des enfants, se rapporteront.* Ragueau sur Loudun, art. 286, veut qu'on lise la fin de cet article, comme dans l'art. 304 de Tours.

12070. Un fils a été mis en apprentissage chez un Marchand pour 3 ans, par son pere, qui a payé 600 l. d'avance pour les 3 ans, & est mort un an après. M. Bouault, en ses notes, estime que le fils doit rapporter les deux tiers de cette somme ; mais c'est chose consommée du vivant du pere, v. ci-après n. 12075.

12071. Le legs d'une somme, pour se mettre en apprentissage, est sujet à Rapport, Pothier, des Succ. c. 4, art. 2, §. 3.

12072. Les frais pour acquérir la maîtrise dans un Art méchanique, ou pour entrer dans un des Corps des Marchands, se rapportent ; ils procurent à l'enfant un état, Boullai, p. 299, Pallu, p. 512, R. du Dr. fr. p. 270, Fourré p. 321.

12073. Les dépenses faites pour envoyer un enfant au College, aux Académies, au Service, les livres nécessaires pour son instruction, les honoraires de ses maîtres, les frais de baccalauréat & de licence, ne sont pas sujets à Rapport, Sainson, t. 27, art. 10, Proust, p. 493, Valin, t. 3, p. 201, Pothier sur Orléans, art. 309.

12074. Ragueau sur Berri, t. 19, art. 42, Bodreau sur Maine, art. 279, Perchambault, 745, tiennent que toute la succession doit acquitter la dette contractée à cette occasion.

12075. Un pere donne à un de ses enfants une somme pour aller au College, & il meurt avant le départ de l'enfant, conséquemment avant l'emploi de la somme ; elle n'est pas sujette à Rapport, v. Sainson, t. 27, art. 10, ci-dessus n. 12070.

12076. Bodreau & Louis sur Maine, art. 279, admettent le Rapport de ce qu'il en a coûté à un oncle, pour entretenir son neveu au College, lorsqu'il en a été fait un état par écrit. Il faut qu'il paroisse, par cet état, que l'oncle n'avoit pas dessein de gratifier le neveu ; c'est par les circonstances qu'on doit juger de son intention, Sainson, t. 27, art. 10, Domat, l. 2, t. 4, s. 2, n. 9 & suiv. Valin, t. 3, p. 206, Pothier, du Mandat, n. 198.

12077. L'art. 278 de Melun veut qu'en pareil cas, un pere exprime clairement son intention.

12078. L'enfant n'est pas obligé de rapporter ce que son pere a déboursé pour l'entretenir au Barreau, « sinon, dit Boullai, p. 300, qu'il eût de grands biens d'ail» leurs, & que le pere ait fait cette dépense en intention de la répéter. »

12079. « On doit tenir compte des frais faits pour parvenir au titre de Docteur» Régent, » R. du Dr. fr. p. 272, v. Sainson, t. 27, art. 10, Pallu, p. 512.

12080. Les deniers avancés pour l'obtention d'un bénéfice, se rapportent, lorsqu'ils sont considérables, v. le Procès-verbal de la Réformation de la Cout. de Tours, faite en 1507, Dupineau, Obs. sur Anjou, art. 260, Boucheul sur Poitou, art. 218, n. 103, Poullain sur Bretagne, art. 597, Olivier sur Maine, art. 278.

12081. Boucheul, n. 101, dit que réguliérement le Rapport ne se fait pas d'une bibliotheque donnée à un enfant, par un pere, Avocat, v. Boullai, p. 300.

12082. Entre Artisans, les outils sont sujets à Rapport, suivant Valin, t. 3, p. 202.

12083. Les sommes modiques données à un enfant pour ses menus plaisirs, ni les choses qu'il en a achetées, ne se rapportent point.

12084. « Si le pere a donné imprudemment de l'argent comptant à un fils mineur, » & qu'il l'ait dissipé, il ne doit pas, en ce cas, y avoir lieu au Rapport, puisque » le fils mineur n'étoit pas en état d'accepter une telle donation à son préjudice, » Argou, l. 2, c. 28.

12085. Ce que le fils a volé, est rapportable, comme une dette, Lathaumassiere sur Berri, t. 19, art. 42, quoiqu'il fût mineur, à moins qu'il ne fût impubere, Valin, t. 3, p. 203.

12086. « J'admettrois, dit Valin, le Rapport de la somme payée par un pere, » pour dégager son fils des troupes, à moins qu'il n'eût un revenu suffisant pour » dédommager son pere, lequel auroit profité de ce revenu durant le temps du ser» vice du fils. »

12087. Fourré, p. 321, estime sujettes à Rapport les dépenses occasionnées par des débauches.

12088. « Les habillements précieux & faits expressément pour les nôces, doivent » être rapportés, » Legrand sur Troies, art. 143, n. 2. Les vêtements dont parlent les art. 304 de Tours, 286 de Loudun, s'entendent, selon Boucheul sur Poitou, art. 218, n. 98, « des vêtements & ornements ordinaires & quotidiens, que » les peres & meres ont donnés à leurs enfants avant de les marier, & suivant leur » qualité & faculté. » Mais le mot, *vêtements*, se trouvant entre la mention des fruits des héritages donnés en faveur de mariage, & la mention des dépenses de nôces, il est naturel de l'entendre des vêtements donnés en faveur de mariage, pour les nôces. C'est ainsi que paroissent l'entendre Dupineau, Obs. sur Anjou, art. 260, Pallu, p. 511. Lalande sur Orléans, art. 309, n. 13, reconnoît que, par l'art. 304 de Tours, les robes nuptiales ne sont pas rapportables; M. Bouault, en ses notes, estime que « les habits de nôces ne sont pas sujets à Rapport, s'ils n'excedent » le bien & la condition. »

12089. Il en est autrement, lorsqu'il paroît que l'intention des pere & mere est que, pour conserver une parfaite égalité entre leurs enfants, les vêtements fassent partie de la dot; cette intention paroît, quand il est clairement exprimé, dans le Contrat de mariage, qu'ils sont donnés en avancement d'hoirie, comme la dot.

12090. Le trousseau, qui comprend, outre les vêtements, tout ce qui est à l'usage personnel de l'enfant, suit les mêmes regles. Si un pere *dote de 20000 l. dont 2000 l. seront employées pour le trousseau*, ou s'il *donne en avancement d'hoirie 18000 l. & pour le trousseau 2000 l.* il constate seulement ce qu'il donne, sans annoncer une volonté contraire à la disposition de la Loi municipale, qui, dans un cas favorable, dans la circonstance d'un mariage, se relâche de sa sévérité, en dispensant du Rapport ce qu'on comprend sous le nom de vêtements. C'est une dépense qui fait honneur à toute la famille; le pere la fait autant pour sa propre satisfaction, que pour l'avantage de l'enfant. Dans le cas de la 1re. clause, la Loi municipale ne répute que 18000 l. données en avancement d'hoirie; la 2e. clause l'exprime. On feroit bien de déclarer si le trousseau se rapportera, ou non.

12091. Lorsque le trousseau est sujet à Rapport, on ne peut le demander, que dans l'état qu'il se trouve, suivant Louis sur Maine, art. 279.

12092. Les art. 304 de Tours, 286 de Loudun, affranchissent du Rapport les dépenses faites pour nôces, soit en repas ou autrement, v. art. 104 de Châlons.

12093. « Dans le compte que le pere rend à ses enfants du 1er. lit, viennent les » frais des accoûtrements nuptiaux & des nôces des filles, *arbitratu parentum*; jugé » en Mars 1588, » notes de M. Poitevin; ou plutôt, suivant sa déclaration, « & » en cas d'excès, à dire de Prudhommes, » notes de M. Augeard: c'est l'usage, Pallu, p. 512, Boucheul sur Poitou, art. 218, n. 116, v. ci-après n. 12117. Sainson, t. 27, art. 10, Bodreau sur maine, art. 279, en disent autant des frais d'étude.

12094. Louis sur Maine, art. 279, Boullai, p. 299, exemptent du Rapport les présents de nôces, faits par un pere à sa fille ou à sa bru. Cependant, le 11 Février 1768, le Siége de Tours condamna le Sieur Martel à rapporter les présents de nôces, faits par son pere à sa femme, ou 8000 l. Son frere fut condamné à faire raison d'une tabatiere d'or, ou de 800 l. Rien n'empêchoit le pere, qui étoit riche, v. ci-après n. 12184, de faire ce présent à un fils, qui, d'ailleurs, étant presque toujours auprès de lui, avoit pu le mériter par ses attentions continuelles. Par une transaction passée, le 11 Mai 1768, devant Me. Thenon, Notaire à Tours, les deux freres, qui avoient interjetté appel, ont été déchargés des condamnations prononcées contr'eux, v. Boucheul sur Poitou, art. 218, n. 97, ci-dessus n. 12058 & suiv.

12095. Les présents de nôces & autres doivent faire encore moins de difficulté entre héritiers collatéraux, v. Dupineau, Obs. sur Anjou, art. 260, qui dit que l'art. 304 de Tours ne parle que des enfants.

12096. Lorsqu'il a été donné une somme, une rente ou un héritage, les intérêts, les arrérages ou les fruits ne se rapportent que du jour de l'ouverture de la succession du Donateur, art. 309 de Paris, 304 de Tours, 286 de Loudun, Proust, p. 493, Boullai, p. 299.

12097. Les intérêts des intérêts ne sont pas dûs, Dupineau sur Anjou, art. 261, Pothier, des Succ. c. 4, art. 2, §. 3.

12098. Dupineau dit qu'il n'est pas dû d'intérêts, pour des meubles qui se rapportent en espece.

12099. Plusieurs tiennent que le don fait en avancement de droits successifs, n'ayant pas été suivi de tradition, on ne peut, après la mort du Donateur, exiger aucuns intérêts, pour le passé, s'il n'y en a pas eu, de son vivant, une demande sérieusement formée.

12100. L'exception que fait Pallu, p. 510, a été rejettée, le 21 Mai 1727, par une Sentence du Siége de Tours, confirmée par un Arrêt du 29 Juillet 1729, au sujet d'un don fait à Isaac Conzai, en faveur de mariage, par un oncle.

12101. Une fille qui a été dotée d'une somme par son pere, mort plusieurs années après, sans en avoir rien payé, ne peut exiger, dit M. Bouault, en ses notes, les intérêts, qu'elle ne rapporteroit pas, si elle les eût touchés. La derniere année, échue lors du décès, peut seulement être demandée, Perchambault, p. 331, 744, Boucheul sur Poitou, art. 218, n. 111, Poullain sur Bretagne, art. 597.

12102. Suivant Pocquet sur Anjou, art. 261, obs. 2e. lorsque la dot excede « de » beaucoup la légitime portion de l'enfant, les intérêts de l'excédent non payés, ne » peuvent être répetés sur la succession des pere & mere. » Il suffit que la dot excede ce qui a été donné aux autres enfants qui en ont joui, pour que la répétition de de l'excédent soit refusée ; mais la répétition du surplus doit avoir lieu ; elle tend à rendre égale la condition des enfants; la refuser, c'est punir l'enfant des égards qu'il a eus pour ses pere & mere. Un enfant a été doté de 10000 l. un autre de 16000 l. un 3e. de 20000 l. le 1er. & le 3e. n'ont rien reçu de leur dot depuis 6 années. Le 1er. doit prélever, sur la succession, 6 années de 500 l. d'intérêts, le 3e. 5 années de 800 l. d'intérêts & une année de 1000 l. d'intérêts.

12103. Cinq enfants avoient à partager une succession de 3000 l. l'un d'eux a exigé qu'on prélevât 1200 l. pour le fonds d'une rente viagere, constituée à son profit par son pere, pour lui tenir lieu de titre clérical, & 1080 l. pour 18 années de la rente, qui lui étoient dues. M. Bernard, en ses notes, rapporte avoir décidé que, nonobstant la faveur du titre clérical, qui n'est pas plus grande que celle de la dot, la condition des enfants devoit être égale, v. ci-dessus n. 12034 ; & que, quoique la rente pour titre clérical, soit regardée comme fonciere, pour les arrérages, Brillon, au mot *Bénéfice*, t. 342, n. 10, néanmoins on ne pouvoit rien en demander, après la mort du pere : l'Arrêt de 1729, cité ci-dessus n. 12100, reçoit ici son application. De son vivant, on auroit pu en demander 29 années, Olivier sur Maine, art. 278.

12104. Un pere, donnant en faveur de mariage à son fils une charge, s'oblige de le faire pourvoir & installer; &, à cet effet, il lui donne 9000 l. Comme il n'a pas d'argent, il est dit qu'il fera un emprunt, & que le fils s'obligera, solidairement avec lui, à payer les intérêts, à condition qu'il reprendra, après la mort du pere, les intérêts, & le principal, s'il l'a remboursé. On voit que le pere veut donner & ne le peut; il dote à condition que la dot & les intérêts ne seront exigibles qu'après sa mort. Le tout forme un capital; c'est l'assurance d'une somme qui sera plus ou moins forte, selon que le pere vivra plus ou moins; il n'y a que le nom d'intérêts; il faut regarder l'effet, non les termes de la clause. Le fils ne pourra donc, lors du partage, prélever ces intérêts, notes de M. Bernard.

12105. Pocquet sur Anjou, art. 261, obs. 1e. parle des conventions apposées dans les Contrats de mariage, à l'effet de remettre, après le décès du Survivant des pere & mere, le Rapport des choses qu'ils donnent.

12106. « Un pere ne peut cautionner un de ses enfants au-delà de sa portion héréditaire; s'il a payé, point de répetition, à moins que ce ne soit en fonds; s'il est » poursuivi, doit faire démission à ses enfants, » notes de M. Bernard, v. Estienne, des Hypotheques, p. 117, 320, 342, Pocquet, Arr. cél. l. 6, c. 20, Olivier sur Maine, art. 278.

12107. Le 24 Novembre 1774, nous avons décidé que la Dame Odit, qui s'étoit rendue caution, pour son fils, employé dans les Aides, envers le Fermier des Droits du Roi, sous l'hypotheque de biens qu'elle avoit déclaré lui appartenir, quoiqu'elle n'y eût que moitié, étant venue à décéder, son cautionnement ne devoit avoir d'effet que sur la portion héréditaire du fils dans les biens hypothéqués ; non sur celles de la Dame Odit, Religieuse au Couvent de l'Union-Chrétienne de Tours, & de sa sœur; c'est ce qui a été jugé par une Sentence de l'Election du Château-du-Loir, le 23 Décembre suivant ; le Fermier des Droits du Roi n'a pas, à cet égard, plus de privilége qu'un autre Créancier. Le stellionat commis par la mere, ne rendoit pas licite ce qui est interdit par la Loi municipale. Elle n'a pu affoiblir la légitime de ses filles, qui, parmi nous, est leur portion héréditaire, v. ci-dessus n. 7528. Elle pouvoit, en cautionnant un Etranger, comme en lui faisant un legs, diminuer ses biens, & conséquemment la portion héréditaire des filles ; mais elle ne le pouvoit pas plus par un cautionnement, que par un legs, dès que c'étoit au profit du fils. Cependant, la Sentence a été infirmée par un Arrêt de la Cour des Aides, du 9 Février 1776 ; tous les héritiers ont été condamnés solidairement, à cause de l'hypotheque, à payer le montant du cautionnement & les intérêts, parce que, dit M.

l'Avocat-Général Boula de Mareuil, on ne peut rien toucher d'une succession, sans en avoir acquitté les dettes.

12108. Nous tenons que le cautionnement qui a même pour objet d'assurer les conventions matrimoniales de la femme du fils, n'est pas valable, en ce qu'il excede sa portion héréditaire, v. art. 333 de Tours, Arrêt du 21 Août 1683, rapporté au Journ. des Aud. au Journ. du Pal. où sont cités quatre autres Arrêts, & où il est dit qu'on a toujours jugé ainsi : en effet, on ne trouve point le commencement de cette Jurisprudence, aussi ancienne que la Loi municipale qu'elle interprete, v. ci-dessus n. 24, 53. M. Dubois, fils, en ses notes, atteste que ce n'est plus une question.

12109. Lacombe, au mot *Caution*, f. 2, n. 4, dit qu'à Paris, le cautionnement des pere & mere au profit d'un fils, ne peut préjudicier à la légitime de ses freres, v, Lebrun, des Succ. l. 2, c. 3, f. 7, n. 19, Boucheul, des Conv. de Succ. c. 6, n. 19.

12110. Des freres peuvent se rendre caution d'une dot constituée à leur sœur par le pere, qui excede sa portion héréditaire, Pocquet, Arr. cél. l. 6, c. 21, Olivier sur Maine, art. 278.

12111. Un pere ayant assis, par des mises égales, des rentes viageres sur la tête de chacun de ses enfants, avec la clause, dans les Contrats, qu'ils en jouiront après son décès, Bourjon, t. 1, p. 288, estime que les descendants de celui des enfants qui est mort avant le pere, sont obligés au Rapport; & qu'ils ne peuvent prendre part dans les rentes constituées sur les têtes des enfants survivants.

12112. Quoique l'achat d'une charge & la quittance du prix soient au nom du fils, s'il reconnoît dans la suite la tenir de la libéralité du pere, il est sujet à Rapport, v. Cochin, t. 5, p. 250, 272, ci-dessus n. 11356.

12113. Un héritage ayant été acquis par un pere sous le nom d'un de ses enfants, à qui le pere a remis, avant sa mort, la contre-lettre qu'il en avoit prise, on peut admettre la preuve que la contre-lettre a été vue & lue.

12114. Un pere qui avoit doté une fille moins avantageusement que ses deux sœurs, a déclaré, par un écrit, qu'il vouloit qu'elle prélevât, sur les effets de sa succession, les intérêts de la somme dont elle avoit été moins dotée : M. Bernard, en ses notes, rapporte avoir estimé qu'on devoit régler ces intérêts, non sur la somme dont ses sœurs avoient été dotées, mais sur le juste revenu qu'elles avoient eu. Ce tempérament rentroit dans les vues du pere, qui étoient celles de la nature & de la Loi; sa disposition n'étoit pas un avantage; il rétablissoit l'égalité blessée par l'inégalité des dots; il éteignoit dans sa famille un sujet de jalousie; il mettoit sa mémoire à couvert du reproche de prédilection.

12115. Pothier, des Succ. c. 4, art. 2, §. 3, n'approuve pas l'art. 97 de Laon, qui décide qu'un pere qui a dépensé une somme en faveur d'un de ses enfants, pour une cause qui ne donne pas lieu au Rapport, peut ordonner que ses autres enfants prendront en sa succession, avant de partager, une pareille somme. Cela doit dépendre des circonstances, v. Lebrun, des Succ. l. 3, c. 6, f. 3, n. 51, Boucheul sur Poitou, art. 218, n. 102, 115, Valin, t. 3, p. 202.

12116. Les nourritures & entretien fournis pendant long-temps, chez soi ou ailleurs, à un des héritiers présomptifs ou à son fils, ne se rapportent point, en ligne directe ou collatérale, encore que celui qui a été nourri & entretenu eût du bien d'ailleurs, v. Pallu, p. 511, R. du Dr. fr. p. 272, Pr. de la Jur. fr. n. 69, Valin, t. 3, p. 202, 206.

12117. Un pere qui est comptable envers son fils, peut employer dans son compte les nourritures & entretien qu'il lui a fournis, v. ci-dessus n. 9525, 12093.

12118. S'il n'est resté en possession que d'effets mobiliers, compris dans un Inventaire dissolutif de Communauté, il n'est débiteur, que de la part qui revient à son fils dans le montant de l'Inventaire, de la crue, & des intérêts de l'un & de l'autre, v. ci-dessus n. 9490 & suiv. Les nourritures & entretien se compensent avec les intérêts, jusqu'à due concurrence, lorsque l'intention de gratifier n'est pas justifiée.

12119. Au Maine, l'usage est que, « quand le Survivant fournit la pension à ses » enfants non avantagés, il est censé en vouloir donner une moitié du sien, & l'autre » moitié sur le bien du Prédécédé, » Olivier sur Maine, art. 278.

12120. Les nourritures des enfants qui ont été dotés, de leurs femmes ou maris, de leur famille & de leurs domestiques, ne se rapportent point; il en est de même en ligne collatérale, v. Pallu, p. 511, 645, Argou, l. 2, c. 28, Boucheul sur Poitou, art. 317, n. 17, Lacombe, au mot *Nourritures*, Cochin, t. 5, p. 179, t. 6, p. 509, Valin, t. 3, p. 202. Elles sont censées fournies des fruits des immeubles, qui ne sont, dans aucun cas, rapportables; on peut, par l'art. 425 d'Anjou, donner, pendant sa vie, à qui on juge à propos, les fruits de ses immeubles, comme le droit d'en jouir.

12121. Des nourritures promises par Contrat de mariage, que le prix en soit fixé ou non, ne sont pas sujettes à Rapport, suivant M. Dubois, fils, en ses notes, où il dit que le contraire a été décidé par MM. Delaroche, Valois, Baudouin & Bouault. C'est ruiner des enfants, que de leur faire consommer leur dot, leur portion héréditaire, en nourritures. Un pere, en mariant deux filles, donne à l'une 10000 l. &, pour toute dot, promet à l'autre de la nourrir avec son mari; on évalue cette nourriture à 500 l. par an, qui seront payées par le pere, si le gendre & la fille ne peuvent vivre avec lui. Jusques-là, il semble que la condition des deux filles soit égale. La 2e. a l'équivalent de l'intérêt des 10000 l. données à la 1re. Elle a autant que si on lui avoit donné un immeuble produisant 500 l. de revenu, ou si on avoit promis de lui faire une rente de 500 l. Le pere mourant 20 ans après, l'égalité cesse; les deux filles sont obligées de rapporter 10000 l. quoique l'une d'elles n'ait jamais reçu cette somme. Pourquoi faire rapporter à l'une des nourritures, tandis que l'autre ne rapporte pas les intérêts de sa dot, qui tenoient lieu des nourritures? D'un côté, le don comprend un capital, qui peut produire des intérêts; de l'autre, le don n'a pour objet, que l'équivalent des intérêts; est-il de l'équité que le Rapport soit le même, dans le cas de deux dons si différents? Il faudra, quelquefois, qu'un gendre, qu'on ne peut accuser d'aucune dissipation, épuise tous ses propres, pour effectuer le Rapport des nourritures. Toujours est-il certain que, par ce Rapport, le gendre & la fille se trouvent au même point, que si le pere n'avoit rien donné; cependant, le pere comptoit faire aux deux filles un sort égal. Il trouvoit plus doux de fournir dans sa maison des aliments, que de se dépouiller de ses fonds; le gendre & la fille le voyoient sans peine demeurer en possession de tout, parce qu'on leur assuroit le même avantage, que s'ils fussent devenus Propriétaires du capital d'une dot semblable à celle de la sœur. Cet arrangement les délivroit des risques d'une collocation en des mains étrangeres. Doit-on demander au gendre & à la fille, après la mort du pere, un capital qui est resté entre ses mains? On le leur demande réellement, en exigeant le Rapport des nourritures; il n'y a que le nom de différence.

Supposons qu'un pere qui s'est obligé, par le Contrat de mariage d'un de ses enfants, de le nourrir, ce qui est évalué à 500 l. par an, décede 20 ans après, laissant trois autres enfants, non mariés, & une succession de 30000 l. L'enfant marié sera réduit à rien, & les autres, qui ont toujours été nourris dans la maison du pere, auront chacun 10000 l. où est l'égalité? S'il n'y avoit que 26000 l. l'enfant marié seroit obligé de payer 1000 l. du sien à ses freres; cela répugne.

12122. Bourjon, t. 1, p. 736, tient que les arrérages d'une rente viagere constituée en dot, qui tiennent lieu d'aliments, ne sont pas rapportables; autrement, on feroit consommer le fonds de la dot par de simples jouissances. Il en est de même pour les revenus d'une terre dont l'usufruit seulement a été donné, v. Boucheul sur

Poitou, art. 218, n. 110, Sérieux, des C. de Mar. t. 1, p. 365 & suiv. ci-dessus n. 8915.

12123. Pothier, des Succ. c. 4, art. 2, §. 3, dit que le don d'une pension alimentaire est exempt du Rapport, pour le temps qui en court du vivant du Donateur, v. Olivier sur Maine, art. 278.

12124. Les fruits d'un héritage abandonnés en payement d'une somme qui avoit été promise, se rapportent, Olivier sur Maine, art. 279.

12125. Il y a des années où un pere qui a par ex. 1500 l. de revenu, a donné à un de ses enfants 200 l. d'autres où il a donné 300 l. il n'y a point de Rapport; il auroit pu lui payer tous les ans 300 l. comme il auroit pu lui abandonner la jouissance d'un héritage de 6000 l. Il faut même tenir qu'un pere qui ne dépense que le tiers, que le quart de son revenu, peut donner le surplus à un de ses enfants, quoique ce revenu ne consiste que dans une pension viagere qu'ils lui font tous. S'il l'abandonne en entier à celui chez qui il est allé demeurer, c'est encore plus favorable; il n'importe qu'elle excede de beaucoup la dépense qu'il y fait.

On a porté trop loin le principe, qu'il n'est pas permis de faire la condition d'un de ses héritiers meilleure, que celle des autres. On a vu par-tout des avantages prohibés. On a été févere, jusqu'à devenir injuste. On s'est toujours asservi à répéter ce qu'ont dit ceux qui ont précédé. Etudions la Loi municipale; saisissons-en l'esprit; étendons ce qui est favorable. On est revenu des anciens préjugés, au sujet des Actes de société & des Contrats à rente viagere, v. ci-après n. 12145, 12162. Encore un pas, & on cessera de prêter à la Loi municipale des intentions qu'elle n'a point. Il est bien vrai qu'une parfaite égalité doit être conservée entre Roturiers. Cela résulte des art. 164, 196, 233, 234, 302, 304, 309, 315, 316, 317 de Tours, où les différentes voies par lesquelles cette égalité peut être blessée, ont été prévues. Un Roturier ne peut, de quelque maniere que ce soit, faire passer à l'un de ses héritiers une rente, une maison, un domaine, au préjudice des autres; ni faire que l'un ait, dans sa succession, plus que la part qui lui est déférée par la Loi municipale. Mais, de son vivant, il peut, à son gré, disposer de ses revenus au profit d'un de ses héritiers. Il ne peut donner 400 l. qui seroient partie du prix d'un domaine vendu 8000 l. mais bien 400 l. d'intérêts de ce prix, v. ci-dessus n. 12042, 12068. Cela est singulier, dira-t-on; mais ne l'est-il pas qu'on ne puisse donner à un Etranger une rente de 3 l. mais bien 100000 l. de mobilier?

Supposons un homme qui a un emploi considérable, 100000 l. de bien, & deux enfants : l'un sort de bonne-heure de la maison du pere & ne lui coûte rien; pour l'éducation de l'autre, le pere dépense 30000 l. il lui donne, en le mariant, tout son bien, & il décede 20 ans après. Au moyen des frais d'éducation & des revenus du bien pendant 20 ans, cet enfant se trouve gratifié de 130000 l. plus que son frere, parce qu'il suffit qu'il lui rapporte 50000 l. On ne peut pas dire qu'où cela est permis, toute espece d'avantage est interdite.

Un savant Magistrat du Siége d'Angers nous a écrit, en 1779, « qu'il est absurde » de prétendre qu'un parent ne puisse donner de simples fruits & revenus à l'un de » ses héritiers présomptifs. A l'égard des meubles, il paroît plus de difficulté, parce qu'ils » ne renaissent point. On distingue si la fortune du parent étoit toute, ou pour la principale portion, mobiliere; dans ce cas, il ne pourroit pas en donner une part » considérable à l'un de ses héritiers présomptifs, parce que cette donation entameroit le fond de la succession. Mais, si les biens du parent consistoient en immeubles » & en meubles, il peut, dans ce cas, & même en tout autre, en donner une portion, de son vivant, à l'un de ses héritiers présomptifs, lui donner même manuellement des sommes pécuniaires, provenantes de ses fruits & de ses épargnes, non » des sommes provenantes de venditions ou de remboursements de principaux de Contrats de constitution. Il peut même léguer par testament quelques meubles à un de

» ses héritiers présomptifs, à titre de reconnoissance de ses attentions, de ses com» plaisances, des services qu'il en a reçus. Ces objets s'estiment eu égard à leur va» leur & à celle de la succession. Un parent peut avoir, pour un de ses héritiers » présomptifs, un parent qui annonce des talents & des vertus, dont la conduite » est réguliere, & qui pourra, par ses travaux, servir la patrie; ses autres héritiers » présomptifs sont oisifs & ont des procédés déréglés; il est juste qu'il aide, qu'il » soutienne, qu'il encourage celui qui se porte au bien; l'honneur que celui-ci pourra » acquérir, rejaillira sur ses Co-héritiers. Il est donc révoltant de prétendre qu'en » général, un parent ne puisse rien donner à l'un de ses héritiers présomptifs. Ce se» roit mettre les parents dans une sorte d'interdiction; systême contraire à la liberté » naturelle, à l'humanité, à l'équité & à toute Justice! »

12126. Tous actes de commerce sont permis entre ceux dont les uns sont les héritiers présomptifs des autres. Les personnes prohibées *pour s'avantager*, ne sont pas prohibées *pour contracter ensemble*, Lebrun, des Succ. l. 3, c. 6, s. 3. Le pere peut contracter avec le fils même qui est en sa puissance, comme il feroit avec un Etranger, pourvu que, par cette voie, il ne cherche pas à cacher quelqu'avantage prohibé, Dupineau sur Anjou, art. 260, 337, Bodreau sur Maine, art. 349, 439, Louis sur Maine, art. 279, 507, Boucheul sur Poitou, art. 215, n. 2 & suiv.

12127. Les art. 302 de Tours, 236 de Loudun, en défendant d'avantager par donation, vente, &c. n'ôtent pas la liberté de donner, de vendre, &c. à son héritier: ils proscrivent seulement les avantages qui en résulteroient.

12128. On donne tous les jours à son héritier, & la donation se soutient, en ce qui n'excede pas sa portion héréditaire; &, même pour cet excédent, elle subsiste encore, en faisant, par le Donataire, raison de la valeur à ses Co-héritiers, v. Ricard, p. 1, n. 700 & suiv. « Quoique l'héritier ne puisse être légataire que » de sa portion héréditaire, il y trouve néanmoins un double avantage, porte l'Acte » de notoriété, cité ci-après n. 12145, parce qu'en renonçant à la succession & » acceptant le don, il n'est pas tenu, comme héritier, indéfiniment des dettes de » la succession; d'ailleurs, sa portion, qu'il ne possede pas comme héritier, est un » acquêt, dont il peut disposer à l'entier. » v. ci-dessus n. 11347 & suiv.

12129. On vend tous les jours à son héritier, pourvu qu'il ne soit pas avantagé dans le prix. Si l'Acte présente les caracteres d'une véritable vente, l'Acquéreur n'est tenu à la rigueur que de faire à ses Co-héritiers raison du supplément du juste prix, v. Pothier, des Succ. c. 4, art. 2, §. 2, Olivier sur Maine, art. 278. La volonté suffit; & si Pallu, p. 506, parle de la nécessité, ce n'est que pour montrer davantage l'inconvénient qu'il y auroit, de priver de la faculté de contracter avec son héritier, v. Sainson, t. 27, art. 8. Charles Rousse, qui étoit dans la détresse, eut recours à Urbain & Valentin Herpin, ses neveux, & leur vendit, en 1751, le seul bien qu'il eût, qui étoit situé en Touraine; cette vente a été confirmée par un Arrêt du 6 Mai 1778.

12130. La fraude ne se présume pas, on doit la prouver, Duplessis sur Paris, p. 212; de légers soupçons ne suffisent pas; il faut de violentes présomptions, pour faire considérer une vente, comme faite en fraude de la Loi. Bodreau sur Maine, art. 439, exige que le prix ait été payé à vue de Notaires, ou que le payement se prouve d'ailleurs par des Actes valables; « la seule considération de parentele, ajoûte-t-il, » n'est pas une présomption de fraude, si elle n'est éclairée par autres circonstan» ces, » v. Auroux, p. 1, p. 296, Lacombe, au mot *Avantage*, s. 2, n. 1, 4, Valin, t. 2, p. 345 & suiv. où il observe que rarement on attaque avec succès les Actes qu'on soupçonne être frauduleux.

12131. Si rien ne prouve, dit Valin, que le prix n'a pas été effectivement payé, si le prix répond à la valeur du bien au temps de la vente, le Contrat est valable. Un Arrêt du 8 Mars 1756, cité par Denisart, au mot *Vente*, a déclaré valable une vente faite, en Touraine, par une mere à une de ses filles. En maintenant l'égalité, il faut conserver la liberté du commerce, la liberté qu'a tout Citoyen de disposer, à son gré, de son bien.

12132. Mathurin Besche a vendu à ceux de ses enfants, qui demeuroient avec lui, ses meubles, morts & vifs, par des Actes où il étoit dit que le prix en avoit été payé à vue de Notaires; à son décès, arrivé peu après, le prix ne s'est pas trouvé; un autre enfant a demandé la nullité des Actes, qui a été prononcée par une Sentence du Siége de la Fléche, du 28 Juin 1776, rapportée par Olivier sur Maine, art. 278; mais elle a été infirmée par un Arrêt du 5 Janvier 1780, par ce que le pere a pu vendre à ses enfants & faire du prix que les Actes prouvent qu'il a reçu, un autre usage que de le leur rendre.

12133. Si l'héritier acquéreur fait quelque profit, qui ne soit pas trop considérable, il n'est pas obligé à en faire le Rapport; Lebrun, des Succ. l. 3, c. 6, s. 3, n. 8, l'y assujetrit; son opinion doit-elle prévaloir aux raisons qu'il oppose lui-même? v. Bourjon, t. 1, p. 729, 730, Olivier sur Maine, art. 278, ci-dessus n. 3255, 3256. Dès qu'il n'y a pas vilité dans le prix, mais seulement du bon marché, il vaut mieux qu'un parent en profite, qu'un Etranger avec qui la convention eût également eu lieu, Carondas, l. 10, rép. 29.

12134. S'il trouve que l'acquisition ne lui est pas avantageuse, il peut rapporter la chose acquise, & reprendre les deniers qu'il a déboursés, v. Sainson, t. 27, art. 8.

12135. Si un pere a vendu à son fils, & lui a remis une partie du prix, la vente est valable; la remise seulement donne lieu au Rapport.

12136. Un oncle valétudinaire a vendu à un de ses amis un héritage, qu'une de ses nieces, chez qui il demeuroit, a promptement retiré; il est décédé peu après, & on n'a pas trouvé le prix de la vente; il n'étoit pas vraisemblable que la niece fût en état d'exercer ce retrait; le 2 Avril 1780, nous avons estimé que ces circonstances annonçoient visiblement que la vente & le retrait étoient simulés: la niece & subsidiairement l'ami de l'oncle devoient, en conscience, faire ensorte que les autres héritiers n'en souffrissent pas.

12137. Une vente faite par la Dame de Saint-Antoine, a été annullée par un Arrêt du 18 Mars 1751, remarqué par Denisart, au mot *Avantage*, parce que c'étoit une donation déguisée sous le nom de vente, fruit de la suggestion.

12138. 1°. Une maison acquise en 1666, moyennant 300 l. de rente dont moitié avoit été remboursée en 1672, a été abandonnée par la Dame Berneu au Sieur Bruzeau, son gendre, en 1696, à la charge d'acquitter les 150 l. de rente qui restoient dues; l'avantage étoit évident. 2°. Elle lui a cédé, en 1706, une rente fonciere de 37 l. 10 s. pour demeurer quitte de 750 l. qu'elle a déclaré lui devoir; il y avoit lieu de douter de la sincérité de cette déclaration. Un Arrêt du 2 Août 1756, a proscrit l'abandon & la cession.

12139. Le bail à ferme fait par un pere, étant en santé, de ses biens à un de ses enfants, marié ou non, ne peut être critiqué par les autres, pour le temps qu'a vécu le pere, quoiqu'il soit à vil prix; ni même pour le temps qui en reste après sa mort, s'il est à juste prix, v. Olivier sur Maine, art. 278.

12140. Un Bail à rente fonciere au profit d'un des héritiers présomptifs du Bailleur, est valable, s'il ne s'y rencontre pas de fraude, v. Bodreau sur Maine, art. 349, Olivier sur Maine, art. 278.

12141. Dans la Cout. du Maine, un frere a affermé des héritages, en 1724, au mari de sa sœur, moyennant 64 l. par an; & il les a aliénés, en 1726, au profit de celle-ci, à la charge de 43 l. de rente. A sa mort, arrivée en 1771, on a demandé le Rapport des héritages; il a été seulement offert d'augmenter la rente jusqu'à la quotité du bail à ferme de 1724, parce que le supplément devoit se régler par la valeur des héritages au temps de l'aliénation, sans avoir égard à la valeur actuelle. Par un Arrêt du 19 Mai 1779, les offres ont été reçues, Gaz. des Trib. T. 8, p. 395.

12142. On tient, en Anjou, qu'un homme peut donner tout son bien à rente viagere à un de ses héritiers présomptifs; les autres ont seulement la faculté de demander à participer au bénéfice de l'Acte dans l'année, v. ci-après n. 12147.

12143. Le 9 Février 1756, le Siége d'Angers a jugé que l'année court du jour de l'insinuation de l'Acte, sans qu'il soit nécessaire d'en signifier copie, v. R. du Dr. fr. p. 627, Valin, t. 2, p. 349, 350.

12144. Celui qui a pris à rente viagere partie du bien de son parent, décédé 2 ou ou 3 années après, peut, sans être obligé d'en faire le Rapport, partager le surplus avec ses Co-héritiers; autrement, l'égalité seroit blessée; ils profiteroient d'un bénéfice devenu certain, tandis que, si le parent eût vécu long-temps, ils n'auroient pu être forcés de participer à la perte survenue par cet événement.

12145. La Jurisprudence a été, à cet égard, long-temps indéterminée & flottante, lisons-nous dans un Acte de notoriété donné par le Siége d'Angers, le 3 Février 1756. Il étoit difficile de détruire le préjugé qui résultoit d'un Arrêt du 4 Juillet 1719, rapporté par Pocquet sur Anjou, art. 260, obs. 1re. Mais enfin on a déféré aux Sentences du Siége d'Angers & à deux Arrêts, qui, étant rendus postérieurement, ont fait tomber dans un entier discrédit l'Arrêt de 1719, v. ci-dessus n. 3637; il est combattu par Lacombe, au mot *Avantage*, s. 2, n. 4; il n'a pas été inséré par Pocquet, mais par celui qui fut chargé de veiller à l'impression de son ouvrage; tel qu'il est rapporté, il présente une sorte de contradiction & d'opposition; ceux qui ont lu la grosse de cet Arrêt, ont reconnu qu'il ne juge pas la question proposée sur l'art. 260 d'Anjou: il se trouve aussi dans le Journ. des Aud.

12146. Le Sieur de Chezeau, âgé de 76 ans & très-infirme, donna, en 1746, au Sieur de la Cliette tous ses biens, qui étoient régis par la Cout. d'Anjou, aux conditions de le nourrir & entretenir, tant en santé, que malade, & de lui payer annuellement 100 l. Il fut convenu qu'au cas où il voudroit quitter la maison du Sieur de la Cliette, il lui seroit payé une pension de 500 l. L'Acte ne fut pas dénoncé aux autres héritiers, qui demeuroient dans un pays éloigné, & le Sieur de Chezeau mourut, en 1752, en possession publique de tous ses biens, meubles & immeubles; néanmoins, un Arrêt du 28 Mars 1760, cité par Denisart, au mot *Donation pour provision de corps*, a ordonné l'exécution de l'Acte.

12147. Lorsqu'on a stipulé que, pour partie du payement du prix des biens vendus, on vivra dans la maison & société de l'Acquéreur, un parent plus proche, ou au même dégré, ne peut, dans l'année, retirer ou demander à participer à l'acquisition, comme il est observé dans le susdit Acte de notoriété. Une sœur a vendu à un de ses deux freres, moyennant 300 l. de pension viagere, son tiers indivis dans un héritage évalué 9000 l. qui leur étoit commun, & elle est décédée dans les six mois suivants; l'autre frere ne peut former l'action en retrait, ni aucune autre, v. Pothier, de la Vente, n. 643, ci-dessus n. 10066, 12142.

12148. Louise Boutin, ayant donné, le 16 Novembre 1752, 600 l. à Jean Vasou & à sa femme qui lui en ont constitué une rente viagere de 60 l. est décédée en Mars 1753, âgée de 58 ans: le 16 Août suivant, sur la demande des Co-héritiers de la femme, le Siége de Tours a ordonné le Rapport des 600 l. à la masse de la succession.

12149. Pierre Labru & sa femme ont vendu, moyennant une rente viagere de 330 l. qui ne devoit s'éteindre qu'au décès du Survivant d'eux, à un des héritiers de la femme, deux maisons louées 200 l. qui étoient en mauvais état; deux ans après, ils sont décédés, âgés, l'un de 50 ans, l'autre de 55 ans; ces maisons étoient des conquêts, sauf une foible portion, qui étoit propre à la femme: le 22 Juillet 1755, le Siége de Tours a condamné l'Acquéreur à précompter de ce qui étoit propre, & de la moitié des conquêts seulement, en lui remboursant, par les autres héritiers, ce qu'il lui en avoit coûté, tant pour le prix de son contrat, que pour le payement de la rente viagere.

12150. Alexis Jamin, âgé de 25 ans, par un Acte du 9 Décembre 1768, a vendu à Henry Lourmand & à Jeanne Jamin, sa femme, tout ce qu'il avoit, c'est-à-dire, l'hôtellerie des 3 Rois, située à Tours, Fauxbourg de S. Symphorien, pour 4500 l. & les meubles qui y étoient pour 1000 l. De ces 5500 l. il a été constitué une rente viagere de 500 l. exempte de toutes impositions royales. Alexis Jamin étant décédé le 25 Juin 1773, Michel Guerry & Marie Jamin, sa femme, ont prétendu que l'Acte étoit une contravention à l'art. 302 de Tours; ils ont allégué que le prix de la vente avoit été fixé sur le prix de l'estimation du partage qui avoit été fait, laquelle avoit été portée à un prix au-dessous de la véritable valeur. Le Pere de l'Auteur, qui a écrit pour les Acquéreurs, a opposé à l'Arrêt du 4 Juillet 1719, qu'on a cité, l'Acte de notoriété où il est apprécié, v. ci-dessus n. 12145; il a fait valoir les vrais principes, qui ont triomphé. Le 2 Juin 1777, le Siége de Tours, abandonnant ceux qu'il avoit suivis jusqu'alors, s'est contenté d'ordonner l'estimation de ce qui avoit été vendu; &, cette estimation ayant été faite, il a déclaré la vente valable, le 24 Juillet 1779.

12151. L'abandon fait, en 1770, par le Sieur Habert, qui étoit âgé de 68 ans, & qui avoit eu depuis peu une attaque de paralysie, de tous ses biens, à la charge de le nourrir & entretenir, a été critiqué, à son décès, arrivé en 1774, par les Sieurs de Princé & Billault, qui avoient épousé ses deux sœurs, parce qu'il avoit été fait au Sieur Legendre & à la Dame Granville, sa femme, fille d'une autre sœur. Ceux-là estimoient 15000 l. les biens, que ceux-ci ne portoient qu'à 10000 l. Le 31 Juillet 1777, le Siége de Tours a déclaré nul l'abandon, & a compensé les nourritures & entretien du Sieur Habert avec le revenu de ses biens, sauf un supplément de 200 l. que ses héritiers ont été condamnés de payer par chaque année qu'il a demeuré chez sa niece; ce qui a été confirmé par un Arrêt du 11 Avril 1780. Sans qu'il fût besoin d'en venir à une estimation, l'avantage étoit sensible; les nourritures & entretien du Sieur Habert n'alloient pas au double du revenu de ses biens.

12152. Les biens de la Dame Froger ayant été saisis réellement en 1760, elle passa, en 1764, un Acte où elle offrit à deux de ses cinq enfants l'abandon de tout ce qu'elle possédoit; l'un le refusa, & l'autre l'accepta, à la charge d'acquitter 10000 l. de dettes, & de payer à sa mere 150 l. de rente viagere; on évalua 8300 l. les immeubles & 1700 l. les droits mobiliers, même ce qui étoit dû par des obligations ou Jugements, sans autre désignation. La Dame Froger étant décédée en 1774, les autres enfants ont demandé la nullité de l'Acte, qu'ils supposoient contenir un avantage indirect, prétendant que les immeubles valoient 30000 l. & que les droits mobiliers montoient à 6000 l. Le 7 Août 1777, le Siége de Tours a ordonné que les biens seroient estimés eu égard à leur valeur au temps de l'Acte.

12153. On nous a assuré qu'un Arrêt a confirmé une Sentence du Siége de Montrichard, du 16 Juillet 1770, qui avoit déclaré valable l'abandon fait par Jeanne Louet, décédée peu après, à deux de ses neveux, de ses biens, qu'on estimoit au plus 2000 l. à la charge de lui laisser la jouissance des meubles, d'acquitter environ 200 l. de dettes, & de lui payer annuellement 169 l. si mieux elle n'aimoit aller demeurer chez eux, pour y être nourrie & entretenue, tant saine que malade.

12154. Une personne est déterminée à donner un héritage à fonds perdu; elle contracte avec son héritier, qui lui fait le même sort qu'un Etranger; il est juste que cet héritier, qui seul court le risque de payer une rente viagere pendant 30 ou 40 années, profite seul du bénéfice que procure une prompte mort; il l'a acheté, par le danger auquel il s'est exposé, de perdre dans le cas d'une longue vie. Il le tient d'un événement fortuit, non des mains du Défunt, qui n'a pas eu intention de le gratifier, mais de faire sa propre condition meilleure; qui n'a rien fait, qu'il n'eût fait vis-à-vis d'un Etranger; à qui il n'en a rien coûté; qui, après avoir traité avec son héritier,

ritier, avoit autant de bien qu'auparavant. La rente viagere, qu'on suppose proportionnée à la valeur de l'héritage, le représentoit exactement; pour une parfaite représentation, il n'étoit pas nécessaire que la rente durât un certain nombre d'années; il suffisoit qu'elle pût durer plus, comme elle pouvoit durer moins. Depuis la création de la rente jusqu'à son extinction, il n'est pas un seul instant où l'on puisse dire qu'il ait donné quelque chose. Pour décider s'il y a avantage, il est nécessaire de se porter au temps du Contrat. Il n'y a point d'avantage, si, eu égard à l'âge & à la santé du Créancier, la rente n'est pas trop foible; ce qui arrive après, ne doit pas être considéré. C'est ainsi qu'une vente ne peut être critiquée, si le prix écrit dans le Contrat, est celui que l'héritage vendu auroit été estimé au temps de la vente, quoique, par des événements postérieurs, il ait beaucoup augmenté de valeur; on ne peut en demander le Rapport, en offrant de faire raison du prix déboursé. C'est ainsi qu'on a égard au temps du don, pour fixer le prix d'une chose donnée, qui est sujet à Rapport; le Donataire profite des augmentations survenues depuis le don.

12155. On peut donner son bien à la charge d'une rente viagere, & faire, tous les ans, remise des arrérages; il suffit qu'on ne s'ôte pas le droit de les exiger.

12156. M. Bouault, en ses notes, admet le don fait par un pere à un de ses enfants, à la charge de le nourrir, si le traité est tel qu'il eût été fait avec un Etranger. Pourquoi ne pourroit-il pas choisir, parmi ses enfants, celui chez qui il espere trouver plus d'agrément, & qui ne consentiroit pas le traité, si on l'obligeoit d'y faire participer ses freres?

12157. On pourroit attaquer un Acte fait au profit du pere ou de la mere de l'héritier, s'il contenoit un avantage considérable. Une Sentence du Siége d'Amboise, du 13 Juillet 1730, confirmée par un Arrêt du 1733, a ordonné le partage des biens de Nicolas Delormeau, entre deux sœurs & un neveu, quoique, sept avant sa mort, il les eût abandonnés à Marie Nau, mere de ce neveu, pour 3000 l. qu'il avoit reconnu lui avoir été payées à différentes fois, & à la charge de le nourrir & de lui payer annuellement 50 l. Sans doute que le payement des 3000 l. ne parut pas sincere, & que, d'ailleurs, la valeur des biens excédoit de beaucoup le prix qui avoit été stipulé.

12158. La société peut être un moyen d'avantage indirect; comme si un pere contracte avec un de ses enfants une société où il fasse entrer une grande partie de ses biens, pour les lui faire passer, Boucheul sur Poitou, art. 215, n. 7, v. Pothier, de la Société, n. 17, ci-dessus n. 3638.

12159. Un pere qui a une ferme ou qui fait quelque commerce, peut s'associer un de ses enfants, qui ne sera pas obligé de rapporter les profits qu'il aura faits, *quod non potest fieri de jure, fit tamen mediante societate*, Sainson, t. 22, art. 2, notes de M. Carré, v. Coquille, Quest. 65, Basnage sur Normandie, art. 433, Savari, Pareres 3, 5, 65.

12160. Le pere peut lui céder en entier la ferme ou le commerce. C'est un grand avantage, dira-t-on; mais quelque probables que soient les profits, ils sont incertains, l'enfant les devra principalement aux soins qu'il se donnera; un pere peut, en faveur d'un de ses enfants, renoncer à gagner; il ne diminue pas sa fortune; il s'abstient seulement de travailler à l'augmenter. Le 29 Décembre 1773, nous avons décidé que la cession d'une ferme, faite par une femme à un des enfants avec qui elle étoit en continuation de Communauté, ne pouvoit être critiquée par les autres; c'est un Acte d'administration, qu'elle a la liberté de faire, lorsqu'elle ne veut plus se donner les peines, courir les risques auxquels expose une ferme; la cession peut être faite, moins pour gratifier le cessionnaire, que pour se décharger des obligations auxquelles une ferme assujettit; le droit cédé se borne à une simple espérance de gagner, accompagnée du risque de perdre.

12161. Une acquisition étant faite par un pere & un fils, avec convention que la chose acquise appartiendra en entier au survivant, il n'y a point d'avantage, Brodeau sur Louet, A, c. 2; l'un n'assure sa part, que parce qu'il est assuré de la part de l'autre, s'il survit. Cette espece d'acquisition est permise entre Conjoints par mariage, par l'art. 120 d'Artois, quoique l'art. 89 leur défende tout avantage. Les enfants du fils ne peuvent rien prétendre, s'il prédécede; ni ses freres, s'il survit.

12162. La donation mutuelle n'étant pas une véritable donation, M. Bouault, en ses notes, dit qu'elle ne peut être regardée comme faite en fraude des art. 233, 302, 304 de Tours. Il en est de même de la société avec convention de s'entre-succéder, v. ci-dessus n. 3602 & suiv. C'est un Contrat aléatoire, permis de droit commun, que la Cout. de Tours, qui n'interdit que les libéralités, ne défend pas; on peut même dire qu'elle le permet, en permettant, par l'art. 231, les communautés ou sociétés, lorsqu'elles sont par écrit, entre toutes sortes de personnes & pour toutes sortes de biens, présents & avenir; sa disposition, étant générale, ne doit pas recevoir de restriction; ce ne sont que les donations, qui ne peuvent comprendre les biens avenir. « J'ai toujours pensé, dit Olivier sur Maine, art. 278, que deux freres ne pouvoient faire une société ensemble; cependant, M. de Parence rapporte » des autorités opposées; il ne regarde point ces sociétés comme prohibées par la » Coutume. » Un Magistrat du Siége d'Angers nous a écrit le 9 Septembre 1778: « Dans les commencements, les sociétés n'étoient que des effets mobiliers & des » fruits, lorsqu'elles étoient faites avec un héritier présomptif; elles ont pris ensuite » des accroissements, comme on voit par l'Acte de notoriété de 1756; enfin, mieux » instruit, on décide qu'un parent peut, avec un de ses héritiers présompuifs, contracter légalement une société générale de tous biens, meubles, acquêts & propres, sans aucune retenue quelconque. C'est un Acte absolument aléatoire; on » doit considérer, non l'événement, mais le temps de sa rédaction, où la condition » des associés est égale, ils courent les mêmes hasards; il n'y a, alors, ni Donateur, ni Donataire. Par Acte du 6 Septembre 1773, M. Prévôt, Avocat du Roi, » Professeur en Droit françois, Dame de la Clémencerie, son épouse, sans enfants, » la Demoiselle de Mussé, sœur de la Dame Prévôt, gouvernés & leurs biens par » la Cout. d'Anjou, contractent une société générale de tous leurs biens, même de » tous leurs propres, sans aucune reserve; la Demoiselle de Mussé décede en Mars » 1777; ses autres sœurs contestent à la Dame Prévôt, leur Co-héritiere, la validité de la société, & subsidiairement prétendent les deux tiers des propres, pour » leur légitime coutumiere. MM. Delambon, Legouvé & Bardoul, Avocats de » Paris, par leur avis de Mai 1777, estiment que la société doit avoir son exécution, pour la totalité des biens. C'est une véritable aliénation que les associés » font de tous leurs biens, moyennant celui qu'ils esperent ajoûter à leur fortune, » s'ils survivent, *spei valet emptio*; la Cout. d'Anjou ne défend pas d'aliéner son » bien au profit d'un de ses héritiers; c'est une espece de commerce, *dot ut des*; » si tout homme est maître d'aliéner ses biens, même par caprice, à plus forte raison pour se procurer les agréments de la vie. On a déféré à l'avis, & on a exécuté l'Acte de 1773, même pour tous les propres. Il seroit possible de rapporter » beaucoup d'autres exemples semblables & décisions conformes, soit par arbitrages » ou jugements. »

12163. Les reconnoissances de dettes au profit d'un héritier, sont suspectes, par le principe, que qui ne peut donner, ne peut se reconnoître Débiteur, Pallu, p. 507, Ricard, p. 1, n. 762, p. 3, n. 109, mais v. Boucheul sur Poitou, art. 215, n. 9 & suiv. Valin, t. 2, p. 348, Denisart, aux mots *Avantage* & *Moribond*, où est cité un Arrêt du 25 Août 1719, qui prouve que la fraude ne se présume pas de plein droit, comme le dit Valin, p. 444, entre personnes suspectes & prohibées, de sorte qu'en ce cas, ce soit à celui qui rapporte un Acte souffert à son profit, à en justifier la sincérité. Au contraire, il faut des circonstances, pour faire admettre la preuve qu'un prêt constaté par écrit, n'est pas réel, & qu'on a voulu éluder la prohibition d'avantager un des héritiers, Répert. de Jurispr. au mot *Avantage*. Dans une obligation, la mention, que les deniers ont été payés à vue de Notaires, n'est pas une preuve de la réalité du prêt; il est aisé de leur faire illusion, en comptant devant eux de l'argent qu'on rend après; plus cette fraude est facile, plus on doit être dans la défiance; l'Acte, alors, n'est pas faux, mais simulé. Pour le soutien de l'obligation, il est bon qu'il paroisse d'où les deniers qu'on prétend avoir prêtés, proviennent, & à quoi ils ont été employés.

12164. Une mere qui, conjointement avec un de ses cinq enfants, mineurs, avoit pris à ferme un Domaine, le 12 Septembre 1756, pour neuf ans, moyennant 360 l. par an, & avoit donné à chetel des bestiaux estimés 531 l. étant malade de la maladie dont elle est morte, par un Acte passé, le 25 Février 1760, devant un Notaire de Preuilli, assisté de deux témoins qui ne savoient pas signer, non plus qu'elle, & qui étoient Domestiques des Parties, sans déclaration d'avant ou après midi, a reconnu avoir touché tout le bénéfice de la ferme & du chetel, qui se montoit à 1200 l. toutes déductions faites, sans en faire aucun compte détaillé; a déclaré n'avoir pas rempli son enfant, des 600 l. qui lui revenoient; s'est obligée de les lui payer; & a consenti qu'il disposât, à sa volonté, de la moitié du chetel, sous la condition qu'elle jouiroit seule, sans aucun dédommagement, du bail à ferme, à l'avenir. Par une Sentence du Juge de Preuilli, du 9 Juillet 1762, confirmée, au Siége de Tours, le 7 Septembre 1775, l'obligation des 600 l. a été déclarée valable, en affirmant, par l'enfant, que les causes en sont véritables. Il faut s'en tenir à l'énonciation, lorsqu'il n'est pas aisé d'en découvrir la fausseté, v. Lebrun, des Succ. l. 3, c. 6, s. 3, n. 10.

12165. Un fils qui a géré les affaires de son pere, s'il lui est possible d'en rendre compte, n'en est pas dispensé, selon Lebrun, n. 13, quoiqu'il ait une décharge générale.

12166. Une quittance donnée par un pere à son fils, peut être déclarée nulle, parce qu'il ne paroit pas comment il a pu lui payer ce qu'il lui devoit, Ferriere sur Paris, art. 303, n. 7.

12167. La présomption de fraude est très-forte, lorsque la reconnoissance d'une dette n'est consignée que dans un testament. L'avantage se présume plus facilement dans les Actes qui ont trait à la mort, où l'on ne s'engage pas, où l'on ne préjudicie qu'à ses héritiers, que dans les Actes entre-vifs où l'on se lie, où l'on se dépouille, où l'on renonce sans retour à la propriété de son bien, v. Bardet, t. 2, l. 9, c. 2, Valin, t. 2, p. 326.

12168. On n'a pas égard à la déclaration que fait un pere, de la maniere la plus solemnelle, à l'heure de sa mort, pour la tranquillité de sa conscience, qu'il a emprunté de son fils ou qu'il lui a prêté une somme, sans donner ou exiger de reconnoissance. Il a beau affirmer, dans l'un ou l'autre cas, que sa déclaration est sincere; qu'il la fait, non pour avantager un de ses enfants au préjudice de l'autre, mais pour conserver l'égalité entr'eux, on ne l'en croit pas. M. Bernard, en ses notes, rejette ces sortes de déclarations.

12169. La déclaration d'un défunt, qu'il a fait telle avance à un de ses héritiers, est un commencement de preuve par écrit, suffisant pour faire admettre la preuve testimoniale, Arrêt du 15 Mai 1751; &, quoiqu'il ne soit prouvé qu'une partie de l'avance qui a été déclarée, il faut la rapporter en entier, Arrêt du 17 Juin 1752. La preuve d'une partie annonce la mauvaise foi de celui qui nie. Dans l'espece, la dénégation avoit été appuyée d'un serment, qui avoit déterminé le Siége de Chinon à décharger du Rapport, v. Valin, t. 2, p. 375 & suiv.

12170. Pour avantager un de ses héritiers, on prend, quelque-fois, la voie d'une reconnoissance au profit d'un tiers, v. Arrêt du 22 Juin 1689, rapporté au Journ. des Aud.

12171. Il peut se rencontrer un avantage dans la constitution d'une rente, v. Pothier, des Rentes const. n. 11, 92.

12172. On tient que, des pere & mere ayant prêté à un de leurs enfants une somme dont il leur a constitué une rente, les autres peuvent toujours l'obliger à rapporter la somme, sans quil soit reçu à offrir de leur continuer la rente pour leur part, Pr. de la Jur. fr. n. 73, Olivier sur Maine, art. 278, si ce n'est en ce que la rente excede sa portion héréditaire, Valin, t. 3, p. 209.

12173. Quoique le prêt ait été fait par une simple obligation, l'intérêt en est dû, depuis l'ouverture de la succession jusqu'au partage, Lemaître sur Paris, p. 480, v. Valin, t. 3, p. 211.

12174. Valin, p. 206, 208, enseigne que le Rapport en nature n'a pas lieu, en fait de don en deniers, malgré le Donataire; & en fait de don de meubles & & d'offices de Judicature, malgré ses Co-héritiers. Il suffit de rapporter le prix de la valeur des meubles & des offices au temps du don.

12175. Le fils doit rapporter, non-seulement le prix de l'office que son pere lui a acheté, Boullai, p. 300; mais encore tout ce qui a été fourni pour les frais de la réception, Pr. de la Jur. fr. n. 77, Valin, t. 3, p. 203, 208, Fourré, p. 321, quoique l'office vienne à être supprimé.

12176. L'office du pere, donné au fils, se rapporte sur le pied de l'estimation faite dans le Contrat de donation. Il n'est pas necessaire, en ce cas, que ce soit la valeur de l'office au temps du don, pourvu que l'estimation ne soit pas inférieure au prix qu'il a coûté; autrement, ce seroit un avantage indirect; M. Bernard, en ses notes, dit l'avoir ainsi décidé.

12177. Valin, t. 3, p. 209, tient que le fils ayant vendu l'office un plus haut prix, que celui fixé par la donation, c'est le prix de la vente qu'il doit rapporter, v. ci-après n. 12187.

12178. Ce sont les offices de Conseiller, de Trésorier de France, d'Elu, &c. non ceux de Procureur, de Notaire, de Receveur des Tailles, &c. que les peres peuvent donner pour le prix qu'ils leur ont coûté, quoiqu'ils valent davantage, sous la condition qu'on s'y fasse recevoir, Pothier, des Succ. c. 4, art. 2, §. 7.

12179. Un Edit de Janvier 1678, rapporté au Code des Commensaux, a déclaré les offices de la Maison du Roi non sujets à entrer en partage dans les familles, v. Arrêt du 20 Mai 1651, rapporté au Journ. des Aud. Olivier sur Maine, art. 278.

12180. Un pere ayant acheté un office de la Maison du Roi à son fils, le prix de l'achat doit être rapporté, suivant Bourjon, t. 1, p. 733, Cochin, t. 6, p. 519. Si, possédant cet office, il en fait pourvoir son fils, ou lui obtient la survivance, il n'y a, alors, nul Rapport. S'il avoit un brévet de retenue sur cet office, qu'il auroit résigné à son fils, le montant de ce brévet seroit sujet à Rapport, Pr. de la Jur. fr. n. 77.

12181. « Sur la question si un aîné noble, à qui le pere achete une charge, » doit rapporter, je crois, dit M. Augeard, en ses notes, qu'à la rigueur, il ne » le doit pas, » v. Dupineau sur Anjou, art. 235.

12182. Les art. 304 de Tours, 286 de Loudun, donnent l'option de rapporter ou de moins prendre, quoiqu'on soit encore en possession de la chose donnée. Cela « a été solemnellement jugé, dit M. Poitevin, en ses notes, assistants tous les Con» seillers, le 31 Janvier 1579; autre Sentence a été donnée à Chinon; autre pour » ma mere. » C'est un usage constant, autorisé par un Arrêt de 1631, que cite Pallu, p. 509, v. art. 304, 305 de Paris, Valin, t. 3, p. 207. Barbier & Bretonnier sur Argou, l. 2, c. 28, tiennent que cette alternative a toujours lieu à Paris.

12183. Il semble qu'afin de conserver une parfaite égalité, un enfant doit rapporter en nature les biens donnés, quand il n'y en a pas d'autres de même qualité, pour ses freres; l'art. [illegible] d'Anjou l'y assujettit, lorsque le don excede sa portion héréditaire. Mais la dispense de rapporter en nature, est favorable; elle prévient toute discussion sur les augmentations qu'il a pu faire. Sûr de conserver les biens donnés, il se porte plus volontiers à les améliorer. En comptant de leur valeur au temps du don, il indemnise suffisamment ses freres ; il n'y a pas d'avantage capable d'exciter leur jalousie. Il auroit pu avoir les biens par acquisition ; un Etranger auroit pu les acquérir, & le prix en être encore dû, ou avoir été donné à l'enfant. L'usage attesté par Pallu, leve toute difficulté.

12184. Le Sieur Martel, par le Contrat de mariage de son fils aîné, lui donna, pour 80000 l. la terre d'Esves ; s'en réserva l'usufruit, avec promesse de lui payer annuellement 4000 l. d'intérêt ; & stipula qu'il pourroit faire telles augmentations qu'il aviseroit, sans qu'elles assujettissent le Donataire a aucun Rapport. Il ne s'est trouvé, dans sa succession, en immeubles, qu'une charge de Sécretaire du Roi, vendue 66000 l. & une maison de Ville, vendue 26600 l.

Les quatre puînés ont prétendu que, n'y ayant pas de quoi les égaler en immeubles, il falloit que l'aîné rapportât la terre en nature, suivant l'avis de Boullai, p. 299 ; parce que l'aîné devoit, comme eux, être chargé des effets du Canada & autres dont le recouvrement étoit incertain, ou au moins difficile, v. Duplessis sur Maine, p. 167. Ces effets montoient à plus de 200000 l. Les meubles meublants alloient à 45000 l. mais il y avoit pour 60000 l. de dettes. Au cas où le rapport en nature feroit difficulté, on demandoit qu'il se fît eu égard à la valeur actuelle de la terre ; on invoquoit un Arrêt cité par Boullai.

Les biens-fonds avoient augmenté depuis le mariage du fils aîné, qui consentoit de faire raison de la terre sur le pied de 106000 l. prix qu'elle avoit été acquise, trois mois avant le don, en 1765 ; c'est ce qui a été jugé, le 11 Février 1768, au Siége de Tours, qui ordonna, en outre, que le Donataire tiendroit compte des améliorations faites par le pere.

Comme on soutenoit que la terre avoit été acquise moins qu'elle ne valoit, en condamnant au Rapport sur le pied de 106000 l. il auroit fallu ajoûter, si mieux n'aimen les puînés, suivant l'estimation de la valeur de la terre au temps du don : elle a été vendue, le 16 Août 1768, 152400 l.

12185. Un pere a donné à un enfant d'un 1er. lit, pendant la Communauté qui continuoit entre lui & les enfants d'un 2e. lit, un domaine acquis pendant son mariage avec leur mere, qui valoit, lors du don, 6000 l. & qu'on a estimé depuis 6800 l. de plus ; savoir 2000 l. à cause de l'augmentation survenue dans les biens-fonds, 1500 l. à cause des améliorations faites par le Donataire, & 3300 l. à cause de ce qu'il y a annexé. Les enfants du 2e. lit lui ont demandé le Rapport du Domaine, afin qu'il entrât dans la masse des biens à partager entre leur pere & eux ; mais c'étoit une demande en revendication qu'ils avoient à former, la donation étant nulle pour leur part, sauf à faire raison de 750 l. pour les améliorations. Afin d'éviter les suites de leur action, ils ont consenti que leur pere leur tînt compte de 4000 l. moitié de la valeur actuelle du Domaine, sans y comprendre les améliorations ni les annexes. Le Rapport du Donataire à sa succession sera de 6000 l.

12186. Deux sœurs, dans le Contrat de mariage de l'une d'elles, ont renoncé au droit d'exiger le Rapport en nature des biens à elles donnés en dot, & ont consenti qu'il en fût fait raison, lors du partage des successions des pere & mere, pour les propres, suivant le prix qu'ils avoient été estimés par les Contrats de mariage, & , pour les acquêts, suivant le prix de l'acquisition. Le 28 Novembre 1775, nous avons estimé que, cessant même leur renonciation, le Rapport en nature ne pouvoit être exigé, v. ci-dessus n. 12182 ; & que, nonobstant leur consentement, il devoit être fait raison des biens donnés, suivant leur valeur au temps des Contrats de mariage : autrement, en obtenant de pareils consentements, on auroit une voie d'avantager un de ses enfants au préjudice des autres.

12187. L'enfant qui a vendu l'héritage qui lui a été donné, plus qu'il n'a été estimé, sans fraude, lors du don, ne rapporte pas le surplus de l'estimation, Bodreau sur Maine, art. 279, Perchambault, p. 700, v. ci-dessus n. 12177.

12188. Quand l'estimation faite par l'Acte de donation, a été trop foible ou trop haute, il doit en être fait une nouvelle, suivant laquelle le Donataire peut retenir la chose donnée, sans que ses Co-héritiers soient recevables à surenchérir, Pocquet sur Anjou, art. 360, obs. 3e.

12189. Un enfant à qui il a été donné une maison, l'a vendue volontairement; elle a été depuis totalement détruite; il doit rapporter l'estimation au temps du don. Il seroit dispensé de tout Rapport, à Paris, où l'on a égard à la valeur au temps du partage, Pothier sur Orléans, t. 17, n. 92.

12190. Si un fief tombé en tierce-foi a été donné à un puîné roturier, l'aîné prend, sur les deniers de l'estimation qui sont rapportés, les mêmes avantages qu'il eût pris sur le fief, suivant l'évaluation qui en est faite, Duplessis sur Paris, p. 216, v. Lebrun, des Succ. l. 3, c. 6, s. 4, n. 4.

12191. On doit rapporter en nature tous les héritages, ou les retenir tous, Olivier sur Maine, art. 278.

12192. L'art. 305 de Paris décide qu'il doit être fait raison à celui qui rapporte en nature, des impenses qu'il a faites.

12193. Si un enfant, Prêtre, fait le Rapport réel de son titre clérical, il est prudent que son lot ne soit pas uniquement composé d'effets mobiliers, & qu'il ait un fonds qui puisse lui tenir lieu de titre, dit M. Bernard, en ses notes.

12194. Un immeuble rapporté en nature par le Donataire, échéant à un autre par le partage, quand il seroit sous signature-privée, les hypotheques créées par le Donataire, ne subsistent plus. Il pouvoit se dispenser de ce Rapport en nature, mais ses Co-héritiers ne pouvoient l'empêcher. Les Créanciers qui n'ont pas fait signifier aux Co-héritiers de leur Débiteur, qu'ils entendoient prendre connoissance du partage à faire, déclarant qu'à cette fin, ils saisissoient entre leurs mains sa portion héréditaire, ne peuvent se plaindre, s'il ne lui est échu que des meubles, qu'il a dissipés, Valin, t. 3, p. 210.

11195. « Un pere donne à sa fille, en dot, une rente sur un fonds qui, après le » mariage, est exposé; la fille ne doit rapporter que la rente ou l'estimation d'i- » celle, principalement en cette Coutume, qui n'ordonne le Rapport des choses don- » nées, que suivant leur valeur lors du don, » Boullai, C. M.

12196. Le Rapport en nature ne peut être ordonné par le Donateur, après que le don est fait, Boucheul sur Poitou, art. 218, n. 86.

12197. Le Rapport n'a pas lieu entre Ascendants, Boucheul, n. 66, contre Bodreau & Louis sur Maine, art. 283.

12198. Un des Co-héritiers ayant omis de faire, lors du partage, le Rapport d'un objet qui y étoit sujet, on peut le lui demander pendant 30 ans, v. Dupineau sur Anjou, art. 433, Olivier sur Maine, art. 348.

12199. Sur les Rapports v. Dupineau, obs. sur Anjou, art. 260, Domat, l. 2, t. 4, Boucheul, des Conv. de succ. c. 6, Auroux, p. 2, p. 78 & suiv.

CHAPITRE II.

Du Partage en général.

12200. UN héritier qui a joui, en son nom, de tous les biens d'une succession, pendant 30 ans, est à l'abri de toute demande en Partage, v. art. 250 de Loudun; l'action en pétition d'hérédité est éteinte, Sainson, t. 25, art. 7, Proust, p. 453,

Pallu, p. 425, Pocquet sur Anjou, art. 434, Olivier sur Maine, art. 449; Pothier, du Droit de propriété, n. 365 & suiv. traite de cette action.

12201. Sur la restitution des fruits & les intérêts de leur valeur, en cas de pétition d'hérédité, v. de Saux sur Lebrun, des Succ. add. 63e. 64e. 65e. ci-dessus n. 3779, 5000 & suiv.

12202. Boullai, C. M. dit « qu'on présume, sans autre preuve, un Partage après » 10 ans de jouissance séparée de chacun sa portion, entre Co-héritiers ou autres. » On l'a jugé au Siége de Tours, le 22 Mars 1770. Louis sur Maine, art. 292, Bodreau & Olivier sur Maine, art. 448, exceptent le cas où il y a une inégalité évidente, v. Sainson, t. 1, art. 32, Boullai, p. 269, 272, Pallu, p. 513, Lathaumassiere sur Berri, t. 20, art. 1, 6, Boucheul sur Poitou, art. 293, n. 44 & suiv. Dunod, des Prescr. p. 181.

12203. « Possession en commun pendant 10 ans, après & nonobstant le Partage, » l'annulle, » Lacombe, au mot *Partage*, s. 6, n. 5.

12204. « Deux freres ayant vécu en commun par 30 ans, l'un d'eux peut de- » mander Partage, » Boullai, C. M. v. ci-dessus n. 5990.

12205. L'action en partage est ouverte à chacun des héritiers contre les autres; la poursuite appartient à celui qui l'a provoquée le 1er. S'il y a concours de diligence, elle appartient à celui qui a conduit la poursuite plus avant, v. Bourjon, t. 2, p. 418, 421.

12206. Un autre héritier que celui qui a la poursuite des scellés & de l'inventaire, peut former la demande en Partage; ce sont deux poursuites différentes.

12207. Un héritier grevé de substitution, peut former la demande en Partage; &, après le Partage, demander la nullité de la substitution, afin de rendre libre ce qui lui sera échu.

12208. L'action en Partage peut se porter devant le Juge du lieu où les biens sont situés, Lange, l. 3, c. 7. S'ils se trouvent en différentes Jurisdictions, c'est le Juge royal où elles ressortissent, qui doit en connoître.

12209. Suivant Jousse, de l'Admin. de la Just. t. 1, p. 314, c'est au Siége de Tours que doit se poursuivre le Partage d'une succession, quand les héritiers sont domiciliés, ou les biens sont situés, tant dans les Justices qui ressortissent au Siége de Tours, que dans le Duché de Luisnes, qui, démembré du Siége de Tours, ressortit au Parlement dans tous les cas; ou bien tant à Tours, qu'à Loches, Chinon ou Langeais.

12210. Si les héritiers sont domiciliés, ou les biens sont situés, par ex. dans les Bailliages de Tours & de Blois, on obtient des Lettres royaux portant attribution à celui dans le Ressort duquel la plus grande partie des héritiers sont domiciliés, ou la plus grande partie des biens sont situés, v. Bacquet, des Droits de Justice, c. 8, n. 20, Lebrun, des Succ. l. 4, c. 1, n. 47, Boucheul, des Conv. de succ. c. 33, n. 22.

12211. Il est assez ordinaire d'intenter toutes les demandes concernant une Succession, devant le Juge du domicile du défunt, Jousse, Idée de la Just. civ. p. 26, de l'Admin. de la Just. t. 1, p. 327, 347, 349.

12212. L'aîné a des prérogatives d'honneur, comme la préséance sur ses puînés; le droit d'être le dépositaire des titres communs, dont on délivre, à frais communs, aux autres des copies collationnées; le droit d'avoir les tableaux des ancêtres, les manuscrits du pere, les livres notés de sa main, &c. R. du Dr. fr. p. 254, v. Sainson, t. 25, art. 3, Lacombe, au mot *Partage*, s. 3, n. 12, Bourjon, t. 1, p. 707, 752, 809, 810, t. 2, p. 420, Valin, t. 3, p. 131.

12213. L'aîné n'a pas les titres, quand il n'est pas sûr, ou qu'il est trop éloigné; s'il est mort avant le pere, on ne les confie pas à ses enfants.

12214. « L'aînée doit avoir la garde des titres communs sous diverses clefs, dont

» elle en aura une, & ses sœurs l'autre, ainsi que dit Dumoulin, » Boullai, C. M. v. Pallu, p. 452. « L'aînée, dit M. Augeard, en ses notes, doit avoir tout ce qui » compete à l'aîné, des droits honorifiques, non pas des utiles, si ce n'est ce que » la Coutume spécifie. »

12215. Denisart, au mot *Nobles*, cite un Arrêt du 31 Juillet 1759, qui a jugé qu'un aîné n'ayant laissé qu'une fille, les titres de noblesse, dont il étoit dépositaire, devoient être remis à celui qui se trouvoit l'aîné de la branche puinée,

12216. Bodreau sur Maine, art. 298, dit que, si un héritage se partage entre Co-héritiers, les titres doivent rester à l'aîné; mais que, le partage se faisant entre Co-propriétaires étrangers, le sort doit décider qui aura les titres.

12217. La Bibliotheque du pere appartient à l'aîné, en faisant raison aux autres enfants, de leur part dans le prix de l'estimation. Entre héritiers collatéraux, elle se licite, si on ne peut la partager, sans lui faire perdre de son prix, Répert. de Jurispr. au mot *Bibliotheque*.

12218. Une mere ayant formé, contre les héritiers de son gendre, une demande en distraction de son portrait & de celui de sa fille, offrant de payer les cadres, le Siége de Tours les lui a refusés, le 6 Mai 1762, parce qu'elle n'étoit pas héritiere, v. ci-dessus n. 8777, 8778.

12219. Un héritier peut vendre sa part indivise dans tous les immeubles d'une succession, non sa part indivise dans un des immeubles, Vigier sur Angoumois, art. 87, Olivier sur Maine, p. 8e.

12220. La vente faite à un Etranger par un des Co-héritiers, de ses droits dans une succession, est sujette à une espece de retrait, qui peut s'exercer par les autres, après l'an & jour, dit Olivier. Il en est autrement, si la vente n'est que de ses droits dans un bien particulier dépendant de la succession, ou si l'Acquéreur est un Co-héritier, v. ci-dessus n. 3178, 9966, 12147, ci-après n. 12359.

12221. Le partage fait par un pere, de son vivant, entre ses enfants, est très-favorable, *in tempore exitûs tui distribue hæreditatem tuam*, Eccli. c. 33, ℣. 24, v. Boucheul sur Poitou, art. 219, n. 19, 26, 31 & suiv. des Conv. de succ. c. 9, Brillon, au mot *Partage*, n. 50, Furgole, des Test. c. 8, s. 1, n. 141 & suiv. Valin, t. 2, p. 353, 354. Ce Partage doit-il être reçu parmi nous?

On peut dire, pour l'affirmative, qu'il évite des frais & assure le repos des familles. « Les peres sont comme Magistrats domestiques, ils sont constitués par la » nature Juges & Arbitres entre leurs enfants, &, pour cet effet, sont appellés par » Tertullien des Dieux dans leur maison, » Brodeau sur Louet, P, c. 24. Tout ce qui n'est pas défendu par la Coutume, est permis. Ce n'est que le Partage inégal qui est défendu; il suffit que, par le Partage, la condition d'un enfant ne soit pas meilleure que celle des autres. Le pere peut faire à ses enfants des dons, des legs qui égalent leur portion héréditaire, v. ci-dessus n. 12128. S'il a donné à l'un telle maison, à l'autre tel domaine, & que ce soit tout son bien, n'est-ce pas un Partage? La prohibition d'avantager, n'ôte pas la liberté de partager, Vigier sur la Rochelle, art. 42, pourvu qu'on ne préjudicie pas au droit d'aînesse, Bodreau sur Maine, art. 294. Le jugement d'un pere qui connoît ses biens & ce qui convient à chacun de ses enfants, est d'un grand poids. Un enfant doit mieux aimer devoir sa portion héréditaire au choix de son pere, qu'au sort. Comment refuser à un pere le droit de faire le Partage entre ses enfants, dans une Coutume qui autorise l'aîné noble à donner tel ou tel bien à ses puînés, qui doivent s'en contenter, art. 272 de Tours? Il suffit que, rien n'annonçant de la prédilection pour un des enfants, le pere se soit conformé à la Coutume, ait observé l'égalité qu'elle prescrit, & n'ait fait que ce qu'auroient pu faire des Experts équitables. S'il a agi autrement, une lézion qui excéderoit de beaucoup les frais d'un Partage, donneroit lieu à faire rejetter celui du pere, quoique souscrit par les enfants de son vivant.

Pour

Pour soutenir la négative, on dira que ce Partage est si contraire à nos mœurs, qu'il n'est point en usage. Il n'est pas si avantageux de l'admettre; trop de peres sont disposés à abuser de la faculté qu'on leur donneroit; il y a toujours plus d'inconvénients que les choses soient réglées par la disposition de l'homme, que par celle de la Loi. Afin de juger si le pere a conservé l'égalité, il faudra en venir à une estimation des biens. Son Partage peut exciter des murmures de la part de ceux qui ne feroient pas contents du lot qui leur auroit été assigné, & faire naître des sentiments de jalousie entre les enfants. A la bonne heure qu'un pere, se dépouillant, de son vivant, de ses biens, sous la réserve de l'usufruit, les abandonne à ses enfants, qui en fassent eux-mêmes le Partage sous ses yeux, v. Bodreau sur Maine, p. 8e. ci-dessus n. 10787; cela peut avoir son avantage. Mais, que, conservant ses biens jusqu'à sa mort, il prétende en régler le sort pour un temps où il n'existe plus, il n'en a pas le droit, parce que la Coutume ne le lui a pas expressément donné; ce droit n'est admis qu'où l'égalité n'est pas requise, Coquille, Inst. au Dr. fr. t. 21, Louis sur Maine, p. 8e.

Ce qui est dit du pere, convient à la mere. Lacombe, au mot *Partage*, f. 6, n. 3, a égard au Partage fait en ligne collatérale, lorsqu'il a été souscrit par les héritiers.

S'il n'avoit été souscrit que depuis le décès, il faudroit, pour l'attaquer, alléguer une lézion du tiers au quart, v. ci-après n. 12256.

12222. On ne peut, dans une famille, se faire une Loi particuliere pour partager les successions, Louis sur Maine, art. 274, 293, Bodreau sur Maine, art. 294.

12223. Un mineur émancipé peut seul demander le Partage des effets mobiliers, notes de M. Carré.

12224. Couchot, t. 5, p. 373, Argou, l. 2, c. 28, Fourré, p. 282, tiennent que, lorsqu'il y a des héritiers mineurs ou absents, il faut de nécessité vendre les meubles publiquement à l'encan; Varicourt, au mot *Vente*, Olivier sur Maine, art. 277, enseignent qu'on peut forcer son Co-héritier à en souffrir la vente, quand même il n'y auroit pas de dettes à acquitter. Les héritiers, majeurs ou mineurs émancipés, peuvent toujours demander le Partage des meubles en nature, sauf à vendre seulement les meubles qui échéeront aux mineurs non émancipés, ou aux absents. Pourquoi cette demande, qui peut avoir lieu en cas de communauté de biens entre Conjoints par mariage, de la part même d'un tuteur, art. 350 de Tours, n'auroit-elle pas lieu en cas de succession? Il n'y a que les Créanciers oppofants aux scellés, qui peuvent obliger à la vente. Un tuteur n'a pas ce droit, pour des mineurs, ni le Procureur du Roi ou Fiscal, pour des absents, v. Dupineau sur Anjou, art. 279, Pothier, de la Société, n. 169, de la Comm. n. 700, Pigeau, t. 2, p. 354, ci-dessus n. 8769, 10947, ci-après n. 12353. Les héritiers qui sont dans le cas d'être poursuivis pour les parts des autres par des Créanciers hypothécaires, peuvent demander la vente des meubles jusqu'à concurrence de ce qui est nécessaire pour satisfaire ces Créanciers, en commençant par les meubles périssables.

12225. Un mineur peut, par son tuteur, ou par lui-même, s'il est émancipé, demander le Partage définitif des effets mobiliers, & le Partage provisionnel des immeubles. Le mari a le même droit à l'égard des successions échues à la femme, Pothier, de la Comm. n. 695, des Succ. c. 4, art. 1, §. 2.

12226. On crée aux mineurs des tuteurs; la présence de ceux-ci au Partage n'empêche pas que ceux-là ne puissent se faire restituer, en cas de lézion, Boullai, p. 255, 263, v. ci-dessus n. 7789.

12227. Un tuteur suffit aux mineurs qui ont le même intérêt, mais, pour subdiviser ce qui leur échet, il faut à chacun un tuteur, v. ci-après n. 12249.

12228. Les tuteurs ne sont pas obligés de prendre un avis de parents, Pallu, p. 449.

12229. Un Partage ſigné par un mineur, ſans qu'un tuteur y ait aſſiſté, n'eſt pas nul, v. ci-deſſus n. 2830.

12230. Quoiqu'il y ait des mineurs, le Partage peut être fait ſous ſignature-privée; mais, s'il n'eſt pas fait double, il doit être dépoſé chez un Notaire, Pigeau, t. 2, p. 413, v. ci-deſſus n. 6000.

12231. Pour qu'un Partage ſoit dans le cas d'être fait devant le Juge, il faut qu'il y ait conteſtation élevée dans le Partage même, commencé par un Notaire; les conteſtations qui le précedent, une fois terminées, ce n'eſt plus qu'un Acte volontaire, pour lequel les Parties doivent être renvoyées devant un Notaire, par le Juge qui ordonne le Partage, v. Jouſſe, des Commiſſ. p. 69 & ſuiv. ci-deſſus n. 5998, 6897, 9658.

12232. Suivant les Arrêts de 1674 & 1737, cités ci-deſſus n. 10917, le renvoi doit ſe faire, ſans nommer le Notaire, pour ne pas gêner le choix des Parties.

12233. Quoi que diſe Deniſart, au mot *Partage*, « On peut procéder au Par- » tage amiable, quoiqu'il y ait une Partie abſente; mais il faut faire faire l'eſtima- » tion par un Expert nommé par le Juge, ſur une requête des Parties préſentes, » & ſur les concluſions du Miniſtere public; on fait enthériner ce rapport, ſur les » mêmes concluſions; on procede enſuite au Partage, auquel on appelle le Miniſ- » tere public, » Pigeau, t. 2, p. 414.

12234. L'Arrêt cité ci-deſſus n. 10896, autoriſe les Subſtituts du Procureur du Roi au Châtelet, à aſſiſter aux comptes & Partages, lorſque leur préſence aura été jugée néceſſaire, ou lorſqu'ils y ſeront volontairement appellés par les Parties.

12235. « S'il y a des biens en diverſes Provinces, dit Boullai, p. 264, on doit » faire autant de Partages, qu'il y a de Provinces, » qui ont des regles différentes pour les Partages.

12236. Il n'eſt pas beſoin de Partage, pour les actions; elles ſe diviſent, de plein droit, entre ceux qui repréſentent la perſonne à qui elles appartenoient, ou contre qui elles militoient, Bourjon, t. 2, p. 328, 420, v. ci-deſſus n. 11790.

12237. Les rentes au denier 50, ſe prennent, dans un Partage, pour les deux 5es. du capital, Bourjon, t. 1, p. 297.

12238. Les Co-partageants étant tous majeurs, l'eſtimation des biens par des Experts ou des amis communs, n'eſt pas néceſſaire, quoique ce ſoit le meilleur moyen d'aſſurer l'égalité des lots; ils peuvent eſtimer à leur gré, Bourjon t. 2, p. 419, v. Perchambault, p. 647, Poullain ſur Bretagne, art. 591.

12239. Lorſqu'il y a des mineurs, on veut une eſtimation par des Experts, qui prêtent ſerment, v. Bourjon, t. 1, p. 548, 810; Pallu, p. 449, l'exige, entre Nobles, comme entre Roturiers. L'arpentage qu'il requiert, ne ſe pratique point.

12240. Les eſtimations des héritages ſe font par des Experts, art. 353 de Tours, 327 de Loudun, convenus entre les Parties, ou nommés d'office par le Juge, Prouſt, p. 554, 559, qui ont égard au revenu des héritages, en prenant le moyen de ce qu'ils ont produit en 3 années, art. 360 de Tours, 334 de Loudun: de ſorte que, ſi une piece de terre a produit la 1re. année 60 l. la 2e. 50 l. & la 3e. 100 l. ſon revenu ſera eſtimé être de 70 l. & non de 60 l. ſeulement, comme le dit Sainſon, t. 34, art. 9. On prend ordinairement le 10e. du revenu de 10 années, Prouſt, p. 553, Dupineau ſur Anjou, art. 492, ou même le 20e. du revenu de 20 années, Coquille ſur Nivernois, t. 4, art. 21, ſans égard à un bail, ou même à deux baux, v. Prouſt, p. 561, Olivier ſur Maine, art. 278.

12241. On eſtime les hommages qui dépendent d'un Château, ſans s'arrêter à l'appréciation fixée par les art. 362, 363 de Tours, 336, 337 de Loudun.

12242. L'eſtimation des rotures ſe fait par le menu & en détail, au lieu que l'eſtimation des fiefs, ſuivant Tronçon ſur Paris, art. 305, Bodreau ſur Maine, art. 294, doit ſe faire en gros. M. Bernard, en ſes notes, dit que cette diſtinction ne peut avoir lieu, lorsque le Partage d'un fief se fait également, parce qu'alors, il n'est plus regardé comme un tout, comme un corps indivisible.

12243. « Il n'est pas libre à un des héritiers d'enfler, sur quelqu'objet, l'estimation des Experts à perte de vue, en offrant de prendre sur le pied de cette estimation excessive, mais seulement d'en demander une autre par de nouveaux » Experts; ce seroit faire obstacle au jet des lots, qui, dans nos mœurs, est de » l'essence du Partage, & blesser l'égalité d'affection, » notes de M. Dufrementel. Le prix de l'estimation étant réputé le juste prix, dit Pocquet sur Anjou, art. 260, obs. 3e. on ne doit pas avoir égard aux sur-encheres.

12244. Quoiqu'il convienne de dresser une masse de tous les objets qu'on veut partager, Pr. de la Jur. fr. n. 82, il seroit ridicule de l'exiger, comme une partie essentielle du Partage. On a coutume d'en faire une avant le Partage, mais il est inutile de la rapporter dans l'Acte. Les lots sont eux-mêmes une masse, divisée à la vérité; mais qui, embrassant réellement tous les biens, suffit pour instruire de leur nature, de leur différence & de leur valeur.

12245. Si le rapport de ce qui a été donné, ne se fait pas en nature, il faut commencer par égaler les héritiers entr'eux, en donnant à chacun, en biens de même qualité, en effets de même valeur, autant qu'il est possible, de quoi les rendre égaux.

12246. On estime les biens que retiennent les héritiers avantagés, suivant leur valeur au temps du don, & les biens qui se trouvent dans la succession, suivant leur valeur actuelle, quoi que dise Olivier sur Maine, art. 279.

12247. Un enfant, par la dot qu'il a reçue, est rempli de sa portion héréditaire, & un autre en partie; le 3e. qui n'a rien eu, doit choisir, dans la succession, jusqu'à concurrence de ce qui est nécessaire pour l'égaler au 2e. dit M. Bernard, en ses notes; il faut diviser ce qui reste, en deux lots, pour eux deux.

12248. Pocquet sur Anjou, art. 260, obs. 3e. explique comment, en Anjou, doivent se faire les égalements.

12249. Aubin a donné à Claire plus que sa portion héréditaire, à Pauline 2500 l. à Renée, dont sont issues Louise, Marthe & Rose, autant, & à Jean 7500 l. Il ne s'est trouvé, en immeubles, que deux maisons, estimées, l'une 7500 l. l'autre 650 l. dans la succession d'Aubin, à qui Marthe n'a survécu que de quelques jours. Par un Acte passé entre les Co-héritiers, il est constaté, 1°. que Claire a touché 10000 l. & a rapporté l'excédent; 2°. que Pauline a pris la maison de 7500 l. 3°. que le pere de Louise & de Rose, héritieres de Renée, comme leur tuteur, s'est rempli en effets mobiliers; 4°. que Jean a pris la maison de 650 l. & le surplus en mobilier; 5°. que, Partage fait du reste de la succession, chaque lot n'est monté qu'à 175 l.

Louise & Rose, dotées par leur pere, de ce qui leur revenoit des successions de Renée & d'Aubin, ont réclamé la succession de Marthe, pour une portion. Elles ont soutenu que, dans les égalements, le choix appartient au plus jeune, & ensuite aux autres, en remontant par dégrés; que, Renée étant plus jeune que Pauline, leur pere auroit dû lui contester le choix qu'elle avoit fait de la maison; qu'il étoit fondé à l'exiger, auquel cas elles auroient succédé à Marthe, à l'exclusion du pere; que, la maison étant censée lui être échue, il devoit leur faire raison des effets qu'il a préférés.

M. Dufrementel a donné un avis favorable à cette prétention; M. Bernard a estimé, au contraire, que c'étoit à l'aînée à choisir, comme il avoit été pratiqué. L'un & l'autre ayant persisté dans leur sentiment, on s'en est rapporté, en Septembre 1761, à M. Barbet & au Pere de l'Auteur. 1°. Ceux-ci ont remarqué une nullité qui n'avoit pas été relevée: Marthe étant morte avant le Partage, le pere, qui y avoit un intérêt personnel, en son nom, comme héritier de Marthe, n'avoit pu y stipuler, comme tuteur de Louise & de Rose; il falloit un subrogé tuteur. 2°. Ils ont pensé que ce n'étoit, ni au plus jeune, ni au plus âgé, à choisir en cas d'également, comme en cas de Partage : dans ce dernier cas, où les lots sont faits également par des Experts, on les tire au sort ; à plus forte raison doit-on en user ainsi dans l'autre. La Coutume prescrit trop impérieusement l'égalité, pour prendre d'autre voie que le sort ou la licitation. Pauline & Renée étoient les seules qui n'avoient pas eu de fonds ; il falloit leur laisser les deux maisons ; le Partage n'en étant pas facile, on devoit les liciter ; elles auroient pu tomber en entier aux filles de Renée ; il y avoit, en effets mobiliers, de quoi payer la moitié revenante à Pauline. En se fixant au parti le plus doux, on a raisonné comme si Pauline eût été Adjudicataire, & qu'une moitié du prix fût échue aux filles de Renée. Ce prix, provenant de l'aliénation d'immeubles appartenants à des mineurs, les représentoit, art. 94 de Paris ; le pere de Marthe, n'ayant pu succéder au tiers qui lui revenoit, dans la moitié du prix, devoit compter à Louise & à Rose de 1358 l. 6 s. 8 d. & des intérêts. Les Parties se sont soumises à cette décision.

12250. On suit, en France, la méthode établie par le droit romain pour le Partage des successions, Argou, l. 2, c. 28, Pocquet, des Fiefs, p. 225. Chaque héritier doit avoir quelque chose des effets communs de même qualité, sauf le retour en argent, s'il est nécessaire. La chose unique dans son espece, se divise, sauf la récompense, si la part de l'un vaut mieux que celle de l'autre. Lorsqu'elle ne peut se diviser, elle s'adjuge à un seul, v. ci-après n. 12285 & suiv.

12251. Dans la confection des lots, il faut considérer la beauté & la commodité, aussi bien que le profit & l'utilité, Bodreau & Louis sur Maine, art. 295.

12252. « C'est un principe, en Partage, dit M. Dufrementel, en ses notes, » que tout doit être égal en qualité & quantité ; cependant, il faut éviter de mor- » celer les objets. Trop d'exactitude pour observer une égalité géométrique, blef- » feroit l'intérêt réel des Co-partageants, *arg. ex art.* 272 de Tours. »

12253. Les lots se font ordinairement par des Experts, & on les tire au sort, Pallu, p. 449, 512, v. Boucheul sur Poitou, art. 294, n. 17, 24.

12254. Il n'est pas essentiel de tirer les lots au sort, dit Lacombe, au mot *Partage*, s. 3, n. 10, quoique cette voie soit la plus propre à prévenir les plaintes ; les Co-partageants peuvent convenir, entr'eux, du lot que chacun aura, Argou, l. 2, c. 28, Pr. de la Jur. fr. n. 82.

12255. Un Partage fait entre mineurs, qu'on a déclaré provisionnel, où il ne se trouve point de lézion, devient définitif après 10 ans d'exécution depuis la majorité acquise. L'effet du Partage provisionnel est d'exempter de la restitution des fruits, entre majeurs, lorsqu'en vient à faire un Partage définitif, v. Boullai, p. 269, Dupineau sur Anjou, art. 433, Boucheul sur Poitou, art. 293, n. 49 & suiv. art. 294, n. 32, Olivier sur Maine, art. 448.

12256. Pour se faire restituer contre un Partage, il faut, à ses frais & sans répétition, obtenir des Lettres de rescision, les faire signifier, & prouver une lézion d'outre le quart, pour les majeurs, & d'outre le 6e. pour les mineurs, v. Louis sur Maine, art. 291, ci-dessus n. 3255, 6924.

12257. La moindre lézion suffit pour revenir contre un Partage qui n'a pas été précédé d'une estimation, dit Ferriere, au mot *Lézion* ; rédigée par écrit, & même détaillée, suivant Argou, l. 2, c. 28. Cette opinion est singuliere, Valin, t. 2, p. 680.

12258. Legrand sur Troies, art. 257, gl. 2, n. 6, Denisart, au mot *Partage*, regardent comme restituable le mineur qui, pouvant avoir une portion des heritages, n'a eu que des rentes constituées, v. Argou, l. 2, c. 28.

12259. L'aîné qui découvre qu'un bien qui a été partagé également, est noble, peut revenir contre le Partage, Olivier sur Maine, art. 295. Si, lors du Partage, il connoissoit la qualité du bien, il est présumé avoir renoncé au droit d'aînesse, v, Dupineau sur Anjou, art. 255, ci-dessus n. 11778.

12260. Par un Partage fait en 1770, le domaine A eſt tombé à Maturin, & le domaine B à Didier : il s'eſt élevé, entr'eux, une conteſtation au ſujet d'un pré qui fait partie du domaine A, ſuivant le Contrat de l'acquiſition de ce domaine, faite en 1749, & une déclaration rendue au Seigneur en 1766; & qui, depuis 1754, ſert au domaine B. Nous avons décidé qu'il doit appartenir à Didier. L'intention des Co-partageants a été que le domaine B appartiendroit, avec toutes ſes dépendances, à celui qui auroit le lot où ce domaine ſe trouvoit. Qui n'excepte rien, comprend tout; ſous le nom d'un domaine, ſans autre expreſſion, on entend tout ce qui en dépend. Pour juger ſi une piece de terre fait partie des dépendances de tel domaine, il faut conſulter la maniere dont en uſoit le Propriétaire. D'Argentré ſur ſur Bretagne, art. 265, c. 10, n. 25, tient que, lorſqu'une terre, un pré, &c. qui n'étoient pas originairement du corps du domaine, y ont été réunis depuis pluſieurs années, ils en font partie, *cum deſtinatione patris-familias fundus conſtituatur, dilatetur & limitetur*, dit Dumoulin ſur Paris, art. 1, gl. 5, n. 15. La deſtination ſe prouve de différentes manieres, par ex. par des baux à ferme d'un domaine, qui comprennent une piece de terre annexée à ce domaine, Coquille, Queſt. 258, Hévin ſur Frain, Plaid. 92ᵉ. Pour qu'elle ſoit regardée comme une dépendance du domaine, il ſuffit qu'elle ait été exploitée avec le domaine depuis 10 ans, v. Dupineau ſur Anjou, art. 441, Bodreau & Louis ſur Maine, art. 452, Boucheul ſur Poitou, art. 289, n. 90 & ſuiv. ci-deſſus n. 11592. Les choſes doivent ſe conſidérer dans l'état où elles avoient coutume d'être, lors du décès du Propriétaire, ſans égard à leur ancien état. « L'héritier, ou celui qui a droit & cauſe du pere de » famille qui a ainſi exercé ſa deſtination, y eſt ſujet, ſoit à gain ou à perte, » dit Coquille, quoiqu'elle n'opere point à l'égard du Seigneur.

12261. Dans quelques Partages, nous avons fait inſérer ce qui ſuit :

« 1°. La garantie n'aura lieu, en aucune maniere, à l'égard des rentes; l'inſolvabilité des Débiteurs ne regardera que ceux à qui elles ſeront échues.

» 2°. Un des Co-partageants ne pourra inquiéter les autres, ſi, par la ſuite, il » lui eſt demandé, ſur les domaines compris en ſon lot, par le Seigneur dont ils » relevent, quelque rente, devoir ou droit, qui n'ait pas été payé ou ſervi depuis » 30 ans, à compter de ce jour, de quelque nature qu'il puiſſe être, & à quelque » ſomme qu'il puiſſe monter ou être évalué.

» 3°. Si l'un des Co-partageants a quelque conteſtation pour une ſervitude, apparente ou non, ou bien à raiſon de la mitoyenneté ou propriété totale d'un » mur, d'un foſſé ou d'une haie, elle ne pourra intéreſſer les autres.

» 4°. Chacun jouira des héritages qui lui ſeront échus, ſans qu'il puiſſe y avoir » d'action pour défaut ou excédent de la meſure énoncée, ſoit dans les titres, ſoit » dans le préſent Partage, où il n'en eſt fait mention, que pour la déſignation de » chaque objet.

» 5°. Celui qui ſera troublé dans la propriété d'un objet, ne pourra exercer aucune garantie, ſi ſa valeur n'excede pas la ſomme de . . . . .

» 6°. Il ne ſera planté aucun arbre, de quelqu'eſpece qu'il ſoit, par l'un des » Co-partageants, près des héritages des autres, qu'à . . . . pieds de diſtance, » & celui qui voudra élever un mur, faire un foſſé ou planter une haie, ſera tenu » de laiſſer au-delà . . . . pieds de terrein.

» Ces clauſes ont été conſidérées, lors de la confection des lots, qui, ſans icelles, euſſent été faits autrement. »

12262. Lorſque l'on comprend dans le Partage les créances mobilieres ou immobilieres, il faut faire enſorte que chaque Débiteur n'ait qu'un Créancier.

12263. Celui à qui une créance eſt échue, doit faire ſes diligences, dans les 3 années, pour être payé, Fourré, p. 321.

12264. Quelquefois, on charge un des héritiers du recouvrement de toutes les créances. Lorsqu'il rapporte des commencements de poursuites qu'il a faites peu après le temps des échéances, on présume qu'il a fait pour le mieux, en n'en faisant pas davantage. On ne peut lui imputer de n'en avoir fait aucunes, à l'égard de ce qui a été reconnu caduc, par un Inventaire ou autrement; la présomption est que les frais eussent été inutiles, Pothier, des Don. entre mari & femme, n. 217, 218.

12265. Tout Partage doit se faire à frais communs; c'est une regle générale, que M. Bernard, en ses notes, appuie de ce que dit Pallu, p. 353, 570, à l'égard du Donataire ou Légataire, & à l'égard de la Douairiere, » excepté, dit-il, » quand la Loi assujettit l'un des partageants à faire le Partage, *sic* l'art. 271 de » notre Coutume, » v. Louis sur Maine, art. 292, Bodreau sur Maine, art. 295, ci-dessus n. 9657, ci-après n. 12320 & suiv.

12266. Les frais faits par un des héritiers, pour parvenir au Partage, doivent être supportés par tous, v. Sainson, t. 27, art. 5.

12267. « Si l'on est obligé de faire les Partages en Justice, parce qu'il y a un » des héritiers mineur ou absent, je pense, dit Olivier sur Maine, p. 8e, que les » frais n'en tombent que sur le mineur ou sur l'absent. » Mais Dupineau sur Anjou, p. 8e. s'exprime ainsi: « nous admettons les mineurs à partager, soit qu'ils » soient provoquants, soit qu'ils soient provoqués. Notre Coutume ne requiert, » ni arpentage, ni estimation, ni que les lots soient choisis en Jugement, quoique » cela ne soit superflu, quand il s'agit de Partages de mineurs. Bien plus, on ne » peut le refuser, quand il s'agit de Partages de majeurs qui le demandent; & » cela se fera à frais communs. » v. ci-dessus n. 10930, 10931.

12268. Celui des Co-partageants qui fait contrôler un Partage sous signature-privée, peut exiger que les autres y contribuent à proportion de leur part dans les choses communes. On peut stipuler que le 1er. qui se portera, ou obligera les autres, ou l'un d'eux, à faire contrôler le Partage, en payera seul les droits.

12269. Si un Partage sous signature-privée contient des retours qui donnent lieu au droit de centieme denier, il faut le faire contrôler & insinuer dans les 3 mois, à peine du triple droit. Celui qui n'a que des meubles dans son lot, y contribue, comme ceux qui sont chargés de retours. On fera bien d'éviter les retours, autant qu'il sera possible. Il est prudent de donner aux biens leur véritable valeur, v. ci-dessus n. 936, 998 & suiv. 1037.

12270. Plusieurs freres ayant licité, entr'eux, une terre, sans appeller d'Etrangers, celui à qui elle est demeurée, a prétendu que les coûts de l'Acte, qui tenoit lieu de Partage, devoient se payer par tous; les autres ont soutenu qu'ils ne devoient rien, comme si les Etrangers avoient été admis à enchérir, ou comme si, par des Actes séparés, chacun lui avoit abandonné sa portion indivise. Pour prévenir cette difficulté, il est bon de stipuler, dans un pareil Acte, qui en payera les coûts.

12271. Les dépens étant personnels, lorsque des héritiers plaident pour le même objet, Serpillon, p. 565, leur conseille de régler, en commençant le Procès, la portion que chacun en supportera.

12272. On regarde le Partage entre Co-propriétaires, non comme une espece d'échange, mais comme ne faisant que déterminer la part de chacun, à ce qui tombe dans son lot, Pallu, p. 161, Pothier, de la Vente, n. 630.

12273. L'action de garantie, qu'engendre le Partage, dure 30 ans.

12274. Lorsqu'on a stipulé que les lots ne seroient garants les uns des autres, que pendant un certain temps, il court du jour du Partage, Olivier sur Maine, p. 8e.

12275. L'éviction ne donne lieu à la garantie, qu'autant qu'elle a une cause existante lors du Partage; si, depuis le Partage, un office est suprimé, ou des terres sont prises pour un grand chemin, il n'y a aucun recours de garantie, Pr. de la Jur. tr. n. 85.

12276. Il n'y a pas lieu à la garantie, lorſqu'on a ſouffert l'éviction par ſa faute ; par ex. pour n'avoir pas oppoſé une preſcription acquiſe, ou pour avoir laiſſé acquérir une poſſeſſion d'an & jour, Pothier, des Succ. c. 4, art. 5, §. 3.

12277. « Il n'y a rien à imputer au Co-héritier, pour avoir laiſſé achever la preſ- » cription qui étoit prête à s'accomplir au temps du Partage. La preſcription ſeroit » inſtante, s'il n'y avoit plus qu'un an pour l'achever, & que le Co-héritier n'en eût » pas été averti, » Valin, t. 2, p. 678.

12278. La garantie des lots ne s'étend pas aux cas fortuits, ni aux faits du Prince.

12279. Les Co-partageants doivent ſe garantir la ſolvabilité du Débiteur d'une créance au temps du Partage, ſi le terme eſt échu ; ſinon, ils ſe garantiront qu'il ſera ſolvable au temps de l'échéance.

12280. Ils ſont reſpectivement garants, entr'eux, de la caducité des rentes, arrivée ſans la faute de ceux à qui elles ſont échues, tant qu'elles ſubſiſtent, Pothier, de la Comm. n. 723 ; la garantie entre Co-héritiers, au ſujet des rentes, eſt auſſi étendue, que s'il y avoit ſoumiſſion de les fournir & faire valoir, v. Valin, t. 2, p. 675, 676. Une rente eſt proprement compoſée d'autant de créances qu'il doit écheoir d'années d'arrérages juſqu'au rachat, Pr. de la Jur. fr. n. 86. Lebrun, des Succ. l. 4, c. 1, n. 66, conſeille de ſtipuler, dans les Partages, qu'il n'y aura aucune garantie au ſujet des rentes, ou du moins d'en limiter le temps, par ex. à 10 ans du jour du Partage ; autrement, elle pourroit être éternelle, Pothier, de la Vente, n. 633. Cet inconvénient n'a pas lieu, lorſqu'une rente eſt vendue, v. ci-deſſus n. 3039. Il y a d'autres différences entre la garantie qui naît du Partage, & celle qui naît du Contrat de vente, v. Pothier, n. 632, 634.

12281. Si une rente conſtituée ſur le Roi, vient à être réduite, cette perte ne tombe que ſur celui dans le lot de qui elle ſe trouve, v. Valin, t. 2, p. 678, ci-deſſus n. 12278.

12282. L'un des Co-partageants a, ſur les parts des autres, pour la garantie de droit, une hypotheque privilégiée, quoique le Partage ſoit ſous ſignature-privée, notes de M. Bernard, Pothier, des Succ. c. 4, art. 5, §. 4. M. Augeard, en ſes notes, dit qu'il a été jugé au Siége de Tours, le 12 Juillet 1684, qu'il y a privilége, pour le retour, ſur tout le lot qui le doit ; pluſieurs penſent qu'il n'y a point d'hypotheque, v. Lange, l. 3, c. 4, 7, Argou, l. 2, c. 28, Lacombe, au mot *Partage*, t. 4, n. 1, Pr. de la Jur. fr. n. 181, Valin, t. 2, p. 674, t. 3, p. 375 & ſuiv.

12283. Si une rente rachetable, ſtipulée pour retour d'un Partage, eſt fonciere, elle devient non rachetable après 30 ans, v. Olivier ſur Maine, art. 449, ci-deſſus n. 5443, 5444, 5466.

12284. Lorſqu'un des Co-partageants ſouffre éviction d'une partie conſidérable de ſon lot, il y a lieu de refaire le Partage, à moins que quelqu'un d'eux n'eût diſpoſé des biens qui lui ſeroient échus, Bodreau ſur Maine, art. 295.

12285. La Licitation eſt une maniere de partager à laquelle on a recours, lorſqu'on ne peut commodément partager un héritage, & qu'il n'y en a pas aſſez d'autres, pour en mettre dans chaque lot, v. ci-deſſus n. 12250.

12286. Une Sentence du Châtelet, du 7 Mars 1754, a ordonné la licitation d'une maiſon, quoique le partage en fût abſolument poſſible, Deniſart, au mot *Licitation*.

12287. « Si des terres compoſent un corps de ferme, & qu'on ne puiſſe les parta- » ger d'avec les bâtiments, ſans diminuer la valeur totale, il y a lieu à liciter, » Bourjon, t. 2, p. 422, v. ci-après n. 12346.

12288. On ne vient à la licitation, que lorſqu'on ne peut faire autrement, ſans bleſſer l'égalité. Un des héritiers maternels d'un défunt, qui demandoit la licitation d'une maiſon indiviſible, en a été débouté, au Siége de Tours, le 11 Août 1763, les héritiers paternels, qui propoſoient de diviſer d'abord la ſucceſſion en deux lots, l'un compoſé de la maiſon & de meubles, l'autre compoſé de meubles & de rentes, conſentant que les héritiers maternels choiſiſſent quel lot ils voudroient.

12289. La licitation d'un héritage peut se faire devant le Juge du lieu où il est situé, devant un Notaire, ou par un Acte sous signature-privée. Une des Parties intéressées peut exiger que les Etrangers soient admis à enchérir, v. Bourjon, t. 2, p. 421, 422, ci-dessus n. 5989, 6896, 12208 & suiv.

12290. S'il y a des mineurs, l'héritage ne peut s'adjuger au-dessous de l'estimation qui a dû en être faite, v. ci-dessus n. 6895, 9488.

12291. On assimile la licitation au Partage. Lorsqu'un des Co-propriétaires se rend Adjudicataire d'un héritage licité, ce n'est pas une vente; c'est un Acte dissolutif de Communauté, un Partage qui a déterminé le droit de l'un au total de l'héritage, à la charge de payer une somme d'argent aux autres, & le droit de ceux-ci à cette somme. L'Adjudicataire est censé ne rien tenir des Co-licitants, & avoir été seul saisi par le défunt, du total de l'héritage, si ce sont des Co-héritiers, ou avoir été seul Acquéreur, si ce sont des Co-acquereurs; à la charge seulement de faire raison de leur part dans le prix auquel l'héritage a été porté par la licitation, aux autres, qu'on feint n'avoir jamais eu droit qu'à de purs deniers, Pothier, de la Vente, n. 638.

12292. Lorsque c'est un des Co-propriétaires qui est Adjudicataire, il ne peut user du Privilége accordé par la Loi citée ci-dessus n. 3404, Pigeau, t. 2, p. 475.

12293. L'Acte par lequel un de plusieurs Co-propriétaires qui ont un titre commun, vend aux autres ou à l'un d'eux sa part indivise dans un héritage, ne differe pas de la licitation, v. ci-dessus n. 11370, ci-après n. 12301.

12294. Si le Vendeur est mineur, la lézion de plus d'un 6e. suffit pour obtenir la restitution, v. ci-dessus n. 3256, 12256.

12295. La vente n'est pas nulle; le mineur peut vendre, « lorsque, quoique majeur, il eût été contraint par Justice de faire ce que volontairement il a fait, » dit Buridan sur Reims, art. 11, 15; comme lorsqu'étant émancipé, il a vendu » un héritage indivis, lequel il convenoit liciter, pour ne se pouvoir partager, parce » que cela est de droit commun, *nec restituitur minor, qui jure communi usus est*; » partant, il n'en peut être restitué, sinon qu'il y ait lézion apparente. »

12296. Sur les effets du Partage, de la licitation & de la vente des choses indivises, v. ci-dessus n. 3058, 3243, 5137 & suiv. 6924, 6925, 12147, ci-après n. 12301.

CHAPITRE III.

Du Partage noble dans les Coutumes de Tours & de Loudun.

12297. Entre Nobles, l'aîné peut donner à un des puînés sa portion, s'il veut bien la recevoir, & ne rien donner aux autres, avec qui il continuera de posséder indivisément les biens de la succession. Mais il ne peut forcer les puînés à prendre chacun sa part divisée, quoi que dise Sainton, t. 25, art. 6; ce seroit admettre un Partage différent de celui prescrit par la Loi municipale, v. Dupineau, Obs. sur Anjou, art. 228, Olivier sur Maine, art. 244, 251, ci-dessus n. 11829.

12298. L'aîné, qui, en mariant sa sœur, lui donne moins qu'avenant, peut être obligé, par la suite, de lui donner ce qui manque, art. 285 de Tours, 269 de Loudun. « *Lui donne moins qu'avenant*, signifie qu'il baille à sa sœur moins en maria» ge, qu'elle n'a vaillant, & pour cela veuille retenir le bien d'elle. Si la fille » n'a renoncé, elle peut, nonobstant telle dot, demander son Partage ou supplé» ment. C'est plutôt un Partage que lui baille son frere, qu'une libéralité; elle peut » demander le surplus qui lui appartient. Si elle a renoncé, moyennant le don, » on

» on dira que ce sera une espece de vente ; je dis que c'est un Partage, qui peut » être cassé pour lézion d'un quart. J'estimerois que, quelque Contrat que puisse » faire le frere avec sa sœur, en la mariant, s'il s'y trouve de la lézion appro- » chant du quart, la rénonciation sera annullée sans Lettres, par l'art 285 de Tours; » je conseille, cependant, pour lever tout doute, d'avoir recours aux Lettres. *Ave- » nant* ne s'entend pas seulement de la portion en laquelle la sœur peut succéder » *ab intestat*, comme en l'art. 253, mais de tout ce qui lui appartient par les suc- » cessions desquelles elle est vêtue avant le mariage, » Boullai, C. M. Réguliére- ment l'avenant est la portion que la fille doit avoir dans tous les immeubles de ses pere & mere, soit propres ou acquêts, Glossaire du Dr. fr. au mot *Advenant*.

12299. Pallu, p. 467, n'admet pas la fille à demander Partage, mais seulement un supplément, si elle n'y a pas renoncé expressément en majorité, Proust, p. 475, v. Dupineau sur Anjou, art. 244.

12300. » J'estime que le surplus mentionné en l'art. 285 de Tours, duquel l'action est » réservée à la sœur, peut se poursuivre, jusqu'à 30 ans; cependant, si le frere, en » la mariant, traitoit avec elle, tellement que, pour certaine somme, elle lui délaisse » ses droits de succession échue, ou que, pour iceux, elle se contente de tel héri- » tage ; en ce cas, la restitution en devroit être obtenue dedans 10 ans, » Pal- lu, N. M.

12301. « Si le frere achete la part de sa sœur pour certaine somme, ce ne sera » une vraie vendition; & si elle est faite à moins du tiers que la valeur du bien, » elle en sera restituée, » Boullai, p. 277, v. ci-dessus n. 12293, 12296, 12298. Il n'est dû ventes de cette acquisition, Dupineau sur Anjou, art. 244.

12302. Sainson, t. 24, art. 3, rapporte qu'il a été jugé qu'un Noble qui, en do- tant sa sœur, lui a donné plus qu'il ne lui revenoit, n'est pas restituable.

12303. « Si le frere a donné à sa sœur plus que l'avenant, il ne peut se faire » restituer; le Commentateur d'Anjou en rapporte Arrêt sur l'art. 244, pourvu qu'il » soit majeur de 20 ans seulement, » notes de M. Carré.

12304. Boullai, p. 255, 263, M. Dubois, fils, en ses notes, estiment que l'aîné ne peut revenir contre le Partage donné aux puînés, en majorité, sous prétexte de lézion. On doit présumer qu'en considération des avantages que la Loi muni- cipale lui attribue, il n'a pas voulu exercer ses droits à la rigueur, v. Dupineau, sur Anjou, art. 277, ci-dessus n. 12259.

12305. Le puîné qui demande Partage à l'aîné, doit faire appeller les autres puî- nés, Pallu, 433.

12306. En quelque temps que les puînés demandent Partage, l'aîné leur doit les fruits de leur portion, du jour de l'ouverture de la succession; il en est autrement à Loudun, v. Boullai, p. 272, ci-dessus n. 11969.

12307. En ligne, soit directe, soit collatérale, l'aîné, le préciput distrait, donne aux puînés le tiers des immeubles, nobles ou roturiers; s'ils ne sont pas contents, ils refendent en deux portions ce qu'il a retenu, art. 271 de Tours, 257 de Loudun, v. Sainson, t. 25, art. 13.

12308. Dupineau sur Anjou, art. 277, reconnoît que l'on peut être obligé de prendre une autre maniere de partager. Quand il y a de l'inconvénient à réparer, par la refente, l'injustice d'un Partage fait par un aîné, on en vient à un autre Partage par des Experts; ou, par leur avis, on accorde aux puînés un supplément, sans qu'ils puissent user de la refente.

12309. Lorsque la refente n'est demandée que pour embarrasser l'aîné, il peut for- cer d'accepter ce qu'il a offert, v. Olivier sur Maine, art. 293, 295.

12310. Si l'aîné a retenu, pour ses deux tiers, tout ce qui environne son préciput, les puînés ne peuvent pas user de la refente, pour avoir leur tiers près de son manoir, Pocquet, des Fiefs, p. 661.

12311. L'aîné a le droit & peut être forcé de donner le tiers des puînés en une piece ou seigneurie entiere, lorsqu'il s'en trouve, dans la succession, une qui vaut les trois quarts du tiers, ou qui n'excede le tiers que d'un quart. Dans le 1er. cas, on fournit aux puînés le supplément, en autres biens, à dire d'Experts; dans le 2e. cas, par avis aussi d'Experts, on fait distraction de ce qui excede le tiers, au profit de l'aîné, qui, à raison de la portion distraite, doit la foi, comme les puînés, à raison du surplus, Pallu, p. 451.

12312. Si une succession n'est composée que de deux maisons de ville, les puînés doivent nécessairement en avoir une, pour leur tiers.

12313. Pallu, p. 450, dit que les puînés à qui le tiers est offert en une piece, n'étant pas contents, ne peuvent que demander un supplément, v. ci-dessus n. 11611.

12314. Si, par l'événement de l'estimation des biens, que le Juge ordonne, la piece offerte équivaut au tiers des puînés, ils en doivent les frais; l'aîné les paye seul, lorsqu'il y a lieu au moindre supplément.

12315. Y ayant deux fiefs & une roture, les puînés doivent avoir un fief, s'il est possible.

12316. Il n'y a, dans une succession, qu'une piece de terre de 4 arpents & une autre de 8 arpents; les puînés à qui l'aîné offre la 1re. ne peuvent user de la refente. On pourroit peut-être l'admettre, si elles étoient toutes deux de 6 arpents, & qu'on leur donnât les deux tiers d'une piece.

12317. Lorsqu'il y a trois domaines roturiers à peu-près d'égale valeur, il semble que les puînés peuvent obliger l'aîné de prendre celui qu'il leur a offert, avec un des deux qu'il a retenus.

12318. Nous avons été choisis, avec M. Barbet, pour régler, de concert avec M. l'Archevêque de Tours, les contestations qui s'étoient élevées, entre un aîné & des puînées. La principale question étoit de savoir si, l'aîné, qui avoit retenu une métairie noble & une métairie roturiere qui y joint, ayant offert aux puînées deux moulins roturiers, la refente étoit praticable. Outre l'inconvénient, pour des puînées, de n'avoir que des moulins, espece de biens sujette à de considérables réparations, elles soutenoient que la refente est autorisée par l'art. 271 de Tours, qui est, depuis comme avant la Réformation de la Coutume, faite en 1559, pour les successions où il y a plusieurs domaines, v. art. 277 d'Anjou, aussi bien que pour celles où il n'y en a qu'un, pourvu qu'elle se fasse de maniere que les puînés ne prennent pas part en chaque domaine, au desir de l'art. 272 de Tours, qui n'a pour fin, que d'empêcher le morcellement des biens. Il y aura un inconvénient pour l'aîné, qui pourra avoir son préciput sur la métairie noble, sans en avoir le surplus. Mais, disoient les puînées, que ne faisoit-il leur sort tel qu'elles fussent intéressées à ne pas demander la refente, ressource dont elles ne doivent être privées que dans le cas prévu par l'art. 272, où l'on ne pourroit en user sans leur donner part dans plusieurs domaines. Elles sont favorables; il faut venir à leur secours, par les moyens que l'art. 271 indique, pour parer aux injustices qu'il est si facile à l'aîné de faire, dans un Acte dont il est établi le seul ministre. La voie de demander une estimation, n'est pas si sure que la voie de la refente. L'inconvénient auquel est exposé l'aîné, d'ailleurs si considérablement avantagé, ne doit pas l'emporter sur les risques que les puînées, dont la condition est si dure, peuvent courir, que l'aîné, pour l'aggraver, n'abuse du pouvoir qui lui est confié. Malgré ces raisons, la prétention des puînées n'étoit pas fondée, v. ci-dessus n. 12310, 12313. Nous leur avons conseillé de transiger, au lieu de faire décider la question. L'aîné nous ayant honoré, comme elles, de sa confiance, nous leur avons dicté, le 9 Septembre 1780, une transaction sous signature-privée, qui a fixé tous leurs droits respectifs.

12319. Un pere étant décédé, & la mere faisant un abandon de ses biens, il s'est trouvé à partager, entre un aîné & un puîné, le fief A, propre maternel, & les fiefs B & C, conquêts. S'il y avoit eu un partage de communauté, & que le fief B eût tombé aux enfants, l'aîné auroit été obligé de prendre, sur ce fief, son préciput, pour la succession du pere; & il auroit eu l'option de le prendre sur le fief A ou sur le fief C, pour la succession de la mere. Mais, dans l'état d'indivision où étoient les choses, l'aîné ne pouvoit prendre, pour la succession du pere, que la moitié du manoir & de la pourprise du fief B ou du fief C; & il devoit faire raison de l'autre moitié au puîné. Les deux fiefs sur lesquels il se portoit à prendre un préciput, devoient lui rester, & l'autre fief au puîné; sauf à stipuler un retour, pour que chacun n'eût que ce qu'il devoit avoir. Le 5 Avril 1773, nous avons estimé qu'il n'y avoit pas lieu de demander la refente.

12320. L'aîné est obligé de faire Partage à ses frais, comme il résulte des art. 128, 263, 271, 272, 294 de Tours, 249, 257, 278 de Loudun; quoi que dise M. Bouault, en ses notes, cette obligation passe à ses représentants, v. Dupineau sur Anjou, art. 279, ci-après n. 12340. L'aîné de ceux-ci doit faire, à ses frais, la subdivision de ce qui leur échet.

12321. Le 18 Octobre 1773, nous avons décidé que l'aîné doit payer tous les coûts de l'Acte de Partage, comme ceux des opérations qui se font pour y parvenir, & qui ne sont pas le Partage.

12322. Quelques-uns voudroient excepter les droits du Roi, parce qu'ils ne sont établis que depuis la Rédaction de la Coutume. Mais forment-ils un objet assez considérable, pour présumer que, s'ils eussent existé lors de la Rédaction de la Coutume, on n'y eût pas assujetti l'aîné, comme à une charge du préciput, d'ailleurs affranchi de la contribution aux dettes? L'obligation de faire le Partage, d'en payer les coûts, n'emporte-t-elle pas celle de payer les coûts des formalités auxquelles le Partage étoit & pourroit devenir sujet, des formalités sans lesquelles le Partage seroit inutile à tous. La nécessité de payer, pour les Actes de Partage, les droits de contrôle, &, en cas de retour, les droits de centieme-denier, a été imposée à ceux qui font ces Actes; par conséquent, entre Nobles, à l'aîné, qui doit donner aux puînés leur portion par un Acte revêtu des formalités requises pour pouvoir en faire usage. Le Survivant des Conjoints par mariage, qui, étant Donataire universel des meubles, est tenu, par l'art. 241 de Tours, de faire faire, à ses frais, un inventaire des titres, qui ne l'intéresse aucunement, dans le cas où il n'a aucun droit dans les immeubles dont les titres sont inventoriés, seroit-il recevable à refuser de payer les droits de contrôle, sur le prétexte de la nouveauté de leur établissement? L'usage, comme la raison, s'éleveroit contre ce refus. M. Barbet, ayant vu la Consultation où nous décidions que des puînés ne devoient rien payer des droits de contrôle d'un Partage, a conseillé, le 20 Août 1774, à l'aîné de les acquitter seul.

12323. Si les puînés, pour leur intérêt, font quelques frais, c'est sans répétition contre l'aîné; par ex. les frais d'une estimation qu'ils font faire par des Experts qu'ils nomment, pour voir s'ils accepteront la portion offerte, ou s'ils feront la refente, que l'aîné ait fait faire, de son côté, une estimation, ou non. Les frais de la refente ne le regarde pas.

12324. Dans un Partage fait devant le Juge, l'assistance des Procureurs étant nécessaire, l'aîné doit payer, outre les vacations du Juge, du Greffier & de son Procureur, celles du Procureur des puînés. Si, y ayant deux puînés, chacun a un Procureur, ils payent les vacations d'un des deux Procureurs.

12325. Si les puînés, appellés au Partage que l'aîné veut leur faire devant un Notaire, se font assister d'un Procureur, ils en payent seuls les vacations. L'aîné payeroit celles du 2e. Notaire dont ils exigeroient la présence.

Lorsque deux Avocats, à la priere des Parties, rédigent un Partage, ou tout autre

Acte, la présence des Procureurs est inutile. On peut même éviter les vacations du Notaire, dont le ministere se réduiroit alors à copier le projet arrêté par les deux Avocats, & qui néanmoins pourroit se faire payer autant que s'il avoit rédigé lui-même l'Acte. Il suffit de faire un Acte privé, & de faire ensuite reconnoître les signatures devant un Notaire. Si les Parties ne savent pas signer, elles peuvent donner à des Particuliers une Procuration devant Notaire de faire un Partage, de l'avis de tels Avocats, qui pourront en dresser un projet, v. ci-dessus n. 1415, 1416, 2907 & suiv.

12326. Ordinairement, l'aîné, par un écrit signé de lui, présente aux puînés, qui lui en donnent une reconnoissance, leur portion. Il y déclare qu'ils aient à l'examiner & à prendre un parti dans le mois; il y énonce ce qu'il retient pour sa portion, Dupineau sur Anjou, art. 277. S'ils refusent d'accepter cet écrit, il le leur fait signifier. Avant de prendre un parti, ils peuvent demander la communication des titres.

12327. Lorsque l'opération est absolument mal faite, on peut avoir recours au Juge, pour obliger l'aîné à la refaire, ou pour la faire refaire par des Experts, v. Bodreau & Louis sur Maine, art. 295, Pocquet, des Fiefs, p. 665.

12328. Si les uns sont d'avis d'accepter la portion offerte, les autres de faire la refente, le Juge ordonne que deux Experts nommés par les Parties ou d'office, qui prêteront serment, estimeront les biens, pour voir qui a tort, Dupineau sur Anjou, art. 277, Bodreau, Louis & Olivier sur Maine, art. 293.

12329. Les puînés négligeant de s'expliquer, on les assigne, pour voir dire qu'à faute de le faire dans tel temps, la portion offerte leur demeurera irrévocablement.

12330. Il est à propos que l'aîné assigne à chaque bien un prix séparé, mais rien ne l'y oblige, encore moins à faire faire auparavant par des Experts une estimation des biens. On conseille de ne jamais omettre cette estimation, qui, éclairant sur la valeur des objets à partager, prévient bien des difficultés que pourroient faire les puînés.

12331. En cas de minorité, il convient que deux principaux parents soient consultés par le tuteur de l'aîné, pour la confection du Partage, & par le tuteur des puînés, pour le parti qui est à prendre sur l'offre de leur portion, v. Pallu, p. 449. Il n'est pas nécessaire d'appeller le tuteur des puînés à l'estimation qui précede la confection du Partage, ni le tuteur de l'aîné à celle qui précede la refente; ni de faire prêter serment aux Experts, qui font l'une ou l'autre, sans qu'elle ait été ordonnée en Justice.

12332. Tout peut se faire par des Actes sous signature-privée.

12333. L'aîné négligeant de faire Partage, on le traduit en Justice.

12334. Le 10 Mai 1770, le Siége de Tours a ordonné que le Sieur L...... feroit Partage à sa sœur, conformément à l'art. 271 de Tours; & qu'à faute de le faire dans la huitaine, il seroit, à la diligence de celle-ci, procédé devant le Juge au Partage, & en conséquence, le droit d'aînesse mis hors part, il seroit composé trois lots égaux, dont un seroit tiré au sort pour elle, v. ci-après n. 12345.

12335. Brodeau sur Tours, art. 271, dit que le Juge fait les lots, en appellant, pour l'absence de l'aîné, le Procureur du Roi. On nomme des Experts, pour estimer les biens & composer le lot de l'aîné & celui des puînés. Souvent, il n'est pas possible de faire trois lots qu'on puisse tirer au sort.

12336. Les puînés peuvent, après avoir pris communication des titres, diviser, en deux portions, ce qui a été réservé par l'aîné, ou par les Experts pour lui. L'écrit contenant cette division, avec déclaration que l'aîné ait à faire son option entre les deux portions dans la quinzaine, lui est remis, & il en donne une reconnoissance; sinon on le lui signifie. S'il ne fait pas cette option, le Juge, sur l'assignation qui lui est donnée à la Requête des puînés, ordonne qu'il la fera dans la huitaine du jour de la signification du Jugement, après lequel délai, sans qu'il soit besoin d'autre Jugement, l'option leur sera référée. Il peut la faire, après l'expiration de la huitaine, tant qu'ils ne l'ont pas faite & signifiée.

12337. Lorsque les puînés acceptent ou sont condamnés d'accepter la portion qui leur a été offerte, lorsque l'aîné prend ou est condamné de prendre l'une des deux portions dans lesquelles a été divisé ce qu'il avoit retenu, avec ce qu'il avoit offert, il est dressé un Acte de Partage conformément à ce qui a été consenti ou ordonné.

12338. Si l'Acte de Partage est sous signature-privée, n'étant pas obligés de renoncer à l'avantage qui résulte d'un Acte passé ou reconnu devant un Notaire, lequel, pour la garantie de leur tiers, emporte hypotheque sur les biens particuliers de l'aîné, les puînés peuvent exiger qu'il soit reconnu devant un Notaire, & qu'une expédition d'icelui en entier leur soit délivrée aux frais de l'aîné.

12339. La subdivision entre les puînés se fait comme le Partage entre Roturiers, & à frais communs. Les lots se tirent au sort; sauf, s'il y a deux puînés qui veulent conserver entr'eux l'indivision, à le déclarer: ils peuvent faire tirer, pour eux, deux lots, sans distinguer pour qui est l'un, pour qui est l'autre, v. ci-dessus n. 11840. Quant à ce qui échet aux représentants un puîné, on procede comme au Partage général; la subdivision est aux frais de l'aîné des représentants.

12340. Celui qui a acquis le droit de l'aîné, est obligé de faire le Partage, comme celui qui a acquis le droit du puîné, a la faculté de demander la refente, v. Bodreau sur Maine, art. 298, ci-dessus n. 12320.

12341. Quelques-uns doutent si l'obligation de faire Partage à ses frais, regarde l'aînée. Quand la Cout. de Tours, disent-ils, veut comprendre l'aînée dans sa disposition, elle en fait une mention expresse, comme dans les art. 275, 276, 282.

L'aînée est comprise sous le terme d'*aîné*, comme la puînée sous celui de *puîné*, Pallu, p. 407, v. ci-dessus n. 11843. Cela est évident dans les art. 262, 265, 279. Pour empêcher qu'on n'appliquât à l'aînée ce qui est dit de l'aîné, dans l'art. 260, il a paru nécessaire d'ajoûter au terme d'*aîné*, celui d'*hoir-mâle*.

Les puînés reçoivent leur portion de la main de l'aîné; au contraire, l'aîné prend la sienne, v. ci-dessus n. 11703. Cette même différence a lieu entre l'aînée & les puînées, puisque, par l'art. 273, l'aînée doit avoir sa portion « par la forme & ma- » niere que prend l'aîné mâle sur ses puînés. » L'aînée doit donc prendre sa portion de la même maniere que l'aîné, c'est-à-dire, la retenir, & présenter aux puînées leurs portions; ce qui est précisément leur faire Partage.

Boullai, C. M. tient que les termes de l'art. 294, « *les puînés auront par la main* » *de l'aîné ou aînée leur portion*, s'entendent par rapport fait à l'art. 271, que l'aîné » ou aînée doit leur faire partage en la forme y contenue. »

M. Carré, en ses notes, applique l'art. 263 à l'aînée.

M. Dubois, fils, dans les siennes, oblige l'aînée à faire Partage dans les 3 mois, sous la même peine que l'aîné.

« L'aînée baille, par ex. à ses deux puînées, les deux tiers sous les conditions » de l'art. 271, sans être tenue de leur donner à chacune leur tiers, » notes de M. Bouault. Il a varié sur cette question.

Autre-fois, l'aînée étoit saisie, comme l'aîné, de toute la succession; & elle gagnoit les fruits, jusqu'à la sommation de donner Partage. En ordonnant que tous les héritiers seroient saisis, on a imposé à l'aîné l'obligation de faire Partage dans les 3 mois, du jour de l'ouverture de la succession, art. 262, 263. Cette obligation, étant substituée à la sommation, dit M. Bernard, en ses notes, doit être commune à l'aînée.

Ce n'est que l'obligation de faire Partage dans les 3 mois, qui a été substituée à la sommation. Les puînés recevoient autre-fois, comme aujourd'hui, leur portion de la main de l'aîné, qui conséquemment étoit tenu des frais du Partage; on a pensé que cela regardoit l'aînée, ainsi qu'il paroit par les changements qu'ont reçu, lors de la Réformation de la Cout. de Tours, faite en 1559, les art. 128, 294, qui comprennent, aujourd'hui, nommément l'aînée.

Pallu, N. M. adopte l'avis contraire à celui que nous embrassons.

12342. « Si, dans le cas du Partage présenté par l'aîné, dit M. Bernard, en ses » notes, les puînés ont la voie de refendre la portion qu'il se réserve, on doit don- » ner aux puînées le choix des lots que l'aînée leur présentera ; ce qui la mettra » dans la nécessité d'y conserver l'égalité. » Y ayant trois puînées, l'aînée peut leur offrir une portion des biens, qui en comprenne les trois quarts ; sauf aux puînées, si elles ne sont pas contentes, à diviser cette portion en trois, afin que l'aînée en choisisse une : les deux autres, avec le quart retenu par l'aînée, formeront le lot des puînées, qui pourront le posséder en commun, v. ci-dessus n. 11844.

12343. La maniere de partager, prescrite pour les Nobles, a-t-elle lieu entre Roturiers, pour les choses nobles, tombées en tierce-main ? M. Dufrementel, en ses notes, estime que l'aînée doit faire le Partage, mais non à ses frais. Elle est tenue des mêmes frais de Partage, que l'aîné. M. Bernard, dans les siennes, dit n'avoir point vu la question se présenter. Ordinairement, on évite le Partage, à cause du droit des fiefs, & des embarras des partages : l'aîné récompense les puînés de leur tiers, comme le reconnoît Pallu, p. 500. En disant que l'aîné roturier n'est pas chargé du Partage général, Pallu semble faire entendre qu'il est chargé du Partage particulier des choses nobles, tombées en tierce-main. Ayant, dans cette espece de biens, les mêmes avantages que l'aîné noble, il doit être sujet aux mêmes charges, selon M. Bernard. C'est lui qui doit donner aux puînés leur portion, suivant l'art. 283 de Loudun ; &, avant la Réformation de la Cout. de Tours, faite en 1559, elle contenoit une disposition semblable. Ils peuvent user de la refente, art. 279 d'Anjou, notes de M. Bouault ; c'est la voie la plus propre à établir la juste proportion qui doit être observée dans les lots.

12344. Quoique le Partage des autres biens se fasse à frais communs, celui des choses nobles, tombées en tierce-main, doit se faire aux frais de l'aîné, v. Bodreau sur Maine, art. 295. On lit, cependant, dans la Consultation citée ci-après n. 12450, que l'aîné ne doit que sa part personnelle des frais d'un Partage, quoiqu'il comprenne des fiefs tombés en tierce-foi.

12345. Les puînés peuvent faire ordonner qu'à leur diligence & aux frais de l'aîné, qui refuse de faire le Partage d'un fief échu en tierce-foi, il y sera procédé par des Experts, qui le diviseront en trois lots, dont l'aîné en choisira deux, ou en deux lots, l'un du tiers du fief, l'autre des deux tiers, sauf la refente en deux portions ; dans lequel cas de refente, l'aîné aura le choix de la portion qui conviendra mieux au tiers refusé par les puînés. M. Bernard, en ses notes, tient que cela doit avoir lieu, entre Roturiers, comme entre Nobles, v. ci-dessus n. 12334, 12335.

12346. Les charges auxquelles la Loi municipale assujettit l'aîné, annoncent que son intention n'est pas que les puînés puissent l'obliger à liciter. « J'ai vu, dit Oli- » vier sur Maine, art. 295, faire souvent des lots, non-seulement de métairies, » mais de bordages de peu de conséquence ; jamais aucun aîné ne s'est avisé de » prétendre qu'il n'y avoit pas lieu au Partage. » L'Arrêt cité ci-dessus n. 11810, en infirmant, quant à ce chef, la Sentence des Requêtes du Palais, a débouté le Marquis de Vassan de sa demande en licitation de la terre de Moncontour, v. Arrêt du 25 Juin 1761, rapporté par Denisart, au mot *Licitation*, ci-dessus n. 12287.

12347. S'il y a une maison indivisible, l'aîné n'est pas préféré à ses freres, v. Pallu, p. 452, Ferriere sur Paris, art. 15, gl. 3, n. 6, art. 19, n. 5, ci-dessus n. 11608.

12348. Les Justices, qui entrent en Partage, ne se divisent pas, & ne sont pas sujettes à licitation ; elles doivent être possédées en commun, si les puînés ne veulent pas céder à l'aîné leur portion, v. Breche, t. 13, art. 1, Pallu, p. 149, 445, Valin, t. 3, p. 131.

LIVRE SIXIEME.

Du Payement des Dettes.

12349. NOUS traiterons cette matiere, dans deux Chapitres.

CHAPITRE PREMIER.

Du Payement des Dettes en général.

12350. CHAQUE héritier n'est tenu personnellement que de sa part dans les Dettes de la succession, art. 332 de Paris.

12351. Celui dont les Co-héritiers sont devenus insolvables, ne doit pas, même dans le for intérieur, leurs parts, quoique sa portion dans les biens soit plus que suffisante pour payer le total, Pothier, des Obl. n. 309.

12352. François, Louis & Martin se sont obligés solidairement pour 18000 l. dans lesquelles Louis a pris une moitié, François & Martin chacun un quart. François & Louis sont décédés, ayant des enfants; le 1er. Bernard, Denis & Hugues; le 2e. Antoine, Charles, Félix & Laurent. Martin, Hugues & Laurent sont devenus insolvables. Le Créancier peut exiger de Bernard & de Denis 6000 l. chacun, ou d'Antoine, de Charles & de Félix 4500 l. chacun.

Bernard par ex. doit 1500 l. pour son tiers de la part personnelle de François, & 500 l. pour son tiers du tiers de la part personnelle de Martin. S'il paye 6000 l. il n'a aucun recours contre Denis. Comme François, qui auroit payé 18000 l. auroit eu un recours, pour 12000 l. contre les enfants de Louis, qui doivent 9000 l. pour sa part personnelle, & 3000 l. pour ses deux tiers de la part personnelle de Martin, il a un recours pour le tiers de 12000 l. contre eux; mais, au moyen de l'insolvabilité de Laurent, il ne peut toucher que 3000 l. d'Antoine, de Charles & de Félix.

De même, Antoine par ex. doit 2250 l. pour son quart de la part personnelle de Louis, & 750 l. pour son quart des deux tiers de la part personnelle de Martin. S'il paye 4500 l. il n'a aucun recours contre Charles ni contre Félix. Comme Louis, qui auroit payé 18000 l. auroit eu un recours pour 6000 l. contre les enfants de François, qui doivent 4500 l. pour sa part personnelle, & 1500 l. pour son tiers de la part personnelle de Martin, il a un recours pour le quart de 6000 l. contre eux; mais, au moyen de l'insolvabilité d'Hugues, il ne peut toucher que 1000 l. de Bernard & de Denis.

12353. Lors du partage, un des héritiers peut demander qu'on préleve de quoi payer les Dettes, Lebrun, des Succ. l. 4, c. 2, s. 1, n. 47, Maillart sur Artois, art. 186, , v. ci-dessus n. 12224.

12354. Les héritiers peuvent être poursuivis devant le Juge du domicile du défunt, v. ci-dessus n. 12211.

12355. On n'eſt pas toujours tenu des faits de celui dont on eſt héritier, v. de Saux ſur Lebrun, des Succ. add. 138ᵉ.

12356. Il y a des engagements contractés par un défunt, que ſes héritiers doivent, dans le for intérieur, remplir, quoique, dans le for extérieur, on ne les y obligeroit pas, v. Répert. de Juriſpr. au mot *Convention*.

12357. Lorſque le défunt ne s'eſt obligé que comme Membre d'un Corps, ſans s'obliger en ſon propre nom, ſon obligation, qui ne ſubſiſte que tant qu'il eſt du Corps, ne paſſe pas à ſes héritiers, Pothier, des Perſonnes, t. 7.

12358. Un mineur s'étant fait reſtituer contre ſon adition, de Saux ſur Lebrun, des Succ. add. 129ᵉ. tient que ſon Co-héritier n'en paye pas plus des Dettes.

12359. Un des Co-héritiers ayant traité, au ſujet de quelque Dette de la ſucceſſion, avant ou après le Partage, ils doivent en profiter tous; non, s'il n'a traité que pour ce qui lui revenoit, ou s'il s'eſt fait céder la part d'un d'eux, v. Perchambault, p. 633, Olivier ſur Maine, art. 278, ci-deſſus n. 3060 & ſuiv. 6094, 12220. La ceſſion renfermant quelqu'avantage prohibé, les autres ne peuvent demander à y participer, qu'à la mort de celui qui a fait l'avantage.

12360. Si un des Co-héritiers étoit Créancier du défunt, il ne confond que ſa part virile; il reſte Créancier des autres, pour la part perſonnelle de chacun d'eux, Bourjon, t. 1, p. 756.

12361. Le décès d'un Débiteur n'affoibliſſant pas le droit d'hypotheque que ſes Créanciers avoient acquis ſur ſes biens, ils peuvent pourſuivre un des Co-héritiers, qui poſſede une portion des immeubles hypothéqués, pour tout ce qui leur eſt dû, art 333 de Paris; ſauf ſon recours à raiſon de ce qu'il paye plus que ſa part. S'il a payé 4800 l. & qu'ils ſoient quatre, dont un ſoit inſolvable, il a action contre les deux autres pour 1600 l. chacun, v. Bourjon, t. 1, p. 760, 818.

12362. La condamnation obtenue contre un de quatre Co-héritiers, qui poſſede un immeuble de la ſucceſſion, peut s'exécuter, pour ſa part perſonnelle, ſur tous ſes biens; & pour le ſurplus, dont il n'eſt tenu qu'hypothécairement, elle ne peut s'exécuter que ſur l'immeuble de la ſucceſſion, Bacquet, des Droits de Juſtice, c. 21, n. 167, v. ci-deſſus n. 5082, 5083. M. Augeard, en ſes notes, rapporte que le Siége de Tours a jugé, le 21 Mars 1684, que, n'y ayant que l'action hypothécaire contre celui qui a payé ſa part perſonnelle, il ne peut être ſaiſi dans ſes meubles.

12363. Lorſque les héritiers ſuccedent inégalement, ſoit aux meubles, acquêts ou propres, ils contribuent aux Dettes à proportion du profit qu'ils retirent de la ſucceſſion, art. 334, 335 de Paris; ce qui s'obſerve dans les Coutumes qui n'ont pas de diſpoſition contraire, Argou, l. 2, c. 28.

12364. Bourjon, t. 1, p. 818, dit que la contribution émolumentaire ne regarde pas les Créanciers, qui peuvent pourſuivre perſonnellement chacun de quatre héritiers qui ſuccedent inégalement, pour le quart de la Dette, ſauf aux héritiers à ſe faire raiſon ſuivant le droit relatif de leur contribution. Cette pourſuite peut avoir lieu, quoiqu'il y ait des Donataires ou Légataires univerſels, contre qui les héritiers ont un recours. Les Créanciers pourroient demander aux uns & aux autres leur part des Dettes à proportion de l'émolument, v. Dupleſſis ſur Paris, p. 602, Pothier, des Succ. c. 5, art. 3, §. 2.

12365. De la répartition des Dettes ſur tous les biens, il faut excepter les charges réelles & foncieres, qui ſuivent toujours l'immeuble ſur lequel elles ont été impoſées, Bourjon, t. 1, p. 757, 789, 817, v. ci-deſſus n. 11569.

12366. « Il en eſt de même des Dettes d'un corps certain; on ne peut en être » Débiteur, qu'on ne le poſſede. Ainſi, ſi le Défunt avoit vendu ſur pied les bois » d'un héritage qui lui feroit propre, & qu'il fût mort ſans les livrer, l'héritier aux » Propres ſera ſeul tenu de cette Dette, quoique le prix qui en feroit dû, paſſe à l'hé- » ritier

» ritier au mobilier, » Pr. de la Jur. fr. n. 90, v. Valin, t. 3, p. 279, Pothier, des Obl. n. 301, 302, des Succ. c. 5, art. 2, §. 1.

12367. Les droits résultants d'un Acte par lequel un Défunt a affermé un héritage propre, ou a fait marché avec un Entrepreneur, pour y élever un bâtiment, appartiennent à l'héritier aux propres, comme des dépendances du bien auquel il succede, qui ne peuvent être utiles qu'à lui; mais aussi il est tenu des dommages-intérêts auxquels son fait peut donner lieu au profit du Fermier ou de l'Entrepreneur: tous les héritiers sont tenus envers l'Entrepreneur, du prix dû pour ce qui s'est trouvé fait au moment de l'ouverture de la succession. Le prix de ce qui s'est fait depuis, comme étant censé fait de l'ordre de l'héritier aux propres, le regarde seul. Le prix payé d'avance par le Défunt, s'impute d'abord sur ce qui se trouve fait à son décès, à la décharge de tous les héritiers; ensuite, sur ce qui se fait après, au profit de l'héritier aux propres, sans que les autres héritiers puissent rien répéter, v. Pothier, des Obl. n. 361, 362, du Louage, n. 447 & suiv. des Choses, §. 2, Fourré, p. 509, ci-après n. 12448.

12368. Dans la contribution aux dettes, on n'en considere pas l'origine, Sérieux sur Renusson, des Propres, c. 3, s. 13, n. 37; de sorte que l'héritier aux propres contribue à ce qui est dû pour le prix d'un acquêt dont il ne profite pas, Pr. de la Jur. fr. n. 90, v. ci-dessus n. 10827, ci-après n. 12430.

12369. Les dettes de la Communauté conjugale sont, à l'égard des héritiers, des Dettes de succession, v. Valin, t. 2, p. 652 & suiv. Sérieux sur Renusson, de la Comm. p. 2, c. 3, n. 48, Pothier, de la Comm. n. 580, ci-dessus n. 8815, ci-après n. 12449.

12370. Une mere succédant à son fils, qui ne lui a pas payé ses reprises, il faut d'abord liquider la Communauté, & les prendre par délibation sur les biens communs. Si elle avoit renoncé à la Communauté, les reprises seroient des charges de la succession à repartir sur tous les biens, à moins qu'elle n'eût été tutrice de son fils; alors, comme elle auroit dû se payer elle-même jusqu'à concurrence du mobilier, la contribution de tous les héritiers ne tomberoit que sur le surplus du montant des reprises, v. Valin, t. 3, p. 444, ci-après n. 12432, 12433.

12371. Sur les Dettes d'un mineur, relativement à ses différents héritiers, v. Valin, t. 3, p. 441 & suiv. Sérieux sur Renusson, des Propres, c. 3, s. 13, n. 37, Denisart, au mot *Succession*, Pothier, des Propres, s. 3, §. 5.

12372. Les Dettes qui restent à payer d'une succession que le Défunt a acceptée sous bénéfice d'inventaire, regardent tous ses héritiers, comme les Dettes qu'il a lui-même contractées, Valin, t. 3, p. 444, v. Lebrun, des Succ. l. 3, c. 4, n. 68.

12373. Un héritier n'est tenu des legs du Défunt, que jusqu'à concurrence des biens disponibles, en justifiant, par un inventaire, qu'ils entament les réserves coutumieres, Valin, t. 3, p. 457, Répert. de Jurispr. au mot *Légataire*, §. 6. Lorsqu'il n'y a que du mobilier, l'Inventaire est toujours nécessaire, dit M. Bernard, en ses notes, pour régler la réserve coutumiere, v. ci-après n. 12425.

12374. Chaque héritier n'est tenu que pour sa part, d'un legs d'aliments, qui n'a pour cause que la libéralité du Testateur, Boucheul sur Poitou, art. 408, n. 11; ni même d'un legs pieux, Répert. de Jurispr. au mot *Légataire*, §. 6. Un legs d'aliments, fait à un Ascendant ou à un Bâtard, est solidaire; c'est l'acquittement d'une Dette naturelle v. Domat, l. 1, t. 1, s. 2, n. 8, aux notes, Denisart, au mot *Bâtard*, Gaz. des Trib. t. 6, p. 38, t. 8, p. 51, t. 11, p. 129, ci-dessus n. 4334, 4335, 10789: un Arrêt du 31 Mai 1780, a jugé qu'un Bâtard peut demander des aliments, nonobstant la transaction faite entre le pere & la mere, par laquelle celle-ci y avoit renoncé moyennant une somme qu'elle avoit reçue.

12375. L'inventaire n'empêche pas l'héritier de payer indéfiniment les Dettes d'une succession qu'il a acceptée purement & simplement; il est censé la même personne que le Défunt; il fuccede à tous fes droits actifs & paffifs, Bourjon, t. 2, p. 328.

12376. L'équité fembleroit demander que l'héritier ne fût jamais tenu que jufqu'à concurrence des biens dont il profite. « Quoique, par la fubtilité du droit ci» vil, l'héritier pur & fimple foit tenu perfonnellement des engagements du Dé» funt; dans la vérité pourtant, & dans le point du droit naturel, il ne l'eft qu'à » raifon des biens dont il hérite, & dont les dettes font la charge naturelle, » Pr. de la Jur. fr. n. 155.

12377. Les immeubles d'une fucceffion chargée de 15000 l. de Dettes immobilieres, confiftent en 8000 l. de propres paternels que recueille Jean, & en 4000 l. de propres maternels auxquels fuccede Denis; Jean ne doit payer des Dettes, que 9500 l. non 10000 l. comme le penfe Pothier fur Orléans, art. 360.

12378. Lorfqu'on a lieu de craindre que le paffif d'une fucceffion n'excede l'actif, on ne doit l'accepter que fous bénéfice d'inventaire. Sur ce bénéfice v. Sainfon, t. 2, art. 6, t. 14, art. 9, Boullai, p. 285, Domat, l. 2, t. 2, Boucheul, des Conv. de fucc. c. 32.

12379. Cette précaution n'a aucun effet contre le Roi, v. Prouft, p. 500. L'héritier bénéficiaire d'un Comptable eft héritier pur & fimple, relativement au Roi, Ord. de Janvier 1563, art. 16.

12380. Cet article s'étend, fuivant Delaville, n. 5272, aux Comptables des grandes maifons, pour la reddition du compte feulement, v. Lathaumaffiere fur Berri, t. 19, art. 9.

12381. Le bénéfice d'inventaire n'opere rien contre ceux qui font Créanciers d'un Receveur des confignations, ou d'un autre Dépofitaire public ou par autorité de Juftice, pour deniers configués ou dépofés, Valin, t. 3, p. 193.

12382. Le bénéfice d'inventaire eft affujetti à quatre conditions.

12383. 1°. il faut n'avoir point fait acte d'héritier, v. ci-deffus n. 11190 & fuiv.

12384. 2°. On doit obtenir des lettres du Prince dans l'an, Valin, t. 3, p. 191. Il eft facile d'y faire inférer une claufe qui difpenfe du temps, Pothier, des Succ. c. 3, f. 3, art. 2, §. 3. On les fait enthériner devant le Juge du lieu où la fucceffion eft ouverte, Pr. de la Jur. fr. n. 64. Autre-fois, les lettres obtenues par un des héritiers, fervoient aux autres, v. Boucheul fur Poitou, art. 278, n. 43.

12385. 3°. Un inventaire exact & fidele eft effentiel. On peut le faire en tout temps, Pothier, des Succ. c. 3, f. 3, art. 2, §. 3; pourvu qu'il n'ait pas été précédé de recelés, Valin, t. 3, p. 192.

12386. 4°. Une Caution eft néceffaire, quand les Créanciers l'exigent; ce qu'ils négligent affez fouvent, v. Acte de notoriété du Châtelet, du 26 Août 1702, Valin, t. 3, p. 191, Pigeau, t. 2, p. 367.

12387. Le défaut de l'appofition de fcellés, requife par l'art. 128 de l'Ord. de Janvier 1629, n'eft pas un obftacle au bénéfice d'inventaire.

12388. La formalité que prefcrit l'art. 344 de Paris à l'héritier bénéficiaire, pour la vente des meubles, ne s'obferve pas, Lauriere fur Paris, p. 406.

12389. on tient communément que l'héritier bénéficiaire ne differe pas de l'héritier pur & fimple; cependant, on ne peut appliquer à celui-là tout ce que les Loix difent de celui-ci, Furgole, des Teft. c. 10, f. 3, n. 67, qui remarque qu'il y a des cas où celui qui a été héritier, ceffe de l'être, v. ci-deffus n. 12230.

12390. Le bénéfice d'inventaire empêche que l'héritier ne confonde fes propres créances, & ne foit obligé aux autres au-delà des biens de la fucceffion.

12391. Les Créanciers ne peuvent s'adreffer qu'aux biens de la fucceffion, Valin, t. 3, p. 195.

12392. Après avoir rendu compte, l'héritier bénéficiaire vient fur le mobilier, au fol la livre, avec les autres Créanciers, & fur les immeubles, fuivant l'ordre de fon hypotheque.

12393. Il doit payer les plus anciens Créanciers hypothécaires; en les payant, il est subrogé à leurs droits sur les immeubles, Valin, t. 3, p. 196.

12394. Tous les payements faits à des Créanciers légitimes, lui sont alloués, jusqu'à concurrence de la valeur du mobilier dont il est comptable envers les Créanciers; de sorte que les Créanciers même privilégiés, qui n'ont pas veillé, ne peuvent l'empêcher de coucher en dépense, jusqu'à concurrence de la valeur du mobilier, qui n'est sujet à aucune suite, les payements faits à d'autres Créanciers, Bourjon, t. 1, p. 762, 819, t. 2, p. 501.

12395. Le Créancier qui ne trouve pas de quoi être payé, peut-il faire rapporter à ceux que l'héritier bénéficiaire a payés, ce qu'ils ont reçu? v. Pothier sur Orléans, t. 17, n. 51.

12396. Comme les autres Administrateurs, l'héritier bénéficiaire peut coucher en dépense les frais qu'il a faits à la poursuite des Procès; & coucher en recette, ce qu'il en a recouvré par l'adjudication des dépens, Lemaitre sur Paris, p. 534.

12397. Il ne répete pas ceux auxquels, pour sa mauvaise contestation, il a été condamné personnellement, Valin, t. 3, p. 197. Il faut que la condamnation personnelle soit expresse; sinon la condamnation est relative à la qualité en laquelle il a procédé, v. de Saux sur Lebrun, des Succ. add. 80e. Denisart, au mot *Bénéfice d'inventaire.*

12398. Il peut coucher en dépense, dit Valin, les frais du compte, ceux d'apposition & levée de scellés, d'inventaire & vente des meubles; &, suivant Olivier sur Maine, art. 237, le coût des lettres de bénéfice d'inventaire & de la Sentence d'enthérinement.

12399. Si, après qu'il a rendu compte, il survient de nouveaux Créanciers qui agissent contre lui, leur action est réguliere; il représente le Défunt. Il lui suffit de justifier de son compte, à ses frais, selon Bourjon, t. 2, p. 502, v. ci-dessus n. 12389.

12400. Celui qui s'est porté héritier bénéficiaire, peut être exclus par un autre, qui prend la qualité d'héritier pur & simple, & donne une Caution, Valin, t. 3, p. 199; il doit lui restituer tous les fruits, Pothier sur Orléans, t. 17, n. 61.

12401. Cette exclusion, dit Valin, doit être demandée dans l'an.

12402. L'héritier bénéficiaire fait cesser l'exclusion, en déclarant qu'il se porte héritier pur & simple. On lui accorde un délai pour se déterminer.

12403. L'exclusion n'a pas lieu en ligne directe, art. 342 de Paris. En ligne collatérale, pour pouvoir exclure, il faut être majeur, art. 343.

12404. On peut être exclus par un parent plus éloigné, Pr. de la Jur. fr. n. 65; l'art. 343 de Paris le suppose; l'art. 329 de Bourbonnois le décide expressément.

12405. Quoi que dise Pothier, des Succ. c. 3, s. 3, art. 3, §. 1, dans les Coutumes muettes, l'exclusion ne doit avoir lieu, qu'entre héritiers concurrents & saisis conjointement, par la Loi, de la succession, v. Valin, t. 3, p. 198.

12406. Il y a des droits que les Créanciers ne peuvent exercer, v. Lebrun, des Succ. l. 2, c. 2, s. 2, n. 42, 43, 46, l. 3, c. 4, n. 51; le droit de demander l'exclusion d'un héritier bénéficiaire, est du nombre.

12407. Valin, t. 3, p. 198, remarque qu'un frere n'a pas le droit d'exclure un ascendant, & qu'il n'y a pas d'exclusion entre l'héritier aux meubles & aux acquêts, & l'héritier aux propres, non plus qu'entre l'héritier d'une ligne & l'héritier d'une autre ligne.

12408. Un frere germain, héritier bénéficiaire, peut être exclus par un frere consanguin ou utérin, qui se porte héritier pur & simple, Pothier sur Orléans, t. 17, n. 58.

12409. M. Bouault, en ses notes, critique une Sentence du Avril 1703, par laquelle le Siége de Tours a jugé que l'héritier pur & simple, paternel, exclud l'héritier bénéficiaire, maternel, pour les meubles & les acquêts, vu qu'ils ne sont pas Co-héritiers. Il estime même que l'exclusion ne doit, en aucun cas, avoir lieu parmi nous.

12410. Long-temps rejettée dans la Cout. d'Anjou, l'exclusion n'y a été introduite, que par un Arrêt de 1725, R. du Dr. fr. p. 244. Il n'y a pas, pour la Cout. de Tours, de pareil préjugé. On cite un Arrêt du 7 Mai 1602, pour la Cout. de Loudun; mais on peut y opposer un Arrêt de 1731, remarqué par Denisart, au mot *Bénéfice d'inventaire*. L'exclusion est contraire au droit romain & à l'équité, v. Bourjon, t. 1, p. 820, Cochin, t. 6, p. 514, Valin, t. 3, p. 198, 200.

CHAPITRE II.

Du Payement des Dettes dans les Coutumes de Tours & de Loudun.

12411. Nous distinguons les Dettes mobilieres, des Dettes immobilieres.

12412. On lit dans les art. 268 de Tours, 256 de Loudun: « par la Coutume, » les Dettes personnelles suivent les meubles. » Par les Dettes personnelles, il faut n'entendre que les Dettes mobilieres, v. ci-dessus n. 9398. Ces Dettes doivent être acquittées par tous ceux qui prennent les meubles à titre universel; par le Donataire ou Légataire universel, art. 237 de Tours, 229, 235, 239, 256 de Loudun; par le Survivant des Conjoints par mariage, nobles, art. 247 de Tours, 228, 287, 288 de Loudun; par le Baillistre, art. 340 de Tours, 321 de Loudun; par l'Aîné noble, art. 268 de Tours, 256 de Loudun; par l'Aînée noble, art. 274 de Tours, 258 de Loudun; par l'Héritier aux meubles, art. 283, 310, 312, 313 de Tours, 292, 293, 294 de Loudun.

12413. Au rang des Dettes qui suivent les meubles, la Loi municipale met les frais funéraires, & les dons & legs mobiliers, dans le cas seulement où ils sont à une fois payer.

12414. « J'estimerois que quiconque prend les meubles par contrat onéreux, n'est » obligé aux Dettes, d'après l'usage que Dumoulin sur l'art. 268 de Tours, re» marque avoir été prouvé par Turbes, » Boullai, C. M. v. Proust, p. 422, Tronçon sur Paris, art. 238, Pallu, p. 447.

12415. « Cette maniere de payer les Dettes sur les meubles, dit Boullenois, » Quest. mixtes, p. 481, est une modification de ce qui se pratiquoit, autre-fois, » dans la plupart des Provinces du Royaume, où l'on exigeoit que le Créancier » discutât le mobilier, avant de se venger sur les immeubles. »

12416. Quel que soit celui qui prend les meubles, les Créanciers peuvent poursuivre chaque héritier personnellement pour sa part, & hypothécairement pour le tout, notes de M. Bouault, v. ci-dessus n. 12364, ci après n. 12420.

12417. L'héritier aux immeubles peut être obligé de payer une dette mobiliere, & l'héritier aux meubles, une dette immobiliere, Fourré, p. 514, sauf leur recours, v. Bodreau sur Maine, art. 472.

12418. Entre Nobles, quoique le Survivant des pere & mere, ou l'aîné des enfants, ait pris les meubles, les puînés peuvent être poursuivis, Pallu, p. 447.

12419. S'il y a quatre enfants, le Créancier peut s'adresser à l'aîné, pour les deux tiers, & à chacun des puînés, pour un 9e. à proportion de l'émolument dans les immeubles. L'art. 269 de Tours, en le décidant aussi, suppose les meubles vendus, notes de M. Baudouin. Cet article est « contre le droit commun, dit M. Carré, » dans les siennes, les Créanciers pouvant poursuivre chaque héritier personnellement » pour sa part virile, sans égard aux partages. »

12420. Lorsqu'il y a un Donataire ou Légataire des meubles, les Créanciers peuvent le poursuivre, ou s'adresser à l'aîné, sauf son recours, art. 250 de Loudun,

» parce qu'il est le seul héritier, » dit Proust, p. 458, v. ci-dessus n. 12416.

12421. « Les Créanciers de la Communauté peuvent s'adresser aux héritiers, pour » le tout; sauf leur recours contre la veuve, pour sa moitié : ce qui est si exprès » en cette Coutume, qu'il n'y a pas lieu d'en douter, » Boullai, C. M.

12422. Quand les meubles ne suffisent pas, pour l'acquittement des Dettes mobilieres, elles se prennent subsidiairement sur les immeubles, art. 269 de Tours, 256 de Loudun, Pocquet sur Anjou, art. 321, obs. 7e. R. du Dr. fr. p. 279, Auroux, p. 2, p. 94, Valin, t. 3, p. 446, Fourré, p. 362, Pothier, des Succ. c. 5, art. 2, §. 1, Olivier sur Maine, art. 254, « n'étant pas naturel que les Dettes d'une » succession soient payées aux dépens du propre bien des héritiers, pendant que » les biens de la Succession sont suffisants pour les acquitter, » Pr. de la Jur. fr. n. 87. Denisart, au mot *Dettes*, en cite un Arrêt de 1750, & Varicourt, au mot *Contribution*, un autre de 1761, v. art. 170 de Mante, Auzanet, Mém. p. 114, Maillart sur Artois, art. 187, Duplessis sur Maine, p. 180, 186, Froland, des Statuts, p. 1551, Poullain sur Bretagne, art. 592, ci-après n. 12440.

12423. Une succession, chargée de 6000 l. de Dettes mobilieres & de 6000 l. de Dettes immobilieres, est composée, de 4000 l. de meubles, de 4000 l. d'acquêts & de 12000 l. de propres; l'héritier aux propres acquittera 1500 l. des Dettes mobilieres & 4500 l. des dettes immobilieres.

12424. On ne peut se dispenser, dit M. Bernard, en ses notes, d'acquitter les legs à une fois payer, sur le prétexte qu'il y a plus de dettes mobilieres, que de meubles; les legs, comme les Dettes, affectent toute la masse de la succession; on est tenu des legs, tant que l'on conserve quelque chose de ce qui est disponible, Bourjon, t. 2, p. 250.

12425. Pour que l'héritier aux meubles ne soit tenu des Dettes mobilieres, que jusqu'à concurrence de la valeur des meubles, vis-à-vis des autres héritiers, Valin, t. 3, p. 446, exige qu'il ait fait faire un inventaire. Il peut prendre des lettres de bénéfice d'inventaire; mais il n'en a pas besoin, v. Proust, p. 458, Bodreau & Louis sur Maine, art. 254, Duplessis sur Maine, p. 180, Boucheul sur Poitou, art. 284, n. 56, 58, Lacombe, au mot *Dettes*, s. 2, d. 2, n. 7, Denisart, au mot *Bénéfice d'inventaire*, Fourré, p. 510, ci-dessus n. 11239, 11437, 11740, 12373.

12426. L'héritier aux propres, Créancier d'une Dette mobiliere, doit en être payé par l'héritier aux meubles, Lebrun, des Succ. l. 4, c. 2, s. 3, n. 10.

12427. On lit dans Duplessis sur Paris, p. 171, aux notes, que le Débiteur d'une rente constituée s'étant obligé envers sa Caution, de la racheter, l'héritier aux meubles est tenu du rachat, sauf à exiger de l'héritier aux immeubles la continuation de la rente, v. Fourré, p. 508, ci-dessus n. 11739.

12428. Il y a des Dettes mobilieres auxquelles celui qui prend les meubles, ne contribue qu'à proportion de l'émolument, R. du Dr. fr. p. 277.

12429. La dot d'une fille mariée ou religieuse, est-elle une charge de toute la succession? v. Dupineau sur Anjou, art. 237, 270, Louis sur Maine, art. 266, 279, Brodeau sur Tours, art. 268, Boucheul sur Poitou, art. 203, n. 115 & suiv. art. 218, n. 39, 40, art. 221, n. 90, R. du Dr. fr. p. 277, Bourjon, t. 1, p. 815, ci-dessus n. 11734.

12430. Dans toutes les Coutumes, dit M. Bernard, en ses notes, qui rejettent les Dettes mobilieres sur les meubles, & les Dettes immobilieres sur les immeubles, on admet une espece de Dettes qui, quoique mobilieres & personnelles, sont regardées comme réelles, & suivent la chose; ce que Valin, t. 2, p. 502, trouve équitable. Les Dettes dont le fond a été employé en choses existantes, doivent être payées par ceux qui en profitent, v. Pocquet sur Anjou, art. 321, obs. 5e. R. du Dr. fr. p. 277, Boucheul sur Poitou, art. 203, n. 111 & suiv. art. 248, n. 22 & suiv. Olivier sur Maine, art. 252, 254, Fourré, p. 508, ci-dessus n. 9249 & suiv. ci-après n.

12445 & suiv. De cette nature sont les coûts d'un Contrat d'acquêt, le prix & les ventes qui en sont encore dus, les frais de culture dus à un Laboureur, à un Vigneron, &c.

12431. M. Augeard, en ses notes, rapporte que, le 8 Juillet 1687, le Siége de Tours a jugé que l'héritier à un propre naissant d'un enfant, en doit le prix, non le pere, héritier aux meubles.

12432. Un pere, pendant son mariage, a remboursé une rente constituée de 150 l. & deux rentes dues pour retour de partage; il est décédé, laissant un fils qui est mort ensuite. M. Bernard, en ses notes, décide que, quoiqu'il n'ait pas été fait d'inventaire, à la mort du pere ni du fils, la mere, héritiere aux meubles du fils, ne confond pas la récompense qui est due. « Par la force de la subrogation légale, on » regarde la moitié des rentes, dit-il, comme subsistante, en faveur de la femme; » ce sont des conquêts, par les art. 244, 245 de Paris; ce ne sont pas des Dettes » mobilieres, ni dans le partage de la Communauté, ni dans le partage de la suc» cession du fils. Le Donataire mutuel qui prend les meubles, ne doit pas les con» fondre; donc, ni la mere. » Ce sont des Dettes mobilieres, mais qui sont réputées réelles, & que ceux qui recueillent les immeubles qui en sont libérés, doivent seuls acquitter, v. ci-dessus n. 8734 & suiv. 9243 & suiv.

12433. Si, pendant son mariage, un pere a payé 3000 l. prix d'une maison acquise auparavant, & a vendu un propre, & que son fils unique meure après lui, le prix du propre qui est encore dû, appartient à la mere, héritiere aux meubles, & elle ne confond pas les 1500 l. de récompense qui doivent lui être payées par celui qui recueille la maison, v. ci-dessus n. 12370.

12434. Le Sieur Coustard, noble, qui avoit un fils & six filles, a légué à chacune des filles 10000 l. à prendre sur tous ses biens, en argent ou en fonds, avec charge de substitution au profit des Survivantes, &, après le décès de la derniere Survivante, au profit du fils; celui-ci est mort, ne laissant qu'un fils, qui est décédé mineur. Un Arrêt du 3 Septembre 1776, qui a été imprimé & qui est cité dans la Gaz. des Trib. t. 3, p. 41, a confirmé la substitution, & a jugé que les legs devoient se payer sur les immeubles provenants de la succession du Testateur, qui se trouvoient dans celle de son petit-fils.

12435. Olivier sur Maine, art. 252, s'exprime ainsi: « le rapport des deniers donnés » en mariage, est dû par les héritiers des immeubles...... Un pere noble mariant » son aîné, & lui donnant plusieurs effets mobiliers, il a été jugé qu'après sa mort, » l'aîné est obligé d'en faire le rapport à ses puînés, pour être partagés entr'eux des » deux tiers au tiers, nonobstant que l'aîné ait accepté la succession mobiliere de » son pere, parce que tout ce qui a été donné en mariage par le pere ou la mere, » est censé immeuble en leur succession, » v. ci-dessus n. 11119.

12436. Un pere noble, qui avoit un fils & une fille, a donné à chacun en mariage un propre; puis, il a vendu au fils un autre propre, à la charge d'en compter le prix à des Créanciers. A la mort du pere, le frere ayant prétendu que le propre dont la fille avoit été dotée, excédoit l'avenant & le plus que l'avenant, elle a attaqué la vente, & a demandé que l'objet vendu fût mis en masse, parce qu'il n'en avoit pas payé le prix; il avoit seulement acquitté des Dettes dont il étoit tenu, les Dettes mobilieres étant une charge inséparable des meubles qui lui appartenoient. Le pere a pu, pendant sa vie, acquitter ses Dettes, comme il lui a plu; il a pu vendre ses immeubles, pour payer ses Dettes mobilieres, comme il auroit pu vendre ses meubles, pour payer ses Dettes immobilieres. Il ne devoit être question que des Dettes qui existoient, non des Dettes qui ont été acquittées; les choses se prennent dans l'état où elles se trouvent, point de recherches pour le passé. Si le pere avoit voulu que ses Dettes mobilieres, subsistantes lors de son décès, se prissent sur les immeubles, c'est alors qu'invoquant la disposition de la Loi municipale, la fille s'y fût opposée avec succès; mais tout s'est consommé de son vivant. Le pere est censé avoir payé, en chargeant l'Acquéreur de payer. Il n'importe que l'Acquéreur soit son fils; ils pouvoient contracter ensemble. Le pere, étant dans la résolution de vendre, a pu, a dû préférer son fils; dès qu'il est constant qu'il a déboursé le prix, on doit le regarder comme un Etranger; & la fille ne peut critiquer la vente. M. Bernard, en ses notes, donne une pareille décision, dans une espece à peu-près semblable, v. ci-dessus n. 10827, 11962, 12127 & suiv.

12437. Lorsque Caïus, fils d'un Anobli, s'est marié avec Titia, il a été doté d'une terre estimée 120000 l. & d'une somme de 36000 l. qui, ainsi que ce qui aviendroit par succession, a été stipulée propre par le Contrat de Mariage, où l'action en remploi des propres qui seroient aliénés, a été stipulée propre quant à tous effets; un préciput de 7800 l. a été accordé à Titia, encore qu'elle renonçât à la Communauté.

A la mort des pere & mere de Caïus, dont les successions se sont partagées roturiérement, il s'est fait un partage des effets mobiliers en nature; chaqu'enfant en a eu pour 18000 l. Lors du partage des immeubles, Caïus a rapporté à ses trois freres, qui n'avoient eu aucun avancement, 60000 l. Il y en a 27000 l. sur les 36000 l. pour les parts des trois freres dans cette somme, & 33000 l. sur la terre. Caïus, en ne prenant point d'effets mobiliers, n'auroit rapporté que 42000 l. savoir 9000 l. sur les 36000 l. & 33000 l. sur la terre; ce qui seroit revenu au même.

La terre a été vendue 150000 l. & une maison de Titia 31000 l.

Caïus est décédé, laissant 220000 l. de conquêts chargés de 20000 l. de Dettes immobilieres, & 60000 l. de meubles chargés de 10000 l. de dettes mobilieres, y compris 3000 l. de récompense due par la Communauté, pour une rente de Titia de 150 l. que Caïus a laissé prescrire.

Au lieu d'opérer comme ci-dessus n. 9402, on peut commencer par partager le tout par moitié entre Titia & ses enfants. L'aîné, à qui appartient la moitié des meubles, doit à Titia 1500 l. pour sa rente. Les dettes payées, il faut prendre, pour le remploi de la maison, sur la part de Caïus dans les conquêts, 12400 l. & sur sa part dans les meubles, 3100 l. v. ci-après n. 12449. Sur cette part dans les meubles, il revient à Titia 3900 l. de préciput conventionnel. De son côté, elle doit 13500 l. pour une moitié des propres conventionnels, & 58500 l. pour une moitié du remploi de la terre, réduit à 117000 l. au moyen du rapport, qui, en conséquence, ne donne lieu à aucune récompense. Son douaire sur le prix de la terre, est l'intérêt du tiers de 117000 l. savoir des 58500 l. qu'elle doit, de 46800 l. à prendre sur la part de Caïus dans les conquêts, & de 11700 l. à prendre sur sa part dans les meubles. Si Caïus étoit roturier, le douaire sur le prix de la terre, ne seroit que l'intérêt de la moitié des 58500 l. dues par Titia; on considere, entre Roturiers, le temps du décès, v. ci-dessus n. 9698, 9707, 9709, 9745, 9750, 9751.

Si Titia prend les meubles à titre de préciput légal, elle confondra les 1500 l. 3100 l. & 3900 l. ci-dessus; & elle paiera à l'aîné des enfants 2700 l. pour un 10e. des propres conventionnels, & 11700 l. pour un 10e. du remploi de la terre. Elle ne les paieroit pas, si elle prenoit les meubles à titre de bail; &, pendant le bail, elle jouiroit des 13500 l. & 58500 l. ci-dessus, v. ci-dessus n. 9407, 11716, 11717.

Toutes déductions faites, le bénéfice de Titia dans les meubles pris à titre de préciput légal, n'est que de 3600 l. à raison desquelles elle doit contribuer, avec l'aîné des enfants qui prend 86400 l. aux Dettes mobilieres qui ne sont pas des charges de la Communauté. Il est dû à la Communauté une récompense de 10000 l. pour une pareille somme qui en a été tirée, afin d'acquitter une Dette particuliere à Caïus; 5000 l. seulement en appartiennent à Titia, si on suit le sentiment de ceux qui réduisent, dans tous les cas, le Survivant à la moitié des récompenses, v. ci-dessus n. 9252; elle doit en confondre un 25e. ainsi, l'aîné des enfans lui payera 4800 l.

Une récompense due à la Communauté, pour 12000 l. d'améliorations faites sur un propre de Caïus, regarde tous les enfants qui le recueillent; il en fera payé à Titia 4000 l. & sa succession fera créanciere de 2000 l. dont elle jouit, en jouissant du propre à titre de douaire, v. ci-dessus n. 9759.

Si Caïus, n'ayant point d'enfants, avoit fait, au profit de Titia, un don ou legs universel, elle confondroit les 13500 l. & 2700 l. ci-dessus, & elle jouiroit, sa vie durant, du tiers des 58500 l. & 11700 l. ci-dessus. Elle ne jouiroit pas des conquêts jusqu'à concurrence de la valeur des deux tiers de 46800 l.

Que Titia renonce à la Communauté, voyons ce qui arrivera.

Il ne sera pas question des récompenses de 10000 l. & 12000 l. Elle aura celle de 3000 l. le remploi de 31000 l. le préciput de 7800 l. &, pour douaire sur le prix de la terre, l'intérêt du tiers de 117000 l. Cet intérêt se prendra, au sol la livre, sur tous les immeubles du mari. Si Caïus étoit roturier, il n'y auroit pas de douaire relativement au prix de la terre; mais les conquêts y seroient sujets, après l'acquittement des Dettes, v. ci-dessus n. 9731, 9755.

Il ne pourra y avoir de préciput légal, v. ci-dessus n. 9199. Titia, acceptant le bail, confondra les 3000 l. 31000 l. & 7800 l. ci-dessus, v. ci-dessus n. 9261.

Dans le cas du don ou legs universel, elle devroit, pour le 5e. du remploi de la terre, 23400 l. du tiers desquelles elle jouiroit sa vie durant. Elle ne jouiroit pas des conquêts jusqu'à concurrence de la valeur des deux tiers de 93600 l. pour les quatre 5es. du remploi de la terre: un Etranger qui seroit Donataire ou Légataire universel, jouiroit de la totalité.

12438. Les prestations annuelles, à temps ou à perpétuité, doivent se prendre sur les fruits des immeubles, non sur les meubles; les dons & legs qui ont un cours successif, ne sont pas une charge des meubles, art. 237, 247 de Tours.

12439. La Loi municipale ne dispose pas des Dettes immobilieres; l'usage constant, attesté dans la Consultation citée ci-après n. 12450, est de les rejetter sur toute la masse des immeubles, propres & acquêts, & d'en faire la répartition entre les héritiers, à proportion de l'émolument, v. Boullai, p. 307, Pallu, p. 365, 447, Pocquet sur Anjou, art. 321, obs. 7e.

12440. Si les dettes immobilieres excedent la valeur des immeubles, l'excédent est à la charge de celui qui prend les meubles; encore que l'héritier aux immeubles n'ait pas renoncé, quoi que dise Fourré, p. 512, v. ci-dessus n. 12422.

Le 14 Août 1769, il a été jugé, au Bureau des Finances de Tours, que le parent d'une femme qui avoit légué à son mari tous ses meubles, montants à 31000 l. & avoit laissé, pour tout immeuble, une maison en ruine, chargée de deux rentes, l'une seigneuriale de 2 l. 5 s. l'autre simple fonciere de 120 l. & hypothéquée à une rente constituée de 150 l. étoit recevable, dans la Cout. du Maine, 10 ans après avoir imprudemment pris la qualité d'héritier pur & simple, à demander au Légataire qu'il l'indemnisât des Dettes immobilieres, en offrant de lui abandonner tout immeuble dépendant de la succession; en conséquence, le Légataire a été condamné de rétablir la maison en tel état que les rentes pussent se percevoir, & d'en passer titre nouvel.

12441. Louis, domicilié à Tours, laisse, en mourant, outre les meubles, un acquet de 10000 l. situé à Tours, & un propre de 20000 l. situé à Paris; l'héritier qui prendra les meubles & l'acquêt, paiera toutes les Dettes mobilieres, & le tiers des Dettes immobilieres, v. Boullai, p. 259, Cochin, t. 3, p. 704, Valin, t. 3, p. 445, 446, Fourré, p. 514, Pothier, des Succ. c. 5, art. 2, § 1, Denisart, au mot *Dettes*, qui remarque un Arrêt du 15 Avril 1747, ci-après n. 12443.

12442. « Si, en Poitou, il y a 100 l. de rente, & en Touraine, pour 200 l. l'aîné » paiera, pour les biens de Poitou, tout autant seulement, que l'un des cadets: » & pour ceux de Touraine, il en paiera les deux tiers. Je l'ai pratiqué en plu- » sieurs partages, sans distinction des Dettes personnelles ou hypothecaires, pourvu » qu'en

» qu'en Touraine, l'aîné n'ait pris les meubles, » Boullai, C. M. S'il y a deux puînés & 900 l. de Dettes, il en payera 100 l. pour les biens de Poitou, & 400 l. pour ceux de Touraine, v. Fourré, p. 293, Gaz. des Trib. t. 9, p. 372, t. 10, p. 52.

12443. Un Noble qui avoit des meubles & des immeubles à Paris, où il demeuroit, & un fief en Touraine, n'ayant laissé, à sa mort, que des héritiers collatéraux, Pallu, N. M. rapporte avoir décidé, en 1669, que l'aîné étoit tenu des deux tiers de ce que le fief de Touraine devoit porter des Dettes, « en distribuant les Dettes » sur toute la masse du bien, selon l'estimation de tous les corps de l'hérédité séparément de ce qui étoit en chaque Province. » L'Arrêt de 1763, cité ci-dessus n. 11810, a assujetti la Dame de Berci à contribuer aux Dettes de la succession, à raison de sa part dans la terre de Moncontour, quoiqu'elle prétendit ne rien devoir des Dettes mobilieres, n'ayant pas recueilli de meubles. La même regle a servi de base à une Sentence arbitrale, rendue par MM. Lherminier, Mallard, Delamonnoie & Doulcet, Avocats de Paris, le 30 Mars 1765, entre les héritiers & les Légataires universels de la Demoiselle de la Menaudiere. Lorsque, dans une succession, les meubles & les immeubles soumis à la Cout. de Paris, montent par ex. à 400000 l. & les immeubles régis par la Cout. de Tours, à 100000 l. les héritiers qui recueillent ceux-ci, doivent un 5e. des Dettes, tant mobilieres qu'immobilieres, v. ci-dessus n. 12441.

12444. L'aîné ne contribue pas aux Dettes immobilieres, à raison du préciput qu'il a dans un des fiefs de la succession, mais seulement à raison de ses deux tiers, art. 269 de Tours. L'affranchissement du préciput est compensé par les obligations qui y sont attachées, v. Proust, p. 444, 446, Boullai, p. 261, 292, ci-dessus n. 11651.

12445. Le préciput n'est pas affranchi des Dettes réelles, Chopin sur Anjou, art. 33, Ragueau sur Berri, t. 19, art. 31, Brodeau sur Louet, D, c. 16, Ferriere sur Paris, art. 334, gl. 3, n. 15, Pocquet sur Anjou, art. 321, obs. 6e. Boucheul sur Poitou, art. 291, n. 55, Bourjon, t. 1, p. 757, Valin, t. 3, p. 137, 438. L'aîné y contribue même à raison du manoir, Bacquet, des Droits de Justice, c. 21, n. 11; il doit seul celles dont le manoir est chargé, Denisart, au mot *Dettes*. Par ex. il y a, dans une succession, un fief estimé 65000 l. y compris le manoir, la pourprise & les trois arpents, qui doivent composer le préciput, qu'on évalue 5000 l. il est dû une rente fonciere sur le manoir, une autre rente fonciere sur tout le fief, & une rente constituée. L'aîné doit payer seul la 1re. rente fonciere; il est tenu des neuf 13es. de la 2e. rente fonciere, & des deux tiers de la rente constituée, v. ci-dessus n. 12365.

12446. Un retour de partage, un douaire préfix, une Dette que le Vendeur auroit chargé l'Acquéreur d'acquitter, le prix qui lui seroit encore dû, ou une Dette créée pour le payer, sont considérés, parmi nous, comme des Dettes réelles, v. ci-dessus n. 9694, 10792, 11374, 11737, 11938, 12368, ci-après n. 12449.

12447. Une rente créée par don ou legs, & assignée spécialement sur un héritage, est une charge réelle, v. Billecart sur Châlons, art. 98, Lacombe, au mot *Dettes*, s. 1, n. 2.

12448. L'aîné doit payer seul ce qui est dû à des Ouvriers qui ont reconstruit le manoir, L'hommeau, l. 3, n. 22, aux notes. « A été avisé par les anciens Avocats » de la Cour, dit Bacquet, des Droits de Justice, c. 21, n. 11, que l'aîné est tenu » de rembourser la mere, de la moitié de la valeur des bâtiments neufs, faits par » le pere durant le mariage au manoir qui lui étoit propre, sans que les puînés en » soient aucunement tenus, parce qu'il succede au manoir. » L'équité de cet avis doit le faire préférer à la décision d'un Arrêt de 1626, que cite Pallu, p. 498, v. ci-dessus n. 10827, 11567, 11568, 12367.

12449. Un Noble laisse une Communauté composée de 15000 l. d'effets mobiliers, & d'un fief estimé 34000 l. y compris ce qui doit former le préciput évalué 4000 l. il y a 3000 l. de Dettes mobilieres & 6000 l. de Dettes immobilieres. Partage fait du fief, l'aîné des enfants, qui y aura 12000 l. y compris la moitié du préciput, acquittera un tiers des Dettes immobilieres, les puînés un 6e. la mere le surplus, avec les Dettes mobilieres, parce qu'elle prend les meubles. L'aîné sera tenu d'un quart des remplois & des propres conventionnels de la mere, qui, pour ce qu'en doivent supporter les conquêts, sont des Dettes réelles, les puinés en paieront un 10e. la mere confond le surplus. Si les remplois & les propres conventionnels excédoient les profits de la Communauté, c'est-à-dire, 40000 l. tout l'excédent se prendroit sur les biens du pere, v. ci-dessus n. 11717, 12369, 12437.

12450. « J'estime que l'aîné qui a partagé noblement un fief tombé en tierce-foi, » doit payer les Dettes à proportion de l'émolument, » notes de M. Bouault. L'exception que fait l'art. 334 de Paris, pour les fiefs, en ligne directe, n'est pas reçue parmi nous.

On voit dans les notes de M. Dubois, fils, qu'il a décidé, avec MM. Carré, Lefevre & Chabert de Prailles, que l'aîné des enfants du Sieur de Lauferiere ne devoit rien payer des Dettes, à raison de l'hôtel noble, de la pourprise & du chezé de la terre de Chenantais; mais qu'il devoit y contribuer, à proportion des deux tiers du fief & des domaines.

L'avis contraire de Boullai, p. 292, Pallu, p. 496, 498, Pocquet sur Anjou, art. 321, obs. 6e. est opposé à l'esprit de la Cout. de Tours, comme il est démontré dans une Consultation du 6 Avril 1746, imprimée, & signée Cottereau, Dufrementel, Delagrandiere, Barbet & Bernard, où on lit: « c'est notre usage, & nous avons » appris de nos Anciens, qu'on l'avoit toujours ainsi pratiqué dans cette Province. »

L'usage doit décider, v. ci-dessus n. 7105; sur une pareille question, élevée dans la Cout. de Poitou, un Arrêt du 28 Août 1778, a ordonné qu'il seroit rapporté des Actes de notoriété, pour justifier de l'usage, v. Gaz. des Trib. t. 9, p. 372 & suiv. t. 10, p. 36. Si, parmi nous, M. Dufrementel s'est écarté de l'usage, dans une Consultation du 24 Juillet 1760, les autres Avocats s'y sont toujours conformés.

Dans le systême contraire à l'usage, l'aîné seroit d'autant plus avantagé, qu'il y auroit plus de puinés; ou les puinés s'accorderoient sécretement à renoncer, excepté un seul, afin d'obliger l'aîné à payer une moitié des Dettes. Un pere qui n'auroit que des biens nobles, tombés en tierce-foi, dans les cas ou il seroit obligé d'en vendre une partie, pourroit, afin de rendre meilleure la condition de l'aîné, préférer d'emprunter. Une succession où il y a des biens nobles, situés en Touraine, qui sont tombés en tierce-foi, & des biens roturiers, régis par la Cout. de Paris, se partage exactement de la même maniere, soit entre Nobles, soit entre Roturiers; pourquoi cette uniformité cesseroit-elle, à l'égard du payement des Dettes, en faveur de l'aîné roturier? M. Bernard, en ses notes, propose l'exemple d'une succession consistante en un seul fief estimé 36000 l. & chargée de 18000 l. de Dettes; si l'aîné qui enleve, pour les deux tiers & le préciput, 26000 l. ne devoit payer que 6000 l. de Dettes, y ayant deux puinés, non-seulement ceux-ci n'auroient rien, mais il leur en coûteroit 2000 l. de leurs deniers. Quelle injustice! Elle n'auroit pas lieu, si cette succession étoit déférée à des Nobles; est-il possible de l'admettre, lorsque des Roturiers la partagent? La regle doit être uniforme, & ne pas dépendre de la qualité noble ou roturiere des héritiers. D'ailleurs, comment concilier la différence que l'on voudroit introduire, avec le vœu de la Coutume pour l'égalité entre Roturiers? Accorder, avec Pocquet sur Anjou, art. 321, obs. 6e. aux puinés un demi-tiers libre de toutes Dettes, pour leur légitime, c'est ajoûter à la Coutume. Suivons son esprit, elle renvoie au partage des Nobles, pour les charges de l'aîné roturier; c'est entrer dans ses vues, que d'établir, à l'égard de l'aîné roturier, la contribution émolumentaire, qu'elle entend avoir lieu à l'égard de l'aîné noble. Il est juste que l'aîné roturier, qui, par l'art. 297 de Tours, est chargé, comme l'aîné noble l'est par l'art. 264, de l'obligation de faire la foi & hommage, & de payer les droits seigneuriaux ordinaires, ne contribue pas aux Dettes, à raison du préciput, qui est la cause de cette obligation, v. ci-dessus n. 12444; mais son privilége ne doit pas aller plus loin. L'art. 297 oblige l'aîné roturier, comme l'art. 264 oblige l'aîné noble, de contribuer, à raison des deux tiers, au ban, à l'arriere-ban, aux loyaux-aides; la Coutume n'entend as favoriser l'un plus que l'autre, lorsqu'il s'agit du payement des Dettes.

Fin de la quatrieme Partie.

SECONDES ADDITIONS ET CORRECTIONS.

PRÉF. p. xx, l. 17, à la fin, ajoûtez :

Il est mort en Avril 1766, *France littéraire*, 1769, où on lui attribue un Livre intitulé, *la Clef du Paradis, ou Prieres chrétiennes*, 1765, *in-12* & *in-8°*.

P. xxii, l. 30 à la fin, ajoûtez :

Jacq et publia, en 1764, *in-4°*, le *Traité des Justices de Seigneur, & des Droits en dépendants*.

P. xxiii, à la fin, ajoûtez :

" Cet Ouvrage, composé de deux Volumes *in-4°*. sera suivi de la *Conférence des Textes anciens* ,, *de la Coutume & des Procès-verbaux de Rédaction d'icelle*, un Volume *in-4°*. & paroîtra incessam- ,, ment. M. l'Abbé *Dufrementel*, son fils, s'occupe actuellement du soin de le faire imprimer, ,, *Suppl. à la France littéraire*, 1778, où l'on annonce qu'on fera imprimer *huit Discours prononcés au Barreau* par ce Jurisconsulte, & un *Recueil de Poësies fugitives*, *Chansons*, *Idylles*, &c. qu'on a de lui. C'est par erreur qu'on lui attribue un *Recueil de plusieurs Actes de notoriété sur les articles les plus difficiles de la Coutume de Tours*, *in-folio*. Ce Recueil n'existe point. Nous ne connoissons aucun Acte de notoriété qu'il ait fait imprimer. On sait que l'Acte de notoriété qui a été imprimé en 1766, en 12 pages *in-4°*. a été rédigé par le Lieutenant-Général. S'il a recueilli les Actes de notoriété donnés par le Siége de Tours, il est à desirer qu'on les mette à la suite de son Ouvrage sur la Coutume de Tours.

La France littéraire, 1769, a annoncé, comme étant sous Presse, un Ouvrage de l'Abbé *Dufrementel*, sous le titre d'*Architecte bourgeois*, qui n'a pas paru. On auroit pu y trouver quelque chose concernant les Usages de notre Province, relativement aux Servitudes urbaines

N. 581, à la fin, ajoûtez : en Juillet & Août, ainsi qu'il a été jugé le 25 Juillet 1778, au Siége de Tours, qui a prescrit à ceux qui viennent enlever les matieres fécales, de ne les transporter que dans des vaisseaux fermés, afin qu'il ne s'en répande point dans les rues.

N. 1440, à la fin, ajoûtez : c'est-à-dire, de danger imminent pour la vie, & d'impossibilité de trouver un autre Prêtre qui, ayant permission de confesser, puisse confesser le malade réduit à la derniere extrémité, v. Conc. de Trente, Sess. 14, c. 7.

Le Sieur Bourget, à qui l'Evêque de Chartres avoit refusé des pouvoirs de Vicaire dans la Paroisse de Digny, en ayant fait les fonctions, & ayant confessé avec la seule permission du Sieur Daguin, Curé, le Promoteur a rendu plainte contr'eux; MM. Rat de Mondon, Laget-Bardelin & Vulpian, Avocats de Paris, ont estimé que la plainte étoit fondée. Un Arrêt du Parlement, du 4 Septembre 1779, jugeant la Procédure irréguliere, l'a déclarée abusive; mais il a été donné Acte aux Sieurs Daguin & Bourget, de la déclaration qu'ils ont faite de n'avoir jamais entendu donner atteinte aux Loix du Royaume, concernant l'approbation nécessaire aux Prêtres non pourvus de bénéfices à charge d'ames, pour administrer le Sacrement de Pénitence. Par-là on a cru annoncer suffisamment qu'on n'autorisoit pas leur infraction à ces mêmes Loix. Un Arrêt du Conseil, du 2 Octobre suivant, jugeant la Procédure réguliere, a cassé l'Arrêt du 4 Septembre; &, pour qu'une mauvaise interprétation de cet

Arrêt ne donnât pas lieu d'introduire dans l'exercice des fonctions du Saint Ministere une insubordination dangereuse, sur-tout relativement au Sacrement de Pénitence, il a été fait « défenses à tous Prêtres non pourvus & possesseurs légitimes de béné» fices à charge d'ames, soit que lesdits Prêtres aient été auparavant Titulaires & » possesseurs desdits bénéfices, soit qu'ils aient été précédemment approuvés, d'exer» cer, hors le cas d'extrême nécessité, les fonctions de Confesseur dans aucun Dio» cese, sans l'autorisation spéciale & actuelle de l'Evêque diocésain. » Un Arrêt du Conseil, du 27 Novembre suivant, a supprimé une Lettre des Agents-Généraux du Clergé, où ils supposoient que l'Arrêt du 4 Septembre avoit autorisé la conduite des Sieurs Daguin & Bourget; mais, juger qu'on n'a pas procédé réguliérement contre des Accusés, n'est pas décider qu'ils sont exempts de reproche. Il paroit que c'est ainsi que le Conseil a envisagé cet Arrêt, v. Mercure, 13 Novembre 1779, p. 88, 11 Décembre, p. 86, ci-après n. 1545.

N. 1566, à la fin, ajoûtez : qui n'exige pas une permission spéciale; il conseille de consulter le Chapitre de la Cathédrale, dont plusieurs regardent le consentement nécessaire, v. Arrêt du Conseil, du 10 Février 1690, Mém. du Clergé, t. 2, p. 1207, Brillon & Lacombe, au mot *Bréviaire*, Durand, aux mots *Chapitre* & *Office divin.*

N. 1688, à la fin, ajoûtez :

Un Arrêt du 28 Avril 1778, défend à toutes personnes, les peres, meres, tuteurs, curateurs, freres, sœurs, oncles & tantes, exceptés, de former oppositions aux Mariages des Mineurs ou Majeurs, ni d'interjetter appel comme d'abus des publications de bans, sous quelque prétexte que ce puisse être, à moins que ce ne soit pour empêchement dirimant, auquel cas les causes en seront déduites dans les Exploits d'oppositions ou d'appels comme d'abus, sous peine de 300 l. d'amende; défend à tous Huissiers de prêter leur ministere pour de pareilles oppositions & appels comme d'abus, sous les mêmes peines, & même d'interdiction, au défaut par eux de déduire les causes d'oppositions ou d'appels comme d'abus; & ordonne que, pour les Ouvriers ou Habitants, tant des Villes que de la Campagne, qui ne seront pas en état de se pourvoir en Justice pour avoir la main-levée des oppositions à leurs Mariages, ou pour faire statuer sur les appels comme d'abus qui seroient interjettés des publications de leurs bans, les poursuites nécessaires seront faites, quant aux oppositions, à la requête des Procureurs du Roi, dans les Siéges royaux, autres que les Prévôtés & les Châtellenies, & quant aux appels comme d'abus, à la requête du Procureur-Général.

N. 2670, l. 1, à la fin, ajoûtez : dit Vouglans, des Crimes, p. 553.

N. 2787, l. 3, avant un Arrêt, *ajoûtez :* tant qu'elle vit; M. Augeard, en ses notes, cite un Arrêt qui l'a jugé en faveur du Sieur P... Prévôt de la Maréchaussée à Tours.

N. 3128, à la fin, ajoûtez : Le Sieur Conzai ayant fait assigner, le 25 Novembre 1780, au sujet de deux poinçons de vin, le Sieur Marchandeau de Poncher, celui-ci a allégué qu'on avoit agi trop tard; il ne disconvenoit pas qu'on l'eût averti verbalement dès le 11. Il a ajoûté que le vin n'avoit pas un goût de fût. Le 14 Février 1781, le Siége de Tours a ordonné que le vin seroit goûté, pour savoir s'il avoit un goût de fût.

N. 3230, l. 4, avant v. ajoûtez : Telle est la distinction que font plusieurs; distinction plus subtile que solide. Aussi, Lacombe, au mot *Vente*, f. 5, n. 10, décide que, dans tous les cas, l'Acquéreur doit être indemnisé du défaut de mesure; ce qu'il convient d'admettre, sur-tout, quand ce qui manque, est considérable, ainsi qu'il a été jugé par un Arrêt que cite Brillon, au mot *Mesure*, n. 4,

N. 3320, à la fin, ajoûtez : S'ils ne sont pas solides, le Ministere public peut le contraindre à les refaire, quand même le Propriétaire s'y opposeroit, déclarant s'en contenter.

N. 3321. l. 1, lisez : Suivant un Acte de notoriété du 3 Mars 1775, rapporté au Repert. de Jurisp. au mot *Maçonnerie*, f. 2, quoique conduit par les plans & l'inspection d'un Architecte, & autorisé par les pouvoirs du Propriétaire, qui a fourni tous les matériaux, un Maçon est garant, pendant 10 ans, des défectuosités d'un bâtiment. C'est une regle que

A la fin, *lisez* : Un Entrepreneur qui, ayant acquis un terrein & élevé dessus un bâtiment, le vend, est, comme un autre, garant pendant 10 ans.

N. 3595, *l.* 1, *au lieu de* S'il y avoit cependant, *lisez* : Si deux personnes, demeurant ensemble, se disent communs, qu'en cette qualité, il ait été contracté par l'un & par l'autre séparément, pour eux deux, & que tels Contrats aient été suivis d'exécution, on présume une convention de Communauté, quoiqu'elle ne paroisse pas, notes de M. Augeard. S'il y avoit

N. 3823, *à la fin*, *ajoûtez* : La Caution conserve le droit d'agir contre le Débiteur, si elle s'apperçoit que sa fortune commence à se déranger; ainsi, elle ne doit pas être déchargée par une simple prorogation de terme, dont d'ailleurs elle profite, Legrand sur Troies, art. 72, n. 27, Despeisses, des Contrats, p. 2, t. 2, s. 3, n. 8, Ferriere, au mot *Caution*. Quand le Créancier n'auroit pas donné un autre terme, la Caution n'auroit pu l'obliger de faire ses diligences, Auroux, p. 1, p. 170; on ne peut être forcé d'agir malgré soi; & la négligence du Créancier qui a laissé le Débiteur devenir insolvable, ne décharge pas la Caution, v. Basnage, des Hypotheques, c. 7, Pothier, des Obl. n. 414. Nonobstant l'inaction du Créancier, elle peut contraindre le Débiteur de payer au terme porté dans l'obligation, Bourjon, t. 2, p. 347, Pr. de la Jur. fr. n. 570, Instr. sur les Conv. p. 302, Denisart, au mot *Caution*.

Basnage tient qu'ayant été stipulé que le Cautionnement ne dureroit que jusqu'à tel temps, la prorogation de terme, consentie par le Créancier, n'étend pas le Cautionnement.

N. 4060, *l.* 1, *effacez*, quoique sorti de chez son Maître, *à la fin*, *ajoûtez* : Quoique sorti de chez lui, si c'est depuis le Procès commencé, il doit être suspect, lorsqu'il dépose en sa faveur, v. Serpillon, p. 469.

N. 4301, *à la fin*, *ajoûtez* : Le Siége de Tours a jugé le contraire, le 19 Février 1779, en infirmant une Sentence du Siége d'Amboise, v. ci-après n. 4307.

N. 4307, *l. dern. avant* v. *ajoûtez* : Le 19 Février 1779, en autorisant des Particuliers de Chenonceau à mener pâcager leurs bêtes à laine sur les terres les uns des autres, il leur a enjoint de n'en avoir qu'une par arpen.,

N. 4350, *à la fin*, *ajoûtez* : Lorsque deux Parties se sont mutuellement dépossédées, il faut se décider pour celle qui a la derniere possession annale.

N. 5091, *à la fin*, *ajoûtez* : 8009. Un Acquéreur a prétendu ne pouvoir être inquiété par un Créancier du Vendeur, parce que sa femme s'étoit obligée à la garantie de la vente; ce qui a été rejetté, au Siége de Tours, le 1er. Septembre 1779: une femme, pendant que la Communauté subsiste, n'a aucuns droits ouverts, que son Créancier puisse exercer, v. Valin, t. 2, p. 582.

N. 5257, *à la fin*, *ajoûtez* : v. Fourré, p. 495. M. Augeard, en ses notes, rapporte qu'il a été jugé, au Siége de Tours, « le 4 Juin 1683, que des latrines, incommodant » le voisin, devoient être mises aux termes de la Coutume, quoiqu'on alléguât que » les choses étoient en l'état qu'elles avoient été, lorsque les deux maisons appar- » tenoient à la même personne. »

N. 5461, *l.* 1, *effacez*, 5461, *à la fin*, *ajoûtez* :

5461. Le 12 Août 1779, Le Siége de Tours a jugé, en faveur du Sieur Brisson, contre le Chapitre de S. Martin de Tours, à qui il étoit dû un d. de cens & 15 l. de rente sur une maison de ville, que la rente de 15 l. étoit rachetable; ce qui a été confirmé par un Arrêt du 30 Août 1780.

N. 5523, *à la fin*, *ajoûtez* : Il faut restreindre cette décision aux Actes équipollents à vente, qu'on juge susceptibles de Retrait.

La faculté dont il s'agit, est une espece de droit de Retrait. C'est dans le titre des Retraits que la Coutume l'établit. Il est admis, que la rente soit acquise, ou qu'elle soit retirée. En ce dernier cas, c'est Retrait sur Retrait. Les art. 154, 183 de Tours fournissent des exemples de Retraits sur Retraits. Il n'y a aucune espece de Retrait, sans un acte équipollent à vente.

Ainsi, un des Co-débiteurs acquiert la rente par la voie d'une échange avec une autre rente ou une piece de terre, il n'y a pas lieu à ce droit de Retrait. Ce Retrait, comme le véritable Retrait, assujettit à rendre indemne celui sur qui il s'exerce, à lui rembourser ce qu'il a payé. Il n'est pas possible de lui rendre partie de la rente ou de la piece de terre dont il s'est privé par l'échange.

La propriété de la rente ayant passé à un des Co-débiteurs par la voie d'une donation ou d'un legs, les autres ne peuvent pas demander à participer à la libéralité. Les obligeroit-on à un remboursement ? Quel seroit-il ? Une rente fonciere n'a point de principal, que celui que la convention du Créancier & du Débiteur fixe.

Si la donation est faite à la charge de nourrir le Donateur, il y a encore moins lieu à l'action des autres Co-débiteurs.

Lorsqu'un des Co-débiteurs étant devenu un des héritiers du Créancier de la rente, elle est échue par le partage dans son lot, c'est encore un titre qui ne peut donner ouverture à aucun droit en faveur des Co-débiteurs; on ne peut pas dire, *Co-debitor luit pignus*, en amortissant la rente; l'héritage est libéré par le fait de la Loi, qui amortit la rente, pour la portion dont il étoit chargé.

Le Sieur Bruzeau a acquis, en 1760, une rente dont la moitié étoit due par un héritage qu'il avoit donné en dot à sa fille, en 1752; il est décédé en 1768. Le Co-débiteur de la rente a offert le remboursement de sa portion à la fille, en 1777; & le 15 Mai 1781, le Siége de Tours l'a admis, au grand étonnement du Barreau. Il ne pouvoit y avoir ouverture à l'action du Co-débiteur, ni par l'acquisition du Sieur Bruzeau, malgré la Loi 11, *D. de Lib. & Posth.* qu'on a invoquée, ni par son décès.

N. 5531, l. 5, au lieu de par M. &c. *lisez* : par MM. Augeard & Dubois, fils, en leurs notes,

N. 6417, à la fin, ajoûtez : En effet, la barrique est - elle moins *en essence*, suivant l'art. 220 de Tours, pour avoir été percée ? La forme, l'espece est-elle changée, quand une piece n'a plus, ni cap, ni queue, quand des marchandises ne sont plus sous balle & sous corde ? La Jurisprudence attestée par un Acte de notoriété du Châtelet, du 13 Mai 1711, dont il paroît que le Parlement s'écarte aujourd'hui, v. ci-après n. 6420, n'est point suivie à la Rochelle, Valin, t. 3, p. 250, à Lyon, ni à Marseille, Denisart, au mot *Revendication*, où l'on exige seulement que la chose se trouve en nature; elle est contraire à l'équité, à la lettre & à l'esprit de notre Coutume & de celle de Paris, comme le reconnoît Bourjon, t. 2, p. 561, & à la doctrine de Brodeau sur Paris, art. 176, n. 5, Arrêtés, art. 97, Lemaitre sur Paris, p. 205, Pothier sur Orléans, art. 458. Lorsqu'une piece n'a, ni cap, ni queue, lorsque des marchandises ne sont plus sous balle & sous corde, il est difficile de prouver que ce sont celles qui ont été vendues par celui qui les revendique; voilà pourquoi ces circonstances ont souvent servi à faire rejetter des demandes en revendication. Mais elles doivent être admises, lorsqu'il paroît, néanmoins, que la chose revendiquée est celle qui a été vendue. Denisart insinue que même le changement de forme ne seroit pas un obstacle à la revendication, si l'identité ne pouvoit être méconnue; ce qui, en ce cas, est extrêmement rare. Toute la difficulté doit donc se borner à la preuve de l'identité. Qu'on soit sévere sur la preuve, à la bonne heure; mais, la preuve faite, il faut prononcer la revendication, ou accorder le privilége, ce qui revient au même, « puisque celui qui a le prix, est censé avoir la chose, comme » celui qui a la chose, en a le prix, » Bourjon, *t.* 2, p. 560. Pour l'un, comme pour l'autre, la preuve de l'identité est nécessaire. Si cette preuve peut avoir lieu, au profit du Vendeur de peaux, de foin, de merrain, dans les cas expliqués ci-après n. 6488, 6489, 6492, on ne conçoit pas pourquoi on la rejetteroit, quand une barique est percée, quand, &c. L'usage dont parlent MM. Dubois, fils, & Bouault, est incertain.

La veuve Ferrand, mouliniere, ayant fait faillite en Mai 1755, le Sieur Beuzelin, qui lui avoit vendu, deux mois auparavant, une balle de 212 livres d'une certaine espece de soie, en revendiqua 47 livres, qui se trouvoient, dans le magazin, mêlées avec de la soie d'une autre espece, & 89 livres, qui étoient sur des bobines & chez 26 Devideuses. Il étoit le seul qui eut vendu de la soie de l'espece en question; il allégua son livre, la facture qu'il avoit remise à la veuve Ferrand, la déclaration qu'elle avoit faite, les notes qu'elle avoit remises aux Devideuses, les étiquettes attachées à la soie qu'elles avoient, pour justifier que ce qu'il revendiquoit, faisoit partie de ce qu'il avoit vendu; le 11 Août 1757, le Siége de Tours le lui adjugea.

Le même Siége a décidé précisément le contraire, le 3 Septembre 1779, contre le Sieur Abraham, qui se trouvoit dans les mêmes circonstances, pour la soie dont il avoit vendu une demi-balle au Sieur Delabarre, avant sa faillite. Le Barreau a été surpris de la décision. On cita alors des Jugements rendus les 5 Mai 1768, 11 Janvier 1770, 19 Avril 1774, & 2 Mars 1775, dans les faillites des Sieurs Duliepvre, Favereau, Dupuis & Forceville. Dans la 1re. une demande en revendication, formée pour des fleurets, fût reçue, quoiqu'on objectât que, n'étant plus sous balle & sous corde, ils s'étoient trouvés pêle-mêle avec d'autres marchandises; dans la 2e. on refusa la revendication d'une barrique d'huile, qui étoit percée, & d'une barrique de fromages de Hollande, dont on en avoit ôté deux; dans la 3e. la revendication de fils de Flandre, qui s'étoient trouvés épars, fut accordée, parce que les Créanciers convenoient que le Revendiquant étoit le seul qui en eut fourni; dans la 4e. on admit le privilége sur le prix de vins qui avoient été transportés en Flandre. Cette variété de Jugements embarrasse; il seroit bien intéressant, pour une Ville de commerce comme Tours, qu'il y eût des regles certaines; pourquoi ne pas s'attacher constamment à la Coutume, sans s'arrêter quelquefois à ce qu'on suit au Châtelet?

Un Arrêt du 23 Février 1780, a jugé « qu'un Marchand qui a vendu sans jour & » sans terme, peut revendiquer, faute de payement, ses marchandises, quoique » déballées, pourvu qu'il puisse constater l'identité, » Gaz. des Trib. t. 11, p. 130.

N. 6488, à la fin, ajoûtez : qui dit que la revendication a été reçue, en pareil cas, au profit de deux Bouchers, parce que les livres du Tanneur prouvoient qu'ils étoient les seuls qui eussent fourni des peaux, v. Brodeau sur Paris, art. 176, n. 5, ci dessus n. 6421.

N. 6506, l. 2, avant Valin, *ajoûtez :* notes de M. Augeard,

N. 6714, à la fin, ajoûtez : M. Augeard, en ses notes, dit que les Médecins, Chirurgiens & Apothicaires, sont préférés à tous Créanciers, même à la veuve, sur les immeubles, pour la derniere maladie.

N. 6781, à la fin, ajoûtez : Après l'obtention des lettres de ratification, l'Acquéreur qui a payé le prix, peut délaisser le bien; nous l'avons ainsi décidé, dans une Consultation du 9 Août 1780, qui a été insérée dans la Gaz. des Trib. t. 11, p. 9 & suiv.

N. 6842, à la fin, ajoûtez : Le 5 Août 1779, le Siége de Tours a déclaré nul un emprisonnement fait la nuit en vertu d'une Ordonnance du Lieutenant-Général, qui avoit permis d'arrêter le Débiteur chez lui à toute heure.

N. 7146, l. 1, au lieu de rente fonciere, *lisez :* terrage, *l. 6 & 8, au lieu de* de la rente, *lisez :* du terrage.

N. 7361, l. 1, effacez, 7361, *à la fin, ajoûtez :*

7361. Le 4 Janvier 1780, Le Siége de Tours a décidé que la connoissance qu'un Acquéreur a eue, autrement que par son Contrat, d'une hypotheque, ne l'empêche pas de prescrire, v. Valin, t. 3, p. 383, où il observe qu'il n'en est pas de même à l'égard du droit de propriété ou d'une charge réelle.

N. 7993, à la fin, ajoûtez : On peut prouver par Témoins que le prix énoncé dans l'Acte de vente, n'est pas le véritable, Olivier sur Maine, art 348.

N. 8386, à la fin, ajoûtez : Il est mal rapporté par Lacombe, Arr. not. c. 25, qui ne parle que d'une opposition du Comte de Pont-Chartrain, pour la sûreté de sa rente, & d'une demande en main-levée, qui n'a dû être formée, ni par l'Acquéreur, ni par les Vendeurs. Comment l'Arrêt a-t-il ordonné un remboursement que Lacombe ne dit pas avoir été demandé? On ne voit pas même les moyens sur lesquels il auroit pu être fondé. Lacombe ne fait part que de ceux qui devoient s'y opposer. Il taît que le Procureur de l'Acquéreur demanda que toutes les oppositions qui avoient été formées, fussent converties en saisies-arrêts; & que, cette conversion ayant été ordonnée, le Comte de Pont-Chartrain demanda son remboursement. Lacombe étant si peu exact au sujet de l'Arrêt dont il détaille les circonstances, doit-on, sur sa parole, croire ce qu'il dit de deux autres, qu'il se contente de citer?

N. 9309, l. dern. avant v. *ajoûtez :* « En Loi : point de disposition dans la Coutume, qui l'établisse. En raison : on n'en peut donner aucune solvable; c'en est une » mauvaise, de dire que c'est pour conserver la légitime des héritiers. 1°. Dans la pureté des principes, n'est pas dû de légitime aux Collatéraux. 2°. Ce n'est pas leur » ôter, comme dit Pallu, la légitime, mais en suspendre la jouissance. 3°. Si la femme » avoit légué à un autre les meubles, le mari auroit le gain de survie incontestablement. Sa condition peut-elle être plus fâcheuse, parce qu'il est Donataire dans une » Coutume qui permet aux Conjoints de se donner, tout ce qu'on peut donner à un » Etranger. Les Sentences & Arrêt que cite le Commentateur, ne peuvent toucher; » ils sont rendus du consentement; ainsi, la question n'a pas été jugée. Le moindre » propre entreroit en partie dans le don, & y feroit entrer encore tous les acquêts; » ainsi, l'esprit de la Coutume n'est pas de réduire les avantages du mari. Le Commentateur semble ne plier que malgré lui, sous un usage qu'il condamne. La faveur doit être pour le Survivant. Le gain de survie s'accorde avec le douaire, *cur* » non avec le don? A plus forte raison dans l'espece où le Survivant ne seroit Donataire que des meubles, & demanderoit l'usufruit des acquêts en vertu de l'art. » 319. A défaut de propres, le don est limité au tiers des acquêts; mais l'usufruit » ne se prend point à titre de don, mais *alio titulo*, en conséquence de l'art. 319. »

N. 9462, à la fin, ajoûtez : En opérant comme ci-après n. 12437, il n'y auroit de propres conventionnels & de remplois de Jules, que 12500 l. dont Anne seroit Débitrice envers Alexis; la part de Jules dans les effets mobiliers, monteroit à 16666 l. 13 f. 4 d. & sa part dans les conquêts, à 38333 l. 6 f. 8 d. &c.

N. 9872. à la fin, ajoûtez : Il est intervenu un Arrêt confirmatif le 7 Août 1781. Le 21, le Siége de Tours a eu égard à un Acte de décharge; mais il s'agissoit d'une clause qui paroissoit avoir été insérée en fraude du Retrait.

N. 10211, à la fin, ajoûtez : On auroit pu soutenir qu'en cachant la faculté d'amortir, les Parties avoient dissimulé le véritable prix, pour détourner du Retrait, par l'éloignement que la plupart ont pour les rentes inamortissables; ce qui étoit suffisant pour suspendre le délai du Retrait, v. Duplessis sur Paris, p. 283, aux notes, Boucheul sur Poitou, art. 326, n. 8, Bourjon, t. 1, p. 880.

N. 10346, à la fin, ajoûtez : Un Particulier ayant acquis une maison située dans la Paroisse de Sonzay, régie par la Cout. de Tours, & quelques terres qui sont sous l'empire des Cout. d'Anjou & du Maine, un Lignager a obtenu un Arrêt qui l'a autorisé à porter sa demande en Retrait au Siége de Tours, où elle a été admise le 21 Août 1781. Il avoit fait élection de domicile dans la Paroisse de Sonzay, où il demeure, ainsi que l'Acquéreur. On opposoit que cette Paroisse releve du Duché de Château-la-Valliere, & va, par appel, pour les cas ordinaires, au Parlement, & seulement pour les cas Présidiaux, au Siége de Tours; mais elle est du territoire de ce Siége.

N. 10416, à la fin, ajoûtez : Le 11 Juillet 1781, le Siége de Tours a prononcé la déchéance d'un Retrait, parce que le Demandeur avoit pris le défaut à la présentation en temps de vacations, & qu'ayant été reconnu au Retrait par défaut, le 23 Novembre, il avoit fait intimer au 30, qui étoit fête, pour l'exécution, qui fut surfise par l'opposition que forma le Défendeur. Il suffit de remarquer que le Barreau a unanimement réclamé contre cette décision. En supposant que la nullité de l'intimation, qui n'est pas nécessaire, doive être considérée, v. ci-après n. 10463, 10524, & que ce soit une nullité d'intimer à un jour de fête, cela devenoit indifférent, au moyen de l'opposition qui étoit survenue, & sans laquelle le Demandeur auroit pu faire donner une autre intimation. Quoique, pour prendre le défaut à la présentation, on puisse attendre après le temps de vacations, on n'y est pas obligé, v. ci-dessus n. 10391, 10397.

N. 10706, l. 8, avant une, *ajoûtez :* une pour retirer le Contrat; *l. 11, à la fin, ajoûtez :* quatre pour parvenir à l'obtention des lettres de ratification; *l. 16, effacez,* si l'Acquéreur n'a pas son domicile dans le lieu où elle est prononcée.

N. 10707, à la fin, ajoûtez :

Sur les contestations que fait naître la demande des journées, comme des autres loyaux coûts, dans le doute, il faut se décider pour l'Acquéreur. Malgré le nombre de journées qu'on lui accorde, rarement il est parfaitement indemne; la faveur est pour lui; le Retrayant peut ne pas user du Retrait, s'il n'y trouve pas d'avantage.

N. 10709, à la fin, ajoûtez : Si tout se passe par ex. à Tours où l'Acquéreur a son domicile, on n'adjuge, quand l'objet de l'acquisition n'est pas considérable, que des demi-journées, par ex. 3 l. à un Marchand, pour retirer le Contrat de chez le Notaire, pour l'exhiber au Seigneur, pour le retirer & payer les ventes, pour les quatre démarches qu'exigent l'obtention des lettres de ratification, & pour retirer la Consultation.

N. 10943, l. 1, au lieu de du 27 Février, *lisez :* provisoire du 17 Mars

N. 11529, à la fin, ajoûtez : Le Barreau de Tours paroît, aujourd'hui, se diviser sur cette question. Elevée dès 1753, au Siége de Tours, elle y a été jugée, le 21 Juillet 1781, en faveur de la mere.

D'un côté, on peut dire que la Loi municipale n'a considéré les Ascendants que comme Ascendants, & n'a pas eu en vue le cas où ils seroient de la ligne; cas plus rare autrefois que l'on étoit plus févere sur les mariages entre parents : autrement, sa disposition, dont on ne verroit pas le motif, seroit absurde. Elle veut conserver les propres dans chaque ligne, & néanmoins, elle les en feroit sortir, en préférant à un Ascendant, qui seroit de la ligne, un Collatéral qui n'en seroit pas. C'est bien assez que, pour les propres d'une ligne défaillante, qui, comme biens indifférents, devroient aller aux Ascendants, les Collatéraux leur soient préférés. Quant aux propres de ligne, afin de les conserver dans leur ligne, les Collatéraux qui en sont, doivent être préférés aux Ascendants qui n'en sont pas; mais les Ascendants qui en sont aussi, doivent concourir avec eux, en cas d'égalité de dégré, & leur être préférés, s'ils sont plus proches. Par cette interprétation, loin de blesser l'esprit de la Loi municipale, pour l'affectation des propres à chaque ligne, on s'y conforme, & on se rapproche du droit commun. Pourquoi ne pas suppléer, dans l'art. 310, une distinction, sans laquelle la Loi municipale se trouve contrarier ses propres vues & établir une injustice révoltante ? On a été plus loin à l'égard des art. 209, 288, v. ci-dessus n. 30, 39, 7133, 7144, 11468.

D'un autre côté, on peut répondre que, quoique l'on ignore le motif d'une disposition, ce n'est pas une raison de la rejetter; que, lorsqu'elle est générale, il faut l'exécuter dans sa généralité; qu'une disposition claire & précise ayant été suivie littéralement, on ne peut introduire une interprétation nouvelle, quelque favorable qu'elle soit; que l'usage, en ce cas, ajoûte à l'autorité de la Loi; que, s'il est permis d'en secouer le joug, quand il paroît peser trop, il n'y a plus rien de certain, & les Procès se multiplient; que la rigueur d'une Loi peut en faire souhaiter la réformation, mais qu'il faut se borner à faire des vœux, v. ci-dessus n. 23, 24, 36, 53, 7105. L'art. 310 prononce l'exclusion des Ascendants de la maniere la plus absolue ; on ne l'a jamais trouvé susceptible d'un autre sens ; Paslu, p. 458, 521, enseigne, comme une chose constante, qu'il défere les propres généralement aux Collatéraux, sans considérer s'ils sont plus proches que les Ascendants, qu'il ne met qu'au dernier rang, quoiqu'ils soient de la ligne & plus proches. Les notes de M. Bernard attestent que cette doctrine s'est transmise jusqu'à nous, qu'il s'y est conformé, ainsi que le Pere de l'Auteur. Elle a servi de base à une des décisions de l'Arrêt de 1598, cité ci-dessus n. 11494. Cet Arrêt qui a ordonné la fente, au lieu d'admettre le concours, entre des Collatéraux, a rejetté totalement l'Aïeule. Elle ne pouvoit, comme Aïeule, exclure les Collatéraux, puisque la regle consacrée par l'art. 315 de Paris, n'a pas lieu parmi nous ; mais, dans le nouveau système, elle auroit dû, comme lignagere, être reçue à partager avec eux. En égal dégré que ses freres, elle auroit eu autant qu'eux, si l'on n'eut pas jugé que sa qualité d'Aïeule s'y opposoit. M. Bernard dit que « tel est » le droit commun de la Province, appuyé du Texte de la Coutume, du sentiment du » Commentateur & de l'autorité de la chose jugée. » Quel prétexte peut autoriser à s'en écarter ? Un Jugement où l'on n'y a pas eu égard, doit-il servir de regle ? Il faudroit, comme il a été remarqué ci-dessus n. 47, un Arrêt de réglement.

Ires. *Add. p. 6, l. 17, à la fin, ajoûtez :* MM. Dufour, Elie de Beaumont & Loyseau, l'ont souscrite depuis. Elle se trouve dans la Gaz. des Trib. t. 11, p. 69 & suiv. On y lit : « le Sécretaire dont il s'agit..... avoit abandonné le Barreau, pour » se charger des affaires d'une Maison, & il n'étoit plus inscrit sur le Tableau, lorsqu'il a été choisi pour Sécretaire par le Commissaire départi de la Généralité de » T..... Il ne doit donc pas paroître étonnant que, dans une pareille position, les » Avocats de T..... aient de la répugnance à le remettre au nombre de leurs Con- » freres. Cette répugnance paroît juste & fondée. Il paroit aussi indécent que con- » traire aux vrais principes de la dignité & de la liberté du Barreau, inviolable en » lui-même & Séminaire de la Magistrature, d'oser l'appuyer ou le proposer. » Cependant, quelques-uns de ces Avocats ont appuyé la prétention du Sécretaire. Malgré cet appui, il a abandonné le Barreau, n'ayant pu réussir à plaider contre tous.

P. 8, l. 23, à la fin, ajoûtez :

Dans l'instruction d'une affaire qu'avoit un Avocat, on lui a fait des reproches graves ; il a gagné son Procès & il a obtenu la suppression de la requête qui les contenoit. Ses Confreres, regardant qu'il n'en étoit pas lavé d'une maniere suffisante, & que les soupçons que ces reproches faisoient naître, devoient les porter à ne plus communiquer avec lui, soit en plaidant, soit en consultant, soit en écrivant, en ont pris la résolution ; ils en ont arrêté une délibération qu'ils ont transcrite sur leur registre, & qu'ils ont prié les Juges d'avoir en considération. Il a présenté sa requête aux Juges, qui n'ont pas voulu en connoître. Il s'est pourvu au Parlement. On lui a refusé la permission de faire assigner ses Confreres ; &, sur la demande afin de nullité de la délibération, on l'a seulement renvoyé à l'Audience avec M. le Procureur-Général. M. Joly-de-Fleury, Avocat-Général, a observé qu'au moyen de la suppression de la requête, le zele des Avocats s'étoit peut-être échauffé trop légérement ; « que, cependant, la communication entre Confreres étoit une suite de la confiance & de » l'estime réciproque, qui gissoit dans l'opinion générale des Membres, & qui étoit » libre ; qu'ils pouvoient bien former, entr'eux, tel vœu tacite qu'ils estimeroient » à propos ; mais qu'ils n'auroient pas dû en faire une délibération écrite : en con- » séquence, il a estimé que c'étoit le cas de déclarer la délibération comme non- » avenue. » C'est ce qui a été jugé par un Arrêt du 28 Avril 1781, rapporté dans la Gaz. des Trib. t. 11, p. 275. La résolution prise par les Avocats, subsiste ; on n'a pas même permis de les traduire en Justice, à ce sujet.

www.ingramcontent.com/pod-product-compliance
Ingram Content Group UK Ltd.
Pitfield, Milton Keynes, MK11 3LW, UK
UKHW022016170726
13837UKWH00001B/231